U0128550

水晶珠

蒙汉文互译出版工程

［清］拉喜彭斯克 著

包额尔德木图 译

内蒙古人民出版社

图书在版编目（ＣＩＰ）数据

水晶珠 /（清）拉喜彭斯克著；包额尔德木图译 . —— 呼和浩特：内蒙古人民出版社，2020.9
蒙汉文互译出版工程
ISBN 978-7-204-16402-8

Ⅰ.①水… Ⅱ.①拉… ②包… Ⅲ.①蒙古族 – 民族历史 – 中国 – 古代 Ⅳ.① K281.2

中国版本图书馆 CIP 数据核字 (2020) 第 160979 号

水晶珠

作　　者　[清]拉喜彭斯克
译　　者　包额尔德木图
责任编辑　董丽娟
封面设计　徐敬东
出版发行　内蒙古人民出版社
地　　址　呼和浩特市新城区中山东路 8 号波士名人国际 B 座 5 层
网　　址　http://www.impph.cn
印　　刷　内蒙古爱信达教育印务有限责任公司
开　　本　710mm×1000mm　1/16
印　　张　31.25
字　　数　380 千
版　　次　2020 年 9 月第 1 版
印　　次　2020 年 9 月第 1 次印刷
书　　号　ISBN 978-7-204-16402-8
定　　价　116.00 元

如出现印装质量问题，请与我社联系。
联系电话：（0471）3946120

蒙汉文互译出版工程
专家组

序

蒙古族史学家拉喜彭斯克是北元达延可汗巴图蒙克的后裔，是清朝乾隆时期的巴林右翼旗札萨克协理三等台吉。拉喜彭斯克编著《大元史水晶珠》，从清乾隆三十九年（1774 年）开始，至乾隆四十年（1775 年）告竣。

《大元史水晶珠》第一章写了蒙古族的起源，解释了"蒙古"一词的含义，叙述了当时蒙古的社会概况。第二章写了成吉思可汗的祖先。第三章记述了成吉思可汗到达延可汗时期的历史等，其中有汉文《元史》及《续资治通鉴》上未载的珍贵信息。第四章主要写了达延可汗巴图蒙克十一个儿子的后裔。第五章写了成吉思可汗之子术赤、察合台以及成吉思可汗之弟哈撒儿、别勒古台、合赤温、铁木哥斡赤斤和塔布囊后裔的事迹。《大元史水晶珠》一书问世以来，以手抄本的形式流传了很久。已知的手抄本共有五种，每种手抄本都各有遗漏或错误之处。胡和温都尔先生通览这些版本，于1985年整理并出版了蒙古文版《水晶珠》。

拉喜彭斯克撰写《大元史水晶珠》时，根据《续资治通鉴》等重要文献，对《元史》以及一些史书的观点进行了辨析。如关于孛端察儿的身世问题，他称："或许有人会说，孛端察儿为寡妇私生子，非朵本篾儿干之子，所以也就不是孛儿帖赤那之子孙，亦不能把孛儿帖赤那说成是他的祖先。在此，我说几句话，以辨是非。生灵之善恶，我们孰能预知？在古印度，有乔答摩以神仙之缘故成为菩提树之起源之说。还有狮子国（斯里兰卡的古代名称）国王夫人诚心信奉长生天而生五子，以及伏羲之母在渭水岸边看见硕大人脚之印而受惊，遂有娠，生伏羲等甚多奇事。而且他们都沿用自己远祖的姓氏。何止阿兰·豁阿和孛端察儿之事？"

对成吉思可汗最后一次征西夏的起因，拉喜彭斯克引经据典称："据有的蒙古文史书记载，成吉思可汗带兵征讨西夏，其目的在于抢占失都儿忽可汗之哈屯古尔伯勒津高娃。失都儿忽可汗被擒，请求成吉思可汗：'别杀我。我要为你摘掉启明星，除掉你国家的敌人；摘掉彗星，保证你国家无天灾。'成吉思可汗未许，欲杀他，砍、射均未果。失都儿忽可汗称：'我靴底藏有三节加帮一套，用其缢死可耳。'成吉思可汗遂缢死他。

"断气绝命之际，失都儿忽可汗诅咒成吉思可汗：'如今你缢死我，你子孙亦会被他人缢死耳。'又说：'对我古尔伯勒津高娃哈屯，连指甲都要搜查。'有些蒙古文史书称，成吉思可汗与古尔伯勒津高娃同枕，被害而死。

　　"依我拉喜彭斯克之见，成吉思可汗深沉有大略，用兵如神，能灭国四十，不至于为了一个女人征讨西夏。失都儿忽可汗果真具有摘掉启明星和彗星以除掉敌人与消除天灾之能的话，为什么事先不为自己消除呢？何必被擒之后逞能？如果说天灾人祸果真由启明星、彗星所致，那么，生灵万物、颠白倒黑不说，地狱之快剑、难克之寒流，均启明星、彗星所致吗？失都儿忽可汗怕被斩，可砍、射未果，又何必告知'靴底藏有三节加帮一套，用其缢死可耳'？如果说失都儿忽可汗为人忠厚才做了这种事的话，那么，他临死时为何又诅咒成吉思可汗及其子孙后代呢？据史学家考证，元朝皇帝中，没有一个是被缢死的。失都儿忽可汗果真对成吉思可汗恨之入骨的话，那还告知古尔伯勒津高娃之奸诈干什么？

　　"据其他蒙古文、汉文史书记载，太祖十四年（1219 年），成吉思可汗西征之初，西夏不出兵增援，不送王子为人质，反而出兵增援西域，但只字未提成吉思可汗西征是为了抢娶西夏失都儿忽可汗爱妃古尔伯勒津高娃之事。"

此类记载甚多。

另外需要说明的一点是，因此书整合了五种版本的《大元史水晶珠》手抄本，而每一手抄本又各有遗漏和错误之处，故书中所述内容难免会有前后矛盾或错误之处，望读者朋友指正。

包额尔德木图

编者按：原著中一些观点囿于作者所处时代及认识，有一定局限性，但为了尊重原著，真实全面反映作者的史学思想，编校过程中有所保留。

目录

第一章
蒙古综论

谨向喇嘛教马头观音、《三宝经》中诸神叩拜。容三世实胜之功于一身，集青壮之朝气、温雅与智慧于一身，尽研析之能事，著书于兹，宛若太阳之光照耀下的螺形须弥山洁白玉体

· 草原风光 ·

与美语之圣母怀里的摇鼓[1]温柔之声，激活吾之背音。凭经文之气，借助大慈大悲之力，扶持佛教之执教。恳请诸神以婀娜舞姿取乐螺形中天以辅助我所起诵之善业。心房合十谨拜上述救世之座，即上祖孛儿帖赤那与天子孛端察儿、无垠之处的阿修罗天尊[2]为首的诸可汗、诺颜，吾辈之愚昧诚如大象之驮不宜兔载。纵观元朝文献典籍，长篇、短文不计其数，其内容之间多有矛盾、混杂等弊病。犹如一位盲人靠常人指示而辨明方向一样，吾将先哲所著的文献典籍进行比对，写出以下内容：第一章为蒙古综论，第二章为诸可汗源流，第三章为元朝正史，第四章为后继诸诺颜，第五章为其他诺颜们的族源。

· 御天门瓮城内发现炮石 ·

---

[1] 摇鼓——蒙古语称丹八刺，佛教法器之一。

[2] 阿修罗天尊——蒙古字额教崇奉的天尊之一。

第一章主要以汉译满文《资治通鉴》为依据。《资治通鉴》记载，轩辕黄帝之子昌意，昌意之子颛顼，颛顼之子讙兜，讙兜是为北方蒙古之始祖也。

依我拉喜彭斯克之见，史书记载，讙兜为唐尧之臣子，尧七十一年，治罪被流放到中山。《左传》[1]载，流放四夷，以抵挡妖魔鬼怪。《通鉴前编》载，妖魔鬼怪是指山峦、森林及湖泊中生成而伤害人类者。古代圣人远逐妖魔鬼怪至四夷，使黎民百姓安居于安全地带。如此，讙兜被治罪流放之后，早该被妖魔鬼怪吃掉，怎能成为蒙古之祖先呢？

如按《左传》所载，以讙兜抵挡妖魔鬼怪，可是并未提及讙兜的才能。再者，被流放者独身一人，又怎能抵挡得住呢？讙兜被流放一事暂且不论，仅就其被称为蒙古之世祖一事而论，自宇宙形成至人类生成，在此大洲上的繁衍生息之事，只有佛祖和诸菩萨能下定论，其他何人能知晓乎？

如果司马光称讙兜在被流放途中逃到边远地区，与当地的村民结交，组成一部落，逐渐形成蒙古，这样的论点还可算合理。但他并未这样论述，只是称讙兜是蒙古的始祖。从这点上看，蒙古在历史上曾长期对中原政权构成威胁，特别是宋朝时期，蒙古势力更加强盛，其给中原政权带来的威胁远远超出其他民族。为此，司马光心有偏见，称蒙古为讙兜之子孙，也未可知。

吾非巧言诡称蒙古绝非讙兜之子孙，只是秉公而论。对于"蒙古"一词的解释，有书这样说，"mcngdasigui"（不短缺）一词的第一音节"mcng"接"gccl vlvs"（主体国）词语中的第一个词"gccl"拼成了"mcnggccl"（蒙古勒）一词。

依我拉喜彭斯克之见，这一提法虽然出自无关紧要之书籍，

---

[1]　《左传》——中国第一部叙事详细的编年体史书。

但不能称之为妄言。在汉文文献里，用"猃狁"或"匈奴"等音译词来称呼蒙古。"蒙古"是一个专有名词。"mcngdasigui"的字面意思为"凭自身资源谋生"。正如中原人民以农耕、手艺、经贸以及其他方式来维持生活一样，蒙古人以放牧为生计，年复一年接羔养畜，兼营驮载，以养自身，并以剩余产品做交易谋生。虽然有一些贫民，但是不依赖于他人、通过自己的劳动维持生活者居多。

所谓的"主体国"，指的是赡部洲之中心。印度摩喀达王生拜请活佛喇嘛，让佛教之法宝如阳光普照。虽然在此强调传播佛教于八个繁忙区之一的边区，但不能以佛教传播地为依据定论非边疆地带。蒙古诸可汗、诺颜向来致力于传播佛教。另外，

· 匈奴娶亲图 ·

蒙古因无典籍，故一切历史无从知晓。

据蒙古之一般典籍记载，秦始皇[1]因惧怕蒙古[2]入侵而修建长城，汉高祖[3]在白登[4]被囚禁，还有先后发生的其他诸多事端，确属历史上的奇闻。

· 六字真言刻石 ·

因为没有太多的典籍做依据，笔者只能点到为止。

[1] 秦始皇——战国时秦国君、秦王朝建立者嬴政。

[2] 此处所言"蒙古"应为"匈奴"。

[3] 汉高祖——西汉王朝建立者刘邦。

[4] 白登——地名，今山西省大同市东北。公元前200年冬，匈奴冒顿单于用四十万精骑围困汉高祖刘邦于此地。

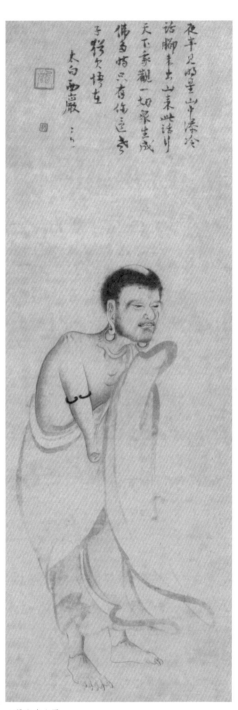

·释迦出山图·

第二章

蒙古源流

　　蒙古诸可汗，是古印度皇族之裔。古印度第一任国王是共戴之谟诃萨摩第。其后的国王在《活佛明鉴》等典籍里有翔实的记载。蒙古文典籍里记载的有关蒙古诸可汗的源流是这样的：佛祖涅槃千余年后，古印度萨迦派被称为"百夫长"的沙拉卜国王有五子，其幼子生来指甲发紫，手臂发黑，脚趾犹如鸟爪，眼睑向上闭合，牙如海螺般洁白。请占卜者相面，说是凶兆，遂装铜匣，弃于恒河 [1]。外萨蠡 [2] 村一居民拾得此子并将其抚养成人。询问其祖籍和祖源，称"吾父之仇敌"。是邦有一位实力强大的国王，此子因惧怕，逃到吐蕃，看到很多牧人。牧人询问其祖籍和姓名时，他上指天空称："吾乃天之子谟诃萨摩第国王之裔也。"众人喜曰："此人英俊超群。我们大家应推举他为国王。"于是便让他乘车，以脖颈拉车，示以众人，奉为国王，故称颈座国王。颈座国王四世孙水晶座国王有长子孛

---

[1]　恒河——蒙古文典籍称 gangga muren。

[2]　外萨蠡——传说中古印度一村庄。

鲁赤、次子少布赤、三子孛儿帖赤那，三子因与二兄不和，北渡腾汲思海，来到蒙古。有的史书称，术士看相后，知悉兄弟三人均有可汗之命，就请孛儿帖赤那为蒙古之可汗[1]。

依我拉喜彭斯克之见，孛儿帖赤那可汗之后才有了可汗源流[2]。有蒙古文典籍所记始于孛儿帖赤那，但是内容非常简略。孛儿帖赤那，从吐蕃来到蒙古称可汗，不能说无理无据。后人所记，大致也如此。孛儿帖赤那之子巴歹察干[3]，其子豁里察儿篾儿干，其子阿兀站孛罗兀勒，其子撒里合察兀，其子寻锁赤，其子孛儿只吉歹篾儿干，其子脱罗豁勒真伯颜，其子朵本篾儿干。

依我拉喜彭斯克之见，蒙古文文献里，多有同样的记载。即，孛儿帖赤那之十一世或者十二世孙中，都提到朵本篾儿干。其中，有阿兀站孛罗兀勒之子是撒里合察兀和寻锁赤之子是撒里合察兀等相互矛盾之处。根据勒仓萨迦剌勒答巴咱格根《Merged garhv yin crvn neretu tcgtagsan dayanka》一书所言，蒙古有以长生天之子闻名于世的孛儿帖赤那的九世孙朵本篾儿干的这一记载。后人校对这些史籍的矛盾之处及存有疑惑的人名后，定朵本篾儿干为孛儿帖赤那第九世孙。朵本篾儿干死后，其妻阿兰·豁阿寡居，因白光照身而受孕，生一子取名为孛端察儿。

据蒙古文典籍记载，朵本篾儿干娶豁剌里台[4]之女为妻，生二子，长子叫不忽·合答吉，次子叫不合秃·撒勒赤。朵本篾儿干死后，阿兰·豁阿与两个儿子一起生活。一夜，阿兰·豁阿梦到有白光入室，化为金色天神，趋其卧榻，阿兰·豁阿惊醒，遂有娠，生一子。阿兰·豁阿因目睹天神而有孕，遂为子

---

[1] 在这里，除将蒙古说成吐蕃支流之外，其余与史实基本吻合。

[2] 这里指的是蒙古部。

[3] 巴歹察干——《蒙古秘史》称巴塔赤罕，《蒙古源流》称巴塔察干。

[4] 豁剌里台——《蒙古秘史》称豁里剌儿台篾儿干。

取名孛端察儿。还有史书有类似记载：阿兰·豁阿寡居之时，与长子不忽·合答吉、次子不合秃·撒勒赤在八木[1]安营。夜寝帐中，有彩虹照射阿兰·豁阿的身躯使有娠，生第三子，即孛端察儿。

依我拉喜彭斯克之见，或许有人会说，孛端察儿为寡妇私生子，非朵

·蒙古大汗图·

本篾儿干之子，所以也就不是孛儿帖赤那之子孙，亦不能把孛儿帖赤那说成是他的祖先。在此，我说几句话，以辨是非。生灵之善恶，我们孰能预知？在古印度，有乔答摩[2]以神仙之缘故成为菩提树之起源之说。还有狮子国（斯里兰卡的古代名称）国王夫人诚心信奉长生天而生五子，以及伏羲之母在渭水岸边看见硕大人脚之印而受惊，遂有娠，生伏羲等甚多奇事。而且他们都沿用自己远祖的姓氏。何止阿兰·豁阿和孛端察儿之事？

如果按某些人的说法推理，勒仓萨迦剌勒答巴咱格根所言就成了谬论，用梵文和汉文记载的那些典籍也便不足为信了。

---

[1] 八木——《蒙古秘史》称阔勒巴儿忽真。

[2] 乔答摩——释迦牟尼俗名乔达摩·悉达多的异写。

所以，还请认真分析以明辨是非！

孛端察儿，相貌端庄，性格温顺，沉默寡言，因此其兄长们谓之痴而卑视，常如对待家奴般支使他做事。

有一天，阿兰·豁阿给孩子们每人一支箭，让他们折断。孩子们都轻易地将箭折断了。其后又分别给他们两支、三支、四支箭让折断，孩子们也都折断了；最后把五支箭捆绑在一起，让他们折断，无一人做到。阿兰·豁阿说："恰如折箭，如果你们团结和睦，则不会为任何人所挫败。你们怀疑孛端察儿是有道理的，然而他不是庶人之子，确实是长生天之子，其后世子孙必有大贵者。"

阿兰·豁阿殁，诸兄分家私，没有孛端察儿的份儿。孛端察儿说："善恶贫富，皆天命。"说罢，乘一匹草黄马，奔巴阿阿林顿阿刺勒而去。孛端察儿寻找食物时，适逢一只鹰扑捉野兔而食。孛端察儿套住那只鹰，驯养其以捕捉兔、雉，维持生活。如缺乏食物，以鹰猎取，如有上天辅助，捕捉甚多。孛端察儿在此住数月。有一天，一群百姓顺着统格黎克小溪迁来。孛端察儿搭起茅舍而居，与那些百姓相互资助而稍得安适。

一日，孛端察儿的兄长撒勒赤[1]心想："吾弟孛端察儿独自一人出走，又无营盘。"于是便去寻找。兄弟见面，在回家的途中孛端察儿对其兄说："统格黎克小溪的百姓无所归属，我们若以兵伐之，他们必将降附。"其兄同意他的话，到家后，挑选强壮兵士，让孛端察儿率领前去，那些百姓主动投降。

从此，从共戴之印度谟河萨摩第国王分支的孛儿帖赤那及其子孙，以长生天之子孛端察儿闻名于世，成为孛儿只斤氏乞颜部。汉文典籍记载为奇渥温氏，想必是误将"乞颜"当作姓氏了。

---

[1] 撒勒赤——《蒙古秘史》称撒勒只。

·诃额仑母亲折箭教子·

孛端察儿殁，其子合卜赤·忽鲁克巴阿秃儿[1]承袭；死后，其子篾年土敦承袭，娶莫拿伦为妻，生七子。莫拿伦心狠刚直。篾年土敦死后，莫拿伦出游时见札剌亦儿部孩子们在田间挖草根为食，便气愤地说："这是我儿子的赛马场地，你们为什么要毁坏？"于是便驱车轧过去，有的孩童被轧死，有的被撞伤。札剌亦儿部百姓甚是气愤，将莫拿伦的马群驱赶而去。莫拿伦的六个儿子追了过去，均被对方杀死。札剌亦儿部的士兵乘胜追击，杀死莫拿伦，捣毁其房屋，掠其畜群而去。莫拿伦的儿子海都因被其养母隐匿于柴堆下，得以幸存。

合卜赤·忽鲁克巴阿秃儿幼子纳臣巴阿秃儿因去巴尔虎之地岳母家探亲亦得以幸存。他闻家被祸赶来时，见海都与十几个受伤的妇人同在。

计无所出之际，只见其兄之上乘黄骠马没有被仇人掳去，尚在草场上吃草。于是纳臣巴阿秃儿骑上那匹马，假扮成寻马者去札剌亦儿部侦察。路逢父子二骑先后行，臂鹰而猎。纳臣巴阿秃儿识得那是兄长所驯养的鹰，遂颠驰至前问那小孩："有匹红儿马引领一群马向这里来，看见没有？"小孩儿说："没有看见。"而后又反问："你经过的地方有大雁和野鸭吗？"纳臣巴阿秃儿说："有。"小孩儿说："你指给我看。"于是，纳臣巴阿秃儿便领那小孩子到僻静处，将其刺死；之后又刺杀其父，并把马和鹰掳去。纳臣巴阿秃儿看见山麓有几百匹马，认出是自己的马群。他把牧马的孩童全部杀死，携着猎鹰、赶着马群回到家，然后携海都和受伤的妇人迁至巴尔虎之地居住。

海都长大后，纳臣巴阿秃儿征服巴尔虎和赤谷两地的百姓，推举其为可汗。海都率领兵马攻打札剌亦儿部，使其归附，并

---

[1] 合卜赤·忽鲁克巴阿秃儿——《蒙古秘史》称巴阿林失亦剌秃。

在巴尔虎河畔安营扎寨，势力日渐强盛。后来，四方诸部均归附。

海都死，其子巴日斯松古儿多黑申[1]承袭；死后，其子屯必汗[2]承袭；死后，其子合不勒汗承袭基业；死后，其子把儿坛巴阿秃儿承袭；死后，其子也速该巴阿秃儿承袭。也速该巴阿秃儿为孛儿帖赤那第十九代孙。

依我拉喜彭斯克之见，据蒙古文史书记载，从孛端察儿到也速该巴阿秃儿，共十一世。合卜赤·忽鲁克巴阿秃儿有子毕乞巴阿秃儿[3]，其子玛哈脱达。

元史记载，合卜赤·忽鲁克巴阿秃儿的儿子是玛哈脱达。如《Merged garhvyin crvn neretu tcgtagsan dayanka》所载，至九世诺颜也速该巴阿秃儿的儿子、奉长生天之命降生于大地

· 额尔古纳河 ·

---

[1] 巴日斯松古儿多黑申——《蒙古秘史》称伯升豁儿多克申。

[2] 屯必汗——《蒙古秘史》称屯必乃彻辰。

[3] 毕乞巴阿秃儿——《蒙古秘史》无此名字。

之铁木真即可汗位，诸多部族归至其麾下。依吾愚见，这里的"至"可能是从合卜赤·忽鲁克巴阿秃儿算起。因此，依据上述两部典籍，不计毕乞巴阿秃儿，正好吻合辈数。

有一天，也速该巴阿秃儿在斡难河放鹰，遇见斡勒浑[1] 氏女人诃额仑，遂对那可儿说："多么端庄的女人啊！其所出之子定非等闲之辈。"遂娶其为妻。

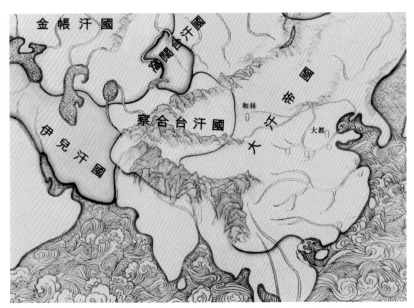

· 元朝及四大汗国疆域 ·

有史书记载，斡勒浑氏诃额仑兀真，原为篾儿乞惕部西里歹[2]之妻，被也速该巴阿秃儿抢为妻子。至此，也速该巴阿秃儿依靠自己的才干，统一蒙古诸部，势力空前强盛。诃额仑兀真身有孕。其后，也速该巴阿秃儿率兵征塔塔尔部，克劲敌，虏其部酋铁木真兀格返回营地。

---

[1]　斡勒浑——《蒙古秘史》称斡勒忽讷惕。

[2]　西里歹——《蒙古秘史》称也客赤列都。

依我拉喜彭斯克之见，自孛儿帖赤那可汗以来承袭基业的诸可汗，以律理政，造福了黎民。如若不然，基业怎会不断地承袭下来呢？

唐尧封后稷于有邰，其子孙代代相承。他们中间出现十五位圣贤君王，直到文王[1]建立了周王朝。孟子[2]说，只要行善积德，子孙后代定有王者兴；只要由贤能之人创建政权，并传于后世，千秋之业定能大功告成；谋事在人，成事在天。

如此看来，孟子之言和阿兰·豁阿之语正好吻合，均倡导行善积德。

---

[1] 文王——周文王，姓姬名昌（公元前 1152—前 1056 年），季历之子，周朝奠基人。季历死后，由他继承西伯侯之位，故又称"伯昌"。商纣时为西伯侯，建国于岐山之下。

[2] 孟子（约公元前 372—前 289 年），名轲，字子舆，邹（今山东邹城）人。

· 锡林郭勒草原 ·

第三章
蒙古汗国与元朝正史

1. 成吉思可汗

虽然受五种灾难是本洲之共同遭遇，然则为惩罚祸国殃民的诸可汗，为天下黎民百姓造福，依无可匹敌之洁白螺号的支持者的心意，上天之至圣、大地之至尊，显胜善终的佛祖诞生后第两千一百八十九年，即额勒德卜之水马年，亦即壬午年（1162年）初夏望日，诃额仑兀真在斡难河畔迭里温孛勒答黑生下了一个男孩儿。也速该巴阿秃儿非常高兴，恰遇俘获塔塔尔部酋铁木真兀格，便为子取名铁木真。

通事撒姆丹曾格在其《呼图克图明鉴》一书的末尾标注译文称：圣祖成吉思可汗诞生于佛祖涅槃后的三千二百五十三年，即辛（壬）午年。

据席勒图固师达日嘛所著《金轮千辐》一书记载：圣祖成吉思可汗诞生于庚申年萨迦派狮子王生后的两千一百二十三年，即壬午年。

另外，札鲁特固师托音达喀里喀斯敖力布撰写的《皇氏（室）

源流》载：圣祖成吉思可汗诞生于佛祖涅槃后的两千二百余年的叫额勒德卜之壬午年。

当时，客列亦惕部之主脱兀邻勒被金朝皇帝赐封为王，蒙古部称其为"王汗"。王汗背弃兄弟情义，滥杀无辜。其叔卓拉带兵，在哈如纳昆之地与其交战。王汗大败，带领不足一百人的兵马投奔也速该巴阿秃儿。也速该巴阿秃儿出兵与卓拉交战。卓拉大败，逃往西夏。

也速该巴阿秃儿收回客列亦惕部王汗属地并还给了他。王汗感激也速该巴阿秃儿援助之情，与也速该巴阿秃儿结成安达。

那时，也速该巴阿秃儿的兄弟们征服泰苏惕部[1]，与他和睦相处。之后，塔勒不台征服泰苏惕部，与也速该巴阿秃儿争斗，

· 成吉思汗降生 ·

---

[1] 泰苏惕部——《蒙古秘史》称泰亦赤兀惕部。

另树一帜。也速该巴阿秃儿逝世后，因铁木真年幼，部众多归泰苏惕部。近侍脱多胡日查也欲背叛而去。铁木真听到后，涕哭劝谏。脱多胡日查说："深池已干，坚石已碎！"遂率众叛离而去。铁木真及诃额仑兀真大怒，率兵穷追，将叛逆者赶回。

有一天，主儿乞惕部人赶走铁木真的马群。铁木真与纳忽伯颜之子孛斡儿出追去。孛斡儿出是年十三岁。少年英雄孛斡儿出探知盗马贼人数后，与铁木真两面夹击，盗马贼难以抵抗，弃马群而逃。

· 美岱召大雄宝殿壁画 ·

时，铁木真麾下搠只[1]居于塞拉胡[2]边。撒麻古部人脱歹撒儿[3]掠搠只的马群而去。搠只察觉后，匿于马群中，射杀了脱歹撒儿。撒麻古部人怒，与泰苏惕诸部合谋，集结厄鲁特、卫拉特、锡勒楚特、哈答斤、札剌亦儿等七部三万之众，与铁木真交战。

时，也速该巴阿秃儿与诃额仑有铁木真、哈撒儿、合赤温、

---

[1] 搠只——《蒙古秘史》称拙赤答儿马剌。

[2] 塞拉胡——《蒙古秘史》称撒阿里客额列。

[3] 撒麻古部人脱歹撒儿——《蒙古秘史》称扎木合之弟给察儿。

斡赤斤四子；与忙吉勒有别勒古台、别克帖儿二子。有史书记载：斡赤斤为成吉思可汗之叔父。在此从正史。

·成吉思汗画像·

　　铁木真听到敌人来侵的消息后，率领已长大的弟弟们出兵。铁木真母亲诃额仑说："厄鲁特和泰苏惕等部联合起来，欲杀死孤苦伶仃的你们，并掳走我这个寡妇。我要亲自出征！"言讫，母子把兵马分成十三翼，在达阑拜察之地等候交战。撒麻古部兵马先到。开战前，铁木真整顿兵马并下令说："拼命奋战，一步也不能退却。"哈撒儿、孛斡儿出二人下马，把缰绳系在腰带上，站立着，不顾一切地射杀，将敌人压下去。

这次战斗结束后，铁木真大加夸赞哈撒儿、孛斡儿出二人。时，泰苏惕部虽地广民众，但因无法律约束，民众时常被无辜迫害。民众议论说："据闻铁木真把自己的好衣赏给贤者，把自己的骏马赐给勇士。他才是我们的主子。"遂叛泰苏惕部，归铁木真。因之，泰苏惕部势力大减。

有伊乞里根氏[1]叫不秃的人，能战善射，忠诚明理。铁木真听说以后，为使其归顺，派名叫卓勒齐特的使者前去劝说。不秃宰羊款待使者，让使者骑乘一匹好马而归。使者回营向铁木真汇报了不秃的善举。铁木真非常高兴，把妹妹铁木仑嫁给不秃为妻。

不秃派名叫雅布泰的亲戚告知铁木真："我闻您的神奇智慧，如同云散日出、春风化冰一般，心中高兴之甚。"铁木真问："不秃有多少牲畜？"雅布泰答："马有三十匹，一半作为聘礼。"铁木真说："使其归顺，并未提及买卖牲畜之事，是因为敬佩不秃的智勇而将妹妹嫁给他。古人说，难得的是同心同德。如今我要一统天下，你们伊乞里根氏全体子民与不秃精诚团结，竭诚为我效力便是。"遂将妹妹嫁给不秃。后，撒乞勒台、撒出儿胡、脱不花三人带三千兵马来与铁木真交战。不秃闻讯，带本部兵马迎战，射死脱不花，掠其牲畜、百姓献给铁木真。

其后，铁木真为了用计谋收服泰苏惕部，邀请色辰布和[2]为首的部众至斡难河畔，用车载酒和酸奶，举行宴饮。

铁木真赐色辰布和与其母亲豁阿黑臣等人一坛酒，又赐色辰布和庶母吉伯海[3]一坛，对桌饮酒。宴毕回家后，豁阿黑臣

[1] 伊乞里根氏——《蒙古秘史》称亦乞列思。

[2] 色辰布和——《蒙古秘史》称薛扯别乞或撒察别乞。

[3] 吉伯海——《蒙古秘史》称额别该。

·固固冠·

对色辰布和说："铁木真蔑视我母子而尊重吉伯海，他是在小看我们。"色辰布和说："我们以回请为名，将其骗来并杀之。"商定后，派人请铁木真。诃额仑兀真提醒铁木真说："坏人无大小，毒蛇无粗细。总怀歹意的泰苏惕部不可不防啊！"

铁木真下令说："哈撒儿备好弓箭，别勒古台做好内外警戒，合赤温备马，斡赤斤与我同行！孛斡儿出、木华黎二人带领一百名勇士，凡事加倍警戒。"吩咐完毕，即赴宴。进帐欲坐铺于上首的褥垫上。斡赤斤拽铁木真的衣襟说："在异地不宜坐上首。"铁木真便移坐于西侧。上首褥垫下面，备有一个三丈深的坑。色辰布和频频催请铁木真坐上首，铁木真心生疑惑，始终未坐上首。

宴席间，别勒古台抓住了盗窃铁木真随从马缰绳的色辰布和臣下叫布赍[1]的马童。布赍恼怒，用腰刀砍伤了别勒古台右肩。

---

[1]　布赍——《蒙古秘史》称不里孛阔。

别勒古台大怒，左手操起盛马奶的篓子乱打。别勒古台与布赍
各不相让，混战之际，斡赤斤带铁木真从屋里出来，因来不及
骑各自的马，让铁木真骑科尔沁陶克陶胡的白色骒马驰去。哈
撒儿、孛斡儿出、木华黎等带领一百名勇士冲锋陷阵，与泰苏

惕部对战。哈撒儿瞄准色辰布和一箭射去。色辰布和急忙躲闪，
其右手指连同砍刀柄被射断。色辰布和非常害怕，落荒而逃。

孛斡儿出、木华黎二人奋勇掳走豁阿黑臣、吉伯海，大家保护铁木真撤退。经查验，铁木真方亡两人，泰苏惕部一方亡百余人。

·孛斡儿出画像·

色辰布和欲求和，派使者前来请求放还二哈屯。铁木真说："既然这样，须将肇事人布赉交给我！"别勒古台说："如今我们要做统一天下的事业，如果为了我而进行杀戮，众人会诽谤您。我的伤势虽重，但不至于死亡。"铁木真对此话大加赞赏，将豁阿黑臣、吉伯海二哈屯送还。

铁木真儿时便失去了父亲。所以，部乱民伤，外侵颇多。如今铁木真和弟弟们都长大成人，各自练就了一身本领，身边还有孛斡儿出、木华黎、赤老温、孛罗兀勒、晁[1]、者勒篾、托儿干什剌[2] 和不秃等英雄豪杰衷心效力，基本降服了邻近的敌对势力，得以安宁。时，铁木真还未成婚。其弟弟和大臣们相商，欲选一位贤惠的女子为其妻。铁木真说："男人要精诚辅国，女人应精心理家。纵然相貌美丽动人，若无才气，谁人喜欢？让我自行选择吧。"于是物色属国之所有女性，看

---

[1] 晁——《蒙古秘史》称搠儿马罕，其他蒙古文书籍称晁篾儿干。

[2] 托儿干什剌——《蒙古秘史》称锁儿罕失剌。

中了弘吉剌惕部乌日根伯颜[1]十八岁的姑娘布日特格勒晋[2]。此女相貌美丽，一向以贤惠闻名，无一般女子之俗气，温柔大方。

铁木真决定娶布日特格勒晋为妻，派乌梁哈部的者勒篾为媒人，去乌日根伯颜家说亲。蒙古虽然很早就有相亲嫁娶的习俗，但也只是送聘礼而已，并没有既成的婚俗规矩。铁木真娶布日特格勒晋为妻，开了蒙古婚嫁礼俗之先河，即让乌梁哈部的者勒篾和善于言辞的察噶歹老人送聘礼，然后完成定亲事、祝新房、拜日月、梳鬓发、掀房帘、拜火神、拜亲家、受祝福程序，再择吉日娶回。

塔塔尔部主篾古真色古勒[3]，先投金后反叛。金丞相完颜襄亲自带兵征伐。得知这一消息后，铁木真决定与金联合，征讨篾古真色古勒。于是，派使者请色辰布和亲自带兵来助战。因色辰布和未来，铁木真领兵抢先于金兵同篾古真色古勒交战。篾古真色古勒休整兵马，与铁木真开战。木华黎迎战，双方持续战斗许久，木华黎斩杀了篾古真色古勒。这样，铁木真又征服了一部分塔塔尔部众。

乃蛮部来抢铁木真领地远在边界的庶民。为征讨乃蛮部，铁木真再次派六十人请色辰布和来助战。色辰布和怀旧仇，不仅未出兵，反而杀了其中十人，遣回裸身的五十人。铁木真看此情景大怒道："色辰布和，先前砍别勒古台右肩，后征讨塔塔尔部篾古真色古勒时未来参战，如今杀我十名使者，又脱裸五十名使者，这如何使得！"于是，亲自带兵三万，征讨色辰布和。色辰布和闻讯而动，传信告知其兄色辰泰出。兄弟二人率兵两

---

[1] 乌日根伯颜——《蒙古秘史》称德薛禅。

[2] 布日特格勒晋——《蒙古秘史》称孛儿帖。

[3] 篾古真色古勒——《蒙古秘史》称篾古真薛兀勒秃。

万，与铁木真在陶赖图[1]相遇交战。哈撒儿射死色辰泰出。色辰布和与者勒篾交战，者勒篾败逃。色辰布和拉弓射箭那一瞬间，别勒古台冲过去，砍死了色辰布和。铁木真大获全胜，掳获大量财物和牲畜。

泰苏惕部的营地被名叫杭忽的人占领。

客列亦惕部王汗与乃蛮部交战，大败，在逃难途中食物尽，只好以喝驼马血维持生命。铁木真闻此情，看在其与父亲曾是安达的分儿上，派人送去干粮，还亲自迎接，在土浯剌河畔设宴以父辈之礼款待之。

·赤老温画像·

征讨锡勒楚特部时，铁木真被打败。铁木真被困在敌兵中间，跌下坐骑。孛斡儿出扶铁木真骑上自己的马，自己徒步交战。危难之际，寻找铁木真的木华黎、赤老温、孛罗兀勒三人前来相助。木华黎砍杀敌方一人，抢其马匹给孛斡儿出骑乘。四将力战，将铁木真从乱军中救出。撤退时，突然刮大风下起大雪。他们迷失了方向，只好在野外宿营。四员大将卸

[1]　陶赖图——《蒙古秘史》称帖列兀秃阿马撒儿。

下马鞍毡垫，抓住四角抻开，为铁木真挡风雪，直到拂晓，脚未挪动。翌日，与大军会师。铁木真带领三十余铁骑下山谷看地势时，林中突然冒出埋伏的敌军，箭如下雹子般射来。木华黎射杀了三个人。贼首询问：“你是谁？”木华黎回答：“我是木华黎。”言讫，用马鞍掩护铁木真，孛斡儿出、孛罗兀勒将铁木真夹在中间。正在撤退之时，敌兵追了上来。赤老温迎上去，又杀死了四个人。敌兵心悸，停止了追赶。铁木真班师回营。

不管铁木真出征到哪里，孛斡儿出都每夜巡防并守护铁木真的住处。因此，铁木真在出征中总能

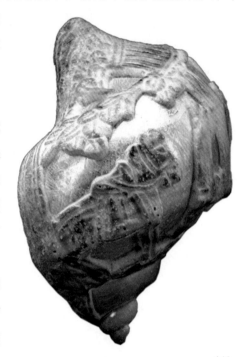

·海螺·

得到充分的休息。铁木真嘉奖木华黎、孛斡儿出、孛罗兀勒、赤老温四人为忠毅英雄，并授予封号“忽鲁克”（意为骏马）。

主儿乞惕部[1]叫晃的人擅长骑射。有一次，铁木真与贼寇交战时，看到两只野鸭子飞来，他对晃说：“射！”晃问：“射公的还是射母的？”铁木真说：“射公的。”晃果然射中公的。看到这情景，贼寇说：“此人能将飞禽射中，何况人呢？”遂不战而降。铁木真封晃为“篾儿干”。

---

[1] 主儿乞惕部——亦称主儿赤惕部。

铁木真出征蒙古贞部落，与其主脱秃[1]在木纳山麓交战，大败脱秃军，将掳掠的人畜全部给了客列亦惕部的王汗。

王汗的百姓获得了些许战利品，居住在阿克苏[2]。王汗率兵再征蒙古贞。蒙古贞大败，脱秃本人逃到巴尔虎真之地。王汗获得大量战利品，没有给铁木真丝毫。

铁木真与王汗率兵出征乃蛮部之主卜赉[3]。途中，下营于贺喜格贝草原。其间，撒麻古部落酋长[4]派使者向王汗传话说："咱们俩如同白翅雀，其余如同大雁。白翅雀无论是在温暖的季节还是在寒冷的季节，总待在北方。而天气一变冷，大雁就飞向不属于自己的南方。我们怎能信任铁木真呢？"

王汗听信这些话，是晚在驻地放火，班师回土浯剌河畔。翌日，铁木真发觉王汗有异心，同样班师回到萨里河[5]畔下营。乃蛮部落名叫绰拜[6]的将军带兵追击王汗，大获全胜，将其部落庶民掳去。王汗派自己的儿子伊剌忽、大将孛鲁古歹追击，并派人告知铁木真："求你立即派遣自己的四员大将过来帮助我。"

铁木真不计王汗过去的不是，派四忽鲁克前去助战。四将未到，伊剌忽还击大败，孛鲁古歹被捉。伊剌忽的马臀部受伤，被敌追赶之危急时刻，四员大将赶到。四将如饿虎捕食、大鹰叼鼠，与乃蛮部奋勇交战。绰拜迎面遇见孛斡儿出，孛斡儿出如同发疯的大象，呼啸如地震，一剑刺杀绰拜。赤老温从敌人

---

[1] 脱秃——《蒙古秘史》称脱黑脱阿别乞。

[2] 阿克苏——原文将汉文"居亡何"误译成"阿克苏"了。

[3] 乃蛮部之主卜赉——《蒙古秘史》称乃蛮古出古惕不亦鲁黑汗。

[4] 撒麻古部落酋长——《蒙古秘史》称札答阑部扎木合，以下均是。

[5] 萨里河——《蒙古秘史》称撒阿里河。

[6] 绰拜——《蒙古秘史》称可克薛萨不剌黑。

手里救出孛鲁古歹。这样，四将打败乃蛮部兵将，夺回被掳的牲畜和庶民，还给了王汗。

哈撒儿亲自带领劲旅，在胡鲁斯吐与乃蛮部大战，乃蛮部惨败，元气大伤。

杜尔伯惕、哈答斤、弘吉剌惕、温察袭、撒麻古、科尔沁等部[1]联合，要与铁木真决战。他们在根河畔会集，一致推撒麻古部落酋长塔喜[2]为卓拉可汗[3]，发誓："今后谁若破坏共同的和睦，就会如同这河岸塌陷，如同这棵树被砍掉。"他们一边说着，一边踏塌了河岸，砍掉了大树，并起兵与铁木真交战。杜尔伯惕部叫塔海的人，与铁木真部的撒鲁是亲家。撒鲁在亲

· 蒙古人射猎 ·

---

[1] 杜尔伯惕、哈答斤、弘吉剌惕、温察袭、撒麻古、科尔沁等部——《蒙古秘史》称哈答斤、撒勒只兀惕、朵儿边、塔塔儿、亦乞列思、弘吉剌惕、豁罗剌思、乃蛮、蔑儿吉惕、斡亦剌惕、泰亦赤兀惕等部。

[2] 塔喜——《蒙古秘史》称扎木合。

[3] 卓拉可汗——《蒙古秘史》称古儿可汗。

家处得知他们的联合行动，向铁木真报告了军情。铁木真一边派者勒篾去弘吉剌惕、兀其耶惕二部，瓦解他们的联盟；一边亲自率兵，加速行军，打败了其他四个部落。弘吉剌惕和兀其耶惕二部落投降铁木真。

壬戌年，铁木真四十一岁，伐按赤塔塔尔、撒干塔塔尔二部[1]。

铁木真下令："我们如果破敌制胜，所获财物勿擅取，聚集一起共分之。"与二部落交战获胜后，阿南答、忽西剌、答力台三人[2]违令，擅自取财物和牲畜。铁木真大怒，尽夺其所获，分给军卒。

蒙古贞部脱秃从巴尔虎真来会乃蛮部卜赍汗，约杜尔伯惕、塔塔尔、哈答斤、苏尼惕诸部与铁木真交战。铁木真与王汗领兵迎战。铁木真遣哨兵瞭望，得知敌兵很强，遂暂避其锋，领兵依阿拉山，准备与敌战于祟塔之甸。乃蛮部卜赍汗令孛额施扎答术[3]。既而反风，逆击其阵。铁木真与王汗乘势领兵攻击。那些部落之兵受重创，互相践踏，坠于沟壑中，死亡者甚多。

铁木真欲为长子术赤求婚于王汗之女，王汗未许。自此，互有猜疑。名叫撒麻古的人，对伊剌忽说："铁木真欲与你们联姻是有所企图的。你们如果与铁木真交战，我将助你们一臂之力。"伊剌忽信了这些话。铁木真的部民阿南答、忽西剌、答力台等背叛铁木真来到伊剌忽处："我等愿佐君杀也速该诸子。"伊剌忽大喜，告知父亲王汗。王汗说："吾身之存，全赖铁木真，如今须发已白，遗骸冀得安寝。"伊剌忽依然欲讨

---

[1] 按赤塔塔尔、撒干塔塔尔二部——《蒙古秘史》称察哈安塔塔儿、阿勒赤塔塔儿、都塔兀惕塔塔儿、阿鲁孩塔塔儿。

[2] 阿南答、忽西剌、答力台三人——《蒙古秘史》称阿勒坦、忽察儿、答里台三人。

[3] 扎答术——古代蒙古孛额所使用的法术之一，即呼风唤雨的法术。

铁木真而喋喋不休，王汗遂允准。

癸亥年，王汗令各部讨伐铁木真，各部领兵来战。铁木真闻讯，遣者勒篾为第一路军主帅迎战，途中与主儿乞惕、塔塔勒勤、明安部相遇，大败其军。继与王汗军相遇交战，王汗大败而逃。铁木真回自己的营地后，遣阿里海[1]指责王汗："你为叔父卓拉所逐，来投我父亲，我父亲打败卓拉，将领地和百姓归还于你，这是其一。你又为蒙古贞兵所败危难之时，我遣色辰布和助你打败蒙古贞兵，这是其二。你困顿而来时，我迎接你并赐宴，令你吃饱养肥，这是其三。你征讨蒙古贞所获之战利品，丝毫未分给我，我不以为意。你为乃蛮部所掠时，我遣四忽鲁克夺还你的百姓、财物和牲畜，使你富有，这是其四。我征讨六个部落，如海青鸟捕天鹅一般，使其溃败，将所获战利品之大部分给了你，这是其五。助你这五次，众所周知。你不但不报答我，为何还要与我为仇而加兵讨伐？"王汗听说之后，对儿子伊剌忽说："我向者之言何如？"伊剌忽说："事已至此，唯有一心奋战而已。"阿里海又把铁木真的话告知阿南答、忽西剌、答力台三人："昔者吾国无主，以色辰泰出、色辰布和二人是我伯祖不剌噶之裔，欲立之。二人既已固辞，乃以汝忽西剌为伯父色古之子，又欲立之，汝又固辞。复以汝阿南答为我祖忽秃剌之子，欲立之，汝又固辞。于是汝等推戴吾为之主，不想你们相迫至于如此。三江之源为吾祖宗肇基之地，毋为他人所有。汝等应善事王汗。"他们三人无言以对。

铁木真领兵讨伐氿惕部。时，哈撒儿居于噶鲁之地。王汗来战获胜，将其妻儿、牲畜、财物及百姓尽掳去。哈撒儿只身

---

[1] 阿里海——《蒙古秘史》作阿儿孩哈撒儿和速格该者温。

挟幼子秃出[1]逃出。至班楚泥河[2]，找到了兵败而来的铁木真。铁木真断粮无食之时，哈撒儿射死一头野驴，将其烧熟后与大家饱吃一顿。欲饮班楚泥河水时，发现河水浑浊。铁木真饮浑浊之水，双手合十祈祷而誓："我若能成大业，与汝等共享幸福。喝此水者誓死为我效力。谁若食言，如同这个浑浊水。"言讫，大家畅饮此水，流下眼泪。

　　主儿勤部名叫不秃的人，兵败于巴牙兀惕部，来到这里，同饮浑浊水，归附铁木真部。时，王汗兵强马壮，铁木真部兵

·蒙古人生活起居图·

[1] 秃出——《蒙古秘史》称秃忽。

[2] 班楚泥河——《蒙古秘史》称巴勒渚纳。

弱马瘦，胜败未可知，众颇危惧。因此发誓，归顺了铁木真。

铁木真班师回营，重整兵马，与王汗兵马在哈勒勤[1]之地开战。铁木真令奥鲁部[2]兵马率先冲锋。奥鲁部叫术赤歹[3]的人一言不发，后退不前。一个名叫旺达儿[4]的人，冲出阵营请缨："小弟如同凿子，诸兄如同锤子。不用锤子敲打凿子，凿子就是摆设一个。小弟冲锋陷阵，诸兄做后盾。小弟有三个男孩，请主子抚养我的三个男孩。"

随即，旺达儿一马当先，不顾生死，一直与敌军厮杀到夕阳西下。铁木真派人来召唤。这一天，交战双方虽然胜败无果，

· 岩画——狩猎图 ·

---

[1] 哈勒勤——《蒙古秘史》称哈勒只惕额列惕。

[2] 奥鲁部——《蒙古秘史》称兀鲁兀惕部。

[3] 术赤歹——《蒙古秘史》称主儿扯歹。

[4] 旺达儿——《蒙古秘史》称忽亦勒答儿。

但是损伤都不小，旺达儿头部受重伤。铁木真在营帐里安顿旺好达儿，并亲自磨药为他上药。一个月后，旺达儿因伤势过重逝世。铁木真对旺达儿的逝世深感悲痛，令手下记录："好生抚养旺达儿的三个孩子，长大后重用他们。"

随后，铁木真移军斡难河源头，谋攻王汗。他复遣二使往王汗处，诈称哈撒儿之言说："我兄铁木真依我哈撒儿的神射、别勒古台的气力，占有了百姓，而今骄傲放纵，欺负我们，对此我们深恶痛绝。如今我的妻孥又在王汗所，我欲带别勒古台前往。承蒙容纳，即将派人前来。"王汗信以为真，高兴地说："要是果然如此，我要起用哈撒儿、别勒古台为大将。"遂遣彼二使与孛鲁古歹前去迎接哈撒儿、别勒古台。哈撒儿以皮囊盛血与孛鲁古歹结盟。哈撒儿跟孛鲁古歹另派一个人，向王汗说："成事之计在于快。明天晚上，你与那边举兵来攻；这边我与别勒古台做内应，杀死铁木真。"得到这一情报后，信以为然的王汗即以彼使为向导，令军马连夜赶到者别秃山[1]。当客列亦惕部兵马接近铁木真大营时，哈撒儿、别勒古台二人率一支军迎面乱射过来。在其后边，铁木真、孛斡儿出、赤老温带兵如翻江倒海之势夹击而来。王汗大败，与伊剌忽、孛鲁古歹逃回自己的军营时，木华黎、孛罗兀勒二将早已袭取他们的军营。孛鲁古歹被木华黎射死以后，王汗不战而逃，并哀叹说："我为吾儿所误，今日之祸，悔将何及！"王汗出走，路逢乃蛮部将，被杀死。伊剌忽走西夏，日剽掠以自资，既而又为西夏所攻走；至龟兹国，终被龟兹国主讨杀。铁木真既灭王汗，征服了客列亦惕部，狩猎于特莫格秃[2]之地，发布号令，整顿兵丁，警告术

---

[1]　者别秃山——《蒙古秘史》称折格儿温都儿山。

[2]　特莫格秃——《蒙古秘史》称帖蔑延客额列。

赤歹，免其将军爵，凯旋。

依我拉喜彭斯克之见，人的善恶报应，与其说会应验在子孙后代的身上，不如说会应验在自己的身上。铁木真与王汗交战时，虽然王汗人多势众、兵强马壮，但是他不顾铁木真父子的救命之恩，贪图名利，结果，创下的基业毁于一旦。这充分说明了人间自有正道。如《Cnvhvi neretu xasdir》所载，以仇报恩的井底之鸟袭击救命的家雀，结果被大鹰叼走。俗话说，"害人之心不可有"，何况以仇报恩。务实之人明辨是非，是非得失自有结论。不顾一切地追逐名利，不分是非，早晚会得到报应。如明哲之人所言，搬起石头砸自己的脚，早晚都要自食其果。故再三告诫奸佞之辈，做事情，要听众人之意见，集众人之智慧，行众人之意志。

当时，乃蛮部太阳可汗对铁木真的智慧、勇气和胆略心存忌恨。他遣使对巴牙兀惕部主阿剌忽思[1]说："吾闻东方有称帝者，天无二日，民岂有二主耶？君能益吾右翼，吾将夺其弧矢也。"阿剌忽思即以是谋报铁木真。

甲子年，铁木真四十三岁，大会于特莫格秃河，议伐乃蛮。群臣以方春马瘦、宜俟秋高为言。铁木真弟斡赤斤说："事所当为，断之在早，何可以马瘦为辞？"别勒古台接着说："乃蛮欲夺我弧矢，是小我也，我辈义当同死。彼恃其国大而言夸，苟乘其不备而攻之，功当可成也。"铁木真高兴地说："以此众战，何忧不胜。"遂率兵五万，驻兵于扎达盖山[2]。遣忽必来、者别二人为前锋。太阳可汗起自阿勒泰，驻营于杭盖山。当时，篾儿乞惕、札剌亦儿、塔塔尔、塔塔勒勤、杜尔伯惕、哈答斤

---

[1]　巴牙兀惕部主阿剌忽思——《蒙古秘史》称汪古惕部的阿剌忽石惕吉惕忽里。

[2]　扎达盖山——《蒙古秘史》称撒阿里客额列。

等部联合乃蛮部，组成七万大军，士气大增。那天，铁木真军营中一匹瘦马惊入乃蛮营。太阳可汗见到后，与大家商量说："蒙古之马匹瘦弱如此，我们诱其入险处擒杀之。"乃蛮部大将豁里速别赤说："先王战伐，勇进不回，马尾人背不使敌人见之。今为此迁延之计，得非心中有所惧乎？苟惧之，何不令哈屯来统军也！"

听了豁里速别赤这番话，太阳可汗愤怒至甚，即跃马索战。铁木真以哈撒儿为主中军。当时，哈答斤部主撒儿忽见铁木真军容整肃，谓左右："乃蛮初举兵，视蒙古军若鸇翔羔儿，意谓蹄皮亦不留。今吾观其气势，殆非往时矣。"遂引所部兵马返回自己的营地隐蔽起来，之后归附了铁木真。是日黎明，两军激战至中午，四忽鲁克说："养兵千日，用兵一时。如此战不挺身而出，主上授予我们的'四忽鲁克'称号不如授予我们的女人！"四忽鲁克如疯狂之大象、饥饿之猛虎，呼啸而进。

· 狩猎图 ·

哈撒儿、别勒古台、不秃和晃四员大将在战场上亦如雄鹰展翅、海青鸟冲刺，迅猛勇敢。铁木真的这八员大将率领的大军与乃蛮部军激战一天，大败乃蛮。哈撒儿射杀了太阳可汗。追歼乃蛮军，诸部军一时皆溃，夜走绝堑，坠崖死者不可胜计。翌日，余众悉降。

畏兀儿的塔塔统阿，是为太阳可汗掌管玉玺之大臣。塔塔统阿揣太阳可汗的玉玺逃出去时，被铁木真铁骑擒住。铁木真问塔塔统阿："吾已灭亡太阳可汗之国，你身带玉玺在逃何意？"塔塔统阿回复："臣从君为天理。主子之事与自己的性命联系在一起，乃臣子之职责。在逃之意，在于完璧归赵。"铁木真说："你是一个专心致志的忠诚人。"接着问塔塔统阿："玉玺有什么用？"塔塔统阿回答："将此物交付于好人，是其用于处理日常事务的证据。"

铁木真夸奖塔塔统阿并下诏："以后，发信笺、掌玉玺等文武百事，由他负责；聘他为教吾子和众部将子弟畏兀儿语和畏兀儿文字之师。"至此，铁木真终于统一了互相残杀、互相敌对、割据混战的蒙古高原诸部落。

且说：如同做梦，法天启运，铁木真统一蒙古诸部。他征伐割据为政、祸国殃民的诸暴君，在蒙古高原上开创了一时的和谐局面，乃是一个奇迹也。

依我拉喜彭斯克之见，《Sain ugetu erdeni sang》一书所载：如同诸兽之王狮子因骄傲而被聪明的小兔子所杀一样，太阳可汗兵强马壮，联盟军势力空前，但是，诸部出于眼前利益，无团结统一的坚实基础，一败再败。太阳可汗狂妄自大，贪图名利，鄙视对方，嫉妒贤哲，不取信于民众，结果，那些部落都降服于器重人才、慰抚兵丁的铁木真。太阳可汗的七万雄兵

一时间云飞烟散，欲一口吞食铁木真的他也死于哈撒儿的利箭之下。如果他戒骄戒躁、惩治丑恶、普施仁政、谨守边疆的话，铁木真军民再多也难以造成一时间国破人亡的下场。

铁木真军民数量虽然很少，但因其宽宏大量、仁义诚信，其属下如孝敬父母一般，忠顺之民直言不讳，忠勇之人不惜性命，军卒不怕刀山火海，因此能以少胜多。可见，胜败的根本在于能否以德服人。世人都应该深思。

乙丑年，铁木真四十四岁。率兵征伐西夏的铁木真，攻拔力吉里寨，下落思城，大获全胜。

· 骑兵作战图 ·

有一天，铁木真出猎，遇见一个放羊孩童。孩童把套马杆扎在地上，给其戴上自己的帽子，跪在其下磕头，还在其面前唱歌跳舞。铁木真问："你这是做什么？"孩童回答："我的名字叫撒干[1]。俗话说，两人同行，长者为兄，一人在外，冠冕为长。我一人在外，当敬礼冠冕也。闻众人之长，近在咫尺。我这是在学习朝纲礼仪。"铁木真感到惊奇，把他带回营地对布日特格勒晋哈屯说："今日出猎收一奇童，请你好生抚养他。"撒干长大成人后，铁木真给他娶一贤女为妻。撒干后来英勇无比，数立奇功。

有一天，撒干在原野上脱靴入睡，一只猫头鹰落在他身边的树上鸣叫。忌讳猫头鹰叫声的撒干，拿起靴子抛向猫头鹰，不想从靴里掉出来一条毒蛇。撒干回营向铁木真陈述此事。铁木真说："世人都忌讳猫头鹰，猫头鹰却给你带来了吉兆。所以，今后你给子孙后代立一个规矩：不许捕杀猫头鹰。"

丙寅年，成吉思可汗四十五岁。是年为太祖元年、宋宁宗开禧二年、金章宗泰和六年（1206 年）。冬末月下旬，蒙古哈拉哈、巴阿林、巴牙兀惕、土默特、科尔沁、兀良哈、弘吉剌惕、客列亦惕、札剌亦儿、塔塔尔、塔塔勒勤、厄鲁特、乌拉特、泰苏惕、苏尼特、哈答斤、席鲁惕和蒙古贞的千户长，以及其余部落的首领和部将会聚在一起商谈："我们蒙古的君主铁木真，

· 成吉思汗登基 ·

---

[1] 撒干——《元史》称察罕。

生来具有高贵福缘，且取信于民，文武双全，朝气蓬勃，真可谓长生天之子。如今我们大家推举他为整个蒙古的可汗。"

于是择吉日，建九脚白旄纛。铁木真向天地、向祖先磕头行礼，走上坚固吉祥的皇位，即蒙古可汗位于斡难河之源。是年，铁木真四十五岁。当时，从未见过的五彩缤纷的雄鹰，在即位仪式场地上空盘旋，不断鸣叫："成吉思！成吉思！"大家看此情形，惊奇道："这是长生天赋予我们蒙古大汗'成吉思'这个尊号。"诸王、群臣大喜，共上尊号"成吉思可汗"，并向成吉思可汗行九次叩首礼；为布日特格勒晋哈屯共上尊号"额呵哈屯"，并向她行叩首礼。大家为成吉思可汗即位设宴庆贺。

据汉文典籍记载，这只吉祥的鸟为凤凰。如同镶嵌在旗杆上的如意宝石，重新回到原主手里一样，自成吉思可汗即位以来，蒙古高原迎来了一个天地万物安定祥和的新纪元。

早在铁木真即位之前，金章宗就派自己的亲族完颜永济向铁木真索取贡赋。完颜永济见铁木真的言行举止后，大为惊叹。回朝向金章宗禀报："蒙古铁木真长相与众不同，极其英俊。借机铲除为上！"金章宗不允。铁木真闻此事，记恨在心。

之前，金国曾经杀害成吉思可汗的亲族散不孩[1]。为这两件事，成吉思可汗欲复仇征伐，只因势力不够强盛，暂且未动。

铁木真即位后，发兵复征乃蛮部残余势力。

丁卯年，成吉思可汗四十六岁，太祖二年（1207年）秋，再征西夏，克斡罗孩城。既而野牒亦纳里部、阿里替也儿部皆通使来降成吉思可汗。

戊辰年，铁木真四十七岁，太祖三年（1208年），畏兀儿国来归。远近诸部落，皆怀着向往之心前来归顺。成吉思可汗

---

[1]　散不孩——《蒙古秘史》称俺巴孩。

定朝纲、施仁政、行律理，使黎民百姓归降于蒙古旗帜之下并呈现出上不欺下、下不妒上，黎民百姓一律平等、和睦相处、自觉守法，文武百官勤勉理政，外无侵犯、内无起讧，兵丁安康、六畜兴旺的太平祥和的局面。从此，蒙古地区群雄并立、互相争伐的局面宣告结束，各自为政的诸部统一在蒙古帝国的旌纛之下，按照统一的律法和军事行政组织被重新整合。

在此基础上，成吉思可汗对诸弟和功臣进行了分封：二弟哈撒儿的"忽必"[1]为科尔沁、劳斯沁、茂明安诸部，三弟别勒古台的"忽必"[2]为斡枚西古僧黑诸部，四弟合赤温的"忽必"[3]为翁牛特、乞斯台、巴勒出歹诸部，五弟斡赤斤的"忽必"[4]为客列亦惕诸部，他们都被封为宗王。

因四位宗王的"忽必"都在汗国的东部，故称为"诸阿巴嘎"[5]。别克帖儿无嗣。对以九员乌日鲁克为首的功臣，按其功劳大小，分别封为省长、万户长、千户长和百户长，给其"莎余儿合勒"[6]。

唯独一直在铁木真身边效忠的四忽鲁克之一孛斡儿出没有被分封"忽必"。当晚，上派名叫毕沁的人去偷听孛斡儿出的反应。孛斡儿出的妻子帖古勒迭儿豁娃对孛斡儿出说："相遇在建国前，立功在创业中。扶持国政，呕心沥血。如此之多的封官晋爵怎么没有你？"孛斡儿出说："俗话说，女人眼光短浅，心胸狭窄。治国之君的可汗位坚固是吾辈之富，治家之主的夫君身体健康

---

[1] 忽必——蒙古语，指分封的领地，包括分民和分地两部分。

[2] 别勒古台的"忽必"——应该为阿巴嘎、阿巴哈纳尔，其余为鄂托克。

[3] 合赤温的"忽必"——应该为翁牛特，其余为鄂托克。

[4] 斡赤斤的"忽必"——应该为乌济业特部。因本部早在北元中后期被取消，故被遗忘。

[5] "诸阿巴嘎"——蒙古文历史文献称北元时期的东部蒙古为"二十万阿巴嘎"，其中包括科尔沁、阿巴嘎与阿巴哈纳尔、翁牛特、乌济业特。

[6] "莎余儿合勒"——蒙古语，意思是可汗给属部的赏赐。

是妻辈之富。"毕沁把探听到的如此之美的言辞禀报给成吉思可汗。翌日，成吉思可汗在朝野上下大加赞赏孛斡儿出和木华黎的卓越贡献，分别赐封为省长，并为东道万户长和西道万户长。

成吉思可汗下诏："昔日觉得凭哈撒儿的神射、别勒古台的臂力，足可以打天下。如今看来，你二人确实功不可没。从今以后，希望你二人如同我的车辕、如同我的肩膀一样，不要改变初衷。"宗王、诸臣受可汗分封，喜出望外，请可汗上座，自己按序就位，设宴谢恩。

· 札木合烹煮赤那思部青年 ·

铁木真下诏：

孤独的时候形影不离，
交战的时候坚定不移，
困苦的时候永不远离，
艰难的时候从不泄气的孛斡儿出你进言。

孛斡儿出赞颂道：

您像用珠宝筑起的须弥山，
是永不干枯的阿那巴惕大海；
像用行星衬托的月亮，
上天之子慧敏的圣祖。

并建议说：

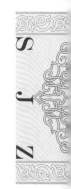

一国之主应文武双全，
一朝之君应具备监国之能。
请您坚持坚忍不拔的精神，
请您树立团结和睦的思想。

成吉思可汗对青桑太师下旨：

对看不见公驼额鬃的敌人，
如利箭直冲的勇士。
像追捕狡猾狐狸的雄鹰一般，
心志坚毅的青桑你说一段话吧！

青桑赞颂道:

像奔跑在雪山巅峰的狮子,
凶猛勇敢。
像飞翔在蓝天白云间的雄鹰,
自由奔放。

青桑太师进谏:

依法惩治外来敌,
确保社稷如金汤。
黎民百姓享清福,
国主可汗切莫忘!

成吉思可汗对木华黎下旨:

面对凶猛的敌人,
如同疯狂的大象;
保卫自己的阵地,
手擎战旗如石碑;
主持宴席多才多艺,
手持刀剑如虎添翼的木华黎!

木华黎回复:

如结满果实的檀香树,
如强骨壮筋的雄狮。

智勇双全的君主，
叱咤风云的可汗。

木华黎进言：

不要改变了海洋般宽广的心胸，
不要忘记为朝政的安稳祷告上天。
要用严厉的手段惩治恶意的敌人，
要用宽宏的仁政取信于黎民百姓。

成吉思可汗对孛罗兀勒下旨：

坚实不可拔的石碑，
中箭不倒下的战神。
面对敌人如尖刀，
我的骏马孛罗兀勒你说一段！

·蒙古骑兵图·

孛罗兀勒高兴地说：

无污浊的海洋，
展翅飞翔的雄鹰。
满足愿望的君主，
男子汉至尊的圣主。

孛罗兀勒建议说：

选用智勇双全之人，
切记戒躁戒骄。
集贤纳士交朋友，
扩大声望莫疏忽。

·盛装妇女端坐图·

成吉思可汗对失里忽秃克说：

作战时，发起号角的神龙；
守密时，严守誓言的莲花。
如同快刀的磨石，
如同光明的向导，
失里忽秃克[1]你说一段。

塔塔尔部的失里忽秃克兴奋地说道：

统领天下如同父爱子，
统领臣民的圣祖成吉思。

---

[1] 失里忽秃克——《蒙古秘史》称失吉忽秃忽。

失里忽秃克建议说：

请勿溺于酒色幸福，
时刻谨记社稷民众。
请勿忘却有功之臣，
时刻放弃无谓的计较。

成吉思可汗对兀良哈部的者勒篾下旨：

有心计，勇当前哨的智者；
有办法，为朕提供铁骑的富者；
有招数，使朕及时解渴的谋者；

·蒙古轻骑兵图·

有亲情，朕与布日特格勒晋的媒妁。

兀良哈部的者勒篾非常高兴，赞颂道：

君乃是遮挡炎日的林荫，
吞没来敌的烈火，
无可匹敌的巨象，
生来性善的圣武君主。

并建议说：

请君近忠贤，远奸佞。
谨记务实，一视同仁。

成吉思可汗对别速惕部的者别说：

对敌人，你是所向无敌的神箭；
对坏人，你是义无反顾的雄鹰。
有理想，你是锲而不舍的勇士；
对朋友，你是心底无私的战士。

者别格外高兴，赞颂道：

您是制造吉祥的莲花，
儿孙子女的慈祥长辈，
毁灭劲敌的长生天，
统领部众才能出众的战神。

并建议说：

崇奉吉祥三宝，
平行政教两缘。
远仇敌，护自身，
谨行善为。

成吉思可汗对苏勒答孙部
的陶日干失剌[1]下旨：

·蒙古族人射猎图·

救我于深水的船，
举我为蒙古可汗的功臣，
永不泄气的刚毅的那可儿，
从不疏忽的警醒者。

陶日干失剌甚是激动，赞赏地说：

拥有玉玺的可汗，
具有长生天血液的贵族，
胸中万马奔腾的骑士，
潇洒统率世人的英雄。

并建议说：

不要放宽对自己的要求，
不要忽视对臣民的整治。
远离奸臣的胡言谗语，

---

[1] 陶日干失剌——《蒙古秘史》称锁儿罕失剌。

坚守仁政不可松懈。

成吉思可汗对主儿乞惕部的晁篾儿干下旨：

对亲人像春风一样温暖，
对敌人像严冬一样冷酷。
射出的箭像闪电一样迅猛，
布战阵像苏武一样出众。

晁篾儿干非常激动，赞颂成吉思可汗道：

您是二十八宿装点的宇宙，
是使檀香树结满硕果的长生天，
是使敌人心惊胆战的金轮，
是福缘和智慧集于一身的圣武可汗。

并建议说：

倾听直言要有海纳百川的胸怀，
严惩奸佞不要心慈手软。
以仁政治国，以德治民，
谨守名誉流芳百世。

成吉思可汗对斡亦剌惕部的哈喇乞如合下旨：

镇服仇敌的黑熊，
心如磐石的干将，
诚心不二的哈喇乞如合。

斡亦刺惕的哈喇乞如合向成吉思可汗谏言：

尊老爱幼，
扶孤助寡。
凝聚民心，
流芳千古。

成吉思可汗与诸宗王、臣民一同隆重庆祝蒙古汗国建立。

己巳年，成吉思可汗四十八岁，太祖四年（1209 年）。春末月，畏兀儿国自行来降服。

夏中月，成吉思可汗率军征西夏。西夏主李安全遣其世子率兵迎战告败，副元帅嵬名令公被俘。成吉思可汗率军乘势而攻，直至中兴府。遣太傅讹答入中兴府，招降夏主。夏主贡女求降。

·成吉思汗祭祀苍天·

成吉思可汗班师回营。

是年，金国卫绍王完颜永济即位。完颜永济遣使至蒙古对成吉思可汗说："叩拜圣旨，跪接旨。"成吉思可汗问金使："新君为谁？"金使答："卫绍王登基。"成吉思可汗朝南唾弃说："我以为金国可汗应由上天之子来做，原来此等庸懦亦能当可汗。我为什么给他下跪！"便乘马北去。金使还言，完颜永济大怒，欲再入贡时，寻机会杀之。成吉思可汗得知这一消息，遂与金断绝关系，整兵备战。

庚午年，成吉思可汗四十九岁，太祖五年（1210年），金要伐蒙古，筑乌沙堡。成吉思可汗命者别袭杀其众，遂掠地而去。

辛未年，成吉思可汗五十岁，太祖六年（1211年）。春，成吉思可汗居怯绿连河。豁罗剌思部的阿尔斯兰可汗[1]来归。

夏初月，成吉思可汗对大臣们说："我们蒙古饲养的牲畜有多种。其中，马儿为与敌作战的挚友、追赶仇敌的双翅、青壮年人的装饰。因此，朕将这匹宝贝马的乳汁敬献上天。"从此，这个礼节被定为规矩，载入蒙古律例。在水草丰美的怯绿连河畔，让兀良哈部的者勒篾拉拴绳，让晁篾儿干备马。过了七天后，成吉思可汗颁诏制定前所未有的规矩：以马奶为祭品，举行奉祭佛祖三宝及长生天和以孛儿帖赤那为首的列祖列宗的声势浩大的祭奠仪式。仪式之后，成吉思可汗同诸弟、诸臣一道入席庆贺。这时，苏勒答孙部的陶日干失剌向成吉思可汗进谏："乞可汗恩准！这个盛大宴席应该上酒，没有酒的宴席实在是难以启齿！"札剌亦儿部的木华黎对曰：

　　酒会使誓言变为废话，

---

[1]　豁罗剌思部的阿尔斯兰可汗——《蒙古秘史》称哈儿鲁兀惕的阿儿斯兰可汗。

谦虚变为骄傲，
平静变为复杂，
和谐变为争斗。
因此，戒酒为上。

话音刚落，主儿乞惕部的晁篾儿干接过话题说：

酒会使人讲真话，
知晓人之好与坏，
使人说出心里话，
使人壮胆争高低。
自古至今为甘露，
宴席享用为幸福，
畅怀尽享为纪念，
今若弃酒，此宴单调无味。

于是，永谢布部 [1] 的忽鲁克孛斡儿出说：

酒一入口，像金蝇满口爬行；
酒劲上来，使人如凶狮跳跃；
酒一沾舌，像土蜂蜇叮难忍；
酒力发作，使人如巨象受惊。
酒能使人失去聪明才智，
酒能使人破费金银财产，
酒能使人身衰力竭，
酒能使人失言忘誓。
千万不要贪杯妄为，

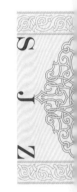

---

[1] 永谢布部——《蒙古秘史》称阿鲁刺惕部。

畅谈国事尽欢颜。

兀良哈部的者勒篾接过来说：

葡萄美酒的诱惑力大吗？
成吉思可汗的法纪不严吗？
马奶美酒的支配力强吗？
成吉思可汗的纪律不严吗？
把马奶好酒摆出来，
大家喝个痛痛快快，
喝得我们前仰后合，
像马驹一样跳跃起来！
把粮食美酒摆出来，
大家喝个痛痛快快，
喝得我们东倒西歪，
喝得像天鹅唱起来。
我们畅叙心中的友情，
带着满心的幸福和喜悦，
快快乐乐地尽欢而散。

者勒篾的话音刚落，别速惕部者别接着说：

没有酒如没有姻亲吗？
朋友之间没有情谊吗？
没有酒就没有感情吗？
宴饮此时就不幸福吗？
我们要戒掉烈酒，
一心一意为可汗效劳，
畅谈国家政教大事，

严防敌人的破坏和侵略！

接着，斡亦剌惕部哈喇乞如合说：

聚会饮酒是一件乐事，
远近听闻皆羡慕。
酒使沉默寡言的人变得活泼开朗，
使人出阵作战变得机智勇敢。
可汗赏赐御酒，
不分老少举杯畅饮，
好不快活。

忽鲁克孛罗兀勒听了哈喇乞如合的话后说：

饮酒使你疏远朋友，
饮酒使你产生恶意和邪念。

· 蒙古部落生活场景图 ·

饮酒使你离别挚友，
饮酒让人骄傲放纵。
饮酒看来好处甚少，
醉酒多有是是非非。

塔塔尔部失里忽秃克接着说：

我们把君主的这等恩赐，
像天鹅一般欢唱着享用，
像野马一样奔腾着享用。
我们把可汗的这等恩赐，
像鸿雁一样齐飞着享用，
像盘羊一样驰骋着享用吧。

九员乌日鲁克在成吉思可汗面前议论饮酒的利弊之时，立在门旁的一名孤儿说：

如果被列入大人物的行列，
我也要说出肺腑之言语；
如果被列入将相的行列，
我也会说出想说的实话。

成吉思可汗听到小孤儿的话后说："小孩子，你想说什么？"那小孩子说：

可汗威严四射，
盛大的聚会上有话难说。
可汗神光闪耀，

诸位大人面前有话难说。
心里想说的话虽然很多，
但却不敢说出一句实话。

成吉思可汗说："孩子啊，不必害怕，你有什么话尽管说
给大家听。你有什么幽默的话，大胆说给大家听。"
孤儿听到成吉思可汗的旨令，心里感到无比高兴，说：

过量饮酒，
不是既伤身又害体吗？
少量饮酒，
不是既能提神又能健身吗？
常常醉酒，
不就成为人们的笑柄了吗？
明智的人，
不是早早会想到戒酒吗？
喝得烂醉为愚蠢之举，
适量饮酒才是享乐之为！
聚集在一起，
像天鹅一样欢乐不散！
不要相信流言，
不要喝得神志不清，
时刻保存力量打击敌人！
沉浸在欢乐中，
像鹡鸰一样不离不散！
与贤能者同饮共乐，
遇到敌人，并肩作战。
我们相互亲密无间，
像鸳鸯一样寸步不离！

休听坏人的闲言，
不要喝得烂醉如泥，
临阵对敌，冲锋陷阵。

孤儿刚把话说完，好搬弄是非的钦达嘎斯琴对孤儿厉声说：

你以为九员大将说得全不对，
只有你的高论才算周全？
你以为赴宴的群臣中无贤哲，
该由你在可汗面前胡言乱语？
你一个孤儿能有什么高见，
一匹瘦马能有多大本领？
你简直像狗儿抢骨头、
野鸭争夺海藻一样愚蠢！

面对钦达嘎斯琴的狂暴无理，孤儿没有胆怯退让，而是据理力争痛斥道：

我何时说过九员大将的话不端，
只有我孤儿的话语才周全？
我几时说过赴宴的群臣无贤哲？
我违背可汗旨谕的表现又有哪些？
孤儿若被培育不是也可以成大器吗？
瘦马精心调养不是也可以体壮腰圆吗？

孤儿的争辩，更加激怒了钦达嘎斯琴，他摩拳擦掌，暴跳如雷，对孤儿进行威胁和恐吓：

你以为你善辩而出口成章，
有一副伶牙俐齿就能巧舌如簧？
我要撕碎你鼠大的身躯，
给赴宴的人取乐玩赏！
小小的毛孩休要多嘴多舌，
不然粉身碎骨没有好下场！

但是，孤儿仍然毫不退缩，尖锐地说：

我不是与你钦达嘎斯琴交谈，
是向可汗陈述自己一孔之见。
我也不曾把你的话语打断，
只是向可汗说说由衷之言。
难道你连起码的是非都辨别不清？
难道你想把蔚蓝的大海霸占？
难道你要独享可汗的恩宠？
难道小人就不能发言？
你为何跟我这般纠缠？
可汗的恩宠不能独占，
汪洋大海不能私有。
我不是你的对手，
你不必与我争斗。
斡难河的水怎能用柳斗汲干？
天上的彩虹怎能用手去攥？
依德尔河的水流怎能拿土截住？
贤人的思想怎能用权势禁限？
做人心地要纯正，
听到正言应当高兴。
洗净你那邪恶的内心，

我的话难免有错误，请你指正！

成吉思可汗听完孤儿的精辟言论，当即训斥钦达嘎斯琴说：
"即使你把水井汲干，但那泉水依然在井底。你用柳斗淘干井水，
瞬间可看到井底，露出沙泥，井水变浑浊，但喷涌的泉水埋不住，
淌出来的水仍是清澈而甘洌的。为捕获雕鹰，你调教鹤顶鸟。
鹤顶鸟看见雕鹰，定会逃入老鼠洞。为捕获鹤顶鸟，你调教雕鹰。
雕鹰会飞上万里高空，和大鹏争雄。"

成吉思可汗给予孤儿重赏，赐名"蒙古布花"，交给木华
黎托养。

是月，成吉思可汗率兵伐金，战于野狐岭。金大将定薛镇
守于野狐岭。成吉思可汗派撒干打探敌情。撒干回来说："敌
兵轻车简从，不可怕。"木华黎说："敌众我寡。如今，我们
必须拼命攻下，否则以后就难克了。"木华黎率轻骑，吼叫一声，
如猛虎扑食般杀进敌阵。成吉思可汗统领雄兵攻入金兵大营，
大胜。追杀百余里，取之大水泺、丰利等县。金主调独吉千家奴、
完颜胡沙两员大将于抚州，备战于乌沙堡；命西京留守胡沙虎
截击蒙古铁骑。

秋中月，木华黎、者别突袭乌沙堡、乌月营。独吉千家奴、
完颜胡沙大败，逃之夭夭。木华黎、者别分别破乌沙堡、乌月营。
再袭击西京，交战持续七天。胡沙虎心惊胆战，率兵弃城突围
而逃。木华黎率三千精骑追击，战于宣平之会河川，破西京、
恒州、抚州。成吉思可汗率兵与木华黎、者别等会师，并派长
子术赤、次子察合台、三子窝阔台兵分三路，收服云内、东胜、
武州、朔州、丰州和净州等地。至此，金弘州、昌平、晋山县、
丰润、密云、抚宁、集宁等北至平泺，南至清州、沧州，从临

潢到辽河，西南至忻州、代州之地都归降蒙古。

暮秋闰月，成吉思可汗秣马厉兵，南下破抚州。金调招讨使完颜九斤、监军完颜万奴二将率兵四十万备战于野狐岭。另外，派胡沙虎带兵增援。获悉这一军情，成吉思可汗进军至獾儿嘴安营扎寨。完颜九斤遣使明安挑衅成吉思可汗。完颜九斤对明安说："你前去蒙古军营，问其举兵之由，且必见其可汗后回来。"明安到蒙古军中，按照完颜九斤所教，谩骂一通后去见成吉思可汗。于是，成吉思可汗命人缚明安，并问："你先谩骂我，而后又为什么来见我？"明安回答："臣素有归志，今为九斤所使，恐其见疑，故出所言，不然我便直接进大帐拜见可汗了。"成吉思可汗善其言，给其松绑，使领蒙古军。

成吉思可汗与完颜九斤交战，大获全胜，乘势而上。胡沙虎不战而逃至宣德府，蒙古铁骑乘势追击，在浍河堡大杀金兵。者别统率的蒙古铁骑趁热打铁，攻宣德府，打晋安县，收居庸关。者别、孛罗兀勒二将率兵逼近金中都。金主下诏："南下汴梁。"金文武百官拼命迎战，阻击蒙古军。者别军伤亡较大，百余匹军马被金兵分群。于是，金主停止南下，原地扎营并下诏："术虎高琪扎营通玄门外驰援。"

壬申年，成吉思可汗五十一岁，太祖七年（1212年）。春末月，成吉思可汗欲班师回营。明安进谏："今若我撤军回营，金得以喘息，我再战将难。今速战为上！"成吉思可汗准许，即命明安领兵征战。所到之地，黎民百姓贡吃贡喝，归附蒙古。

秋初月，成吉思可汗率兵攻获金宣德府。在攻打德兴府城门时，遭到金兵的强烈抵抗。成吉思可汗四子拖雷、驸马巴阿秃儿不秃二人手持盾牌冲锋，领先登城射杀。众兵紧跟，夺取城池。在这次战役中，巴阿秃儿不秃因战功卓著被晋升为将军。

秋末月，先是讨伐金国，因敌众我寡，成吉思可汗遣撒干刺探敌情。撒干发现敌军快步轻印，知道人并不多。成吉思可汗按照撒干汇报的情报制定战术，大获全胜。靠撒干刺探军情，攻克金奉圣州。

· 灭克烈部 ·

冬初月，蒙古将军者别攻打金东京，不拔，即退去。金派人查看者别军情，得知者别军已退，于是，金守城军放松了警惕，打开城门，使军民自由往来。不料，者别军突然夜袭，夺去了城池。原来这些都是者别有意安排的。他将一半兵马引去，自己带一半兵马埋伏在东京附近，乘金不备，一举攻破。

癸酉，成吉思可汗五十二岁，太祖八年（1213 年）。成吉思可汗率兵征金怀来。金术虎高琪等迎战，败绩，僵尸四十余里。成吉思可汗乘胜追至北口[1]。金兵保居庸关，难克北口。成吉思可汗命主儿乞惕部的晃篾儿干带兵守候。成吉思可汗亲自率兵

---

[1] 北口——指居庸关北口。

出击紫荆关，击败金兵于五回岭，拔涿、易二州。者别遂取南口，再攻居庸关，后至北口与晃篾儿干会师。

· 蒙古马 ·

秋中月，金右副元帅胡沙虎弑其主完颜永济，立完颜珣为帝，即金宣宗也。

冬初月，成吉思可汗率兵攻金，在怀来大败金将术虎高琪。遂紧逼中都。

当时，木华黎带另一路军征伐金朝，所到之地，均被其强大的实力所折服。于是，永清人史秉直召集亲族百姓商议说："如今国家局势已乱，谁还想保护我们平民百姓呢？"时间不长，他们听到"凡不抵抗归降者均得以赦免"的消息。史秉直遂携数千人归附蒙古。木华黎想起用史秉直，但因史秉直固辞，便提拔其子史天倪为万户长，驻守霸州。

冬末月，成吉思可汗命牙迪、哈迪[1]二将率兵扎营燕京城北，将降将杨伯遇、刘伯林汉军四十六都统及蒙古兵合而为一，分成三路。命其子术赤、察合台、窝阔台和将军者勒篾为右路军，循太行而下，破保、遂、邢、洺、磁、相、卫、怀等地，掠泽州、潞州、平阳、太原等地。

成吉思可汗命弟哈撒儿、斡赤斤，将军晃篾儿干，忽鲁克赤老温和哈喇乞如合为左路军，沿海而东，取蓟州、辽西诸郡

[1] 牙迪、哈迪——《元史》称可忒、薄刹。

等地。命别勒古台，四子拖雷，将军孛斡儿出、孛罗兀勒、者别、撒干等为中路军，破雄、莫、沧、景、献、河间、滨、棣、济南等郡。再从大口逼中都。当时，金诸路军皆退至山后防备，乃签乡民为兵，上城守御。获悉这一情报，蒙古军从城外诸乡村驱来他们的家属为前锋攻城，父子兄弟，遥相呼应，停止了对抗。故所到郡城均轻易攻下，唯大名、真定、清、沃、邳、中都、东平、通、顺等城不下。

甲戌年，成吉思可汗五十三岁，太祖九年（1214年）。春中月，成吉思可汗返回山东，扎营于燕京北郊。诸臣劝乘胜攻燕京城，成吉思可汗不准，遣使向金主传谕旨："山东、河北诸郡县均已为我有，唯燕京为你固守而已。眼下，上天诚心要削弱你，我再加虐待，则上天不会佑护我。经再三考虑，现不想灭掉你朝，所以我今率师回营，你应赏赐我诸将士，消除他们的愤怒。"金主害怕，遣完颜承晖到蒙古，答应送公主，并送金、银各一万两，童男童女五百，绸缎一万匹，马三千匹。

· 猎骑图 ·

春末月，成吉思可汗收其贡奉，率师北还。中都解严，金主仍遣完颜承晖将蒙古军送至居庸关麻池。从此，蒙古军威力大振，势力更加强大。金朝因国蹙兵弱、财用匮乏，致不能守中都，故决意迁都汴梁。

夏中月，金主命平章政事、都元帅完颜承晖，尚书左丞抹撚尽忠等奉太子留守中都，遂与六宫启行。

成吉思可汗得知这一消息，非常生气，道："既和而迁，是存有疑心而又有所记恨，并非真和，乃为哄我之计也。"遂复图南征。金主至良乡，其扈卫纠军作乱，杀其主帅素温而推矸答为帅，并遣使乞降于蒙古。

秋初月，成吉思可汗令明安等与矸答合兵，逼燕京。

秋末月，大将木华黎率兵攻北京（今赤峰市宁城县），镇守将军银青率二十万大军在花道迎战，大败，逃回城中，固守城堡。完颜习烈、高德玉等杀死银青，推寅答虎为主帅，举城归降。木华黎恨其归降迟，意欲屠城。萧也先劝木华黎说："北京是辽西军事要塞。尤其大国之军，旨在为民解忧，不能一贯杀戮。若这样，会激起地方官兵的反抗情绪。如此下去，何时才能平定天下？应以安民定叛、顺应人心为上。"木华黎采纳其建议，命寅答虎留守北京，五也儿权兵马大元帅镇守。

冬末月，金张鲸献锦州归附成吉思可汗。

乙亥，成吉思可汗五十四岁，太祖十年（1215 年）。春中月，金主派守燕京之增兵与蒙古大将者别军相遇于霸州，大败退回。

夏中月，金中都留守大臣、完颜承晖被蒙古军围困，无奈服毒自杀。抹撚尽忠弃城仓皇南下。明安遂破燕京。当时，成吉思可汗扎营观州。获悉破燕京之喜讯，成吉思可汗遣使诏赏明安等，并在燕京置中书省衙留守。

冬初月，成吉思可汗驻军鱼儿泺，命撒木古[1]率万骑指西夏趋京兆，以攻金潼关，未遂。乃由嵩山小路趋汝州，遇山涧，辄以铁枪相锁，连接为桥以渡，遂赴汴京。金主急召花帽军于山东。撒木古军至杏花营，距汴京二十里，花帽军迎战得胜。撒木古带兵返回陕州，于三门、集津之河冰面铺防滑道渡河而北，金人转守关辅。

·鹰顶金冠·

---

[1]　撒木古——《元史》称撒木哈。

当时蒙古军所向皆下，金人遣使求和。成吉思可汗准许，遣使对撒木古说："譬如围场中的獐鹿，我们已全部猎杀，独余一兔，可以把它放生！"撒木古遣使对金主说："若欲议和，取汝帝号称臣，当封你为河南王。"议遂不成。

冬末月，大将木华黎察觉张鲸要叛变，派萧也先杀死张鲸。张鲸之弟张致杀长史，据锦州，自立为帝。

丙子，成吉思可汗五十五岁，太祖十一年（1216年）。春正月，将军撒干率兵取金曹州，围金太原府。

春中月，将军孛罗兀勒率兵攻下霍山诸隘。

夏初月，辽王耶律留哥归降成吉思可汗，可汗封耶律留哥为元帅，留守广宁府。

秋中月，撒木古、明安二将率兵攻金代州，杀死经略使奥屯丑和尚。冬，十一月，取潼关。

冬中月，将军赤老温率兵攻渑池，金右副元帅阿里不孙兵溃而遁。

冬末月，大将者勒篾、者别等率兵进陕州，接近关西百余里，次于嵩、崤间，深入重地，进抵西郊。另一支军攻金平阳、太原及大名府。是月，木华黎以叛将张致兵精且依险为阻，欲设计夺取，乃遣五也儿等攻

·克鲁伦河·

溜石山堡，且提醒说："你等急攻溜石山堡，敌败必遣兵来援助。

彼时，我出其不意，断其归路，可一战生擒。"又命蒙古布花带兵在永德县西十里埋伏。张致闻溜石山堡被围，果以兵往救，蒙古布花率兵遣骑扼其归路，并急报木华黎。木华黎子夜带兵快行，破晓时，在神水与张致相遇，与蒙古布花前后夹击，叛军大败而溃散。张致部下高益捉拿张致献给木华黎并归降。辛未年时，成吉思可汗在自己五十岁之际，召集诸弟、宗王、群臣在克鲁伦河边举行盛大的宴会。其间，还制定了蒙古前所未有的规矩——用马奶祭长生天。成吉思可汗的九员乌日鲁克以酒为主题赋诗辩论之时，在门口静坐的一个孤儿辨析了饮酒的利弊，得到成吉思可汗的赏识，并将其交给木华黎托养，赐名"蒙古布花"。如今，蒙古布花已长大成人，文武兼备。木华黎让他统率了一支军队。

木华黎斩张致，平定辽西诸州县。

丁丑，成吉思可汗五十六岁，太祖十二年（1217年）。春正月，成吉思可汗率兵攻打金观州。

春中月，攻克忻州、泰州。

夏中月，大将孛斡儿出攻打沔城，杀守城之将任福，破城。

秋末月，成吉思可汗率师攻金隰州、沁州、太原府、中山府，破山东博州、密州等地。

冬中月，又占领金潞州、益都府等州府。

冬末月，成吉思可汗念木华黎辅国有功，封其为太师、国王，赐誓券、金印，世袭罔替，统辖弘吉剌惕等十部军及蒙、汉全军，建行省于燕云。成吉思汗交代说："整顿吏治，广行皇恩，严惩污吏，弘扬正气，重赏贤哲。太行之北，朕自经营；太行之南，卿其勉之！"成吉思可汗还把九斿白纛赐给木华黎，并对诸将说："木华黎竖起这面旗帜，发号施令，如同我亲临一般。"由此，木华黎率兵自中都南下遂城及蠡州，皆下。初，蠡州据守，力屈乃降，木华黎怒，将屠其城。蠡州人赵瑨，为木华黎降属百户，听此消息后失声痛哭："母与兄在

·1217年，成吉思汗封木华黎为国王·

城中，乞以一身赎母与兄之命。"木华黎被其感动，乃许之，并赦免了城中百姓。接着，平定了淄州、登州、莱州等地。将军者别率兵围攻西夏兴州，西夏主李遵顼逃至西凉，者别取兴州。

戊寅年，成吉思可汗五十七岁，太祖十三年（1218年）。夏初月，成吉思可汗在斡难河上游同诸弟、宗王及众臣向上天奉祭马奶，设大宴。

成吉思可汗对诸弟、宗王及众臣下旨：

天下一统，
一人当君。
戒骄戒躁，
崇智尚理。
智谋双全者，
能征服天下。
智谋贫乏者，
执书于掌中，
亦无计可成。

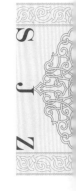

力勇者逞凶一时，
智勇者称雄一世。
熟悉牲畜者能成为英雄，
与贤哲亲近者能成为智者。
与其说善于谋事的人好，
不如说智慧超众的人好。
千万黎民中，
智慧超众者有之。
万千百姓中，
捍卫社稷者有之。
以金银珠宝装饰自己，
不如以德才充实自己。
勿惧路途遥远，
坚持则到彼岸。

· 蒙古军队西征图 ·

勿惧包袱沉重，
敢于挑战则必胜。
既没有越不过的山岭，
也没有渡不过的江河。
自己之弊问他人而知之，
治国之误向贤者而学之。
欲知自过拜他人为师，
欲治社稷纳贤哲为臣。
箭杆虽笔直，
离开弯弓无法射出。
孩童虽聪明，
离开教育难成贤才。
贤臣才弟，
治国之本。
贤惠妻子，
立家之宝。
纷繁小事，
谨慎理之。
孝与忠源自人之品性，
爱与惜依赖世之平衡。

豁阿薛禅进谏：

黎民之幸福依赖可汗恩泽，
妻儿之幸福依赖丈夫英勇。
平民一醉酒，
欲与可汗比高低。
政令一阻塞，
犹如癞皮狗般狠毒。

· 白纛 ·

硕鼠一沾毒，
欲与狮子比高低，
一见狐狸来袭击，
不顾一切蹿洞里。
乌鸦飞越山崖，
力不从心折翅膀。
平民忤逆君主，
必遭杀身之祸。
狗下崽四五个，
互相争斗难成群。
平民如狗相斗，
致使可汗难称心。
羊下羔一两个，
互不争斗易成群。
平民如羊和谐，
可汗也就安心了。

　　成吉思可汗十分赞许此番话，命其继续说下去。于是豁阿
薛禅高兴地接着说：

钝刀不磨刃不利，
马缺膘则跑不快。
衰老的猛狮守鼠洞，
告老的贤臣听子孙。
铠甲虽亮，
不适宴穿。
宣言虽好，
不能言尽。

成吉思可汗问里德尔薛禅："何为世上不累之骏？谁为比不上的贤明？"里德尔薛禅回答："漫步则骏马不累，品行高尚是为贤明。"

　　成吉思可汗下旨："蒙格秃薛禅进言。"

　　蒙格秃薛禅高兴地说："俗话说，'难寻像狗一样的朋友'。这是因为穷人的狗不跟随富人，平民的狗不认得可汗。据说，古时候有一条千头蛇，因诸头各争，结果被车轮压死；有一条千尾蛇，因只有一个头，诸尾跟着头钻进洞里而没有被压死。我们如同那千尾蛇，你是蛇头，我们是你的千尾，永远为你效力。"成吉思可汗甚为赞许豁阿薛禅、里德尔薛禅及蒙格秃薛禅的话。

　　当席，乌儿鲁克诺颜[1] 的官服沾上油污，起来擦拭，旁边的伯颜诺颜诙谐地说："你未曾听说过流油的宴会、带血的战场吗？但愿物易碎、人健康！"乌儿鲁克诺颜回答："你是否听说过'生身之命须爱惜，随身之物勿遗弃'这句话？"成吉思可汗非常赞许乌儿鲁克、伯颜的话。又问："你们俩为什么能够这样友好呢？"乌儿鲁克诺颜回答："我们向来'真话不讳言'，总是相互取长补短。"

· 雕刻佛像 ·

　　成吉思可汗高兴地说："这样最好，不被他人挑拨离间，挚友间不会因直言而产生矛盾。这即是安达之情啊！"

---

[1]　乌儿鲁克诺颜——据《世界征服者史》，乌儿鲁克诺颜指的是成吉思可汗幼子拖雷。

成吉思可汗接着说：

若国主可汗英明，
若生身父母健在，
若同胞兄弟亲切，
若有治国理政的能臣，
若有镇服侵敌的军马，
若文武百官和睦，
若能得到长生天的护佑，
那便是人间最大的幸福。

有一次，成吉思可汗问诸子："诸宴席中，何为上？"察合台回答："辞旧迎新之际，举行宴会为上。"

成吉思可汗说："为人者，承袭父亲的精神来到这个世界，而得了乳名，承袭母亲的血缘来到这个世界，而成为人者；否则，哪有人之'过年'之礼。因此，从今以后，尔等将父母的生日作为'同庆'为上。"

成吉思可汗接着又说："何为幸福之最？"

术赤回答：

放着繁星般的畜群，
搭建斡耳朵，
举行欢乐的赛马宴，
此乃幸福之最。

察合台接过话题说：

我想征服敌人，

追貂围猎，
抢劫财物，
掳掠女人，
最为幸福。

窝阔台说：

我认为，
使父可汗艰难建立起来的汗国太平，
让百姓们手有所扶、足有所踏，
公平执政，
使老人尽享晚福，
扶困济贫，
这才是最为幸福的事情。

拖雷说：

我想驯好猎鹰，
骑上良驹，
狩猎野鸭最为幸福。

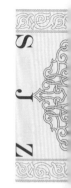

成吉思可汗说："术赤、拖雷之言很俗气。察合台从小就跟随我东征西讨，因此，他这么想是对的。藐视草鱼而划破手的人很多，鄙视敌人而被夺生命的人也很多，所以，窝阔台言之有理。"

察合台又说："要伐木必备利斧，要颁行成文法典非有文豪巨匠不可；建国创业必靠英雄好汉，立国守业必靠贤士哲人。与其说有知识而无言的聪明人好，不如说学识浅薄而活用的愚蠢人好。与其取遥远的八宝之水，不如取近旁小口井水。与其说舍不得六畜的富人好，不如说算计着花钱的穷人好。"

窝阔台回答说："成事不足者，在六种时候会感到后悔：学习不用功的人，展示技能的时候后悔；不珍惜身体的人，患病难受的时候后悔；为官而不清廉的人，被贬为平民之时后悔；为富而不节俭的人，穷困潦倒之时后悔；酒后使性子的人，醒酒之时后悔；因和果的缘故，命丧黄泉之时后悔。在人世间，有如下三种人应怜悯，即由达官贬为平民的人，由富豪变为穷人的人和愚昧的人群中唯一的聪明人。天下有志之士，应酌情辨析。"

·传统装饰品·

成吉思可汗甚是赞许察合台、窝阔台之言。

夏中月，金将张柔率兵与蒙古大将明安在狼牙岭相遇交战，大败。张柔被生擒，降于蒙古。成吉思可汗封张柔为保州等处都元帅。

秋中月，太师、国王木华黎取金代、隰二州。

秋末月，破金太原府，斩乌古伦德升。

冬初月，取平阳。

冬中月，取潞州。

至此，整个河东得以平定。

己卯，成吉思可汗五十八岁，太祖十四年（1219年）。夏末月，金降蒙大将张柔率兵南下征金，斩杀金将贾瑀。张柔引兵营满城。金将武仙会镇州、定州、深州、冀州兵数万攻之。

张柔率壮士打败武仙，围中山府。武仙遣其部将葛铁枪与张柔战于新乐，飞矢中张柔颊，落其二齿。张柔拔矢力战，葛铁枪大败，死者数千。从此，深州、冀州以北，镇州、定州以东的三十余座城，一一望风来降。张柔名声传遍河朔。

是月，成吉思可汗听说契丹军将六哥领军占领高丽江东城，遂命合赤温，元帅者勒篾、不秃、撒干等征六哥。到高丽后，

·传统玉器·

高丽大臣洪大宣领路围攻江东城。高丽王王暾听到后大惊，命臣赵叔昌助合赤温，两国军占领江东城，抓获六哥并杀死。之后，高丽王王暾欲降蒙古，见合赤温。合赤温与王暾结拜为兄弟，受降。王暾说："要岁岁献贡。"合赤温说："两国京都甚远，往来较困难，每年派遣十位使臣便可。"并命："供军粮。"高丽国献军粮一千石。

夏末月，西域[1]杀蒙古使者。成吉思可汗亲征，取讹答剌城。有人说："西域乃印度。"

秋中月，国王木华黎率师营金陕州。

---

[1] 西域——指花剌子模国。

庚辰年，成吉思可汗五十九岁，太祖十五年（1220年）。夏初月，元帅撒干率师攻克金孟州。

夏中月，成吉思可汗破西域寻思干和斡脱罗儿两座城。元帅撒干攻克金沂州、兖州。

夏末月，严实率师攻占金太明府、开州等郡县。

秋初月，金主使乌古孙仲端入蒙古求和，称："呼成吉思可汗为兄，岁岁献贡。"成吉思可汗不允。

秋中月，太师、国王木华黎至满城，令蒙古布花率轻骑三千出倒马关。适金武仙遣葛铁枪攻台州，蒙古布花与之相遇，葛铁枪战败，武仙知无力抵抗，举城降。史天倪向木华黎建议说："今中原已渐定，而大兵所过，犹纵抄掠，非王者吊民伐罪之意。且王为天下除暴，岂可效他军所为乎？"木华黎非常高兴，下令禁剽掠，遣所俘老幼，军中肃然。周围郡县黎民百姓牵肥羊、抬好酒，争先恐后来归蒙古。太师、国王木华黎封史天倪为河北西路兵马都元帅、行府事，武仙为副职。

冬中月，太师、国王木华黎以轻骑入济南。严实挈所部三府六州三十万户诣军门降，木华黎承制授严实为金紫光禄大夫、行尚书省事。是月，金兵二十万屯黄陵冈，遣步卒两万袭木华黎于济南。木华黎迎战，败之，遂薄黄陵冈。金兵陈河南岸，木华黎令骑下马，短兵接战。金兵大败，溺死者众。木华黎遂陷黄陵冈，进取楚丘，由单州趋东平，围之。

成吉思可汗进驻西域寻思干，歇息时，耶律楚材进《庚午元历》。耶律楚材，辽东丹王耶律突欲第八代子孙，金尚书右丞耶律履之子。金贞祐二年（1214年），耶律楚材任左右司员外郎。

乙亥，成吉思可汗五十四岁，太祖十年（1215年）。成吉思可汗从降服的辽皇族子孙中找到耶律楚材，道："历来辽国与金国有仇，朕为你报仇而征讨金。"耶律楚材说："臣父辈以来一心为金主效力，做臣子就罢了，何必起二心违本主呢！"成吉思可汗赞许此言，与之称君臣之交，常不离身。耶律楚材通算卦、术数之学，尤邃于《太玄》。成吉思可汗每征伐，必令耶律楚材卜吉凶，亦自烧羊胛以符之，然后行。

那时，耶律楚材向成吉思可汗进谏："《大明历》有误，应该更正。"成吉思可汗允准。不久，耶律楚材呈上《庚午元历》。

西夏遗民叫常八斤的，以擅长制弓而闻名。每次觐见成吉思可汗，总夸耀自己。有一次，常八斤向成吉思可汗进谏："如今国家正需要英雄好汉，耶律楚材不过一介文人，重他何用？"耶律楚材对他说："做弓，需要弓艺之人。治理国家，怎能不用治国之才呢！"成吉思可汗赞许耶律楚材所言。

[太祖十五年（1220 年）] 冬末月，宋将石珪率所部来降。

金兵固守东平，木华黎提醒严实："东平粮尽，必弃城去。汝即入，安辑之，勿苦郡县以败事。切忌扰民，严肃军纪，广施成吉思可汗恩德。"留索拉奥都以蒙古兵守之，以严实权山

·青铜雕鱼龙小刀·

东右路行省。木华梨对千户撒儿秃说："东平破，可命严实、石珪分城内南北以守之。"遂北还。

辛巳年，成吉思可汗六十岁，太祖十六年（1221年）。夏中月，久围金东平，饷道绝。金行省蒙古纲、监军王庭玉率众南走，索拉奥都邀击之，斩七千余人，蒙古纲以数百骑遁去。严实入城，建行省于府第，撒儿秃以木华黎命，中分其城，使严实、石珪各守一半。

秋中月，成吉思可汗命三皇子窝阔台率师攻西域玉龙杰赤城[1]；命四皇子拖雷率兵攻也里、泥沙兀儿[2]、马鲁察叶可、马鲁、昔剌思等十余城；自己经铁门关攻克铁力迷[3]、班勒纥等城，围塔里寒寨。

秋末月，太师、国王木华黎由东胜州涉黄河，引兵西进。西夏主闻之惧，遣塔海甘蒲等宴木华黎于河南，并遣塔海甘蒲将兵五万属焉。于是，木华黎引兵东进葭州，以石天应权行台守葭州，

·传统装饰品·

[1] 玉龙杰赤城——《蒙古秘史》称兀笼格赤城。

[2] 也里、泥沙兀儿——《蒙古秘史》称亦鲁、亦薛不儿。

[3] 铁力迷——忒耳迷的谐音。

自将兵攻绥德州，破马蹄、克戎两寨。金元帅哈达与纳买住御之。哈达以兵三万陈于城东，蒙古将蒙古布花先以骑士三千趋之。夜半，木华黎命军士衔枚潜进，伏于城东两谷中。次日，蒙古布花望见哈达兵，佯败而走，哈达追之；木华黎出伏于其后，鼓鼙震天，金兵大乱。木华黎追杀万余人。哈达入城内，坚壁不出。木华黎以城池坚深，猝不可拔，乃留军围之，而自将兵攻打鄜、坊两州。宋京东安抚使张琳降于蒙古。木华黎封张琳为山东左路都元帅。

冬闰末月，宋宁宗使梦玉缘[1]来请和。成吉思可汗准允，并遣者勒篾使宋。太师、国王木华黎攻金坊州，征隰州、冀州、鄜州。速别额台将军在玉峪平定了钦察部。

壬午年，成吉思可汗六十一岁，太祖十七年（1222年）。春中月，皇四子拖雷克西域徒思、泥沙兀儿等城，还经木剌[2]，大掠之，渡搠搠阑河，克也里等城。遂与成吉思可汗会师，合兵攻塔里寒寨，拔之。

秋初月，金平阳公胡天作降成吉思可汗。

冬初月，太师、国王木华黎攻金，一直打到牛心寨，留兵以守。又令蒙古布花引兵出秦、陇以张声势，视山川险要。自己率兵到云中，攻下孟州等地。木华黎对石天应说："河中为河东要郡，择守者非君不可。"乃以石天应权行台，平阳、太原等帅并受节制。

冬中月，木华黎攻破金同州。

冬末月，成吉思可汗灭回回。成吉思可汗进入印度。侍卫见一兽，鹿身独角，全身绿色，马尾，近前说人言："汝君宜早回。"

[1]　梦玉缘——《元史》称苟梦玉。

[2]　木剌——木剌夷之误。

成吉思可汗怪之，以问耶律楚材。耶律楚材对成吉思可汗说："此兽名角端，日行万八千里，解四夷语，是恶杀之象。今大军征西已四年，上天恶杀，遣告可汗。愿承天意，宥此数国人命，实无疆之福。"成吉思可汗遂按兵不动。

癸未年，成吉思可汗六十二岁，太祖十八年（1223 年）。春中月，成吉思可汗以西域渐定，始置达鲁花赤于各城监治之。达鲁花赤，犹言掌印官也。之后，成吉思可汗率大军返回。

蒙古有一些史书上有这样的记载：成吉思可汗率师西征，征服了乌蒙等四大部落及吐蕃三部。再征西域到达吉荡那岭[1]时，独角奇兽用端来到成吉思可汗马前，向成吉思可汗磕了三个头。成吉思可汗说："西域乃释迦牟尼诞生的佛门净地，此乃天谏。"旋回师。

依我拉喜彭斯克之见，蒙古有史书称，成吉思可汗西征唐兀惕途中，命哈撒儿射猫头鹰，猫头鹰躲闪未射中，而射中了

·成吉思汗西征·

---

[1] 吉荡那岭——铁门关。

喜鹊。故成吉思可汗惩罚哈撒儿，捆绑他并圈于枯井中，派人看守。蒙古兵马行至西夏境，西夏失都儿忽可汗派一名祝咒婆迎帝国铁骑，诅咒蒙古兵马大批死亡。见此情景，成吉思可汗派人召回哈撒儿，命其射死这个祝咒婆。哈撒儿一箭击中祝咒婆膝眼。祝咒婆窒息之前诅咒说："哈撒儿后裔儿子因伤致死，哈撒儿后裔姑娘被其丈夫休弃。"

依我拉喜彭斯克之见，成吉思可汗因文武、智勇集于一身而闻名不说，他还是一个仁义、开明、包容的君主。且说其亲族等反叛，成吉思可汗并无怨恨，这是第一点。派四忽鲁克增援被困的王汗脱兀邻勒，而王汗以仇报恩，毫无感恩之心，成吉思可汗对此一点不在意，宽容待之，这是第二点。诏木华黎恕天下、禁杀生、施皇恩，这是第三点。如此宽宏大量的明君，怎么能因哈撒儿射猫头鹰而误杀喜鹊而问罪惩罚，捆绑其并囚禁在枯井里呢？另一方面，祝咒婆若神通广大，那么直接诅咒蒙古君臣以及军马全部死亡岂不省事？祝咒婆在窒息前诅咒哈撒儿断子绝孙即可，有必要咒骂其后裔儿子因伤致死，其后裔姑娘被丈夫休弃吗？显而易见，上述故事乃无聊之辈故意胡编乱造的。有人不辨析其是非，以误传误，捏造史实。故，吾立足实事，辨析是非。

是月，金侯小叔攻陷河中府后，杀死石天应。太师、国王木华黎反攻，收复了河中府。

春末月，太师、国王木华黎从河中府率师渡河还解州闻喜。病笃，召其弟带孙说："我为报主上重恩，披坚执锐垂四十年，东征西讨，无复遗恨，只恨汴京未下耳。汝其勉之！"病故，时年五十四岁。是年，乃癸未年，成吉思可汗六十二岁，太祖十八年（1223 年）。太师、国王木华黎英俊雄壮，沉毅多智略，

善射，与孛斡儿出、孛罗兀勒、赤老温并随成吉思可汗起事。成吉思可汗称他们四个为"忽鲁克"。孛斡儿出随成吉思可汗南征北战，为蒙古国的建立屡建奇功，被封为右翼万户长，追封为广平王。孛罗兀勒，追随成吉思可汗出征百余次，为蒙古国的缔造立下了赫赫战功，以第一千户殁于阵。赤老温，为蒙古国的缔造所做出的贡献，与木华黎、孛斡儿出、孛罗兀勒三员大将同等重要，故流芳百世。然当时称四人佐命功无异词。但是在攻打中原方面，木华黎的勋绩最为卓著。后来，四人子孙被称为"四怯薛"，其中成为将军或丞相者居多。成吉思可汗听到木华黎故，甚悲痛，传其子孛罗继其位。甲申年，金主殂，年六十一，太子守绪即皇位，是为金哀宗。

甲申年，成吉思可汗六十三岁，太祖十九年（1224年）。成吉思可汗养兵休战。

·额济纳旗黑城遗址的西夏时期佛塔·

乙酉年，成吉思可汗六十四岁，太祖二十年（1225年）。春正月，武仙闻彭义斌复山东州县，乃叛蒙古，杀河北西路都元帅史天倪。天倪弟史天泽率兵迎击武仙。武仙败绩奔西山。史天泽进兵复真定。

冬初月，成吉思可汗征西夏，攻占肃州、甘州、西凉府等州县。

冬中月，成吉思可

汗攻西夏灵州，至盐州川。

成吉思可汗这次举兵攻打西夏主要是基于以下原因，即既不遣质子，又不出兵增援攻打西域。武仙在东山复起，收回真定。将军史天泽败绩，遁回藁城。将军带孙收复彰德府。

丙戌年，成吉思可汗六十五岁，太祖二十一年（1226年）。春正月，将军史天泽、藁城守将董俊分别移交各自统率的兵马。史天泽与笑乃台联手，攻打武仙，武仙败，逃进西山。笑乃台怒："真定民反覆，驱万人，将斩之。"史天泽说："是皆吾民，我力不能及，一旦委去，不幸被胁，杀之何罪？"乃释之。

夏初月，孛罗带兵攻破宋将李全的防守。李全屡战屡败，退守青州。孛罗长久围困，断路绝粮援。李全与兄李福为谋，留李全守青州，李福还楚州。

秋初月，成吉思可汗取西夏多郡县。西夏主德旺惊悸而卒。国人立其弟南平王。

冬中月，成吉思可汗取西夏中兴府。成吉思可汗很早就闻悉，在唐兀惕有一个闻名四方的萨迦派高僧阿难达嘎日布喇嘛。成吉思可汗派兀良哈部者勒篾为使者，向阿难达嘎日布喇嘛呈上礼品并说："朕派使者邀请喇嘛您，目

· 酸马奶制作工具 ·

的在于喇嘛主管教仪，朕主管政仪，使神奇宗教造福天地万物。当前，蒙古帝国西征伟业未毕，故暂推之。尽管如此，朕在此向喇嘛祈祷，喇嘛您为朕保佑！"喇嘛回敬成吉思可汗，并回贡佛像、佛经等。是年，乃丙戌年，成吉思可汗六十五岁，太祖二十一年（1226年）。

· 阿难达像 ·

成吉思可汗诏告天下：为使宗教神功驱除贫穷，招进财富，举行隆重仪式，迎接喇嘛的回贡之礼佛像、佛经等。成吉思可汗这一举动，开蒙古政教合一之新纪元，是为蒙古历史之一奇迹也。

丁亥年，成吉思可汗六十六岁，太祖二十二年（1227年）。春正月，成吉思可汗留兵攻西夏王城，自率兵渡河，攻西夏积石州。春中月，破西夏临洮府。

夏初月，李全在青州被孛罗围困，城内食尽，城外无援，出降孛罗。诸将纷纷说："势穷而降，非心腹也，不诛，后必为患。"孛罗说："不然。诛一人易耳。山东未降者尚多，全素得人心，杀之不足以立威，徒失民望。"表闻。成吉思可

水晶珠

汗颁诏天下：孛罗便宜处之，乃以李全为山东行省。由是，郡县闻风款附。

夏闰五月，成吉思可汗避暑于六盘山。

夏末月，西夏国主李睍力屈出降，遂絷以归。成吉思可汗终于平定了西夏。

秋初月，成吉思可汗攻克金德顺州，屯于清水县西河岸。壬午，成吉思可汗身体不舒服，对众臣、诸王说："朕从年少开始，为百姓着想，奋斗建国称可汗二十二年。岁数已尽不惜，你们大家立三子窝阔台为可汗，效忠他。"对窝阔台颁诏："效忠汗国臣民，安抚汗国兵丁；远离奸佞刁民，凝聚圣人先哲；不许排斥开国元勋之子弟于朝野；耶律楚材乃是有益于汗国的人，重用在身边；忽必烈自有异志，别弃之。"疾笃，对左右说："金精兵在潼关，南据连山，北限大河，难以遽破。若假道于宋，宋、金世仇，必能许我，则下兵唐、邓，直捣大梁。金急，必征兵潼关，然以数万之众千里驰援，人马疲敝，虽至弗能战，破之必矣。"己丑，薨。时年六十六岁。中统四年（1263年）[1]，追谥圣武可汗，庙号太祖。

据《续资治通鉴》记载，元太祖成吉思可汗深沉有大略，用兵如神，故能灭国四十，遂破西夏，平西域。其奇勋伟绩甚众，惜乎当时史官不备，或多失于记载。《续资治通鉴》等记载，太祖殂于六盘山，但是据《元史》记载，太祖殂于清水县。据史书记载，元太祖陵虽有多处记载，但都无法考证，故无真相可奉告。权威之说，乃鄂尔多斯成吉思可汗八白室也。

据有的蒙古文史书记载，成吉思可汗带兵征讨西夏，其目的在于抢占失都儿忽可汗之哈屯古尔伯勒津高娃。失都儿忽可

---

[1] 此处时间疑有误。

汗被擒，请求成吉思可汗："别杀我。我要为你摘掉启明星，除掉你国家的敌人；摘掉彗星，保证你国家无天灾。"成吉思可汗未许，欲杀他，砍、射均未果。失都儿忽可汗称："我靴底藏有三节加帮一套，用其缢死可耳。"成吉思可汗遂缢死他。

断气绝命之际，失都儿忽可汗诅咒成吉思可汗："如今你缢死我，你子孙亦会被他人缢死耳。"又说："对我古尔伯勒津高娃哈屯，连指甲都要搜查。"有些蒙古文史书称，成吉思可汗与古尔伯勒津高娃同枕，被害而死。

依我拉喜彭斯克之见，成吉思可汗深沉有大略，用兵如神，能灭国四十，不至于为了一个女人征讨西夏。失都儿忽可汗果真具有摘掉启明星和彗星以除掉敌人与消除天灾之能的话，为什么事先不为自己消除呢？何必被擒之后逞能？如果说天灾人祸果真由启明星、彗星所致，那么，生灵万物、颠白倒黑不说，地狱之快剑、难克之寒流，均启明星、彗星所致吗？失都儿忽可汗怕被斩，可砍、射未果，又何必告知"靴底藏有三节加帮一套，用其缢死可耳"？如果说失都儿忽可汗为人忠厚才做了这种事的话，那么，他临死时为何又诅咒成吉思可汗及其子孙后代呢？据史学家考证，元朝皇帝中，没有一个是被缢死的。失都儿忽可汗果真对成吉思可汗恨之入骨的话，那还告知古尔伯勒津高娃之奸诈干什么？

据其他蒙古文、汉文史书记载，太祖十四年（1219年），成吉思可汗西征之初，西夏不出兵增援，不送王子为人质，反而出兵增援西域，但只字未提成吉思可汗西征是为了抢娶西夏失都儿忽可汗爱妃古尔伯勒津高娃之事。

这时，厄鲁特、斡亦剌惕、泰苏惕等部人开始与成吉思可汗较量，因力不从心最终都一一归附。据我看，他们心怀忤逆之意，编撰此类史书乃是他们之初衷也。此类史书，漏洞百出，不值一提。成吉思可汗结束四分五裂的局面，实现蒙古统一，乃不以小人意志转移的社会历史发展之普遍规律。另外，还有史书记载了长生天赐予成吉思可汗玉杯圣水、玉玺乃佛祖授予蒙古君主等使人难以置信的奇谈。借撰写史书之机，记载成吉思可汗殂于古尔伯勒津高娃之手等不实内容，其实就是在发泄私愤。

创业之初，哈撒儿用弓箭射杀敌人，且因射死色辰泰出和太阳汗等遭记恨，被囚禁在枯井内。这是一看就明白的破坏团结的挑拨行为。业已摘录，故不赘述。

有的史学家不承认自己无知，是非不分，不深入研究。如与其说父亲袈裟气派，不如说母亲钵具卫生之类的佛教故事，纯属闭门造车，以讹传讹。本人凭浅薄学识归纳整理，辨析是非，是乃吾辈尽研析之能事之初衷也。

成吉思可汗之五色四夷，蒙古汗国为中心，谓之蓝，东谓之白，南谓之红，西谓之黑，北谓之黄也。上述五部落之旗，

·1263年，成吉思汗逝世·

均突出了各自的地域特点。四夷乃东方白色高丽、南方红色汉国、西方黑色唐兀惕、北方黄色撒儿塔兀勒也。亦称四个弟弟之分封地为内四夷耳。

戊子年，因蒙古国丧，故未动兵戈。

2. 窝阔台可汗

己丑，太宗元年（1229年）。秋中月，按太祖遗诏，太宗窝阔台于克鲁涟河阔朵阿剌勒[1]即可汗位。

·青花飞凤草虫纹八棱葫芦瓶·

据史书记载，太祖三子窝阔台学识渊博，重用贤臣耶律楚材，审时度势，保存实力，故无过失。此时，民富国强，国泰民安。在政治上与宋朝讲和，征灭金朝，使国力更加强大。

履行成吉思可汗遗诏，耶律楚材召集诸王举行忽里勒台，商定秋中月廿四日拥立窝阔台即可汗位。但当时因拖雷监国之故，诸王均犹豫不决。

---

[1] 克鲁涟河阔朵阿剌勒——《蒙古秘史》称客鲁涟河迭兀阿剌勒。

廿二日，耶律楚材到四太子拖雷处说："此乃社稷大事，若不早定，恐生他变。"己未，拖雷与诸王拥立窝阔台即大位。当时，耶律楚材对察合台说："亲王你虽然为长兄，但是如今论君臣关系乃属臣子。因此，应按照国家大礼向可汗叩拜道贺。"亲王察合台是其此言，携诸王和众臣向可汗叩首。长辈向可汗叩首，始于窝阔台。然而，在前来道贺的属国使臣中，竟然有违法者，理当处决。耶律楚材向可汗进谏："可汗即位之初，不可抹黑象征洁白无瑕的白色。"可汗允准，将其全部赦免。因为蒙古人格外崇尚白色，所以，耶律楚材采用这样的方式进谏。

金遣阿固岱^[1]奔太祖之丧。太宗窝阔台说："汝主久不降，使先帝老于兵间，吾岂能忘也！赠何为哉？"却之。遂议伐金。敕蒙古民有马百者输牝马一，牛百者输牸牛一，羊百者输羒一；敕汉民和西域诸国以兵丁为数纳贡，为永制。

· 鸣镝 ·

庚寅年，太宗二年（1230 年）。春正月，太宗颁布特赦令。耶律楚材上奏十项建议，粗略地说，主要是："郡宜置长吏牧民，设万户总军，

---

[1] 阿固岱——《金史》称此使臣名为完颜奴森。

以平衡势力，遏制骄横。中原之地，财用所出，宜存恤其民。州县非奉上命，敢擅行科差者罪之。贸易借贷官物者罪之。蒙古、回回、河西诸人，种地不纳税者死。监主自盗官物者死。犯死罪者，具由申奏待报，然后行刑。贡献礼物，为害非轻，深宜禁断。"

太宗悉从之，唯贡献一事不允，说："彼自愿馈献者，宜听之。"耶律楚材说："蠹害之端，必由于此。"窝阔台可汗说："凡卿所奏，无不从者，卿不能从朕一事耶？"最终依从之。

· 元太宗窝阔台画像 ·

春中月，蒙古设立十路征收课税所。当时，窝阔台可汗征西域，仓库无斗粟尺帛之储，于是近臣等言："虽得汉人，亦无所用，不若尽杀之，使草木昌茂，以为牧地。"耶律楚材说："夫以天下之广、四海之富，何求而不得！但不为耳，何名无用哉？"又说："地税、商税、盐、酒、铁冶、山泽之利，岁可得银五十万两，帛八万匹，粟四十余万石。"太祖窝阔台颁诏："诚如卿言，则国用有余矣。卿试为之。"至是，用耶律楚材之言，定课税、酒税，验实，息十取一，杂税二十取一（定诸路课税，酒税验实息十取一，杂税三十取一）。耶律楚材禀告太宗："设立十路征收课税所，派正、副两名官员任职，都起用了有学之士。"耶律楚材借机宣扬周公[1]、孔夫子[2]之道，再言："虽说在马背上建国立业，但不能在马背上治国。"窝阔台可汗赞许其言，越来越重视起用有学之士。耶律楚材进言："军民分治。诸路、州、县之长，治民；万户府，治军；课税衙门，治税。各科不混淆，定制为律理。"从此，手握大权之人难以为所欲为了。故燕京路长官咸得卜以旧怨诬告耶律楚材："耶律楚材起用南人近亲，故有异心也。"太宗晓其挑拨离间，遣回派来之使。不久，他人出证咸得卜，证实其罪名。太宗将其交给耶律楚材。耶律楚材上奏："咸得卜乃傲慢、有心计之人也，被人使然之。治理中原，用其之长，故推迟定罪乎？"太宗夸耶律楚材足智多谋，允之。

春三月，太宗与拖雷猎于斡儿寒河，遣兵围京兆城。

金兵来援，败之，寻拔其城。

秋中月，将军史天泽在汲县败武仙，在泸州败移剌蒲阿。史天泽领侄儿史楫，禀告太宗："我兄史天倪已故，因两子年幼，我受可汗之命任兄之位知真定府。现我侄儿史楫长大成人，请可汗将我之职归侄儿史楫！"太宗赞许，下诏："世上夺权谋利者多，推脱者少，臣言及时，奇耶。我赐他另职。"于是，任史楫为真定府兵马都总管，赐虎身金印。

冬初月，太宗令太弟拖雷、皇侄蒙哥率师伐金，入陕西，破京兆、潼关间寨栅六十余所，拔天成等堡，遂渡河攻凤翔。

辛卯年，太宗三年（1231年）。春正月，拖雷克凤翔，攻洛阳、

---

[1] 周公——姓姬名旦，是西周初重要政治家。

[2] 孔夫子——姓孔，名丘，字仲尼。我国古代著名的大思想家、大教育家。

河中诸城，下之。

夏初月，金完颜陈和尚在倒回谷打败速别额台。拖雷大军攻克凤翔。

·绿釉刻花凤首瓶·

夏中月，拖雷率师夺金河南、宝鸡，遣搠不罕使宋，借淮东之道。

秋初月，搠不罕至沔州青野原，宋统制张宣杀之。拖雷闻搠不罕死，说："宋自食言，背盟弃好，今日之事，曲直有归矣！"

秋中月，拖雷率骑兵三万入大散关，破凤州，径趋华阳，克洋州，攻武休，开生山，截焦崖，出武休东南，遂围兴元。军民散走，死于沙窝者数万。分军而西，由别路入沔州，取大安军路，开鱼鳖山，撤屋为筏，渡嘉陵江，入关堡，并江趋葭萌，略地至西水县，破城寨百四十而还。东军屯于兴元、洋州之间，以趋饶风关。

当时，太宗至云中。诸路所贡课额银币以及仓廪物料文簿具陈于前，悉符耶律楚材原奏之数。太宗微微一笑说："卿未离我左右，何知钱币流入如此？在金像你这样有才之士有几何？"耶律楚材回复："天朝帝国，人才辈出。嫌我无能，留守燕京。"太宗授耶律楚材中书印，并下旨："耶律楚材统管朝野，上奏下呈，均报中书。"耶律楚材还上奏说："包括当地蒙古、回回、河西、山后、河南等地的民众，均该征收赋税。"太宗允准。

是月，太宗以高丽杀使者，命撒礼塔率众讨之，高丽洪福源率千余户迎降。撒礼塔取四十余城，遣阿剌秃问罪于高丽王。高丽王王瞰遣其弟怀安公请降。撒礼塔承制设官七十二分镇其地，乃还。高丽王派弟王鼎赐赏大军。

秋末月，太宗命兵分三路，那颜率左路军，太弟拖雷率右路军，自率中路军，约年后在汴京会合。太宗中路军攻克河中府。那颜左路军奔济南。太弟拖雷右路军渡渭水河，进小潼关，径汉河（汉水）时，对众将士说："先宋在此杀我使搠不罕。"于是，分兵攻陷宋诸多城池，平息四川，攻占阆州，北进攻克金扬州。那撒儿率兵直取散关。

宋事先火烧渔关栈道，故那撒儿率兵从两当县径渔关入洮州，宋四川制置使胡元琰惧，逃走。那撒儿攻吴秀关，金将完颜合达、移剌蒲阿大惧，率军入邓州。拖雷率兵追击，掳获其财物等。

·持炉侍女·

壬辰年，太宗四年（1232年）。春正月，蒙古兵自唐州趋汴京，金主大惊，诏群臣议，尚书令史杨居仁请乘其远至击之，平章政事完颜白撒不答应。给麻斤出青壮民丁万人，开短堤，

决河水，以卫京城。命夹谷撒合将步骑两万巡河渡，迁近郊诸色军家属五十万口入京城。戊子，太宗窝阔台用西夏人速哥计，自河中由河清县白坡渡河，遣人驰报拖雷率师来会。夹谷撒合行至封丘而还，蒙古兵掩至，麻斤出等皆战死。

甲午，太宗命速别额台攻汴京。金主下诏修楼橹器具。当时，蒙古拖雷率师自禹山北行，一路攻陷各州县。蒙古游骑从邓州至汴京。金行省完颜合达、移剌蒲阿自邓州率步骑十五万赴援。蒙古拖雷问速别额台以攻略，速别额台说："城居之人，不耐辛苦，数挑以劳之战，乃可也。"遂以骑三千尾之。完颜合达谓："敌兵三千而我不战，是弱也。"进至钧州沙河，蒙古兵不战而退。金军方盘营，蒙古兵复来袭。金军不得休息、食饮，且行且战，至黄榆店，距钧州三十五里。

是日，大雪三尺，金兵僵立，刀槊冻不能举。拖雷以其众冲出，蒙古兵自北渡者毕集，前后以大树塞道。金将杨沃衍夺路而前，大军遂次三峰山，军士有不食三日者。蒙古兵与河北兵合，四面围之，炽薪燔肉，更迭休息，乘金困惫，开钧州路纵之走，而以生兵夹击之。金军溃，声如崩山。突然停雪日出，阳光普照大地，金兵全被歼。杨沃衍、樊泽、张惠徒步持枪，奋战而死。完颜合达带少数人马逃入钧州。移剌蒲阿走汴京，蒙古兵追蹑，擒之，拖雷命之降，多费口舌，终不肯，称："我为金国大将，唯当金国事而死耳。"遂杀之。太宗听闻拖雷与金相持，先遣赤老温率兵驰援，遂亲率大军以赴。太宗未到，拖雷已歼金军。太宗看到拖雷作战的场地，称："此等奇战，非你莫能！"众臣大将也一起上奏说："太宗所言正是，太弟英名扬天下。"太弟拖雷说："逢天启运，在长生天的气力里，在太宗的福荫里，靠众臣大将的智慧而取胜。"听了太弟的慷慨言辞，大家心里都不无佩服。

完颜合达匿窟室中，城破，蒙古兵发而杀之，扬言道："汝家所恃，唯黄河与合达耳，今合达为我杀，黄河为我有，不降何待！"

春中月，金行省徒单兀典弃潼关遁，到铁岭时被那颜追蹑，杀之。

春末月，太宗窝阔台将北还，使速别额台攻汴京。金哀宗惧怕，遣弟曹王完颜讹可为人质求和，窝阔台应之。令速别额台留守河南。

夏初月，窝阔台可汗与太弟拖雷出居庸，避暑官山。

秋初月，遣国信使唐庆使金，金飞虎卒申福等杀庆等三十余人于馆。金主不问，和议遂绝。

高丽王王皞杀死蒙古七十二个官员反叛。

· 拖雷和他的王后唆鲁禾贴尼 ·

秋中月，太宗命撒礼塔攻高丽，将攻陷之城交付洪福源管治。撒礼塔卒于军中。

秋末月，皇太弟拖雷卒于师。后被封为睿宗。太弟有五子，长子蒙哥，次子吉儒海，三子呼都格图，四子忽必烈，五子胡拉忽也。[1]

冬初月，高丽王遣使呈书认罪。

冬中月，金河解元帅赵伟，供陕州城降于太宗。

冬末月，太宗窝阔台命王檝为使，见宋理宗，议夹攻金汴京事宜。宋理宗召集文武百官商议联蒙攻金一事。宋朝野上下一致认为这是宋朝报仇雪恨的一个好机会。宋理宗遂下令派邹伸之为使臣，送书禀报。其概意："宋朝历来与贵国无冤无仇。宋宁宗派梦玉缘为使臣，与金议和以后，山东地被金将李全占领，河南地亦被金将占有。今日，贵国应天意、顺民心，派宣抚王檝为使来议和，不能不欣慰。专派邹伸之为使臣，送书禀报，商议攻金一事。"太宗窝阔台允准，称事成之后以河南地归宋。

金汴京粮尽援绝，势益危急。金主召集众臣问计："与其坐以待毙，不如与之一决。"颁诏天下称："朕亲自带兵，到汝州与敌交战。"军分二路，一路留守，一路出战。丞相完颜赛不等率诸军扈从，参政完颜奴申等率诸军留守。庚子，金主自汴京起程。太后、皇后、妃子、公主大恸洒泣，将相臣民至开阳门送行。

癸巳年，太宗五年（1233年）。春正月，乙巳，金主到黄陵冈，与蒙古军交战，破蒙古军两个军营，向河西进发后，蒙古军元帅速别额台进围汴京。金主登舟，渡河进蒲城，攻卫州，至城下，

---

[1] 关于拖雷诸子，史书记载不一。本书记蒙哥、吉儒海、呼都格图、忽必烈、胡拉忽五人。多书不记其中的"吉儒海"。这里漏掉了阿里不哥。

以御旗招之，城中不应。将军史天泽以骑兵踵其后，战于白公庙，金师败绩，被迫走归德府，遂诸军大溃。

春末月，金右路元帅崔立骚乱，杀完颜奴申等，封自己为都元帅、郑王，投书给速别额台，欲供汴京归降。

夏初月，崔立以金太后王氏、皇后徒单氏、梁王从恪、荆王守纯及诸妃嫔，凡车三十七辆，宗室男女五百余人，孔元措等降服速别额台。速别额台派兵将贡品送至哈剌和林，后入汴京。

初，蒙古之制，凡攻城不降，矢石一发则屠之。汴京既破，速别额台特遣使对太宗窝阔台禀报："此城相抗日久，士卒多伤，请屠其城。"耶律楚材得知这一情况后，驰见太宗说："将士暴露数十年，所争者土地和人民，得地无民，将焉用之？"窝阔台未语。耶律楚材接着又对太宗说："凡弓矢、甲杖、金玉等匠及官民富贵之家，皆聚此城，杀之则一无所得，是徒劳也。"乃诏除完颜氏一族外，余皆赦免。遂为定制。

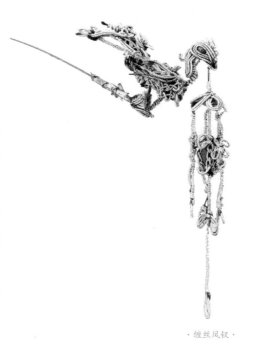

· 缠丝凤钗 ·

据汉文典籍记载，当初，蒙古之制，凡攻城不降，矢石一发则屠之。若然如此，其横征暴敛过之霸王项羽，阴险狡诈过之桀纣。孟子说，杀人不眨眼者，不可能一统天下。有元一代，

为何能够一统天下？成吉思可汗举兵创业以来，南征北伐，东攻西讨，攻破城邑不计其数。若说屠城是蒙古人制定的一种规矩，那么速别额台攻城时，还有必要遣使向太宗请示吗？另外，汉文典籍说：耶律楚材就战争的利害关系劝说太宗而得到了认可。我想，这不就是说太宗接受耶律楚材谏言是为了获取利益，而不是爱惜生命的仁慈之举吗？因此，我在此用太祖、太宗以仁爱之心对待百姓，统一诸国来证明孟子之言无伪，以辨明历史事实为初衷。

夏中月，金哀宗逃归蔡州。

秋中月，都元帅藩镇[1]率师围邓州。

秋末月，太宗窝阔台颁诏天下，诏以孔子五十一代孙孔元措袭封衍圣公[2]，敕修孔子庙及浑天仪[3]。与宋约，都元帅藩镇率师围金蔡州。宋都统孟珙，率师两万，运米三万石，赴蒙古之约。藩镇大喜，检修攻具。

冬中月，蒙宋联军攻城。蔡州告急，金尽借民丁防守，民丁不足，复括妇人壮健者假男子衣冠运木石。敌对双方交战至冬末月，蒙宋两军合攻西城，克之，毁其城。完颜仲德命三路精兵筑寨浚壕为备，及西城堕，蒙宋两军皆未能入。完颜仲德令另三面军立盾，昼夜奋战。金哀宗对近臣言："我为金紫光禄十年，太子十年，人主十年，自知无大过恶，死无恨也。所恨者，祖宗传祚百年，至我而绝，与自古荒淫暴乱之君等为亡国，独此为介介耳！"又说："古无不亡之国，亡国之君往往为人囚絷，或为俘献，或辱于阶庭，或闭之空谷。朕必不至于

---

[1] 藩镇——《元史》称塔察儿。

[2] 衍圣公——孔子嫡派后裔的世袭封号，后代一直沿袭这个封号。

[3] 浑天仪——浑仪和浑象的总称。浑仪是测量天体球面坐标的一种仪器，而浑象是古代用来演示天象的仪表。

此！卿等观之，朕志决矣。"庚寅，以御用器皿赏战士。甲午，已而微服率兵夜出东城，谋遁去，及栅，遇敌兵，战而还。

甲午年，太宗六年（1234年）。春正月，辛丑，孟珙率蒙宋联军围蔡州，令诸军衔枚，分运云梯布城下。金将完颜仲德率兵鏖战。戊申，金主集百官，传位于宗室子承麟。承麟拜泣不敢受。金主说："朕所以付卿者岂得已哉！以肌体肥重，不便鞍马驰突。卿平日矫捷有将略，万一得免，祚胤不绝，此朕志也。"承麟乃起受玺。己酉，即位。当时，金百官称贺，礼毕，亟出捍敌，而南城已立蒙帜。不一会儿，四面鼓噪夹攻，声震天地。南门守卫弃门而逃。藩镇率师进城。金主将玉玺置于幽兰轩，环以草，号泣曰："死便火我！"遂自缢身亡。完颜仲德听到这一噩耗，对众将士说："我主已崩，战有何用！我不能死于敌兵之手，我要随主而去，诸君善为之！"说完，赴汝水而死。众将士称："宰相能殉国，难道我们不能乎？"于是，参政孛术鲁娄室为首，军士五百余人都跟着死去。承麟率群臣痛哭："先帝在位十年，勤俭宽仁，图复旧业，有志未就，甚悲哀切！追谥为哀。"奠祭未毕，城破。藩镇和孟珙等率兵进城，分了金主遗骨及宝物、玉带、金银印牌等。承麟被乱兵所杀。金亡。

金朝共计十位皇帝[1]，历时一百一十九年。蒙古与宋分地盘，陈州、蔡州以东南分属宋，西北地分属蒙古。蒙宋诸将，各回故地。

夏末月，宋主命统制赵范、赵葵、全子才合兵万人赴汴京。原金将李伯渊谋杀崔立，贡城归宋。听到这一情况后，太宗窝阔台对群臣说："宋不仅毁了原先的盟约，而且侵占了汴京，

---

[1] 此处作者将完颜承麟也算在内。

欲夺湖南。朕欲亲征，卿等意下如何？"国王塔思自告奋勇："臣家累世受恩，图报正在今日。今仰仗天威，讨伐宋朝！"太宗窝阔台下旨："塔思年少有雄略，必成大事。"赐金甲、宝带和十把硬弓，令统大军伐宋。

秋初月，塔思引兵南下，决黄河寸金淀之水以淹宋军，宋军多溺死。进而围困洛阳等城，收复失地。国王塔思乃木华黎之子孛罗的儿子。

冬末月，太宗窝阔台遣王檝到宋指责毁盟。宋主遣邹伸之以认罪。

乙未年，太宗七年（1235年）。春末月，太宗下诏，在和林城（蒙古帝国都城哈剌和林）建万安宫，为会同之所。

太宗遣使唐兀惕，迎请萨迦克里克孜及拉希拉姆达喇嘛来蒙古主持佛事。

大喇嘛回复："传播实胜之教时日未到，且我年老体弱，不能充当重任。蒙古之高僧自会出现。"推辞未应。

夏末月，太宗召集诸大臣："遣回回人征江南，汉人征西域。"耶律楚材进谏："不可。中原、西域相距遥远，未至敌境，人马疲乏，兼水土失宜，疾疫将生。宜各从其便。"太宗允准耶律楚材谏言。

太宗命诸王拔都、长子贵由、太弟之子蒙哥征西域，又命二子阔端（又称忽鲁克）等征蜀汉，皇子阔春、王塔思伐宋，命唐古伐高丽。这样，分别发兵出征。

秋初月，太子阔春、王塔思二人引兵破宋枣阳，略襄州、邓州、郢州，掳掠人丁、牲畜而还。

冬初月，阔端引兵攻打成州石门。金总帅汪世显献城归降。阔端问汪世显："吾征讨有年，所至皆下，汝独固守，何也？"

汪世显说："有君在上，卖国市恩之人，谅所不取。"阔端称是。俾汪世显仍旧职，帅所部从征。汪世显遂绝嘉陵，进趋大安，阔端资其粮械。

· 金、南宋时期的蒙古、克烈等部 ·

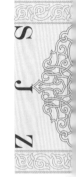

　　冬末月，阔端入沔州，知州事高稼被大军杀戮。阔端占领沔州城。

　　丙申年，太宗八年（1236年）。春正月朔，万安宫落成，诸王以及宋、西域、高丽和其他诸国来上贡的使者，以蒙古新春之礼，拜见太宗，举行宴会。太宗执觞赐耶律楚材说："朕之所以推诚任卿者，先帝之命也。非卿，则中原无今日。朕所以得安枕者，卿之力也。"太宗根据耶律楚材谏言，诏杰出文人梁陟、王万庆、赵著等为自己宣述九经。之后，立编修所于燕京、经籍所于平阳，编集经史。

　　春末月，复修孔子庙，建司天台。大将张柔破随州、郢州及荆门军。窝阔台可汗下诏，令大臣忽秃乎普查汉民户籍。

秋中月，阔端破宋枣阳军、德安府，获名儒赵复，把所获中原民众分赐给诸王。

秋末月，大将巴秃儿攻阳平关，杀宋将曹友闻，夺阳平关。阔端入蜀，一个月内先后破成都、利州、潼川三路属地所有府、州、郡、县、关、寨。大军兵马进驻成都府。

冬初月，太子阔端自成都引兵破文州，杀死刘锐、赵汝曩，占领文州。

冬中月，太子阔端与大将张柔破郢州。秃满带攻江陵，被孟珙打败。忽秃乎普查中原人丁户口，定赋税。每两户出丝一斤，供国之用；五户出丝一斤，以赐诸王、功臣。上田每亩税三升，中田二升，下田一升。水田每亩五升。商税三十分而一。盐价银一两四十斤。以为定制。朝议皆以为太轻，耶律楚材道："作法于凉，其弊犹贪，后将有以利进者，则今已重矣。"近臣议收民牝马，耶律楚材说："中原皆田蚕之地，今若行之，后必有民害。"窝阔台可汗允准耶律楚材之言。御前大臣脱忽谏选天下淑女

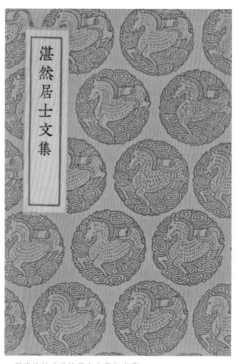

· 耶律楚材《湛然居士文集》书影 ·

进宫。耶律楚材拒之不行，窝阔台可汗怒。耶律楚材进谏："向择美女二十有八，足备使令。今复选，臣恐扰民，欲覆奏耳。"

太宗思良久："可罢之。"

丁酉年，太宗九年（1237 年）。春中月，太子贵由、蒙哥征钦察部。钦察部主巴齐玛[1]遁入海岛。蒙哥擒巴齐玛，命之跪，巴齐玛道："我为一国主，岂苟求生！且身非驼，何以跪人乎！"于是，蒙哥将其囚于车内，押了回去。

耶律楚材谏言："逃匿者，大多为课税所迫的和尚、道人，对其校试赦免。"太宗允准耶律楚材之言，对和尚和道人进行校试。合格者，安置在寺庙，分赐度牒。儒士被俘为奴者，亦令就试，免为奴者千余人。

当时，诸王贵戚私用驿马，道路骚扰不断，所至需索百端。耶律楚材复请给牌札，定分例，其弊始革。

时有二道人，各自拉拢人马。其中，一个与通事杨惟忠、太监中贵[2]串通，诬告另一个道人隐瞒两名逃兵。逮捕两名逃兵，误判死刑。查实之后，耶律楚材逮捕了杨惟忠。太监中贵谮耶律楚材违制庇逃军。太宗怒，系耶律楚材；既而自悔，命释之。耶律楚材不肯释缚，道："臣备位公辅，国政所属。陛下初令系臣，以有罪也，当明示百官，罪在不赦。今释臣，是无罪也。岂宜轻易反覆，如戏小儿！国有大事，何以行为！"如此大胆顶撞，有的文武百官替耶律楚材担忧，有的甚至惊慌失色。窝阔台说："朕虽为帝，宁无过举耶？"乃温言以慰之。

惩罚杨惟忠、中贵二人，免其爵位，贬为俗人。

耶律楚材陈时务十策，称："信赏罚，正名分，给俸禄，官功臣，考殿最，均科差，选工匠，务农桑，定土贡，制漕运，皆适于时务。"窝阔台下诏施行。

---

[1] 巴齐玛——《史集》称钦察部首领巴齐蛮。

[2] 太监中贵——中贵在这里以人名出现，《元史》中指太监。

太宗素嗜酒，晚岁尤甚，耶律楚材屡谏，不听，乃持酒槽铁口称："曲蘖能腐物，铁尚如此，况五脏乎！"太宗悟，语近臣："汝辈爱君忧国之心，参若长胡须[1]乎？"赏以金帛，敕近臣日进酒三盅而止。庚寅至丁酉[2]，课税银额增至一百一十万两。译史安天合，使回回人温都儿哈玛[3]请以二百二十万两扑买之。耶律楚材说："不可！这样百姓负担过重。"反复争论，声色俱厉，言与涕俱。太宗道："尔欲搏斗耶？"又说："尔欲为百姓哭耶？"姑令试行之。耶律楚材力不能止，对太宗说："民之困穷将自此始矣！"

有一天，耶律楚材醉酒睡车中，太宗遇见，用手推他，耶律楚材怒，看到是可汗，急忙下跪。可汗微笑道："私醉，为何不与我欢？"耶律楚材随即到可汗身边，饮酒欢。之后，戒了酒。

冬初月，王塔思与大将布花率军攻宋朝光州，再攻蕲州。破随州攻黄州时，宋主惧，欲与讲和。王塔思率军归。唐古、洪福源二将率军攻高丽，破十余城。

戊戌年，太宗十年（1238年）。春中月，王塔思率军征宋。宋以周次说为使，与蒙古议和。

夏中月，唐古征高丽，四千余名高丽军降。

冬末月，高丽王王暾遣使，归降蒙古。王塔思病故，时廿八岁。其子索多尔年幼，弟索罕袭王位。

己亥年，太宗十一年（1239年）。夏中月，太宗遣使高丽，诏高丽王王暾前来朝拜。高丽王以母病故为由，遣使来朝拜太宗窝阔台。

---

[1] 长胡须——这是成吉思可汗对耶律楚材的爱称。

[2] 庚寅至丁酉——指1230—1237年。

[3] 温都儿哈玛——西域人奥都剌合蛮名字的谐音。

秋初月，大将塔海甘蒲再次入蜀，进围成都，占领汉中简州、眉州、阆州、蓬州、遂宁、重庆、顺庆府等地。

庚子年，太宗十二年（1240年）。春正月，太子贵由平西域未下诸部，遣使给可汗报喜。

春末月，诏皇子贵由班师回朝。东平万户严实卒，子忠济袭。

辛丑年，太宗十三年（1241年）。春中月，太宗疾甚，御医称："太宗静脉已衰。"六皇后乃马真不知所措，召耶律楚材问计。耶律楚材对六皇后说："今任使非人卖官鬻爵，囚系非辜者多。古人一言而善，荧惑退舍。请赦天下囚徒。"六皇后说："即刻赦免天下囚徒。"耶律楚材说："非君命不可。"太宗少苏，因入奏，已不能言。首肯，赦下。是夜，御医候脉复生。翌日，病情好转。

秋中月，高丽王以其族子綧为人质，来蒙古上贡。

冬末月，太宗欲出猎，耶律楚材看太乙星象后，劝可汗不出猎为好。左右群臣却纷纷说："不骑射，何以为乐？"太宗首肯，出猎到鈚铁钴胡兰山，与回回大臣温都儿哈玛饮酒。翌日，旧病复发而殂。是年五十六岁。葬在起辇谷，追谥英文可汗，庙号太宗。六皇后拒耶律楚材劝说，违太宗御旨，擅自擅权。

司命秦氏曰："帝有宽宏之量、忠恕之心，量时度力，举无过事，华夏富庶，羊马成群，旅不赍粮，时称治平；国事交办于官吏，政事交办于太府，里外平安；实现西和北及中原的大一统，占领天下三分之二的领土。唯岁高、疾甚，六皇后擅权。只可惜，以财为由，亲回回人。"

壬寅年，六皇后乃马真氏称制。时年，燕京行省郎中姚枢看到政务无序，退职回辉州苏门，开垦数百亩，盖草屋，建寺庙，寺庙中央立鲁国侯塑像，旁边立周（周敦颐）、程（程颐）、张（张载）、邵（邵雍）、司马（司马光）等的塑像，以史为鉴，修身养性。在庙里，姚枢读书宣理，将《小学》《论语》《孟子》《大学》《中庸》及朱子（朱熹）等的经典语录刻成《合文录》。另外，注释并刻板《诗经》《尚书》《左传》《折衷》《易经诠二》《蔡氏诠书经》和《胡氏诠春秋》等史书。还使弟子杨古用沈氏活版印刷《近思录》、《东莱经史论说》等诸多名著。

癸卯年，六皇后继续称制。春末月，耶律楚材看到六皇后乃马真崇信奸商温都儿哈玛，自己无为，故以年老体弱为借口，多次请求辞职。六皇后免去其中书令一职。耶律楚材以朝政日非，忧愤成疾，离开人世，是年（甲辰年）五十五岁。耶律楚材去世后，六皇后深感遗憾，赏赐深厚。有人谮言耶律楚材"在相位廿年，天下贡赋半入其家"。六皇后派侍从搜耶律楚材遗物，结果，除琴玩十余、古今书画数千卷以外，别无他物。耶律楚材天生聪颖、智慧超众，居官以匡国济民为己任，群臣无与为比。卷宗虽然常有堆积，但是处理从未有过失误。耶律楚材为百姓敢与太宗争论，声色俱厉，言与涕俱。太宗说："尔欲为百姓哭耶？"耶律楚材常说："兴一利不如除一害，生一事不如省一事。"他与文人墨客相见，文质表现在声音容貌上；与闲人之辈相遇，品质表现在言行举止上。无一人不称其为自己的标杆。司命秦氏曰："元太宗即位于宗王汗位之争之际，天时人心不和，朝野上下不稳，群臣百姓来自各方。因此，语言不同，人心不齐。作为一介文人，耶律楚材狂揽全局，施展才华，确为难事。但值得庆幸的是，耶律楚材遇上了元太宗窝阔台这样的英明可汗。元太宗纳其谏言，为他提供施展才华的平台。"朱熹说，"据历朝历代的文献典籍记载：蒙古大臣的逝世都描述为'死去'，唯独将耶律楚材的逝世描述为'辞世'。究其原因，可能与耶律楚材在蒙古典章定制以前充任大臣有关。据宋子贞说，耶律楚材所做的贡献，超过木华黎之辈开疆拓域多得多……在汴京欲兴大屠杀，同样采纳了耶律楚材的建议，使汴京百姓幸免遭受灭顶灾难。各夷人，都像耶律楚材一样先百姓所忧而忧，后百姓所乐而乐，都成为彪炳史册、流芳百世的一代英杰"。[1]

依我拉喜彭斯克之见，据朱熹等人之言，无耶律楚材则无蒙古中原政权。吾佞认为，宋子贞、朱熹等人只看到耶律楚材贤哲的一面，而未看到太祖及太宗信任和器重他的圣贤一面。他们未看到耶律楚材成事靠的是太祖、太宗之洪福及浩荡的皇恩。汉高祖刘邦曾言："有汉一代一统天下，得益于三个大臣。"唐太宗李世民器重魏徵[2]，出现了"贞观之治"的局面。魏徵曾对唐太宗说："别使我成为一名庸臣，而成为一名流芳百世的忠臣。"如上所述，君主与臣民如此默契配合的事例甚多。更值得深思的是，皇恩浩荡造就了一代之名流。耶律楚材虽然具有超众的智慧、卓越的理政才华，但是在六皇后称制时期，他却屡屡不得志，正义无处申，真才无处用，进而忧愤成疾，撒手而去。从这些不难看出，贤臣才能的发挥得益于帝王的器重。凭元太祖、元太宗的英明圣武和浩荡皇恩，假如不发现耶律楚材，难道还得不到另外一位"耶律楚材"吗？因此，吾所强调的在于此。

甲辰年，六皇后继续称制。夏初月，总帅汪世显卒，汪惟正袭。

---

[1] 此处"朱熹所说"有误，不符合历史事实。朱熹为南宋时人，卒于1200年。耶律楚材为蒙古汗国时期的大臣，卒于1244年。朱熹不可能对耶律楚材逝世等问题做评论，下文关于朱熹的一些说法也为错讹。

[2] 魏徵——580—643年，字玄成，巨鹿郡人。唐朝政治家、思想家、文学家和史学家。因直言进谏，辅佐唐太宗创建"贞观之治"的大业，被后人誉为"一代名相"。

·蒙古骑兵征战图·

汪世显用兵如神，有大将韬略，扶民尊儒，厉行勤俭，谦虚自律，具有一代大将风范。

乙巳年，六皇后继续称制。秋初月，六皇后乃马真令元帅撒干和张柔统领三万大军攻宋。撒干和张柔大掠淮西，攻泗州，乘势而下。宋朝遣使赵蔡求和。撒干、张柔撤军回师。

3. 曲律可汗（阔端）

丙午年，定宗元年（1246年）。自太宗窝阔台辞世，六皇后称制长达五年。国法被奸臣亵渎，致使民心大乱。另外，连续几年大旱，河水干枯，野草自燃，六畜锐减，民不聊生。因此，六皇后畏惧。秋初月，六皇后违背太宗立长子贵由（英年早逝）的儿子失烈门即可汗位的遗旨，举次子忽鲁克登基为可汗。忽鲁克又名阔端。此事遭到了诸王们的反对。他们蓄意造反未成，遂各自回领地。[1]

冬末月，定宗令张柔率兵攻打宋淮南。

丁未年，定宗二年（1247年）。春中月，定宗颁诏天下："蒙古人户每百以一名充拔都鲁。"有一天，定宗说："太祖曾承诺将萨迦阿难达喇嘛请到蒙古传教。如今其弟子贡格坚赞[2]赴印度中部学成五明学大班第达。今遣使多尔达邀喇嘛来蒙古主持

---

[1] 关于阔端称可汗一事，青海蒙古松巴·益西班觉所著史书持这种观点。

[2] 贡格坚赞——蒙古文史籍称"萨迦·班第达·贡嘎扎勒散"，汉文史籍简称"萨班"。

佛事。"诏书说："国主大可汗谕旨，诚邀曼殊室利化身萨迦·班第达来蒙古。祈求博格达喇嘛，为万物生灵主持造福吉祥之佛事。若你不来，朕遣精兵强将用武力征服唐兀惕。届时，一切后果由班第达你承担。因此，应邀来蒙古为上策。"

多尔达抵达萨迦寺，呈递可汗的诏书，贡格坚赞想起噶剌布斯·扎巴坚赞喇嘛的"有一天，东方的蒙古来一位帽若栖鹰、靴似猪鼻的施主。届时汝去，不仅造天地万物之福，而且造佛法之福"的预言。贡格坚赞即刻起程来到蒙古。可汗亲自迎接，设盛宴，并专修坛场安顿。从此，班第达成为最受尊崇的佛教领袖。这样，贡格坚赞在蒙古开启了传播佛教的先河。可汗提议让贡格坚赞创制蒙古文字。贡格坚赞整整想了一夜，没有想出好的办法。第二天，有一妇人手持哈吉[1]来叩拜班第达。班第达由此受到启发，创制了包含阳性字母、阴性字母和中性字母三种字母的蒙古文。从此，这片长期被邪念迷惑的土地，顷刻间被佛光普照，得到莲花辅助之大恩惠。

依我拉喜彭斯克之见，据《jiruhenv tclida》记载，成吉思可汗曾派使者向萨迦·哲布尊·索多诺木赞布喇嘛表达过信奉佛教的心愿。蒙哥可汗时期，迎请噶举派蔡巴喇嘛主持佛教。忽必烈彻辰可汗时期，阔端王子和多尔达商定，迎请班第达·贡格坚赞主持佛教。班第达·贡格坚赞圆寂后，忽必烈彻辰迎请贡格坚赞弟子八思巴为佛教的主持喇嘛。据《金轮千辐》记载，成吉思可汗暗中信奉萨迦宗阿难达嘎日布喇嘛。窝阔台可汗暗中信奉萨迦·班第达·贡格坚赞喇嘛。忽鲁克汗（一说：阔端王子）在位时，迎请班第达·贡格坚赞。上述典籍，虽然在记

---

[1] 哈吉——原蒙古文称 hederge mcdv，汉文译为"木钝刀"。这种熟皮工具在古代中原文化中没有，所以用其蒙古名字音译之。

述上有出入，但是我本人认为，阔端王子和多尔达二人没有得到大可汗的许可，不可能擅自做主迎请班第达来蒙古。

另外，创制蒙古文字，是为国家大事，因此，必须有圣旨才能圆满完成。据《merged garhv yin crvn neretu tcgtagsan dayanka》记载："窝阔台次子阔端王子迎请萨迦·班第达·贡格坚赞作为檀越喇嘛，得到了佛教之源。"由此看来，定宗贵由迎请贡格坚赞来蒙古传播佛教是符合历史事实的。当时是六皇后称制五来年的混乱时期，所以《jiruhenv tclida》的作者疏忽大意，将贵由误记为阔端也许是历史的真相。[1]

戊申年，定宗三年（1248年）。春末月，贵由可汗因病去世[2]，是年四十三岁，葬于起辇谷，庙号定宗。乃马真继续称制[3]。是年，庄稼歉收，牛马死十有八九，民不聊生。诸王及权臣遣使于中原诸郡征收货财，或与西域索取珠宝，或从东海抽取鹰、鹘，驿骑昼夜不绝，百姓实难承受。尤其是自壬寅年[4]以来，法度不一，内外离心，朝政衰萎。

· 贵由大汗给教皇 Pope Innocent IV 的信 ·

---

[1] 此部分内容与前文有出入，似有误。

[2] 贵由可汗因病去世——此段记载与前文矛盾。依前文，应该为阔端。

[3] 乃马真继续称制——贵由死后，由其哈屯海迷失称制。

[4] 壬寅年——1242年。

己酉年（1249年）、庚戌年（1250年）无大事。据一些野史记载，太宗长子贵由辛丑年（1241年）即可汗位，执政六个月去世。太宗次子忽鲁克（阔端）壬寅年（1242年）登基，庚戌年（1250年）逝世。六皇后乃马真称制四年。上述记载，自相矛盾。所以，暂且放弃，书归正传。

依我拉喜彭斯克之见，太宗窝阔台逝世后，六皇后乃马真不守妇道，目无长生天，肆无忌惮地称制于太祖、太宗的社稷，蒙骗朝野群臣，亲昵奸臣温都儿哈玛，破坏朝纲。另外，辛丑年（1241年）至宪宗元年即辛亥年（1251年）十年间，载入史册的正事很少。整整十年难道无大事？我想，六皇后乃马真称制，奸臣温都儿哈玛篡权，导致朝政混乱，因此，这些复杂之事未能载入史册。时至宪宗即位，重申蒙古列祖列宗之朝纲，惩治乃马真等祸国殃民之徒，天下才得以安宁。在汉文典籍中，史家对唐武氏把持朝政等事，均做过评价。而《元史》中，对其他历史真相多有评论，唯独对风流一时的乃马真没做任何评论。所以，我在此极力辨析历史真相，目的在于还历史本来面目，以警示后人。

4. 蒙哥可汗

辛亥年，宪宗元年（1251年）。宪宗，讳蒙哥，是太弟拖雷长子。太宗为太子之时，收养于府邸中。太宗去世后，皇位空缺，六皇后称制多年，导致朝政混乱。为了稳定朝纲，诸王、群臣会聚在一起，商议可汗承袭大事。速别额台之子、大将军兀良合台说："蒙哥王为太宗所领养，天性谨慎、稳重、聪明、睿智。"亲王拔都说："大将兀良合台说得非常正确，我完全同意。"当时，定宗皇后派来的八刺称："太宗曾经有圣旨，

立皇孙失烈门为继承人，诸王百官皆与闻之。如今若让他人即位，那失烈门怎么安置？"大将忙哥撒儿说："太宗有旨，谁敢违之！但是六皇后立定宗之时，你为什么不说这话？如今拔都推举蒙哥即位，是为朝廷的稳定啊。"蒙哥王称："违背太宗圣旨的不是别人，就是以六皇后为首的你们，如今还能追究谁的责任呢？因此要按大家今天商议的结果去办，若有异议者，当斩！"

于是八剌不敢提出异议。这样，大家决定推举蒙哥即位。夏末月初六日，蒙哥在斡难河畔登基称可汗。

宪宗遂颁诏，罢不急之役，严肃法纪，安抚百姓。同时下令尽收太宗之后，凡朝廷及诸王滥发的牌印、诏旨、宣命及一切要事均由可汗亲自过阅。

史臣说："元朝定宗去世之后，宪宗即位。其间无国主三年。国若无主，何为之国。蒙古起初无治国方略，向来受中原的影响，用汉法治国。"

秋初月，宪宗命太弟忽必烈总治蒙汉军民，开府于金莲川。前朝以来，姚枢一直隐居在苏门，忽必烈遣赵

· 彩绘跳盅碗舞的陶俑 ·

璧请其出山。姚枢见忽必烈，被其超群的聪明睿智、非凡的远见卓识和海纳百川的宽容大度深深打动。于是，姚枢尽其所能、毫无保留地书写，呈上万言书，其内容，一是二帝三王之祖训，二是整顿吏治、严格朝政、安稳天下等八大类内容。首先称修身立家、招贤纳士、尊才重德、敬天亲族、宽容百姓、除恶扬善，其次分析归类当时弊政为三十章。忽必烈为姚枢的博学多闻所倾倒，不由自主地无所不问。有一天，姚枢对忽必烈说："今天下土地之广、人民之殷、财赋之阜，有如汉地者乎？军民尽有之，则天子何为？异时廷臣间之，必悔而见夺。不若但持兵权，凡事付之有司，则势顺理安。"忽必烈从之。

·姚枢像·

宪宗封忙哥撒儿为断事官；任孛鲁欢为必阇赤，掌宣发诏令、朝觐贡献及内外官员上奏等事。还任命了其余众臣大将，整编蒙汉军队，命大将撒干攻打江淮，泰达尔征蜀，忽勒歹征唐兀惕。

有一天，忙哥撒儿在衙门外闲坐时，四十位那可儿"二"字排开对坐其旁。忙哥撒儿对大家说："现主已任命我为断事官，我怎么做事呢？请大家给我说实话！"众人无应。再问时，有一名叫华的唐兀惕人上前来说："断事官职务如同剔羊肉，分节不得破坏脊椎，关键是公正公平。"忙哥撒儿起身进入蒙古

包。众人指责华失言。忙哥撒儿向宪宗大夸华言。宪宗召见华，视为有用之才，命其为官。

是年，宪宗蒙哥听说高丽迁入海岛。冬中月，命张庭珍率大军征高丽。究其缘由，高丽王称："我未曾叛大国，而大国戍边军不断掳掠我们。因此，想躲避而迁入海岛深处。"并送给张庭珍金银几万两。张庭珍一文未收，返回朝廷，向蒙哥可汗如实禀报。蒙哥可汗颁诏："戍边军不得随意进入高丽所属之地。"从此，高丽得以安宁。

姚枢向忽必烈禀报："整编秋去春来的戍边兵丁，将其安顿在要塞重镇。来敌则迎战，无敌则屯垦，填实仓廪，稳固边疆，见机行事，便可征服宋朝。"忽必烈赞其言，立屯田经略司。从此，大江南北数千里，百姓获得生资，皆大欢喜。

冬末月，可汗命史天泽为河南经略使。史天泽招贤纳士，设太令，到各郡县充任；查腐败，均税赋，救济贫民；改制钞律，消除贫富差距；设置经藏；休整兵马，整顿军饷，建城墙防外敌；斩除刁民，管制外郎；设嘎查村，大兴屯田，守边固疆：河南地区状况明显改善。

壬子年，宪宗二年（1252年）。春正月，可汗颁诏，迁太宗皇后乃马真于边疆，赐死定宗皇后，将失烈门拘于毛都齐之地。当众腰斩温都儿哈玛，以戒世人。

夏末月，宪宗将中原之地分封给诸王。命太弟忽必烈从汴京、关中两地择其一。遂忽必烈选受关中之地。

是月，宪宗命忽必烈征大理，命陶鲁该撒齐勒 [1] 征印度，命

---

[1] 陶鲁该撒齐勒——《元史》称秃鲁花撒丘。"秃鲁花"用蒙古语写作"tcrgvd"，意为侍卫。撒丘为其名字。

丘迪不忽[1]征玛拉西[2]，命撒刺征西域素丹诸国。

秋末月，宪宗命诸王也古征高丽。宪宗出猎坠马伤臂，不办朝务百余日，下诏大赦天下囚犯。

癸丑年，宪宗三年（1253年）。春中月，蒙古大军攻海州，守臣王国昌逆战于城下，败绩，一都统官被擒。

夏中月，宪宗命旭烈兀、臣兀良合台征西域哈里发、八哈塔[3]等国；命臣塔塔儿带、撒里秃鲁花征印度、怯失迷儿等国。

秋中月，太弟忽必烈分兵三路征云南大理。大将兀良合台率西路军奔晏当；诸王茹忽宅吉列[4]率东路军奔白蛮；忽必烈率中路军跋山涉水，行军两千余里，至金沙江，乘革囊伐以渡金沙江。摩娑蛮主不战而降。摩娑蛮，大理北四百余里。

·钧窑带座螭耳瓶·

冬初月，太弟忽必烈遣玉律术于大理。至此，蒙古大军抵达打郭寨。白蛮国王不战而降；其侄儿坚守穆车耳根城，忽必烈攻取该城，杀白蛮国王侄子，未扰平民。从此，白蛮国岁岁向蒙古上贡。

---

[1] 丘迪不忽——《元史》称怯的不花。

[2] 玛拉西——《元史》称没里奚。

[3] 八哈塔——现今伊拉克首都巴格达。

[4] 茹忽宅吉列——《元史》称抄合也只烈。

·汉白玉建筑构件·

　　冬中月，忽必烈中路军抵大理城。大理主段氏，自幼身体虚弱，国事皆决于高祥、高和兄弟。是夜，高祥率众逃走。太弟忽必烈派诸王也古追伐。忽必烈入大理城称："城破而我使不见，我看他已经死了。"西路军亦至。命姚枢等搜访图籍，拾得使臣之尸。忽必烈大怒，将屠其城。张文谦、刘秉忠和姚枢三位大臣进谏："杀使拒命者，独为高祥，与百姓无关，请宥之。"姚枢裂帛为旗，书止杀之令，分号街陌，大理之民赖以全活。安葬使臣尸骸，姚枢致祭词。也古、巴秃儿追及高祥，斩于姚州。留兀良合台攻诸蛮之未下者，以刘时中为宣抚使，助大理主治理国家。忽必烈班师回朝。

　　宪宗入驻旺吉[1]，命诸王耶剌虎[2]与洪福源征高丽。耶剌虎与洪福源攻下禾山、东州、春州、三角山、杨根、天龙六座城池。

　　甲寅年，宪宗四年（1254年）。春，宪宗命忽尔查征高丽。

　　十月，留守大理国的大将兀良合台攻其余未降的十余座城，班师回朝见宪宗。是年，宪宗在颗颗脑儿（今青海湖）之西召

----

[1]　旺吉——今蒙古国乌兰巴托之南翁吉河。

[2]　耶剌虎——《元史》称耶虎。

集诸王，祭天于日月山。招兵买马，整编兵丁。宋均州总管孙嗣遣使送蜡书说："降蒙古，来助我。"蒙古驻邓州守臣史权率军来助孙嗣。孙嗣部下钟显、王梅、杜柔、袁师信四将各率所部兵马归附蒙古。

·刘秉忠像·

乙卯年，宪宗五年（1255 年）。春中月，太弟忽必烈命许衡为京兆提学，许衡不从。

许衡，怀庆河内人，幼有异志，七八岁入学。授章句，问其师曰："读书何为？"师曰："取科第耳！"许衡曰："仅此而已乎？"师大奇之，谓其父母曰："儿颖悟不凡，他日必大过人者，吾非其师也。"遂辞去。许衡自幼熟读文典，听说有人家藏书，就去借阅。许衡熟练掌握了古代执政、修心、养身之术及箴言。不管大事小情，都以书本为鉴，慎重处世，得到众人敬仰。时遇金国内乱，但追随其求知者甚多。许衡细心研读佛经和《老子》等经、史、子、集，精通兵法、理财、水利和算术等。许衡听说姚枢隐居苏门，便前去谒见姚枢。在姚枢那里，许衡接触到《尚书校注》等经典著述，聆听其讲解《易传》，切合心意，深受启发，精深研读，悟其奥妙。姚枢出山

以后，许衡隐居苏门。太弟忽必烈得知许衡隐居在苏门，特地遣使推举他为京兆提学，他不从。许衡迁居于大名。太弟忽必烈再次遣使请其出山，他才前来谒见太弟忽必烈。廉希宪亦再三推举他任提学。但是，他还是推辞不肯做提学。

将军兀良合台率师征服了西南鬼蛮、罗罗斯、阿坝、安禄等国。

丙辰年，宪宗六年（1256年）。春正月，蒙哥会诸王群臣，设宴赐金帛有差，定拟诸王岁赐钱谷。

秋初月，命诸王各回所部。诸王塔察儿、驸马塔拉海等路经东平时，掠民羊豕。宪宗得知后，遣使问罪惩罚。从此，诸王与权贵中再也没有出现扰民伤财者。

秋中月，宪宗欲修宫室，作为聚会地点。太弟忽必烈以刘秉忠精于天文、地理之术，命相宅。刘秉忠以桓州东、滦水北的龙冈为吉。营之，三年而毕，命名开平府。

丁巳年，宪宗七年（1257年）。春中月，阿勒达尔[1]指使人向宪宗进谗言："太弟王府内群僚倚仗权势，有不轨之嫌！"蒙哥可汗信其谗言，免去太弟忽必烈在开平府之职。遂遣阿勒达尔行省事于京兆，刘太平佐之，钩考诸路财赋。阿勒达尔心术不正，奸诈狡猾，以罪抹功，大兴举报，取证追查，风靡极致。在追查中，负罪者不计其数，唯有史天泽、廉希宪未发现过错。

夏末月，大将兀良合台征交趾[2]。

秋末月，畏兀儿向宪宗贡水晶盆、珍珠伞。蒙哥可汗颁诏："兵丁视死如归，与敌作战，朕独有此，满足私欲何为？唯独天下百姓富庶安康、幸福吉祥，乃朕之所欲乎。"退回贡品，

---

[1] 阿勒达尔——《元史》称阿兰答儿。

[2] 交趾——今越南。

且令今后无复有献。

　　冬末月，宪宗命太弟阿里不哥留守汗国，自己率师征宋。当时，忽必烈因阿勒达尔所进谗言被可汗猜疑，惧怕获罪。忽必烈听取姚枢劝说，请求谒见可汗。得到允准，来到六盘山与可汗相见，兄弟相抱而泣，同胞之情竟如当初，丝毫未减。从此，免去阿勒达尔财务之职。

·壁画——夫妻对坐图·

　　依我拉喜彭斯克之见，不论身份贵贱，有的人心术不正，见缝就钻，挑拨离间，有意制造对立矛盾。究其原因，无怪乎两点：其一，与对方有仇；其二，以诋毁对方来提高自己的权势。无耻之辈的成败，取决于纳谏者辨析是非之能力的高低。

　　太祖曾经说过："不要听信离间之语，否则会酿成手足相残之祸。""忠言逆耳"说的就是这个道理。从太监钟奎向太

宗谗言耶律楚材和阿勒达尔向宪宗离间忽必烈这两件事情上不难看出，小人之诋毁之能不可小看。从古到今，一时马虎、智慧超众的帝王被谗言佞语诱惑，致使国破家亡者甚多。故吾在此极力强调，不能轻易信任小人，不得轻信谗言。为你，甚至与我同道之人，以示警戒。

戊午年，宪宗八年（1258 年）。春正月，宋大将蒲泽之率军攻打成都府，大将纽邻迎战，俘获宋将姚世安。宪宗任纽邻为都元帅。

夏初月，宪宗兵分三路，自己由陇州入散关，王穆哥由洋州入米仓关，大将孛里叉由渔关入沔州。

夏中月，皇子阿速带因猎伤民稼，被蒙哥可汗大骂，罚近侍数人。有拔民葱者，斩以警戒。由此，严肃军法，秋毫莫敢犯。大将孛里叉围襄阳、樊城。当时，宋大将高达来援，便撤回。

· 郭县天元墓壁画——宴居图 ·

大将李璮破海州、涟水军，大败宋军。蒙哥可汗一路破关斩将，到秋末月，已至剑门。都元帅纽邻命副将巴颜巴秃儿留守成都府，自己率军连破西州、简州等城。蒙哥可汗攻鹅顶堡，宋守城王仲降。再攻大获山。

冬中月，高丽国王遣其子王倎入朝觐见蒙哥可汗。

己未年，宪宗九年（1259年）。春正月初一宴席间，蒙哥可汗说："今在宋境，夏暑将至，居留在这里还是还朝？"臣脱欢说："南方有瘴疠毒气，可汗宜回北方。"巴里赤说："可汗应该留居此地。"可汗赞许他。大将兀良合台与其子阿术率骑三千，攻下蛮獠万人。乘胜蹴宾州、豫州，破静江府，直抵潭州。

春中月，蒙古大军围攻合州。宋大将王坚固守力战。

春末月，太弟忽必烈率军经阳逻堡渡江攻荆湖、襄淮各郡县至临江，斩杀知军陈元珪。

夏中月，宪宗派大军攻重庆府。

夏末月，宋将吕文德在嘉陵江与史天泽交战，败绩。

秋初月癸亥，宪宗在钓鱼山薨逝，享年五十二岁。史天泽与群臣护送灵柩北还，命孛鲁欢率军继续攻宋。灵柩安葬于起辇谷，追谥庙号宪宗。

思明克道："有元一代，宪宗处事谨慎，乐于务实，知人善任，国富民强，所到之处，均归一统，中兴了太祖朝。"史臣称："宪宗刚明雄毅，沉断而寡言，不乐宴饮，不好侈靡，虽后妃不许之过制。初，太宗朝，群臣擅权，政出多门。至是，凡有诏旨，必亲起草，更易数四，然后行之。御群臣甚严，尝谕旨曰：'尔辈若得朕奖谕之言，即志气骄逸，而灾祸有不随至者乎？尔辈其戒之。'性喜畋猎，自谓遵祖宗之法，不蹈袭他国所为。然

酷信巫觋卜筮之术，凡行事必谨叩之，殆无虚日。"

依我拉喜彭斯克之见，《续资治通鉴》载，宪宗薨逝，将遗体载毛驴车送。我想，当时蒙古势不可当、所向披靡，中原大部被蒙古所占有，不至于可汗一薨逝，就出现兵马大败的狼藉之状，更不至于到了用毛驴车送葬的地步。这一说法，不符合当时的历史真相，这是第一点。史天泽是一朝名相，不能以操办宪宗之丧礼使自己脸上抹黑，成为臭名传世的历史罪人，这是第二点。故在此统统删除，未入史册。

秋中月，亲王穆哥自合州遣使以宪宗薨逝告知太弟忽必烈，并请其北还。太弟说："吾奉命南下，岂可无功遽还！"

秋末月，忽必烈搏战宋军，宋军大败。蒙古大军乘势渡江，进围鄂州，震惊宋廷。

秋闰月，宋朝元帅贾似道遣使求和，之后太弟解围鄂州，北还。

5. 薛禅可汗

庚申年，世祖中统元年（1260 年）。世祖，讳忽必烈，拖雷的四子，宪宗的胞弟。当时，阿勒达尔等辈举阿布剌瑚[1]继承皇位。宪宗皇后听说以后，立即派人给忽必烈送信："速来即大位。"姚枢、廉希宪等人也劝说忽必烈："先发则制人，后发则被人制，宜早定大计。"忽必烈允准，急还开平。太宗六子、亲王合丹为首的西道诸王以及塔察儿为首的东道诸王会聚开平，谒见太弟忽必烈，谨劝其即可汗位。太弟说："我皇兄有子，我为什么即可汗位？"不允。宪宗皇后也对太弟说："你兄可汗生前对我留密旨，'我儿不能称可汗。等我百年之后，让我

[1]　阿布剌瑚——《元史》称阿里不哥。

弟忽必烈承袭'。"诸王将相再三力劝忽必烈即可汗位。

夏初月初十辛未日，举行隆重的登基仪式，忽必烈即大位。忽必烈遣使恭请窦默、许衡等贤哲。自太祖以来，诸事草创，设官甚简。后仿金制，置行省（衙）及元帅、宣抚等。忽必烈即位之后，遂命刘秉忠和许衡制定内外官制。总政务者曰中书省，秉兵柄者曰枢密院，司黜陟者曰御史台。内则有监、寺、院、司、卫、府，外则有行省、行台、宣慰、廉访，牧民则有路、府、州、县。官有常职，位有常员，食有常禄。以蒙古人为首，汉人及南人为次。于是，故老、旧臣、山林遗佚之士，咸见录用，一代之制始备。

依我拉喜彭斯克看，宪宗皇后乃贤明之人，从她的"你兄可汗生前对我留密旨"等话看，不能说宪宗确有让忽必烈承袭可汗的意愿。若如此，宪宗本英明之君，早该召集诸王大臣，明确大位传给太弟忽必烈之事。再说，此事关乎国家大政要务，而且皇后生子阿速带还健在，宪宗怎么能将传位大事私下留密旨给皇后一人呢？况且，宪宗还曾听信奸臣谗言，疏远太弟忽必烈，在出兵南宋期间，使阿布剌瑚监国等，故皇后所言根本就不可能属实。究其原因，皇后也许有以下考虑：长子班秃英年早逝；次子阿速带曾因毁坏百姓耕地被惩罚，所以他没有治国之能力；其他孩子年少、稚嫩。后又发现了阿勒达尔等人竭力推举阿布剌瑚继大位之阴谋。她认为扭转局势，驾驭乾坤，非太弟忽必烈不可。于是特意编造谎言，遣使召来太弟忽必烈即位。可见，宪宗皇后虽然是女流之辈，但为了太祖创立的社稷大业和黎民百姓之利益，竟可放弃让亲生儿子即位。从这一举动看，宪宗皇后的确是一位胸怀大志的奇才。因此，我在此细叙，想不遗余力地展示宪宗皇后的崇高品质和才智。

夏中月。颁诏天下称："朕惟祖宗肇造区宇，奄有四方，

武功迭兴，文治多缺，五十余年于此矣。盖时有先后，事有缓急，天下大业，非一圣一朝所能兼备也。先皇帝即位之初，风飞雷厉，将大有为。忧国爱民之心虽切于己，尊贤使能之道未得其人。方董夔门之师，遽遗鼎湖之泣。岂期遗恨，竟勿克终。肆予冲人，渡江之后，盖将深入焉，乃闻国中重以金军之扰，黎民惊骇，若不能一朝居者。予为此惧，驿骑驰归。目前之急虽纾，境外之兵未戢。乃会群议，以集良规。不意宗盟，辄先推戴。左右万里，名王巨臣，不召而来者有之，不谋而同者皆是，咸谓国家之大统不可久旷，神人之重寄不可暂虚。求之今日，太祖嫡孙之中，先皇母弟之列，以贤以长，止予一人。虽在征伐之间，每存仁爱之念，博施济众，实可为天下主。天骥道助顺，人谟与能。祖训传国大典，于是乎在，孰敢不从。朕峻辞固让，至于再三，祈恳益坚，誓以死请。于是俯徇舆情，勉登大宝。自惟寡昧，

·《蒙古人的一天》局部·

属时多艰，若涉渊冰，罔知攸济。爰当临御之始，宜新弘远之规。祖述变通，正在今日。务施实德，不尚虚文。虽承平未易遽臻，而饥渴所当先务。呜呼！历数攸归，钦应上天之命；勋亲斯托，敢忘烈祖之规？建极体元，与民更始。朕所不逮，更赖我远近宗族、中外文武，同心协力，献可替否之助也。诞告多方，体予至意！"

可汗在中原置十路宣抚司，命廉希宪、赛典赤、姚枢、刘肃、宋子贞、杨果、李德辉、张德辉、张文谦、徐世隆等为宣抚使。王阿布剌瑚闻宪宗薨逝，心生夺位之邪念，分遣心腹，易置将佐，散金帛，赏士卒。在燕云收兵，将尚书省政务移交刘太平、忽剌嘎等，拘收关中钱谷，与六盘山守将浑都海、和林守将阿勒达尔等阴相勾结，借机造反。闻悉可汗已登基，阿布剌瑚立即反叛，自称为可汗，出兵掳掠秦蜀。京兆宣抚使廉希宪、副使商挺急忙奔赴京兆。闻风而动的刘太平、忽剌嘎慌忙转到京兆，谋划叛变。第二天，廉希宪等到达京兆，召集诸臣，宣示诏旨，还派人到六盘山宣谕安抚，并制定平息反叛的计划。正在这时，一使臣送来急报说："我是六盘山断事阔阔出派来的使臣，浑都海、乞带不花等已叛变。另外，刘太平、忽剌嘎等也商定要起事。"根据情报，廉希宪派万户刘黑马、治中高鹏霄、华州尹史广等到各处，生擒刘太平和忽剌嘎，使真相大白。又派汪惟正捉拿乞带不花并处死在青居山。又派总帅汪良臣率大军讨伐浑都海。不久，廉希宪接到大赦天下的诏书，说："逆贼就在附近，虽有特赦令，但岂能赦免刘太平等逆贼？"于是立即派人将刘太平、忽剌嘎等处死在狱中。之后，迎接赦免诏书，并公布于众，安定了民心。浑都海得知廉希宪有备而来，想占领六盘山粮仓之地，南渡河，直趋甘州。阿勒达尔从和林出兵，与浑都海会师南下，并先遣人到陇蜀与诸将谋划内应外合。

与此同时，成都元帅和巴兴元率蒙哥台、青居山元帅汪惟正遣使到京兆府说："军心已乱，加之粮草亦绝。"廉希宪遣使劝说："诸公均属赫赫战功的世袭贵胄，理应真心出力，不辱前功才是。要是不听劝，一时冲动，触犯律例，后悔莫及。"之后，众将稳定了下来。可汗晓得此事，晋廉希宪为中书省右丞，知秦蜀行省事。

浑都海、阿勒达尔出兵东进，大掠臣民。亲王合丹及总帅汪良臣、八春等合兵，生擒阿勒达尔并砍下其头颅送京师。廉希宪分兵戍守各要地，安定了关中。可汗称赞说："廉希宪乃真男子汉也。"是年，廉希宪三十岁。

有一天，可汗与众臣宴会，吃奶酒大醉。许国桢送来解酒药，可汗品之，因味苦而拒喝。许国桢道："古人说过，'良药苦口利于病，忠言逆耳利于行'。"过了几天，可汗仍不舒服，于是，召见许国桢说："没听你的话，果真被这个病缠住了。"许国桢说："可汗既然知道良药苦口，也请不要忘记忠言逆耳。"可汗很高兴，赐许国桢七宝马鞍。

可汗下诏任王文统为平章政事。王文统原为山东行省李璮幕僚。因刘秉忠、李冶一致推荐其贤能，遂成可汗亲信，王文统也更加用心，勤于政务。

夏中月，可汗下诏建元中统。诏称："祖宗以神武定四方，淳德御群下。朝廷草创，未遑润色之文；政事变通，渐有纲维之目。朕获缵旧服，载扩丕图，稽列圣之洪规，讲前代之定制。建元表岁，示人君万世之传；纪时书王，见天下一家之义。法《春秋》之正始，体大《易》之乾元。炳焕皇猷，权舆治道。可自庚申年五月十九日，建元为中统元年。惟即位体元之始，必立纲陈纪为先。故内立都省，以总宏纲；外设总司，以平庶政。仍以兴利除害之事、补偏救弊之方，随诏以颁。於戏！秉箓握枢，必因时而建号；施仁发政，期与物以更新。敷宣恳恻之辞，表著忧劳之意。凡在臣庶，体予至怀！"

高丽国主王倎派自己的儿子王僖前来附贡，以示祝贺。可汗册封高丽国主为国王，授国王印和统管地方掌印，并让王僖送回高丽。

有一天，可汗问窦默："朕欲求如唐魏徵那样的人，有这样的人吗？"窦默回答说："有。犯颜谏诤、刚毅不挠的许衡，深识远虑、有宰相之才的史天泽正是这种人。"可汗采纳窦默的建议，任史天泽为中书右丞。窦默又向可汗陈奏："若可汗有误，臣子理应向可汗劝谏。古时，可汗之箴言臣子赞扬，臣子之忠告被可汗赞许。如今，可汗说正确，则皆说正确；可汗说不对，则皆说不对。此非盛世之为！"之后有一次，驯养可汗猎鹰的人丢失了猎鹰，于是可汗身边的一位大臣大声说："应该惩罚丢失猎鹰的人。"可汗对那位大臣说："丢失猎鹰是小事。你不得仰仗朕的威严而大胆放肆！"捶打那位大臣，以示惩戒。反而，丢失猎鹰的那个人未受到伤害。

秋初月，可汗欲与宋休战，讲和修好，命翰林侍读学士郝经使宋。宋贾似道逮捕郝经囚禁在真州。

秋中月，可汗下诏，定诸王和大小官吏俸禄，并作为永久法律。另外，还制定了太庙祭祀礼俗和礼服等。冬中月，可汗尊八思巴为国师，授以玉印，统释教，并将创制蒙古文字的重任交给了他。原先，由定宗请来的贡格坚赞喇嘛，造福万物生灵，留居蒙古九年后圆寂。当时，随其而来的侄子才十三岁，他聪明伶俐、博学多才，可汗在藩王之时就十分赏识他。贡格

·镶玉凤形帽顶·

坚赞圆寂后，可汗将其侄子召到身边问经。他以博学多识赢得了可汗的赏识，被封为八思巴喇嘛。之后，皇后向可汗禀奏说："这位八思巴喇嘛精通佛法，并能授吉祥喜金刚灌顶，可汗接受那个灌顶好吗？"可汗说："什么叫接受灌顶？其作用是什么？你先接受灌顶吧，若确有益处，我再受灌顶也不迟。"于是，皇后组织笃信佛法、誓守戒律的二十四人，从八思巴喇嘛那里接受了吉祥喜金刚灌顶。之后，可汗问皇后："喇嘛念了什么经？"皇后回答："因译者有误，没能记住所有的内容。只记住了'不得超越喇嘛教谕；拥有善心，誓守清规戒律，崇尚喇嘛三宝；师父在上，弟子在下'这些。"可汗说："如果这样，朕不仅不可以听喇嘛念经，而且作为可汗，必须至高无上，无他人之下之礼。再说，'不得超越喇嘛教谕'这条更是很难办到。"皇后禀奏："在朝廷之上，可汗坐在上方；佛事须喇嘛决定，可汗不得做主。处理政事喇嘛不得参与。"可汗说："如果这样，请你转告喇嘛，我接受灌顶受戒。"皇后向喇嘛转达了可汗的意见。喇嘛说："皇后的禀奏正合可汗的想法。"于是，可汗携笃信佛法、誓守戒律的二十四人，接受吉祥喜金刚灌顶，并拨付大量银两和物品。同时，大赦囚犯；免征全国赋税一年，彻底免除僧人贡赋；答应做到身、言、心与喇嘛教谕一致。从此，八思巴成为顶饰福田、国师，被供为教主。贡格坚赞虽然创制

水晶珠

过蒙古文字，但是由于字母不全而没有得到很好推广。可汗命八思巴喇嘛："创制蒙古文字，推广全国。"八思巴喇嘛奏请可汗建寺，请三佛至尊，招五百名聪明伶俐的蒙古孩童出家为僧，接受佛法，从而使佛法在蒙古得到传播。

据《zandan zhao yin dcmcg erdeni erihe》记载，在蒙古帝国时期，善因寺供奉簪丹召葛根。尤其是在忽必烈彻辰可汗时期，修建神奇的白塔大昭寺，建立了僧团，开创了前所未有的佛事场面。

可汗说："在此地未曾有过的佛法之事，你用经咒之神功使实胜佛教得以传播，尤其是圆满普度众生入吾行善之道。正因有了上师的教诲，全蒙古才拥有了勇敢之快乐、享受诵经之圆满福分啊。"

·《四季山水·夏》局部·

辛酉，中统二年（1261年）。春正月，宋大将李庭芝率兵来攻涟州，大将李瓚率将士迎战，击败之。

春末月，可汗下诏任阿合马为中书左右部，专理财赋。高丽国王王倎派遣王子前来上贡。可汗率兵讨伐阿布剌瑚。在什木图之地交战，阿布剌瑚败北。可汗亲自追击。

夏初月，翰林学士高智耀上奏："如今，被俘的淮河儒士皆为奴仆。自古以来，被俘儒士皆无为奴之例。陛下仿效古制，宜除之以风天下。"可汗采纳了高智耀的建议，命巡查郡县，区别儒士，得数千人。贵臣或言其诡滥。可汗问属实否，高智耀说："士，譬则金色有深浅，谓之非金不可；才能有高低，谓之非士不可。"可汗命赎为民。

可汗命十路宣抚司官："劝农桑，抑游惰，礼高年，问民疾苦，举文学才识者从政，列名上闻，以听擢用；职官污滥及对父母不孝或对长辈不敬之民量轻重议罚。"可汗遣崔明道为使至宋淮东制置司，质问国信使郝经被押之地和犯边之罪。

夏末月，宋刘整献泸州十郡三十万户名册来归。可汗命刘整为夔府路行省兼安抚使。

秋初月，王鹗上奏可汗："自古以来，诸帝王之得失及功过之因均载入青史之中。受长生天之命，我们大元帝国平定四方，所向披靡。究其原因，则太祖圣武可汗之坚毅、英明和谋略。如今，若不为其树碑立传，久而久之，就无法编撰我大元帝国之辉煌历史。借此机会，辽、金二史也应编修。"王鹗又说："唐太宗置弘文馆，设十八名学士官；宋太宗置学士院，行修史之事，以'以文治国'而扬名。我们大元帝国与唐、宋相齐，何以说缺乏哲人学士！"可汗允准，设立了翰林国史院。

秋中月，宋朝大将俞兴带兵前来讨伐刘整。刘整迎战并打败之。可汗下诏："从此以后，使臣矫称圣上之命，有司不得听受。诸王、后妃、公主、驸马非闻奏，不许擅取官物。诸王、驸马非闻奏，不许擅自宣判民间诉讼。"

冬中月，可汗命皇子为燕王，领中书省事。李昶进谏："患难所以存警戒，祸乱将以开圣明。伏惟日新其德，虽休勿休，战胜不矜，功成不有，和辑宗亲，抚绥将士，增修庶政，选用百官，俭以足用，宽以养民，安不忘危，治不忘乱，恒以北征宵旰之勤，永为南面逸豫之戒，女色之享应全然禁戒。"可汗听后，大加赞赏。

壬戌，中统三年（1262年）。春正月，可汗下诏修缮孔庙。

春中月，江淮都督李璮反叛，把涟州、海州等三城献给宋朝，归宋。宋帝封李璮为齐郡王，恢复其父李全官职。王文统因有派儿子王荛勾结李璮反叛之罪，父子二人均以叛国罪被处死。

夏初月，李璮备船率领部下攻取益都，开库犒赏军队。接着又取孜州。

夏中月，可汗命诸王合必赤、丞相史天泽率兵征讨李璮。双方交战，李璮大败，撤回济南。诸王合必赤、丞相史天泽围攻济南。

夏末月，宋帝命令青阳梦炎率兵支援李璮。梦炎到山东后惧怕蒙古军，不战而还。

秋中月，李璮在济南被困四个月，无外来援兵，且屡战屡败，弹尽粮绝，军民慌乱，走投无路，欲自杀投大明湖。李璮投水被蒙古军俘获。诸王合必赤、丞相史天泽处死李璮父子等人，赦免了其他人。第二天，益都城中将士开城门迎降。

从此，三齐均归附蒙古。

据《续资治通鉴》记载，李璮的所作所为，被誉为"忠义

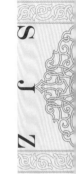

之举"，并称赞他具有一片报国之心。李璮不但以整个山东为礼归附宋朝，而且还为了宋朝固守济南，直到投河自杀。难道说这不是尽忠？再说，李璮也不是先糊涂后觉醒的三心二意之人，的确是固守济南而尽全力而死。因此，记其为尽忠报国之士，彪炳史册。李璮为宋朝倾自己的性命来尽效忠之心。他固守济南非一朝一夕，长达四个月有余。宋朝虽派梦炎前来支援，但他谎报军情不战而还，其后再未见援兵。所以，这个忠臣良将被困于孤城，直至死去，多么可惜！《续资治通鉴》的这一记载，是对李璮的赞许，也是对宋朝的谴责。

· 白瓷玉壶春瓶 ·

史天泽班师回府后，立即来拜见可汗。可汗安慰之后，史天泽上奏："李璮之乱，是过分掌握兵民大权所致。从今以后，应除去世子、弟的世袭特权。臣愿从我的家族开始罢免。"可汗准许。当日，史天泽家族子孙均主动上交官印返乡回府。张柔、严忠济等的子、弟也均上交官印。

秋末月，可汗下诏："命阿术为征宋大军统领元帅，在汴京整顿兵马。"诏书中称："先前，遣使与宋议通和好。宋朝皇帝

水晶珠

却不务远图，反启边衅。诸大臣请奏举兵讨伐，朕重以两国生灵之故，犹待信使还归，庶有悛心以成和议，留而不至者，今又半载。彼尝以衣冠礼乐之国自居，理当如此吗？"

冬初月，可汗命阿合马为中书左右部，分总庶务，专理财赋。

冬月，郝经、刘人杰使宋未还。可汗下诏

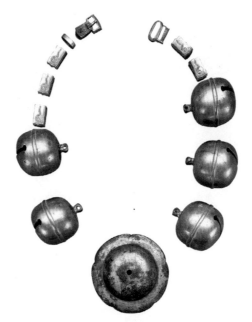

·云纹鎏金铜马具·

发俸禄，以养其家人。一天，可汗命史天泽："朕或乘怒欲有所诛杀，卿等宜迟留一二日，覆奏行之。"

冬末月，向可汗报告人口："今年，蒙汉总人户达一百四十七万六千一百四十六。"

癸亥，中统四年（1263年）。春正月，可汗下诏任命姚枢为中书左丞。姚枢上奏："自中统至今，外侮内叛相继平定。今创始治道，正宜上答天意，下结民心。睦亲族以固本，取国号以立政，定大臣以当国，开经筵以格心，固边疆以防患，备粮财以济民，立学校以育才，劝农桑以生息。"可汗全部采纳。

春中月，任命廉希宪为中书平章政事、商挺为参知政事。廉希宪先前任京兆知事。李璮反叛后，廉希宪进兵，接管了城乡。兴元同知费寅向可汗进谗言："廉希宪惠泽关中，笼络人心。特别是在商挺的帮助下，修城墙，备武器。从这些动向看，廉希宪别有用心。"可汗对廉希宪产生怀疑。命中书右丞南合替廉希宪之位，并对其"罪状"进行细查，经核准，"罪状"都是无中生有的诽谤。所以，可汗诏廉希宪和商挺进京，为他们平叛昭雪，加官晋爵。同时，免除费寅的官职。

春末月，可汗下诏，在燕京建太庙，共建立有烈祖、太祖、太宗、亲王术赤、亲王察合台、睿宗、宪宗等八室。可汗还下诏祭祀太庙，让喇嘛诵经七天，并将其定为律例。

夏初月，可汗下诏，升开平府为上都。

夏末月，可汗下诏，在平阳建尧帝庙，并划给十五顷田产。

秋中月，可汗从上都回来。遣使各路，追缴税赋。统一计量标准，有效制止了丝绸贸易过程中短尺少寸、以劣充优、以假当真的行为。

冬末月，户部上报人丁数。是年，人户一百五十七万九千一百一十，丝七十万六千四百零一斤，钞四万九千四百八十七锭。

甲子，中统五年（1264年）。是年为至元元年。

春中月，可汗下诏：选儒士，修国史，译经书，起馆舍，发俸禄，以养史官。

夏初月，任命宋子贞为尚书大臣。宋子贞上奏时事："官爵，人主之柄。选法，宜尽归吏部。律令，是一朝大纲，宜早刊定。监司总统一路，用非其才，不厌人望，宜选忠实、公廉、有才德者为上。今州县官相传以世，非法赋敛，民冤无告，宜迁转以革其弊。"又请奏说："建国学，教胄子。命州郡提学课试诸生，三年一贡举。"可汗恩准并下诏："由中书省主持，立即执行。"

秋初月，阿布剌瑚等来归。事前，阿布剌瑚在什木图大败之后，已经失去举兵之力，走投无路来归。可汗除问罪其谋臣布剌哈等并将其处死外，阿布剌瑚族内其他平民都给予赦免。

秋中月，任命刘秉忠为太保，辅佐中书省。刘秉忠请奏："定都于燕京。"可汗允准并下诏："修缮燕京，新建宫殿，改名中都。"可汗下诏大赦天下，改年号为至元元年。诏书称："非违长生天之意，唯独在于诚实；富民安邦，唯独在于休养生息。识薄力浅，即位大元，致力于内治贼、外抵侵，已有五年。受天地恩泽，托先祖神明佑护，家族诸宗王会聚上都。如今虽初见太平，但朕怎敢怠慢列祖列宗之重托。现多有彗星出现、风雨不调等不祥之兆，也许是施政有失所致。天下百姓真谓可怜。如今应严肃纲纪，恩施天下。大赦天下刑犯，特下大赦诏书。中统五年，改为至元元年。立法新政，推陈出新，清除混乱，开创太平盛世。朕对一心辅佐的臣民坚信无二，故向诸臣及天下百姓，以表诚意。"

从此，在诸路置行中书省并立新政规定："并州县，分等级，限职权，定俸禄，赏土地，选吉日，开科举，平赋税，济贫民。不许损公肥己、挥霍浪费、侵占公物。出征行军，不得路宿村屯。一切官司，不得越级上告。救济孤寡老人、妇孺婴幼。注重农桑机要，兴修防汛抗旱设施。平分商业赋税。统计撒谎、行骗及偷窃、犯罪人丁，每月上报省府衙门。"

冬中月，命伯颜为左丞相。伯颜，性格稳重，寡言少语，断事公正，果断。行省衙门的各官吏都非常敬重他，并夸其为一代好丞相。命王盘为翰林承旨。

乙丑，至元二年（1265 年）。春中月，并六部为四部，即吏部与礼部并为一部，兵部与刑部并为一部。蒙古各部立大鲁花赤，汉人充总管，回回人充同知，永为定制。

夏中月，命木华黎第四世孙安童为中书右丞，宋子贞为平

章政事。

秋初月，益都发生大蝗灾。可汗下诏："打开国库，减价售粮，以济灾民。"一天，可汗命廉希宪："吏废法而贪，民失业而逃，工不给用，财不赡费，先朝患此久矣。自卿等为相，朕无此忧。"廉希宪上奏："陛下圣犹尧、舜，臣等未能以皋陶、稷、契之道赞辅太平，怀愧多矣。"可汗以魏徵为例。廉希宪上奏："忠臣良臣，何代无之？顾人主用不用尔！"廉希宪奏对激切，无少回曲。一天，可汗曰："卿昔事朕王府，多所容受。今为天子臣，乃尔木强耶？"廉希宪上奏："王府事轻，天下事重，一或面从，天下将受其害，臣非不自爱也。"有人到可汗处诬告丞相史天泽。可汗听其谗言，暂革史天泽职。廉希宪上奏："天泽事陛下久，知天泽深者，无如陛下。始自潜邸，多经任使，将兵牧民，悉有治效。陛下知其可付大事，用为辅相。小人一旦有言，陛下尝熟察其心迹，果有横肆不臣者乎？今日信臣，故臣得预此旨；他日有讼臣旨，臣亦遭疑。臣等备员政府，陛下之疑信若此，何敢自保？天泽既罢，亦当罢臣。"良久，可汗下诏："卿且退，朕思之。"第二天早晨，可汗下诏为史天泽评判昭雪，恢复其职。

冬初月，任命许衡为参议中书省事。久闻许衡大名的丞相安童，亲赴府邸，促膝长谈。几经思量，拜其为师，问政于许衡。

丙寅，至元三年（1266年）。秋，七月，任命张德辉为参议中书省事。张德辉原为史天泽部下真定经历官，善于出谋划策，有助于史天泽多事。可汗为亲王之时，闻其才华横溢，约见其面。张德辉向可汗提出君子之礼、修身养性、治国之策、古今纲目和安乱之因等方面诸多建议。可汗夸其智勇，命为诸王、臣、子弟之师，主管教堂等事务。可汗即位后，命张德辉为河东南北路宣抚使。论功排绩，列十路前茅，所以被引荐入朝参议大事。大家都夸其"一代大儒，理直气壮，果断明知"。

可汗遣使赐书日本国王："大蒙古国可汗诏书至日本国王。朕以为从古到今，你小国与大蒙古国带水邻邦，始终以和睦相处为己任。如今，我列祖列宗受于天命，完全征服中原。偏远诸夷惧大国势力，纳贡称臣者无数。朕即位登基之时，诏赦高丽，无动武力，归还其前古之地，释放俘民返乡。高丽国王及诸臣遣使前来叩谢，道义上虽为君臣，交情上却犹如父子。彼此早已所知，我东界高丽国与你接壤，自大蒙古国建立，两国来往未断，但自朕登基以来，却未见遣使问好。以为国王非闻，今天特遣使臣赐书，再约通问结好。何况'圣人以求四海为家'，朕求和睦为上，亲如一家。谁愿刀兵相见呢？国王对此应要细究领悟。"

丁卯，至元四年（1267年）。春正月，可汗准许参议中书省事许衡之还乡请求。许衡向可汗上奏四大要事。"其一，自古立国，皆有规模。循而行之，则治功可期。否则心疑目眩，变易分更，未见其可也。考之前代，北方之有中夏者，必行汉

· "称海屯田万户"铜印 ·

法乃可长久。以是论之，国家之当行汉法无疑也。然万世国俗，累朝勋旧，一旦驱之下从臣仆之谋，改就亡国之俗，其势有甚难者。苟能渐之摩之，待以岁月，心坚而确，事易而常，未有不可变者。此在陛下尊信而坚守之，不杂小人，不责近效，不恤流言，则致治之功，庶几可成。其二，中书之务不胜其烦，然大要在用人、立法二者。近而譬之：发之在首，不以手理而以栉理；食之在器，不以手取而以匕取。手虽不能，而用栉与匕，是即手之为也。上之用人，何以异此？人莫不饮食也，独膳夫为能调五味之和者；莫不睹日月也，独星官为能步亏食之数者，诚以得其法故也。古人曾说：'为高必因丘陵，为下必因川泽，为政必因先王之道。'今里巷之谈，动以古为诟戏，不知今日口之所食、身之所衣，皆古人遗法而不可违者。岂天下之大，国家之重，而古之成法反可违邪？夫治人者法也，守法者人也。人法相维，上安下顺，而宰执优游于廊庙之上，不烦不劳，此所谓省也。夫立法用人，今虽未能遽如古昔，然已仕者当给俸以养其廉，未仕者当宽立条格，俾就叙用，则失职之怨少可舒矣。其三，上秉天命，下为百姓之君师，颇不容易。故自尧、舜以来，凡圣帝明君，皆无不兢兢业业、小心谨慎，即是为了天命重任不得半点有误。

·白瓷阿难坐像·

水晶珠

所以，人君不患出言之难，而患践言之难。知践言之难，则其出言不容不谨慎。苟从《大学》之道，以修身为本，凡一言一动，必求其然与其所当然，不牵于爱，不蔽于憎，不因于喜，不激于怒，虚心端意，深思熟虑，三思而行。为人之君，唯独如此才能做到对自己或对百姓不留憾事。奈何为人上者多乐舒肆，为人臣者多事容悦。容悦本指私心，私心盛则不畏人；舒肆本指欲心，欲心盛则不畏天。以不畏天之欲心与不畏人之心，感合无间，则其所务者皆快心事耳。快心则口欲言而言，身欲动而动，又安肯兢兢业业，以修身为本，一言一动，熟思而审处之乎？此人君践言之难，而又难于天下之人也。人君惟无喜怒也，有喜怒，则赞其喜以市恩，鼓其怒以张势。人君惟无爱憎也，有爱憎，则假其爱以济私，借其憎以复怨。甚至本无喜也，诳之使喜，本无怒也，激之使怒，本不足爱而妄誉之使爱，本无可憎而强短之使憎。因此，进者未必为君子，退者未必为小人，予者未必有功，夺者未必有罪。大抵人君以知人为贵，以用人为急。夫贤者遭时不偶，务自韬晦，世固未易知也。虽或被世人发现，而无所援引，则人君也无法知道。被人君发现，召进朝廷者也为数不少。虽或接之以貌、待之以礼，然而言不见用，贤者不处也。另外，除有难进者外，还有难合者。人君处崇高之地，大抵乐闻他人之过，而不乐闻自己之失，务快己之心，而不务快民之心。贤者必欲匡而正之、扶而安之，如尧、舜之正，尧、舜之安而后已，故其势恒难合。何况，奸邪佞幸，丑正而恶直，肆为诋毁，多方以陷之，将见罪戾之不免，又可望其庶事得其正，而天下被其泽邪！大禹圣人，闻善即拜，益犹戒之以'任贤勿贰，去邪勿疑'，后世人主宜如何也？此任贤之难也。另外，奸邪之人，其为心也险，其用术也巧。惟险也，故千态万状而人莫能知；

惟巧也，故千蹊万径而人莫能御。其谄似恭，其讦似直，其欺似可信，其佞似可近。务以窥人君之喜怒而迎合之，窃其势以立己之威，济其欲以结主之爱。爱隆于上，威擅于下，大臣不敢议，近亲不敢言，毒被天下而上莫之知，至是而求去之，亦已难矣。此特人主之不悟者也。如宇文士及之佞，太宗灼见其情而不能斥；李林甫妒贤嫉能，明皇洞见其奸而不能退。邪之惑人，有如此者，可不畏哉！所以，必从《大学》之道，以修身为本，一言一动，举可以为天下之法，一赏一罚，举可以合天下之公，则亿兆之心将不求而自得，又岂有失望不平之累哉！三代而下称盛治者，无如汉之文帝、景帝。当时，天象数变，而文帝、景帝克承天心，以养民为务，今年劝农桑，明年减田租。恳爱如此，宜其民心得而和气应也。臣窃见前年秋孛出西方，彗出东方；去年东彗见东方，复见西方。议者谓当除旧布新，以应天变。臣以为曷若直法文帝、景帝之恭俭爱民，为理明义正而可信也。其四，今国家徒知敛财之巧，而不知生财之由；徒知防人之欺，而不欲养人之善；徒患法令之难行，而不患法令无可行之地。诚能优重农民，勿扰勿害，驱游惰之人而归之南亩，课之种艺，恳喻而督行之，十年之后，仓府之积，当非今日之比矣。自都邑而至州县，皆设学校，使皇子以下至于庶人之子弟皆入于学，以明父子君臣之大伦，自洒扫应对以至平天下之要道，十年之后，上知所以御下，下知所以事上，上下和睦，又非今日之比矣。二者之行，万目斯举，否则他皆不可期也。是道也，尧舜之道……"可汗大加称赞，并且一一采纳。许衡重病缠身，所以多次向可汗提出辞官还乡。可汗听取许衡上述一番陈述，使其由五日内到中书省改为还乡养病。许衡终于得到可汗恩准，回故地怀孟。

春中月，丞相安童上奏："比者省官员数，平章政事和左丞相各一员。现在仅丞相就有五人，从无先例。臣等议拟设二丞相，臣等蒙古人三员，惟陛下所命。"可汗允准并命安童为丞相、史天泽为副丞相。另外，在控制总数的前提下也任用了其他蒙汉诸臣。

夏初月，派去日本的使臣虽有高丽国人为向导，但却未到达日本而还。可汗下诏指责高丽国王，并责令其："遣使至彼，多必成事。"

冬末月，元帅刘整上奏："襄阳素为我国土。由弃勿戍，使宋得筑为强籓。若复襄阳，浮汉入江，可以破宋。"可汗采纳了刘整的建议，诏征诸路兵，命阿术与刘整经略襄阳。阿术驻虎头山，夜宿汉水东白河口，说："若筑垒于此，襄阳粮道可以打断。"于是，筑城在此地。宋军与阿术交战于牛心岭，大败。

戊辰，至元五年（1268年）。春中月，高丽国王遣胞弟王淐谒见可汗。可汗指责高丽国王狡猾奸诈，还遣使高丽国对高丽国王下诏书，即太祖所定理律："凡属降国，均要上贡纳赋，编民出军，设置驿站，统计兵丁，成为臣子。以上定制，早有宣旨。除太宗之时，随王春前来上贡、设置驿站外，其无成事。今朕问宋罪讨伐。备兵船粮，登记兵丁诸事，均由自量定妥。"

夏中月，高丽国王遣使李藏用来认罪。可汗命李藏用："告知你国王，速报兵数，备千艘船。"

都元帅阿术与刘整商量说："所领均蒙古军骑，若遇山水寨栅，非汉军不可。宜令史枢率汉军协力征进。"从之。于是，备船训练水士，最终水兵数上万有余。

秋末月，进兵围困襄阳。

冬中月，中书省大臣上奏："历朝历代均有起居注，故善政嘉谟不致遗失。"可汗允准，命火儿嘎孙[1]为起居注。

己巳，至元六年（1269 年）。春中月，国师八思巴创制蒙古文字，如今被称为"杜尔勃勒津字"，呈可汗。可汗赞赏，下诏："国家创业朔方，制用文字，皆取汉楷及畏兀儿字以达本朝之言。考诸辽、金及遐方诸国，例合有字。今文治寝兴，字书尚缺，故责成国师八思巴创制蒙古新字，颁行诸路，译写一切文字，期于顺言达事而已。从今以后，凡颁布诏书，皆用蒙古文字，并附他国文字。"

春末月，元帅阿术围樊城，在鹿门山筑堡。宋都统制张世杰率兵与阿术在赤滩浦交战，败绩。

可汗下诏："马鞍、马缰、靴子、弓、箭、剑等物品，不得金饰。"

秋末月，元帅阿术与宋沿江制置副使夏贵交战在新郢，大胜。

可汗下诏，决定在皇城及各路设立蒙古字学，召集蒙古聪慧子弟入学。

秋中月，高丽权臣林衍废其主王禃，立其弟安庆公王淐。

冬初月，可汗下诏，命赵璧为元帅，率大军出兵高丽，向林衍、王淐等问罪。可汗下谕旨："林衍废立，罪不可赦；其余赦免。"

据《续资治通鉴》记载，蒙古出兵高丽之事，未称"征伐"。称"出兵"是因为此举合正义之道。当时，林衍篡权挟君，另立其主，是为不忠，是挑起高丽国骚乱之真正逆贼、奸臣和不孝之徒。眼下，高丽国内部无人能够征讨国贼，作为友好邻邦，若不出兵相助，那此奸臣和不孝之徒将继续专横跋扈。故可汗出兵问罪，为正义之举，不可与那些非正义战争相提并论。未

---

[1]　火儿嘎孙——《元史》称斡儿嗒孙。

记作"征伐"，其实也是对征讨罪臣这一正义之举的赞扬。

庚午，至元七年（1270 年）。春正月，立尚书省，命阿合马为平章尚书省事。因阿合马诡计多端，巧言达事，所以可汗没有发现其阴谋。

春中月，命许衡为中书省丞相。

冬中月，在万山筑城堡。张弘范在鹿门安营扎寨，卡断了宋朝军粮和京沪援兵来路。张弘范对史天泽说："如今，在万山的城堡堵住了襄阳的西出口。如果在灌子滩扎营，堵襄阳东出口，这样襄阳必成孤城。"史天泽采纳了张弘范的建议，在万山筑城堡，并命张弘范移驻此地，彻底断绝了襄阳与外界的联系通道。

辛未，至元八年（1271 年）。春中月，当元帅赵璧抵达高丽国时，林衍已经死去。故赵璧上奏可汗，复王禃为高丽国王，并处死林衍之子林惟茂及其亲信。从此，高丽国得以安定。

夏中月，可汗下令："东路兵围襄阳，其他各路兵与其全线出战。"之后，秦蜀行中书省平章政事赛典赤率诸将领等水陆并进，郑鼎率兵出嘉定，汪良臣率兵出重庆，札剌布花出泸州。所到之处，大败宋军。

夏末月，可汗命史天泽为平章军国重事；许衡为集贤院大学士兼国子监祭酒，并在燕京南城枢密院旧居立学。许衡闻命，高兴地说："这才是我最想做的事。"并立即向可汗奏请弟子王梓、耶律有尚、姚燧等十二人为斋长。当时，所选弟子皆幼稚，许衡待之如成人，爱之如子，出入进退，严如君臣。其为教，因觉以明善，因善以开蔽，相其动息以为张弛。课诵少暇，即习礼，或习书算。少者则令习拜跪、揖让、进退、应对，或射，或投壶，负者罚读书若干遍。久之，诸生人人自得。

秋末月，可汗以四川民力困敝，诏免茶、盐等课，以军民田租给军食。

冬中月，颁诏大赦天下，建国号为"大元"。诏曰："诞膺景命，奄四海以宅尊；必有美名，绍百王而纪统。肇从隆古，匪独我家。且唐之为言荡也，尧以之而著称；虞之为言乐也，舜因之而作号。驯至禹兴而汤造，互名夏大以殷中。世降以还，事殊非古。虽乘时而有国，不以利而制称。为秦为汉者，著从初起之地名；曰隋曰唐者，因即所封之爵邑。是皆徇百姓见闻之狃习，要一时经制之权宜，概以至公，不无少贬。我太祖圣武皇帝，握乾符而起朔土，以神武而膺帝图，四震天声，大恢土宇，舆图之广，历古所无。顷者耆宿诣庭，奏章申请，谓既成于大业，宜早定于鸿名。在古制以当然，于朕心乎何有。可建国号曰'大元'，盖取《易经》'乾元'之义。兹大冶流形于庶品，孰名资始之功；予一人底宁于万邦，尤切体仁之要。事从因革，道协天人。於戏！称义而名，固匪为之溢美；孚休惟永，尚不负于投艰。嘉与敷天，共隆大号。"

壬申，至元九年（1272年）。春正月，高丽国王王禃派其礼宾卿宣文烈来贺建国号之喜，兼献每年的常例贡品。

春中月，日本国遣使来京师叩见可汗。改中都为大都。

夏中月，宋将张顺、张贵兄弟二人率兵来援襄阳，将军崔松迎战，杀死张顺。张贵恃其勇，进入襄阳。自此，襄阳被困五年，宋廷援兵始到。留守吕文焕甚为高兴："与张公共守襄阳。"张贵且说："我兄弟二人来援吕将军，我兄却被敌军杀死。我不与你留守襄阳。"

秋末月，张贵率所部五千余人于午夜出城。阿术、刘整分率水兵迎击，捆绑竹子点燃，火光如白昼。战至柜门关，生擒张贵。

张贵誓不屈，被斩，尸体被运到襄阳城下。元军喊话："这是你们大英雄张贵的尸体，你们还认得不？"守陴者皆哭，城中丧气。

冬中月，宋度宗患刘整被元启用，诏谕任刘整为卢龙军节度使，封燕郡王，并密送告示、金印和牙符。刘整立即从军营回到元廷，向可汗上奏："此宋怕臣用兵襄阳，欲以此计勾引臣叛变。"可汗下令斩杀使臣，并送达对宋朝的谴责。

癸酉，至元十年（1273年）。春正月，将军阿里海牙破樊城外廓。将军张弘范被流矢中手腕，包伤来见阿术说："襄阳在汉水南，樊城在其北，我陆攻樊，则襄出舟师来救，终不可取。若截水道，断救兵，水陆夹攻，则樊城破而襄阳亦可取。"阿术采纳了张弘范的建议。襄、樊两城，汉水在其间，吕文焕植大木桩于水中，锁以铁，上造浮桥，以通援兵。阿术派精兵夺取汉水，以机锯断木，以斧断绳索，燔其桥，襄兵不能援。水陆并进，樊城被破，守将范天顺和牛富被斩首。

春中月，元帅阿术率诸将士攻打襄阳城。吕文焕因被困六年，无力抵抗，只以忠义凝聚军心，坚守襄阳。可汗对吕文焕下诏："襄阳被困六年，虽说为主卖命但援兵不至，为了城中众多生灵，若以诚信归降，不仅不问罪，且提拔使用。"吕文焕献城投降。

据《续资治通鉴》记载，吕文焕父子、兄弟皆吃宋朝俸禄，即使千死万死，也不能报答浩荡皇恩。虽然固守襄阳长达六年之久，而为国效忠是臣子之职责。

之后，吕文焕家族陆续叛变，均为吕文焕之诱惑所致。为臣不应反叛，反叛则株连三族。宋廷不以律例问罪严惩，一次又一次地放任叛贼随敌而去。不征讨国贼，失去法纪之威严，败坏纲纪。执政已到如此地步，不亡国是不可能的。在这里，史官直笔戳穿吕文焕家族归降大元，是在表达吕文焕罪不可恕之意。

依我拉喜彭斯克之见，中统三年（1262 年），李璮反叛大元，归附宋朝，固守济南，战败而死。《续资治通鉴》对其亦做了一番评论：对其战败而死，评价为"尽忠报国"，歌颂为"英勇就义"。至元十年（1273 年），吕文焕叛宋降元，《续资治通鉴》斥其"不忠不孝"，谩骂其为"奸臣国贼"。我认为吕文焕叛宋降元不能被论定为"不忠不孝"，不能被谩骂为"奸臣国贼"。其实，二者的性质是一样的。同样是反叛，却因李璮叛元降宋而为其辩护是何意？性质相同的历史事件，在同一史家笔下出现了截然不同的评论。耶律楚材曾上奏太祖："鄙臣祖父二辈都为金朝效忠。既为君子，怎能三心二意！孝忠父君而已。"因此，为何要歌颂李璮呢？据考证：李璮之父李全是金朝渭州之贼，后归降宋朝宋宁宗，太祖二十二年（1227 年）叛宋降元。事实证明：李全是典型的流氓。李璮父子两代享受大元厚禄而背信弃义，叛元降宋，为何对其歌功颂德呢？有人认为李璮固守济南四个月有余，视死如归，为宋朝尽忠，后因失城而就义，故被视为尽忠。

宋朝以礼乐之邦自居，按理，李璮降宋时，应该将其绳之以法，移交元廷，这样才符合道义，才有可能促使双方和睦相处。但是，宋朝不仅没有这样做，而且还封其为齐郡王，如今还把叛宋降元的吕文焕说成是"奸臣国贼"，这符合道理吗？

汉高祖刘邦杀丁公，封季布。司马温公对此赞扬不说，朱熹对此亦比较认可。司马温公和朱熹二人若审判李璮和吕文焕之案，结论又如何呢？所谓《续资治通鉴》，是按照《资治通鉴纲目》的体例、风格和立场编撰而成的历史典籍，但是却违背了秉笔直书、公正客观的基本撰写准则，实属为一大憾事。在此，我凭浅薄学识，极力梳理辨析，目的就是澄清历史事实。

阿里海牙携吕文焕谒见可汗。可汗任命吕文焕为襄汉大都督。

春末月，可汗下诏，立皇子燕王多儿只[1]为太子，命王恂为赞善，以辅太子。诏书称："由太祖制定，要从中宫所生嗣子中预选太子，故太宗继承了可汗位，稳固了太祖的江山。后因矫旨，开了诸王、皇子皇孙争夺可汗位的先河。依据太祖、太宗定制条格，朕与诸王、开国元勋商定，立燕王多儿只为太子，使左丞相伯颜赐诏书、玉玺。汝承袭太祖、太宗定制条格，在内注重家族团结，爱抚黎民百姓，诏书内容常学常记，就是朕的一大福气。"

有一天，太子问王恂："何以心之所守？"王恂答："许衡尝言，人心如印版，印版不错位，虽千万张纸也不会有差错；若印版错了，印于纸上没有不错的。"太子十分认可。

秋中月，可汗命姚枢为昭文馆大学士。

冬中月，可汗封二皇子忙哥剌为安西王，任命商挺为协理。令忻都率高丽国兵征日本国，缴获船九百艘，降兵两万五千人。

甲戌，至元十一年（1274年）。春正月，将军阿里海牙上奏可汗："荆襄自古乃用武之地，汉水上流已为我有，顺流长驱，必可平宋。"都元帅阿术启禀可汗："臣略地江淮，见宋兵弱于往昔，若不取，以后就难取了。"可汗问史天泽此事。史天泽启禀可汗："此乃国家大事，可命安童、伯颜统领诸将，平定四海。"可汗赞同，命阿术为两淮知事、廉希宪为辽阳行省知事。

夏末月，可汗颁诏天下，以问罪于宋为由，出兵伐宋："自

---

[1]　多儿只——此处与《元史》所载不同，《元史》为真金。

太祖以来，与宋以使交往未断。宪宗之世，朕以藩职奉命南伐，贾似道遣宋京诣我，请求招募。朕登基之后，念两国百姓之安宁，欲彻底解决招募之事，故命郝经等奉书前往。而汝等不但未接受招募，还扣留我使臣，以致师出连年，死伤相藉，系累相属，皆彼宋自祸其民也。襄阳既降之后，冀宋悔祸，或起令图，而乃执迷，罔有悛心。所以问罪之师，有不能已者。今遣汝等水陆并进，布告遐迩，使咸知之。无辜之民，初无预焉，将士毋得妄加杀掠。有去逆效顺、别立奇功者，验等第迁赏。其或固拒不从及逆适者，俘戮何疑！"

秋中月，太保刘秉忠去世，是年五十九岁。刘秉忠自幼好学，至老不衰，虽位极人臣，而斋居蔬食，终日淡然。可汗惊悼并向左右大臣说："秉忠为朕尽忠三十余年，小心谨慎，不避艰险，言无隐情。其阴阳术数之精，占事知来，若合符契，唯朕知之，他人莫得闻也"司命秦氏说："刘秉忠，嗜好琴术，精于算术，通于占卜，识天时，知地理，尤邃于六壬遁甲和《易经》祥符

· 铜印 ·

水晶珠

邵氏皇极。刘秉忠坚持以史为鉴，资政育人，改革弊政，成为有元一代的名流。总之，可汗在改革当时弊政、制定治国方略、规定百官服饰、建立国号、推行行省制等诸多方面都采纳了刘秉忠的很多主张。另外，通过科举推荐三司太保等也采纳了秉忠的主张。"

都元帅阿术平定两淮以后，与刘整、阿里海牙一起来见可汗，奏请进兵南宋。阿术奏："今破襄阳，临安不安。若用水兵直入，宋兵非退居江南不可。"可汗允准并下令："由丞相史天泽、伯颜统领诸行省大军，出兵南宋。"可汗嘱史天泽、伯颜："自古以来，平定江南的大将中以曹彬为楷模，他从来不无故杀生、不贪财。望卿等合我意，也以曹彬为楷模。"任命阿术为平章政事，阿里海牙为右丞相，吕文焕为参知政事，行中书省于荆湖；刘整为左丞相，塔术、董文炳为参知政事，行中书省于淮西。史天泽患病北还。丞相、都元帅伯颜会师襄阳，整顿兵马。全军总数达二十万。高丽国王王禃卒，遣使呈遗嘱朝觐。遗嘱称："吾子王谌，机智勇敢，宽宏大量，可晋王位。"可汗随即遣张焕，下诏册封王谌。册封书称："遵你前国王之遗嘱，命王谌为高丽国王，尔等诸臣及百姓均要忠于国王，和谐相处。"

· 蒙古军队攻城图 ·

秋末月，丞相伯颜分兵三路，阿术统率中路大

军，从襄阳起兵，入汉水渡江；命吕文焕统水师打前阵；派孛罗统领东路军；命刘整统骑兵打前锋；命唆都统领另一路军去枣阳，探司空山军情；命翟招讨统领一路军进老鸦山，攻荆南；自己携阿术、阿鲁、张弘范率水陆大军进入郢州地界。

冬初月，丞相、都元帅伯颜统领中路军趋郢州，遇水涨，前锋将军武秀报告："正发洪水，不能渡河。"伯颜说："惧此等水，岂能渡江？"召一壮士负甲仗，骑而前导，并亲自率大军直奔郢州，安营在郢州西。当时，宋将张世杰带兵十万镇守郢州。郢州位于汉水北岸。宋廷在汉水南新筑石头城，称新郢州，并用铁絚锁战船，横跨河水，密植铁钉在水中，以火炮、弩弓为守御武器，严防河道，死守城门，一时难以攻城。于是，阿术重赏当地百姓，寻问直取郢州的捷径。百姓说："只需破黄家湾堡，其东即为河渡口，从渡口进船到藤湖，再回到汉水仅有三里。"阿术向伯颜报告，伯颜非常高兴，派总管李庭、刘国杰攻黄家湾堡，破竹席地，荡舟由藤湖攻入汉水。伯颜、阿术乘势而上，派百余骑兵侦探郢州。郢州副都统制赵文义率两千余名将士前来泉子湖交战。伯颜亲自率兵迎战赵文义，没过三个回合，赵文义被砍死，其余将士全部被屠，郢州守军大乱。伯颜领兵进军沙洋城。守将王虎臣、王大用等死守沙洋城。夜起大风。伯颜命顺风掷金汁炮，焚其庐舍，烟焰涨天。遂破沙洋城，生擒王虎臣、王大用。伯颜乘势而上，进攻新郢州。吕文焕列沙洋所馘和王虎臣、王大用于城下，劝降沙洋城。沙洋都统制边居谊却毫不理睬。第二天，又劝降。边居谊说："邀与吕参政语。"吕文焕以为边居谊自愿降，遂至城下，被飞矢射中右臂，勉强逃生。宋守城总制黄顺、副将任宁逾城出降。吕文焕率军攻城。

边居谊以火器还击。转瞬间，诸军蚁附而登。边居谊眼看不能抵抗，跳火自尽。丞相伯颜遂破城，赞扬边居谊忠勇，为其立墓碑。

冬末月，丞相伯颜率军至蔡店，商定渡江时间，派人去探察汉口局势。当时，宋朝淮西制置使夏贵以沙芜口战船万艘，占据要害；都统制王达守阳逻堡。荆湖宣抚使朱禩孙以游击军扼中流，兵不得进。部将马福说："沦河口可通沙芜口，再入汉江。"丞相伯颜派人侦察沙芜口。夏贵以精兵强将镇守。丞相伯颜声言围汉阳，由汉口渡江。夏贵信以为真，移兵援汉阳。丞相伯颜先遣阿剌罕以兵拒沙芜口。诸军自汉口开坝，引船入沦河，经沙芜口入大江。战船万计，接踵而至，以数千艘泊于沦河湾口，屯布蒙古军、汉军数十万骑于江北。伯颜率诸将攻阳逻堡，三日不见克。伯颜与阿术密谋："彼谓我必拔此堡，方能渡江。此堡甚坚，攻之徒劳。你今夜以铁骑三千泛舟直趋上流，为捣虚之计，诘旦渡江袭南岸。已过则速遣人报我。"遣阿里海牙率步骑攻阳逻堡。夏贵果然前来援战。日落西山，阿术率军溯流西上四十里，至青山矶止泊。是夜，下大雪，遥见南岸多露沙洲。阿术登舟，命诸将："你等直奔那沙洲，载马后随。"万户史格率军先渡，被宋军都统制程鹏飞所败。阿术横身荡决，血战中流，其军败走。接着，阿术精兵也出马于岸，力战。程鹏飞重伤，败走。阿术缴船千余艘，遂得南岸。阿术遣使来报，伯颜大喜，令诸将速战阳逻堡。于是，诸将力破阳逻堡。蒙汉数十万铁骑成列在大江北岸安营扎寨。斩宋军都统制王达、统制刘成。夏贵大惊，引麾下兵三百艘遁至庐州。元诸将请求伯颜追剿夏贵。伯颜说："阳逻堡大捷，我正想遣使告知宋人，而夏贵正替我使，不必追他。"至此，渡江与阿术会师，议下步进军方向。有的将军说先取蕲州、黄州。阿术说："若浮流而下，

退无所据。上取鄂、汉，虽迟旬日，可为万全之计。"伯颜采纳了阿术的建议，挥师鄂州。汉阳守将王仪献城归降。朱禩孙闻阳逻堡失守，率荆湖援军逃走。鄂州成为孤城。吕文焕率军围城道："你们所恃者，江淮而已。今我大军飞渡长江如履平地，你辈何不速降？"守将张晏然、都统制程鹏飞知难以镇守而献城归降，唯其部下张山翁誓死不降。诸将要处死张山翁，伯颜说："张山翁是忠臣！"赦免其罪。伯颜发布告示："为新降人员晋升品级，撤宋兵，分隶诸将。"从寿昌取四十万斛粮，以充军饷。命阿里海牙、贾居贞以兵四万镇守鄂州，备取荆湖。与阿术亲率大军为取临安而东进。阿术先据黄州，知州陈奕献城归附。可汗颁诏封皇子忽哥赤为云南王，下命令新建东宫。

乙亥，至元十二年，宋恭帝德祐元年（1275 年）。春正月，陈奕率元兵攻蕲州，知州管景模以城降。当时，以吕文焕为向导，伯颜和阿术率大军顺江东下。沿江诸将都是吕氏家族的部下，故闻讯皆来降服。陈奕的儿子陈岩，以安东州降服。命陈岩为淮东宣抚使，领所辖郡县。

宋恭帝任吕师夔为都督衙门副知事。吕师夔未接受任命并与知州钱真孙一道献江州降。丞相伯颜命吕师夔为江州知事。吕师夔在庾公楼设宴，选宋宗室女二人，盛饰以献伯颜。伯颜大怒："吾奉天子命，兴仁义师，问罪于宋，岂以女色移吾志乎！"中书左丞刘整死于无为军。

在此之前，刘整在丞相伯颜麾下率骑兵久攻无为军不下。闻吕文焕率水军东下，所到之处均降服，开城门迎接元军。刘整面见伯颜说："首帅束我，使我成功于后。善作者不必善成，果然！"遂发愤成疾，死于无为城下。知安庆府范文虎叛宋降元，伯颜承制授范文虎两浙大都督。

春中月，宋丞相贾似道自芜湖遣还元俘曾安抚，且以荔子、黄柑遗伯颜。复使宋京如元军，请称臣，奉岁币。阿术对丞相伯颜说："宋人无信，唯当进兵。若避似道不击，恐已降州郡今夏难守。"伯颜令千户囊家歹和开庆对贾似道说："未渡江时，议和入贡则可。今沿江州郡皆已内附，欲和则当面来议。"因索答书，贾似道不答。囊家歹归报。丞相伯颜进兵池州，都统制张林以城降；通判赵昂发愤极，与妻缢死。伯颜入城问："太守何在？"近侍称："夫妻缢死。"伯颜长叹，具棺衾合葬，祭其墓而去。

可汗诏封皇四子那木罕为北平王，命安童为行中书省枢密院执事。史天泽病笃，上奏："臣死不足惜。但愿天兵渡江，慎勿杀掠。"遂卒，是年七十四岁。可汗闻讣震悼，加封太尉，谥忠武，追封镇阳王。史天泽，真定人，身高八尺，堂音如钟，英勇魁梧，骑射敏捷，平居未尝自矜其能，及临大事，毅然以天下自任。年四十，始折节读书，熟通《资治通鉴》，

·双龙纹鎏金银项饰·

立论多出人意表。拜相之日，门庭悄然。有人或劝以权自张，史天泽举唐韦澳告诫周墀之语称："原相公无权。爵、禄、刑、赏是天子之权，何以权为？"使言者惭服。任丞相至五十，出则将，入则相。为四任可汗充太傅，为朝野百官之表

率，是社稷之一代名相。身为一朝宰相，严于律己，谦虚谨慎，上不疑而下无怨，是开国元勋。当时，大家将其比郭子仪、曹彬。其子史格、史樟、史杠、史杞、史楷、史梓等均为朝廷高官。

可汗对新降元的江州等地颁诏："令归附官吏、士民、军匠、僧道人等，农者就末，商者就途，士庶缁黄，各安己业，如或镇守官吏妄有骚扰，诣行中书省陈告。"

丞相伯颜率大军自池州顺丁家洲而下。宋廷贾似道命孙虎臣率精兵七万余死守丁家洲，自己与夏贵镇守鲁港。丞相伯颜令军中做筏数十艘，采薪刍置其上，扬言欲焚舟。贾似道信以为真，错愕失措。伯颜分步骑夹岸而进。阿术与孙虎臣对阵。阿术以巨炮击虎臣军，并身先士卒，率数千艘战船借助风力乘势而下。其呼声震天。夏贵以两千五百余艘扁舟横堵江中。贾似道变援军为前锋。孙虎臣率兵迎战。阿术亲自擂战鼓鼓舞士气，军士奋力交战；还遣精兵，抢敌军战船。孙虎臣钻进其妾所乘之舟，不战而逃。阿术派人高声呼喊："步帅逃矣！"宋兵大败。刹那间，舳舻簸荡，乍分乍合。阿术以小旗麾兵将，左右袭击，直击宋军。宋兵大败。丞相、都元帅伯颜率水路大军沿江两岸夹击，宋军被斩杀者或溺死者不计其数，江水被血染红。贾似道、孙虎臣逃回扬州城，夏贵逃至鲁州。元军大获全胜，获宋军船只两千余艘、军资器械无数及残缺符印和印章等。

宋太平州、和州守臣及无为军依次投降。元军攻破宋饶州。宋张世杰率兵复饶州。可汗命郝经弟弟行枢密院都事郝庸为使，质问宋廷郝经的下落。宋主遣总管段佑送郝经回元廷。可汗闻郝经在途中旧病复发，派御医和近侍慰治。到朝廷后，可汗举行盛大宴会迎接郝经，问其在宋的遭遇。郝经上奏："贾似道对其国主谎报军情，说'宋军打败元军'，故惧我披露其假，将我囚禁在真定驿站。我多次上书宋主，阐述战与和的利弊，但宋主始终没有答复，反而加固城墙，门户上锁，不分昼夜，严加看管。在狱中，使宋一行叫苦连天。我劝慰他们：'如果我们违背诏旨越狱，则为失礼之举。如今，业已出使到宋，我们的生与死、囚禁与遣回都由他们而定了。不管如何，我们不能受辱。大家忍耐一时。据我看，宋朝之灭亡，指日可待。'稳定了大家的情绪。"可汗赞赏郝经的言行，对出使宋廷的官员分其品级爵位给予重赏。回到元廷，郝经病情每况愈下，离开了人世，谥文忠。郝经，为人尚气节，为学务用。拘宋长达十六年之久。被留期间，撰《续后汉书》《周易外传》《春秋外传》等。从者皆通于学，书佐苟宗道，后官至国子祭酒。

有史学家称，元世祖本没有征伐宋朝之意，宋廷若不囚郝经，宋、元将维持以和为贵的局面，是宋加速了自己灭亡的速度。何出此言？元世祖忽必烈即位之前，蒙哥可汗举兵征讨千里之外的南京。元世祖忽必烈战大理，攻入吐蕃，其时也并没有举兵征宋之意，只是欲入广西、湖南之地。这些地方离宋朝京都数千里。然而，这些不毛之地怎能与物华天宝的江浙相比呢？蒙古遣使来宋请和，与先金为争取备战时间的策略一样，是为了消除宋朝的警戒而已。后来，蒙古势力扩张到缅甸、交趾、金齿，连占城、爪哇、日本等大海彼岸的险狭之地亦未躲过蒙古铁骑之蹂躏。何况中原几代王朝定都之地，物华天宝，山清水秀，能逃过蒙古人的铁骑吗？《春秋》虽然有其深奥之处，但人们都能解开，何况宋朝那些小伎俩呢！古代五胡南下中原的时候，叫姚弋仲的羌老翁敢说："自古以来，胡人无天子。"王猛临终前对苻坚说："不要终绝晋朝宗祀。"刘秉忠是中原一代名儒。他得志于元朝，大权在握，却一字未吐"保留宗祀"。

这是为什么呢？暂且不说这些，元朝商讨伐宋之策时，还邀来姚枢、徒单公履等为其出谋划策。据毕氏在《续资治通鉴》中所写：徒单公履多次抵制朝廷征伐之意。如果刘秉忠有抵制元朝征伐之言，毕氏在《续资治通鉴》中不能不记载。

依我拉喜彭斯克之见，郝经对元政权忠心耿耿，被宋囚禁达十六年之久而坚贞不移、刚正不阿、视死如归，不亚于有汉一代苏武。另外，吾认为，元世祖忽必烈伐宋的目的是铲除凶恶，安抚百姓，这是一代君主的治国之策。古代，定都江南的南唐皇帝李煜对宋太祖赵匡胤忠心不二，弃国号称"江南"，携弟降服宋廷，遵照臣民身份年年上贡，无丝毫纰漏。但是，好景不长，宋太祖赵匡胤无中生有，非礼出兵，讨伐李煜。李煜遣使徐铉问其征讨之因："吾等无罪，恭敬太祖如子孝父，为何讨伐？"宋太祖赵匡胤大怒："父子何为两家也？无须多言！天下是一家，焉容他人在卧榻旁稳睡？"未允，灭了南唐。元世祖忽必烈伐宋有两点：宋与元先联袂灭金，后分占地。后来宋违约，又入兵汴梁、囚禁郝经等，这是第一点。宋真宗、宋仁宗软弱无力，宰相贾似道独揽朝廷大权，排斥忠良，欺压百姓，奢侈浪费，欺诈赋税，祸国殃民，亵渎朝纲，这是第二点。

元世祖忽必烈基于上述两点，铲除奸贼，整顿吏治，施舍黎民，安抚百姓，动用义军讨伐宋朝，如同汉高祖刘邦灭秦破楚。我拉喜彭斯克认为，毕氏在《续资治通鉴》中多次提到蒲洪、姚弋仲和王猛，指责许衡等忠臣良民。依我愚见，毕氏因看到姚弋仲欲一统中原但力不从心而如此长叹而已。王猛是智慧超众的一代忠臣，他之所以认为秦苻坚讨伐晋不可取，是立足于以下几点：他看出秦王苻坚骄横无礼，并看到慕容垂等别有用心之人左右朝廷大权。另一方面，他看出晋朝野稳定，君臣同心协力，谢安、桓冲效忠朝廷。如果说王猛的确是为晋不遗余力，进言献策，那么还会随桓温去吗？或可以隐居不仕秦。当时宋朝之乱，远比晋朝严重。世祖英明震万里，上下齐心，大元帝国一统天下，庶民安居乐业，贤臣名仕云集大元，刘秉忠等人誓死效忠。因此，怎能劝说"不要征伐宋朝"呢？故吾在此举例辨析，澄清这一历史事件。

将军孛鲁破宋清河。宋守涟州、海州知府以城降元。

春末月，宋都统制徐王荣以城降伯颜。当时，江东发生大疫，居民乏食，伯颜开仓赈济，遣医治疾，深受百姓欢迎。当时，可汗命伯颜说："以时暑方炽，不利行师，俟秋再举。"伯颜上奏说："宋人之据江海，如兽保险，今已扼其吭，纵之则逸而逝矣。"可汗对伯颜派来的使者说："将在军，不从中制，兵法也。宜从丞相言。"

可汗命兵部尚书廉希宪、工部侍郎严忠范奉诏书使宋。诏书称，"大元蒙古帝国可汗诏书：致宋朝皇帝。果能悔过来附，既往之愆，朕复何究！至于权臣贾似道，尚无罪之之心，况肯令赵氏乏祀乎？若其执迷罔悛，未然之事，朕将何言！天其鉴之！"

宋知平江府潜说友以城降元。有二星斗于中天，顷之，一星陨。宋帝命五郡镇抚使吕文福将兵入卫。吕文福杀使者，不受命，叛进江州。元使尚书廉希宪等至建康，对丞相、都元帅伯颜说："我们奉命使宋，请兵自卫。"伯颜说："行人以言不以兵，兵多，徒为累使事。"廉希宪坚持请兵自卫，遂以兵五百送之。伯颜重申："诸将各守营垒，勿得妄有侵掠。"廉希宪等至独松关。张濡杀了廉希宪和严忠范。宋朝致丞相、都元帅伯颜的信中说："杀廉希宪，乃边将所为。太皇太后及嗣君实不知，当按诛之。愿输币，请罢兵通好。"伯颜称："彼为诈计，视我虚实耳。当择人同往，观其事体，令彼速降。"乃遣议事官张羽同入临安。张羽到平江，亦被杀死。元帅阿里海牙攻打岳州，取之。宋安抚使高世杰被逼无奈，以城降元。

·波斯细密画——蒙古军征战图·

阿里海牙遂斩杀高世杰。总制孟之绍以岳州城降元。

夏初月，元帅阿里海牙率兵攻广德县，取南沙市。宋宣抚使朱禩孙、制置使高达以江陵降元。阿里海牙入城，命朱禩孙檄荆湖所部归附。朱禩孙致所部归附书，于是归州、峡州、郢州、复州、鼎州、澧州、辰州、沅州、靖州、随州、常德路、均州、房州等地相继降元。阿里海牙上奏捷报。可汗高兴，对左右大臣说："伯颜东下，阿里海牙孤军守鄂。朕以为荆湖联军顺江而下，而且人心未定，城内联军共同抵抗，致使动摇社稷而常忧之。谁能预料今朔漠之辈亦能夺定荆州呢！江浙一带都在担惊受怕。如今，吾东兵无后患矣。"并亲手书诏，给予阿里海牙重赏。元帅阿术攻真州。宋知州苗再成、宗子赵孟锦率兵迎战于老鹳觜，败绩。元帅阿术受命攻扬州。宋将姜才迎战于三里沟。元帅阿术佯退，姜才逞能追击。阿术反扑，至扬子桥，两军夹水而阵。元将张弘范以十二骑绝渡直冲姜才兵马，姜才坚不可动。张弘范引却以诱。姜才军中一将跃马舞大刀，直冲张弘范。张弘范反辔迎刺，应手而倒，元兵欢声动地。姜才军遂溃，自相蹂践与陷濠水死者甚众。元帅阿术乘胜而上，进军扬州。

夏中月，宋将刘师勇复常州。

夏末月初，日有食之，昼晦如夜。可汗诏谕参知政事高达："昔我国家出征，所获城邑即委而去之，未尝置兵戍守，以此连年征伐不息。夫征国家者，取其土地、人民而已。虽得其地而无民，其谁与居！今欲保守新附城壁，使百姓安业力农，蒙古人未之知也，尔熟知其事，宜加勉旃。湖南州郡皆汝旧部曲，未归附者何以招怀，生民何以安业，听汝为之。"

可汗召汪良臣入朝："成都被兵久，须卿安集之。"汪良

臣乘势进攻嘉定。宋留守昝万寿固守抵抗。汪良臣度有伏兵，大搜山谷，果得而杀之。昝万寿进至薄城，全军出战，大败，遂以籍境内三龟、九鼎、紫云诸城降元。可汗命昝万寿（降元后更名为昝顺）为金四川行枢密院事。

秋初月，宋将张世杰与刘师勇、孙虎臣等出舟万余只，次于焦山，令以十舟为方，碇江中，非有号令毋得发碇，示以必死。元帅阿术登山探视军情后说："可烧而走之。"遂以巨舰载健卒善毅者千人分两翼夹射，阿术居中，合势进战。继以火矢攻之，篷樯俱焚，烟焰蔽江，诸军死战，欲走不能前，多赴江死。张弘范、董文炳、刘国杰复以锐卒横冲。张世杰不复能军，奔圌山。刘师勇奔常州。孙虎臣奔真州而逃。

· 敖包 ·

阿术、张弘范穷追猛射，获战俘以及白鹞船七百余艘。昝顺既降，两川郡县多送款，独张珏固守重庆不下。可汗命新建东西川行枢密院，会兵围攻重庆。可汗下诏书，命元帅阿剌罕替丞相伯颜知军务。伯颜通过驿站，速至上都，面陈形势，请求进兵。伯颜遂被拜为右丞相。伯颜推辞："阿术功多，臣宜居后。"可汗召阿术，拜其为左丞相。又命伯颜直趋临安，阿术仍攻淮南，阿里海牙取湖南，万户宋都带、吕师夔、李恒等取江西。丞相、都元帅伯颜南下征宋。

秋中月，元帅阿里海牙捧江陵地图请战，命大臣镇守荆州。可汗恩准了阿里海牙的请命。可汗命廉希宪为行中书省事，复诏廉希宪承制授三品以下官吏。廉希宪至江陵。阿里海牙率其部属望拜尘中，荆人大惊。廉希宪大批起用旧臣，严格军纪，禁止剽掠，兴学校，通商贩，放垦屯田，兵民安堵。至此，思州、播州的田、杨二氏，重庆的赵氏以及福庆、武冈、祁阳、安化等郡县守臣，皆越境请降。

秋末月，元兵入泰州，杀死知州孙虎臣。

冬初月，丞相、都元帅伯颜攻扬州城，筑长围。元帅阿里海牙攻潭州，筑长围。丞相、都元帅伯颜分军为三道，命阿剌罕、奥鲁赤率右军自建康出广德、四安，趋独松关；命董文炳、相威率左军，以范文虎为先锋，出江入海，取道江阴，趋澉浦、华亭；自己与阿塔海率中路军，以吕文焕为先锋，趋常州。水陆并进，约定会于临安。

冬中月，将军阿剌罕攻取广德、四安。将军宋都带和李恒等所至之处莫当其锋。宋江西转运史刘槃以城降元。数月之内，元军破江西十一城，取抚州和建昌。丞相、都元帅伯颜攻取常州。宋留守刘师勇逃到平江。诸将欲追刘师勇，丞相伯颜道："莫追！沿路遇见刘师勇的宋兵会吓破胆。"

据汉文典籍记载，伯颜在攻常州时，役城外居民，运土为垒，土至，并人以筑，全都杀尽。另外，杀人煎油，做炮械，焚其牌权，日夜急攻。破城以后大怒，屠杀百姓，只留七人不死。《续

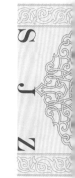

资治通鉴纲目》指出，撰写《元史》的史家在《伯颜传》中称，伯颜没杀一个人便平定了江南。常州不是江南腹地吗？《元典章》记载，在攻城时，只要有抵抗者，就一个人也不留，杀尽斩绝，所谓"在攻常州时，役城外居民，运土为垒，土至，并人以筑，全都杀尽。另外，杀人煎油，做炮械，焚其牌权，日夜急攻"。一座城堡的居民常在万人以上。从屠常州一城居民而只留下七个人这一惨状看，伯颜是一个穷凶极恶、杀人如麻的禽兽。

依我拉喜彭斯克之见，中原史学家在编纂蒙古帝国统一中原地区的历史时，似有混淆是非之嫌。吾在此凭自己浅薄的学识，按其条目，分门别类，举例甄别，指出其错误之处。丞相伯颜统率兵马伐南收宋，闻名一世，故某些史书编撰者以伯颜征南宋为借口，多处记载其有"尽屠其民"之举。征伐南宋以来，抵抗蒙古铁骑的不只常州，那么，应皆记载"尽屠其民"才能使人心服口服。伐宋前，元世祖忽必烈对将帅多次颁诏："自古以来，数安抚江南诸大将者，谓曹彬也，不杀生、不贪财。卿等安抚江南之日，乃朕之蒙古出现曹彬之时也。"足见这些史书中有关蒙古的记载有混淆是非之嫌。陈寿编撰《三国志》时因嫉恨诸葛武侯依法处斩其父，称"孔明贼入中原"。后人辨析了他这一记载的是非。故吾在此指出，史书中混淆是非并不是什么奇怪的现象。

将军阿剌罕进兵攻独松关，附近所有城池的宋朝官员空城而逃。将军董文炳进兵江阴。

冬末月，宋朝丞相陈宜中命工部侍郎柳岳为使赴元军营。柳岳抵达无锡，见丞相、都元帅伯颜后泪流满面，称："廉尚书之死，乃盗杀之，非朝廷之意，乞班师修好。嗣君幼冲，且在衰绖之中。自古礼不伐丧，凡今日事至此者，皆奸臣贾似道失信误国尔。"丞相伯颜道："汝国执戮我使，故我兴师。钱氏纳土，李氏出降，皆汝国之法。汝国得天下于小儿，亦失之于小儿，天道如此，尚何多言！"遂令囊家歹偕柳岳还。宋朝皇帝下诏遣柳岳、宗正少卿陆秀夫和侍郎吕师孟等同囊家歹奉书复使元军。其书称："请尊世祖为伯父，而世修子侄之礼，且约岁币银二十五万两，帛二十五万匹。"

丞相伯颜遣囊家歹奉书复使宋廷。其奉书称："世祖血统高贵，赵氏做侄孙怎么可以？现在只有尽快投降！"

因为宋廷无任何音讯，所以囊家歹返回军营。江西制置使黄万石叛宋降元。

丙子，至元十三年，宋端宗景炎元年（1276年）。春正月，元帅阿里海牙攻潭州，知州李芾知自己无力迎战而自杀，守备将军吴继明、刘孝忠以城降。元帅阿里海牙传檄袁州、连州、衡州、永州、郴州、全州、道州、桂阳、武冈等诸城，都一一降服。宋知嘉兴府刘汉杰以城降。丞相、都元帅伯颜率兵围安吉州，守将吴国定开门迎接元兵，知州赵良淳、提刑徐道隆自缢而死。宋朝

·女真文字盘口瓶·

诸关守备将士乱成了一片。

据《续资治通鉴》记载，欲知天意，要看人心顺不顺。古太王在豳称帝。狄人总来犯太王，献贵重物品不可，送狗马不止，赋玉石珍珠不许。故太王召集属下老者称："狄人之意在于疆域。我听说，圣人贤者不能为了养天下而损坏天下。因为你们无主，所以无担忧之心。如今，我要离开这里，奔走他乡。"太王离开豳，越连山到岐山下筑城居住。留在豳的百姓称："离开爱民如子的太王，是愚蠢的选择。"于是大家如赶集一样奔太王一涌而来。从这一点看，太王深得民心。唯独顺民意者得民心，得民心者得天下，得天下者就是天子。如今，宋朝诸关口守兵无故骚动，是因为宋失去了民心，因此，按照天意，一败再败。守备兵马一曦之间，骚动不定，而安稳天下更难。所以，历朝历代才都坚持实施以民为本的治国方略。俗话说："君主要顺民心。"

宋主命监察御史刘岊奉书伯颜称："奉表称臣，每年以数贡绢、银。乞存境土以奉烝尝，以尊太庙。"

另外，遣使陈宜中在长安镇约见伯颜，以求通好。

丞相伯颜至长安镇，陈宜中违约。伯颜进次皋亭山。将军阿剌罕与董文炳会师，游骑至临安北关。陈宜中谨奉太后命，遣使监察御史杨应奎奉传国玉玺降伯颜。丞相伯颜接传国玉玺，召陈宜中议宋降元事宜，而遣囊家歹奉

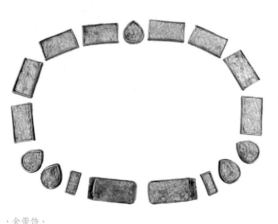

·金带饰·

玉玺赴上都，谒见天子。

　　杨应奎归去当天，陈宜中连夜遁回温州清澳。宋将张世杰、刘师勇率领各自所部直奔大海而去。宋臣吴坚、文天祥奉命使元。丞相伯颜遣吴坚回朝，令文天祥留在军中。宋驸马都尉杨镇，率领益王赵昰、广王赵昺逃至婺州。将军吕师夔兵进江东。谢枋得迎战大败，逃至建宁山中，妻子皆被抓获。

　　春中月，日下有黑子相荡。丞相伯颜在临安立两浙大都督府，命蒙古岱、范文虎为治都督事；又使吕文焕、范文虎慰谕宋太皇太后。吕文焕入内上表谢而出。其表称："兹衔北命，来抗南师，视以犬马，报以仇雠，非曰子弟攻其父母，不得已也，尚何言哉！"

　　丞相伯颜命张惠、阿剌罕、董文炳、张弘范、索多等进入临安，封府库，收史馆、秘省图书及百司符印告敕，罢官府及侍卫军。丞相伯颜抓获文天祥并遣送元大都。遂以兵范文虎追击益王、广王，未获；擒获杨镇，班师临安。宋二王遂走温州。宋将夏贵以淮西降元帅阿术。可汗命以夏贵为淮西安抚使。

　　春末月，丞相、都元帅伯颜进临安城，立旗设鼓；率左右翼万户，巡视临安，观潮于浙江，又登狮子峰，鸟瞰临安阵势，兵分诸将，统一指挥。宋太皇太后和宋主欲与相见，伯颜推辞称："未入朝，无相见之礼。"次日，从临安挥师南下，遣使阿塔海入宫宣诏："免系颈牵羊之礼。宋朝国主与太后入朝，觐见天子。"太后泪流满面地对宋主说："荷天子圣恩，保住性命，汝宜拜谢。"宋主拜谢后，与太后肩舆出宫。太皇太后以疾留临安。丞相伯颜赦免福王赵与芮、沂王乃猷、宋度宗母亲、隆国夫人黄氏和杨镇、谢堂、高应松、刘衮然等以及三学士诸生。太学衙门的太学士徐应镳与其二子一女，赴井自杀。宋臣文天祥至镇江遁入真州，去温州。丞相伯颜奉命北还时，留阿剌罕、董文炳经略闽、浙，以蒙古岱镇浙西，索多镇浙东。

江西都元帅宋都带对伯颜说："宋二王在闽、广聚兵，将攻江西。"丞相伯颜命塔术移军，与李恒、吕师夔会师，阿剌罕与董文炳会师，同取未降州县，以追二王。

春末月，宋陈宜中奉益王赵昰为天下兵马都元帅，广王赵昺为副都元帅，发兵抵抗元朝将黄万石。黄万石失利，陈宜中士气稍振。陈宜中遂传檄岭海等地称："夏贵已复濒江州郡。"元军诸戍将以江路既绝，不可北归，皆欲托计事还静江，独广西宣慰使史葛说："诸兄等勿为虚声所惧。待夏贵逾岭，审不可北归，取途云南省，未为不可，岂敢辄弃戍哉？"史葛乃史天泽的长子。宋帝随兵北行至瓜洲。李庭芝欲夺回皇帝，命姜才夜袭元营，败绩。

夏中月初，宋益王赵昰在福州府登基称帝，遥封尊号。宋度宗淑妃杨氏为皇太妃，共监国。是年为景炎元年（1276年）。封广王赵昺为卫王。丞相、都元帅伯颜携宋主赵赴上都，在大安阁谒见了可汗。摆喜宴，大家欢庆之际，唯独皇后不高兴。可汗说："江南平，自此不用兵甲，人皆喜之，尔何独不乐？"皇后下跪说："自古无千岁之国，毋使吾子孙及此则幸矣！"可汗以宋府库物置殿庭，召进皇后，使其一睹为快。皇后一一观看之后返回。可汗遣宦者追问皇后："何欲？"皇后说："宋人贮蓄以贻子孙，子孙不能守而归于我，我又何忍取之！"皇后没拿一件。可汗封宋主赵为瀛国公。

丞相、都元帅伯颜平江南凯旋。可汗命百官到郊外迎以犒劳。可汗命伯颜祭天地和太庙，诏赦天下。可汗特设庆功宴，亲自赐酒伯颜："臣为国家操劳至甚！"伯颜下跪谢恩："在长生天的气力里，在圣祖的福荫里，在阿术的奋勇拼搏下，成事于今天。我有何操劳！"可汗多次赞扬伯颜为朝廷出力操劳而不争功，反而把功劳推给别人的高尚品德，并下令封伯颜为知枢密院事，赏陵州、滕州户六千。将军索多克衢州，宋宣抚使留梦炎降元。

夏末月，元帅阿里海牙克广州。

秋初月，元帅阿术围攻扬州。李庭芝、姜才弃扬州奔泰州。留守扬州城的宋将朱焕以城降元。元帅阿术率精兵围攻泰州城，泰州翼将孙贵以城降；擒获李庭芝、姜才，命其降，不应而斩首。淮东各地尽归附。

秋中月，元帅阿术攻真州，宋留守安抚使苗再成自尽。宋将张世杰遣都统张世虎与吴浚合兵十万，在宁都与元将李恒交战，大败。可汗召阿术入朝，赐泰兴户两千。

有一天，可汗问降元诸宋将说："汝等何降之易耶？"他们回复："贾似道专国，每优礼文士而轻武臣，臣等久积不平，故望风送款。"可汗遣董文忠宣谕："似道实轻汝曹，特似道一人之过，汝主何负焉？正如汝言，则似道轻汝也固宜！"元廷命宋太皇太后谢氏北赴大都。

秋末月，将军阿剌罕、董文炳、蒙古岱、索多等以舟师出明州。塔出、吕师夔、李恒等以骑兵出江西，分道略闽、广。可汗命赛典赤为平章政事，给予重赏，遣云南知事。赛典赤奉命赴任云南行省。云南子弟不知读书，俗无礼义，男女往往自相配偶，亲死则火之，不为丧祭，无粳稻桑麻。赛典赤教民以拜跪之节，婚姻行媒，死者为之棺椁、奠祭等礼俗，并建孔子庙，明伦堂，购经史，授学田。云南文风至此稍兴；又患山路险远，盗贼出没，为行者患，相地置镇。每镇设土酋吏一人、百夫长一人，往来

者或遭劫掠，则以罪论处。有土吏数辈，怨赛典赤不己用，至京师诬其专僭数事："赛典赤败风俗，自以为是。"可汗下诏："赛典赤忧国爱民，朕洞悉之，此辈何敢诬告！"即命械送赛典赤处治。赛典赤叩头拜谢皇恩，脱其械说："若曹不知上以便宜命我，故诉我专僭。我今不汝罪，且命汝以官，能竭忠自赎乎？"大家皆叩头拜谢："某有死罪，平章既生之而又官之，誓以死报。"时，罗槃甸叛。赛典赤在出征途中，心事重重。从者问："何如？惧其！"赛典赤说："吾非忧出征也，忧汝曹冒锋镝，不幸以无辜而死；又忧汝曹劫掳平民，使不聊生，及民叛则又从而征之耳。"兵马到罗槃甸。赛典赤遣使以理谕之，罗槃主奉命又叛。越三日，又不降，诸将奋勇请进兵，赛典赤又不可。俄而将卒有乘城进攻者，赛典赤大怒，遽鸣金止之，召万户叱责说："天子命我安抚云南，未尝命以杀戮也。无主将命而擅攻，于军法当诛。"命左右缚之。诸将叩首，请俟城下之日从事。罗槃主得知这一情形："平章宽仁如此，吾拒命，不义。"举国出降。至此，西南诸夷翕然款附，云南得以平定。

宋朝东莞民熊飞，招兵买马，与赵溍联袂复韶州、广州。元帅阿里海牙攻静江，宋都统马塈迎战。

冬初月，吕师夔度梅岭，破韶州，熊飞自杀。

冬中月，将军阿剌罕、董文炳等攻处州，宋秀王赵与择在瑞安战败被杀。宋将王积翁降元。宋陈宜中、张世杰备舟携主入海进泉州。

冬末月，宋招抚使蒲寿庚以泉州降，余奉宋主去潮州。将军阿剌罕攻兴化军事重地。宋陈文龙迎战，败绩被杀。宋张焦攻取泸州。元帅阿里海牙取静江，杀死马塈。

广西州郡都被攻克。宋主留居惠州，遣倪坚奉表，诣军前请降。将军索多命其子、元帅伯嘉怒偕倪坚赴大都上奏可汗。

丁丑，至元十四年，宋景炎二年（1277 年）。春正月，宋定州留守黄去疾、吴浚俱降。可汗下诏命张宗演嗣汉天师，赐号演道灵应冲和真人，领道教。

春中月，元军攻广州，破广东诸郡。吴浚降元，赴漳州说文天祥降。文天祥责以大义，杀死。可汗允准倪坚降表，嘱咐诸将暂停进攻。

秋初月，太宗可汗侄儿诸王昔里吉劫持北平王那木罕与右丞相安童，在阿里马兴兵，逼和林城。可汗命伯颜率兵前去征讨。伯颜与昔里吉相遇于鄂尔浑河，夹水而阵。双方相持终日，伯颜知其疲惫，掩其不备，麾军进攻，大获全胜。昔里吉在逃亡中死去，一方得以平定。

宋张德兴、傅高举兵复黄州、寿昌军，杀湖北宣慰使郑鼎。

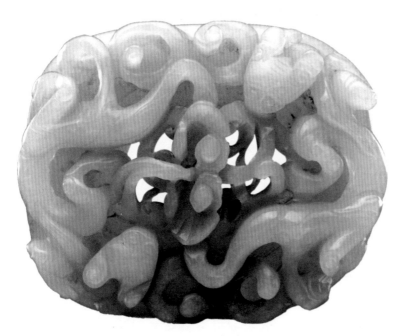

· 蟠螭纹玉带饰 ·

宋张世杰复邵武军。

秋中月，将军李恒在兴国攻打文天祥。文天祥兵马四散，诸将被斩。文天祥逃奔循州。

秋末月，宋主迁都潮州浅湾。可汗命江南将士："起初，宋遣倪坚来求和，朕允准，命诸将暂停进兵，使倪坚还。时至如今，不仅没有回应，还时常来犯边境。故命塔出、李恒、吕师夔等以步卒入大庾岭；蒙古岱、索多、蒲寿庚及元帅刘深等以舟师下海，追宋二王。"将军索多复邵武军，入福安。元帅昂吉儿等复黄州、寿昌军，杀死张德兴、傅高。

冬初月，日全食，将军索多攻兴化城军事要塞。

冬中月，将军塔出攻广州城，将军刘深攻浅湾，宋主赴井澳。

冬末月，刘深攻井澳，宋主奔谢女峡。

戊寅，至元十五年，宋景炎三年（1278年）。春正月，封宋福王赵与芮为平原郡公。将军汪良臣入重庆，张角自杀。四川州郡皆归附。

可汗颁诏："凡有功升职者，原职令其他有功者居之，不得以子侄代，阵亡者始得袭，病死者降一等。总把百户，老死者不袭，著史为律。"

春中月，将军索多破宋潮州。

时，元所用的是金朝大明历。后来，耶律楚材编撰了《庚午元历》。由于后人忽略，遂断。大明历时隔久远，有误差。可汗为修改其不足，命王恂和张易、郭守敬负责其修改；另外，命王恂和张易总管《庚午元历》的修改。王恂上奏："如今有人知其数而不知其意，故由许衡总管。"可汗下诏，命许衡为太史院知事。

春末月，宋主迁驻硇洲。

夏初月，宋主因病死亡。以陆秀夫为首的文武百官推举卫王赵昺为宋主。赵昺是年八岁，太妃杨氏垂帘听政。年号为祥兴。

夏末月，宋主赵昺迁驻新会的厓山。宋张世杰、陆秀夫遣差各地，高举义旗，勾结福建、广东等省。可汗闻讯，命张弘范为蒙、汉军都元帅去征讨。张弘范上奏推辞称："国制，无汉人典蒙古军者。臣汉人，恐乖节度，猝难成功。愿得亲信蒙古大臣与俱。"可汗说："尔忆尔父与撒干之事乎？其破安丰，汝父欲留兵镇守，撒干不肯，师既南而城复为宋有，进退几失据，汝父至不胜其悔恨，由委任不专。今岂可使汝复有汝父之悔乎！"可汗赐宝剑，命张弘范："剑汝副也，有不用命者，以此处之。"张弘范举荐李恒为副。可汗恩准。张弘范是张柔之子。张弘范出师至扬州，选拔精兵两万，水陆分道南下。张弘范以其弟张弘正为前阵先锋，嘱咐："汝以骁勇见选，非私汝也。军法重，我不敢以私挠公，汝慎之！"命塔出以留后，供军食。

秋初月，湖南制置司张烈良为宋起兵于厓山。元帅阿里海牙讨杀之。大江南岸诸郡县皆降。阿合马奏立江西榷茶运司、诸路转运盐使司和宣课提举司，宣课司官吏多至五百余人。对此，崔斌上奏："江南官冗，杭州地大民众，阿合马溺于私爱，以任其不肖之子抹速忽。暂且不论，阿合马先自陈乞免其子弟之任，乃今身为平章，而子若侄或为参政，或为尚书，或领将作监、会同馆，一门悉处要津，有亏公道。"可汗命其罢黜。既而淮西宣慰使昂吉儿入朝上奏："江南的确官冗。"可汗下诏："江西省并入福建，罢榷茶营田司归本道宣慰司，罢漕运司归行省。"

秋中月，一个大星星与众多小星星一道陨落在广州南大海，声如击鼓，一时顷止。

冬闰中月，元帅张弘范的前哨兵马获悉文天祥在潮阳的消

息。张弘范遂攻潮阳。文天祥带兵逃出，方饭五坡岭，张弘正兵突至，众不及战，文天祥被擒。文天祥吞毒脑子，自杀未遂。刘子俊自诡为文天祥，冀文天祥可间出走。文天祥被擒，相遇于途，各争真伪。张弘正遂杀刘子俊。文天祥被带到潮阳见张弘范。左右命文天祥下跪，文天祥不屈。张弘范解其捆绑，以客相待。文天祥却固请死，张弘范不许，其属辖被俘者，均赦免还乡。可汗下诏，会诸王于大都，摆宴庆贺。同时，所获宋廷玉宝器币分别赏给了诸路大将。

·高丽瓷花瓶·

　　冬末月，元帅阿里海牙从海南班师上都。所征州县，有江南十四个州，淮西四个州，湖南、江西十一个州，广西二十一个州，广东、海南八个州，计五十八个州。除此之外，不少疆域降元百姓不计其数。正所谓大功告成。后来阿里海牙部下当丞相的有三十七个人，这都是其言传身教的结果。可汗下诏封伯夷为昭义清惠公，叔齐为崇让仁惠公。

　　己卯，至元十六年，宋祥兴赵昺二年（1279年）。春正月，庚戌，元帅张弘范由潮阳港乘舟入海，擒获宋前哨将军，得知宋主栖身之所。辛酉，元帅张弘范到厓山。宋张世杰遂焚行朝草市，结大舶千余，作一字铺陈，四周起楼栅如城堞，中舻外触贯以大索，奉宋主居其中间。张弘范挥师进攻。厓山北水浅，舟胶不可进。张弘范由山东转而南，进入大海，与张世杰之师相遇；另派奇兵断宋军汲路。当时，张世杰的外甥韩文在元军。张弘范命其对张世杰遣谕祸福，张世杰不从。张弘范强使文天祥为书招安张世杰。文天祥说："吾不能捍父母，乃教人叛父母，可乎？"张弘范固强，文天祥遂书榜文称："人生自古谁无死？留取丹心照汗青！"张弘范看其榜文，笑而无言。

春中月，张弘范以兵李恒守厓山北。甲申，张弘范分诸将为四军，自己将其一军，相去里许，命令："敌东附山，潮退必南遁，南军急攻勿失之。西北军闻吾乐作，乃战。谁若违纪，斩首！"早晨潮涨，水北涨。命李恒从北面顺流冲击，以兵出击。李恒攻不能进，顺流而下。午时涨潮，水南泻。当时，元军营吹乐打鼓。张世杰以为元军设宴作乐，放松提防。张弘范趁机乘舰以布障四面，将士负盾而伏。

宋军无战而大溃。翟国秀、凌震皆解甲降元。张世杰解开诸舟环结，抽出小舟十六艘，夺路而逃。陆秀夫护国主未能突围，

·射猎图·

先驱其妻、子坠海，后负宋主同溺。后宫诸臣从死者甚众。太妃杨氏也投海而尽。张世杰逃至海陵山，舟破人亡。至此，宋亡。宋朝，自宋太祖建隆元年庚申至赵昺祥兴二年己卯，共历时三百二十年。其余文武百官，都随其国主而死去。从而，海陵地区得以平定。张弘范将自己的战功刻记在厓山北的石崖上。班师回朝以后，可汗大加赞赏。

自此，世祖可汗收服中原，其非凡智慧和超众力量闻名四方。远近大小国主，出于一种向往，各自遣使以示降服。有史家指出：世祖可汗一贯坚持积德行善，如今催开了荣华富贵的吉祥花；一贯推崇政教合一，如今催生了英雄无畏之风；一贯实施一统天下战略，使大小国主与其无法相提并论。可汗的确是史无仅有的一代开国明君。

可汗在湖南行省颁诏："遣回镇守兵马。五十里，立一个驿站衙门。治病救人。人死，举葬。"

夏初月，帝师八思巴圆寂。可汗赐其尊号"皇天之下一人之上宣文辅治大圣至德普觉真弼国如意大宝法王西天佛子大元帝师"。有史书记载，八思巴回其萨迦寺。

夏末月，马八儿国遣使献珍珠、大象和犀牛。可汗下诏书称，因为送来大象，所以修缮祭祀五台山寺。

秋初月，交趾国遣使贡驯象。

秋中月，可汗自上都归大都。

秋末月，可汗下诏："使太子参政，省、院、台、司等衙门的政务都要先禀太子，后上奏。"范文虎选拔推荐可起用的三十人，可汗称："优秀人才是国家的栋梁，以后朕自己选拔。严惩文武百官，视其失职渎职程度轻重，给予不同的惩罚，其严重的给予没家处置。"

冬初月，宋丞相文天祥誓死不降，故囚禁于大牢。

冬末月，八里灰国遣使献海清。回回人走驿站不吃现成的羊肉，而吃自己杀的羊肉。可汗下诏："他们是我的庶民，应遵守我们的习俗，不得擅自行事，祸害民众。"至此伊始，对其不得供应活羊。可汗下诏："增置宿卫军。元朝内庭宿卫军都被怯薛[1]所统领。以太祖功臣木华黎、孛罗兀勒、孛斡儿出、赤老温四人后裔世袭领长。"怯薛犹言分番宿卫，年老既久，即擢为一品，或以才能任使，贵盛虽极，一日归至内庭，则执事如故。

庚辰，至元十七年（1280年）。春正月，可汗下诏："定诸路差税课程，增益者即上报，隐漏者罪之。不须履亩增税，以摇百姓。"

元帅张弘范去世，追谥献武。

春末月，可汗避暑在上都。

据《续资治通鉴》记载，没有好的开头，就没有好的结尾。当时，元朝将大都设在燕京，建太子庙，创州县社稷制度，百官职知。上都虽为祖籍，但定都燕京，应住燕京为上，怎能随欲去上都！应造福子孙，使百姓幸福安康，永享盛世。与此相反，建国之初，却享用福贵，子孙遂之，最终导致国亡，是为一个遗憾的教训。[2]

可汗命招讨使都实佩金虎符，往求黄河源头。都实利用四个月时间，始抵其地，绘图上奏可汗。其奏称："河出吐蕃朵甘思西鄙，有泉百余泓，沮洳散涣，弗可逼视，方可七八十里，履高山下瞰，灿若列星，以故名鄂端诺尔。鄂端，译言星宿也。

---

[1] 怯薛——蒙古语 hexigten 的汉化音译。后来写作 jisha。

[2] 北方民族如突厥、契丹、女真、蒙古历代均设二至五都。这是游牧民族的生产生活习俗。

群流奔凑，近五七里，汇为二巨泽，名纳蓝淖尔。自西而东，连属吞噬，行一日，迤逦东鹜成川，号赤宾河。又三四日，亦里出河、忽兰河和也里术河三河汇一，其流浸大，始名黄河。从此分流八九，行二十日，至大雪山，称腾乞里塔。腾乞里塔，为昆仑山。昆仑山以南，河水流至阔即、阔提，诸多支流汇一，流经哈喇必里齐耳，细黄河和乞尔马出河二水合流北去。河水北行，转西，流过昆仑山北，向东北流，约行半月，至积石，流入中原。据测算：黄河源头到中原的距离有万里。之所以这样，黄河自源头到中原，南北涧溪，细流傍贯，莫知纪极。昆仑山西，人烟稀少，山皆草石，至积石方林木畅茂。世言河九折，盖彼地有二折焉。"据史书记载，"原先称黄河源自昆仑山"，以此信张骞之言为实。如今，黄河源头终于大白于天下。

· 铁铡刀 ·

　　陕西安西王去世，召其相赵炳入见。赵炳上奏可汗陕西运使郭琮、郎中郭叔云不法之事。可汗遣使偕赵炳往按其罪。赵炳到了府邸，郭琮冒充以世子阿难达的旨意，收赵炳入狱，毒死在狱中。赵炳的儿子赵仁荣上诉，可汗大怒，诏遣使缉拿郭琮和郭琮结党，亲自审讯，查清罪目，颁诏惩治。命赵仁荣手刃郭琮和郭叔云于市，籍其家畀。赵仁荣称："不共戴天之人所有，何忍受之！"可汗称善，别赐钞三万缗。

据《续资治通鉴》记载，天子之下，百官掌权。虽升与降、奖与罚分别由专职官吏承办，但有名无实、先请后斩之事常有。故，武王视一人一统天下为一种耻辱。

郭琮怀恨赵炳上诉，自以为是，先斩后奏，其实质是上无视天子、下蔑视诸省的无孝行为。世祖可汗亲自审问断案，亲自遣人处决郭琮，的确开了有元一代镇压刁民、清除国贼、整顿吏治的先河。

秋初月，阿合马推荐郝祯、耿仁为左丞相。阿合马益肆贪横，援引二人骤升同列，剥民遹赋；内瞒可汗，外示威刑，廷中相视，无敢论列。可汗下诏，遣太监咬难去江南，选拔贤人才士；又赐香炉等祭品，在信州龙虎山、临江阁皂山、江康三茅山分别举办祭祀念经法会。

秋中月，由于旧病愈来愈重，集贤院大学士兼国子监祭酒许衡上奏可汗，请求辞官还乡。可汗允准许衡请求，并命其子许师可为怀孟路总管，以便其养病。翰林学士承旨姚枢去世，谥文献。

秋末月，可汗自上都回大都。可汗下诏："遣差多次，日本未降，还杀死遣差礼部尚书郎杜世忠。"

冬初月，下诏："以阿剌罕为右丞相，李庭、张巴图为参知政事，并行中书省事，统领十万大军，征伐日本。"当时，高丽国王王昛来朝。他还上奏请战，可汗命王昛为行省衙门右丞，将益兵共同征伐日本。

冬中月，郭守敬等奏呈可汗新编《授时历》。郭守敬称："之前，对金所用皇历进行了不少修改，但是修改受限于刘氏的宋朝皇历，只有简单补充以外，无任何新意。与天时相对应，

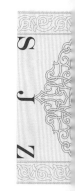

一次都没有做实际验证。冬至是皇历的始点。若要找出皇历的始点，关键在于开展气候实验。地处卞城的宋朝旧气候测试仪如今已经不适应。"故郭守敬与南北日官陈鼎臣一道，以浑天仪为圭表新创制了气候观测仪。新创制的气候观测仪能检测气候变化的十三个大项指标。在此基础上，派遣监候使十四人到

·元代酒器——渎山大玉海·

各地监候气候变化。他们分别到二十七个抽样点，在充分占有资料的基础上，结合实际采用平均值创立了新法，参考古制推算，至是历成。郭守敬等在上奏中称："自汉以后，历经七十改，创法者十有三家。今所考正凡七事：一曰冬至，二曰岁余，三曰日躔，四曰月离，五曰入交，六曰二十八宿距度，七曰日出入昼夜刻。所创法凡五事：一曰太阳盈缩，二曰月行迟疾，三曰黄赤道差，四曰黄赤内外度，五曰白道交周。其余正讹补缺，盖非一事。凡日月薄食，五纬陵犯，彗孛飞流，晕珥虹蜺，精祲云气，诸系占候者，俱在简册。"可汗赐新皇历名为《授时历》，颁行天下。

平章政事廉希宪去世。为治病，廉希宪从江南被召进大都。

到大都后，太子派人前去探望。廉希宪对太子说："臣病虽剧，委之于天。所甚忧者，大奸专政，群小阿附，误国害民，病至大者。"大德年间，追封太师、恒阳王，谥文正。丞相伯颜称："梁公，是丞相中的丞相，汉子中的汉子。"大家称是。

冬末月，昭文馆大学士窦默去世。窦默生性温顺，平易近人，从来不评别人长短。

每论国家大计，面折廷净，人谓可方汲黯。可汗经常称："朕求贤三十年，如窦汉卿之心、姚公茂之才合而为一，可谓全人矣。"封窦默为太师，追封魏国公，谥文正。

漳州之徒陈桂龙举兵叛元。福建都元帅完者都率兵讨伐，得以镇服。

辛巳，至元十八年（1281 年）。春中月，皇后因病逝世。皇后生性明敏，达于事机，国家初政，左右匡正，与有力焉。四怯薛奏割京城外近地牧马。可汗恩准。皇后有意斥责刘秉忠："汝何不谏？若初定都时，以其地牧马则可，今军民分业已定，夺之，可乎？"可汗遂收回成命。有一天，可汗召进翰林学士王思廉选读《资治通鉴纲目》，读到唐太宗要处死魏徵，长孙皇后极力反对时，可汗命太监："叫王思廉给皇后宣读这一段内容。"王思廉解读并分析梳理。皇后下懿旨："这才是对圣上人君有益的良言忠告。汝等以后以此为例，分析梳理古人至理名言，以供可汗甄别。不以胡言乱语扰乱可汗心绪。"并上奏："圣上人君，不要只听典籍里的良言名句，还要心领神会。这才是吾辈乃至天下百姓之福。"可汗对皇后的谏言给予高度赞赏。

春末月，集贤院大学士兼国子监祭酒许衡因病去世，是年七十二岁，追赠司徒使，追封魏国公，谥文正。南北一统之前，

许衡攻诸子百家，以其为纲，可以说儒家得到传承，许衡起到了重要的作用。连将梁氏说："纵观许衡一生，能引善教，其言煦煦，虽与童子言，如恐伤之，故所至无贵贱、贤不肖皆乐之。视其聪颖与迟钝、长处与短处，因人施教，受其教者，如金科玉条，终身不敢忘。或未尝及门，传其绪余而折节力行者，或军中汉，或异氏他族，往往有之。"丞相安童见许衡后对左右大臣称："绿林好汉，不分彼此。如同十有百、千有万一样。"翰林承旨王磐博学多识，壮志凌云，目中无人，唯独称许衡为先生、圣人。

可汗自大都至上都。

秋初月，将军阿剌罕病逝在军中。命阿塔海替之。

秋中月，招讨使方文上奏"择守令、崇祀典、戢奸吏、禁盗贼、治军旅、奖忠义"六事。可汗下诏："廷臣及诸老议举行之。"阿塔海奉命代征日本。未及前，范文虎等已航海至平壶岛，遇飓风，败舟，诸将各择坚舰乘之，班师回朝。安全回来的十有二三。

据《续资治通鉴》载，前三年，大军东征日本，今秋收兵。以兵攻兵，持续一年有余，无果，却耗费军饷，致国力减退。这是世祖可汗的一大过。一国之君，凭其智勇，一统天下，四海为家。与域外小小倭寇斤斤计较，动用大军，是得不偿失之为。

秋闰中月，可汗自上都至大都。

秋末月初一，癸亥，可汗近郊打猎。庚辰，自至宫殿。京兆等路岁办课额，自一万九千锭增至五万四千锭。阿合马以尚未不实为名，欲发使覆之。可汗视其不当，制止之。

据《续资治通鉴》载，一国之君，以爱民为本；一朝之举，以减赋税为先，休养生息为主。有民本之心，才有民本之举。吾辈无闻无民本思想却有民本之举的国君。据《易经》载：以律定制，履行节约，不劳民，不伤财，是一国之福。征收赋税，自古有制。如今，无事生非，整顿赋税，导致百姓负担加重。

当时，阿合马得志，横征暴敛，增加赋税，欺诈黎民，搜削百姓。虽皇粮国库满仓，却失去民心，引起百姓反抗。照此下去，只有一个结果，即非天下大乱不可。

冬初月，可汗诏"枢密副使张易，参校道书"。张易上奏："《道德经》为老子所著，余皆后人伪撰。"可汗下诏，除了《道德经》以外，全都焚毁。

据《续资治通鉴》载，"《老子》《庄子》和《列子》均为儒家根本。如果说焚毁《道德经》为主持正道，那么为何不焚佛经呢？"如同逃五十步者耻笑逃百步者一样，既然都是逃兵，彼此嘲笑又有何用？世祖可汗重佛轻道是模仿周武帝、唐太宗所致。

据《续资治通鉴》载，《肃经》云，无根据之说不听，无商量之计不行。道家之说，是无根据之说、无商量之计，是无稽之谈、无源之水，其愚弄黎民，欺骗百姓，是荒唐无聊、违背仁慈之论。焚毁《道德经》，究其因在于倡导奸臣当道、愚弄百姓。世祖可汗焚毁《道德经》的行为，与其说是为了揭穿道教欺骗百姓的真面目而采取的得民心之举，不如说是为了宣扬佛法、愚弄百姓而采取的失民心之为。不是所知使然，而是无知使然；不是武断使然，而是倾向使然。这说明了世祖可汗不明智、不善辨的一个方面，即所谓溺于嗜好、愚蠢无知。倾向一个方面，就会导致不全面。不能不说，这是一个失误！呜呼！与其说是排斥道教虚伪的一个方面，不如说是笃信佛教诚实的一个方面。这样，佛法一直能影响后人万代吗？

宋徽宗倾向道教，指责佛教学说；世祖可汗倾向佛教，焚毁道教经典。这两个皇帝同出一辙，顾此失彼，走向极端。显而易见，这是一番典型的肯定一面而始终不赞赏之词。

依我拉喜彭斯克之见，一般认为，道教和儒教是两大体系，互相矛盾，互不交融。吾虽然对道教无所研究，但是对儒教却有所濡染。据考究，儒教弘扬修身养性、为人处世和立家治国之道。一般认为，万物生灵各有其自己的兴趣、爱好和本能。时逢乱世，吾辈身心不安。有人认为，吾所主张，若违背祖宗律制，必须立即禁止。

追封皇后为贞懿顺圣昭天睿文光应皇后。

冬末月，命翁吉剌带为中书右丞。以品犒赏了出征日本的诸将士。

壬午，至元十九年（1282 年）。奉诏诸王沙都而以兵讨伐缅甸。

春末月，可汗自大都至上都。

益都城千户长王著，为民除害，做铜质布鲁，与高和尚合谋欲杀阿合马大计。当时，皇太子从可汗自大都至上都。皇太

· 《蒙古人的一天》局部 ·

子命阿合马留守京师。王著假借皇太子宣布："皇太子要还都做佛事。"当天夜里，率领八十余人进大都城。第二天早晨，王著遣两个和尚到中书省衙门，诈称："皇太子还都做佛事，命令准备佛事祀品。"中书省、尚书省大臣怀疑他们，详细询问有关事情。两个和尚流利的回答未露任何蛛丝马迹，使他们信以为真。另外，王著冒充皇太子，命令枢密副使张易率兵出迎。张易信以为真，随即率兵出迎。当天夜里，王著直奔阿合马府邸命令："皇太子已到近郊，朝廷百官夜会东宫，出迎皇太子。"阿合马随即派人出迎皇太子。

出迎众人都被伪皇太子所杀。他们夺马，入健德门。夜二鼓，至东宫外下马。伪太子立马呼："省官至前！"以所袖铜碎阿合马脑，当场打死；还杀死郝祯，囚禁了张惠。不使衙门大臣靠近，故一时间大家都被舞弄。突然，从东宫里传出高觽的呼喊声："此贼也！"并命令"卫士亟捕之。"留守司遂持梃前，击立马者坠地，弓矢乱发，众奔溃，多就擒。高和尚等逃去，王著挺身请囚。当时，可汗驻跸察干诺儿。上奏此事，可汗震怒，命豁儿合孙等驰驿至大都，讨为乱者。获高和尚于高梁河，与王著、张易一起杀于大都。王著临刑大声高呼："我王著为天下除害，今死矣，异日必有为我书其事者。"复以张易从王著为乱，将传首四方，张九思上奏："张易应变不审则有之，坐以与谋则过矣，请免传首。"可汗恩准，免其传首。

据《续资治通鉴》载，王云称，"王著立旗举义，舍己为公，为民除害，功成名就，被擒至死，毫不退却，视死如归，英勇就义。王著死而后已、气吞山河的英雄壮举，为世人所赞叹！"据《春秋》载，依据历朝历代惩治奸臣贼子的律制，王著壮举，不能不载入史册。据《续资治通鉴》载，面面俱到，是书碑立传无过之臣的常用言辞。如今，阿合马独揽朝廷大权，自以为是，祸国殃民，上欺君主，下瞒百姓，是历朝历代奸臣国贼绝无仅有之人物。阿合马接受朝廷吏治，无可置疑。据《元史》载，以列祖列宗的规矩，惩治阿合马。然而如今，据《续资治通鉴》载："却颠倒是非，以列祖列宗的规矩，斩首阿合马。"阿合马的确有滔天大罪，应该斩首。但为什么在《续资治通鉴》中出现"颠倒是非，以列祖列宗的规矩，斩首阿合马"的记载呢？是因为益都城千户王著没能光明正大地讨伐国贼，而是借可汗不在大都的机会，诈称皇太子命令杀死阿合马，故有不可饶恕之罪，何如盖棺定论其为讨伐国贼之英雄呢？国朝有律，千户不许斩杀丞相。朝廷不是臣民自以为是、定刑处置的地方。

夏初月，降右丞相翁吉刺带，以豁儿合孙为中书右丞。皇太子对豁儿合孙说："阿合马已死，汝任中书，诚有便国利民者，毋惮更张，或有阻挠，吾当力持之。"

从此，朝野上下，吏治大为改观。虽然阿合马被杀，但是可汗不深知其奸。后问枢密副使孛罗，询其被杀原因，尽得其罪恶，大怒道："王著杀之，诚是也！"命挖其墓，剖其棺，戮尸于市，纵犬啖其肉，百官士庶聚观称快。子侄皆伏诛，籍其家，得椟藏二人皮，两耳俱存。究问其因，其妾说："每咒诅时，置神坐于上，应验甚速。"又以帛二幅画甲骑，围守一幄殿，兵皆张弦挺刃内向，状涉不轨。命中书衙门查处阿合马结党，免去七百一十四人的官职。另外，剖郝祯棺，戮其尸；下耿仁于狱，诛戮。

据《续资治通鉴》载，阿合马的确有祸国害民之罪。他虽在世祖可汗身边长达十多年之久，但可汗未发现其奸诈阴谋。经孛罗极力揭穿，阿合马罪恶大白于天下后，可汗才对阿合马有了忍无可忍的震怒。可见，身为一国之君的可汗在用人方面亦有过错。虽剖其棺、戮尸于市，为时已晚。但是，世祖可汗的过错在于被蒙在鼓里，要是早发现阿合马不忠不孝，应该不至于这样宽容饶恕、器重任用，放任其为所欲为。与那些不假思索、一贯倾向一方、不问是非的愚民相比，世祖可汗还是高明一筹。文献典籍如实记载，乃是对其悔过之举的歌颂也。

兵部尚书张雄飞，一概不溜须拍马阿合马，故被排斥，被阿合马改陕西按察使。出任之前，阿合马被杀死。张雄飞被命以参政正事。阿合马子忽辛被捕，廷臣訇问，忽辛厉指宰执说："汝

曾受我家钱，何得问我？"张雄飞问："我曾受否？"忽辛说："公独无。"张雄飞问："如是，则我当问汝矣。"遂杀死。设盐运使司，颁布诏书，突出民本，颁行天下，提高百姓雇金为三分。

夏末月初一，日食。

秋初月初一，日食。

秋中月，可汗还宫大都。

秋末月，俱蓝国遣使入贡，分别上贡宝货和黑猿一只。可汗颁诏诸省：每年举行一次科举，以选拔文官和员外郎若干名。

冬初月，中书左丞耶律铸上奏："有司官吏以采室女，乘时害民，如令大郡岁取三人，小郡二人，择其可者，厚赐其父母，否则遣还为宜。"可汗恩准。

冬中月，袭封江南衍圣公孔洙为国子祭酒兼提举浙东学校。

冬末月，杀宋丞相、少保、信国公文天祥。可汗诏令天下，招贤纳才。王积翁极力推荐文天祥。可汗随即遣差王积翁说服文天祥。文天祥称："国家灭亡，我当殉国。如蒙释放，能够以平民回归家乡，今后以方外身份充数顾问。如果要我做官，不光是些亡国士大夫不能同他们谋求共存，而且将自己一生的努力全都抛弃，用我何意？"可汗欲赦免释放文天祥。左右大臣极力反对，故没有释放。当时，闽地有僧

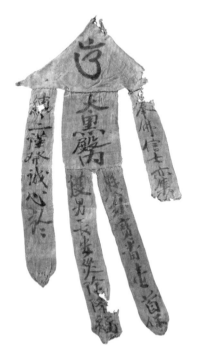

·黄色绢幡·

说："土星犯可汗宝座，疑有变。"中山有一狂人，自称宋主，召集数千人，声言欲取丞相文天祥。京师有中山薛保住上匿名书告变，书称："某日烧蓑城苇，率两翼兵为乱，丞相可无忧者。"可汗疑心，遂撤蓑城苇，使瀛国公和宋宗室一起遣至上都。疑丞相者天祥也。可汗召见文天祥："汝移所以事宋者事我，我当以汝为相。"文天祥谢恩说："受宋恩为宰相，安肯事二姓？愿赐之一死足矣。"可汗犹豫不忍，麾使退去。左右大臣力赞从其请命。可汗下诏斩首。可汗深感恍惜，俄使止之，至则天祥死矣。可汗命札萨克为平章政事。御史中丞崔彧上奏："台臣于国家政事得失，生民休戚，百官邪正，虽王公宰相亦宜纠察。近唯御史有言，臣以为台官皆当建言，庶于国家有补。至于选用台察官止由中书，宁无偏党之弊！今宜令本台得自选任，用汉人十六员，蒙古人十六员，相参巡历为宜。"可汗以此为是。

癸未，至元二十年（1283年）。春正月，封弘吉剌氏夫人为皇后。

据《续资治通鉴》载，当时，弘吉剌惕跟随太祖征伐有功，立其女为后。有旨："弘吉剌氏生女为后，生男尚公主，世世不绝。"故元代诸后多为弘吉剌氏焉。

丞相豁儿合孙说："百姓薛保住以匿名书告变，引杀文天

· 蒙古侍卫陶俑 ·

祥领赏，该当加罪论杀。自今应诉事者，必须实书其事，赴省台陈告。其以匿名书告事，重者处死，轻者流远方。能发其事者，使犯人妻子以其充奴妻。另外，阿合马专政时，衙门太冗，虚费俸禄。如今，宜依刘秉忠、许衡所定，并省为便。"可汗使以为然。御史台御史太傅上奏："燕南、河北、山东，去岁旱灾，按察司已尝阅视，而中书不为奏免税粮，民何以堪！"可汗下诏，有司权停勿征。

据《续资治通鉴》载，大王地域，物华天宝，人丁兴旺。霸辖臣民，富庶安祥，生生不息。故从民本出发，施仁政，惠百姓，是作为一国之君的一个大计。因此，实施王道者，察访百姓疾苦，一时间，遭受天灾，应予以及时救济；行霸者，知百姓之冷暖，三路之地，遭遇旱灾，百姓巨损，应予以及时赈灾。世祖可汗闻其奏下诏："即刻停征霸辖百姓赋税。"从这一记载吾辈不难看出，元世祖忽必烈施政"以宽恕百姓、施舍百姓为本"。

"听其奏，纳其言，施其恩"充分说明，世祖可汗身为一国之君，未亵渎职官心怀黎民百姓的治国方略。

春末月，可汗自大都至上都。

命阿塔海为征东行省丞相，以兵与高丽国王王昛，以备征讨日本。

夏初月，可汗下诏禁止选取室女。

夏末月，可汗下诏提增了内外官吏俸禄。崔彧上奏："今百官月俸不能副赡养，难责以廉勤之操。宜议增庶官月俸，所增虽赋之于民，官吏不贪，民必受惠。其有以贪抵罪，亦复何辞！"故提增官吏俸禄，以十分为率，不及一锭者量增五分。

据《续资治通鉴》载，禁止各路每岁选取室女，改变了选取室女的弊病；提增内外官吏俸禄，培养了廉洁清正的官风。

这都是可汗当时施仁政的结果。在此特做记载，以示后人。

冬初月，壬辰，可汗自上都至大都。

冬中月，诸王沙都而攻克缅甸。至此，西南十二个盟国都归附。

甲申，至元二十一年（1284 年）。春正月初，乙卯，可汗在大明殿上朝，以右丞相豁儿合孙为首的群臣上尊号说："宪天述道仁文义武大光孝可汗。"以中原礼仪，叩首以示恭贺。当时，议欲大赦。参知政事张雄飞制止："古人言，无赦之国，其刑必平。故赦者，不平之政也。圣明在上，岂宜数赦！"可汗嘉纳了谏言，遂止下轻刑之诏。

春末月，可汗自大都至上都。

可汗遣差诸路按察司官时诏谕："卿至彼，当宣明朕意，勿求货财。名成则货财随之，徇财则必失其名，而性命亦不可保矣。"

秋中月，可汗自上都至大都。

秋末月，京师地震。

冬中月，豁儿合孙、张雄飞等辞官回乡。命安童为中书右丞，卢世荣为右丞相，史枢为左丞相，撒的迷失、廉希恕为参知政事。卢世荣既入中书，即日奉诏理钞法之弊，自谓生财有法，用其法当赋倍增而民不扰。翰林学士董文用究其原因说："此钱取于右丞家耶，取之于民耶？取于右丞之家，则吾不知；若取于民，则有说矣。牧羊者岁常两剪其毛，今牧人日剪以献，主者固悦其得毛之多，然羊无以避寒热，既死且尽，毛又可得乎？民财有限，右丞将尽取之，得无有日剪其毛之患乎？"卢世荣无言以对。御史中丞崔彧说："卢世荣不可为相。"可汗大怒，免崔彧官职。宋太皇太后谢氏死于燕京。

乙酉，至元二十二年（1285 年）。春正月，卢世荣奏请，立规措所。

春末月，可汗自大都至上都，诏谕："以翁吉剌带为中书左丞。"

秋中月，可汗自上都至大都。

冬中月，监察御史陈天祥上疏："卢世荣任江西榷茶转运使期间，专务贪饕，所犯赃私，动以万计。今不悔前非，狂悖愈甚。俾居相位，名为试验，实授正权。校其所能，败阙如此。朝廷信其虚诳之说，考其所行，毫发无称。"另外，还告发了卢世荣诸多罪名。可汗亲自审讯卢世荣。卢世荣一一交代了自己的罪过。可汗下令依法斩首，刳其肉以食鹰狗。

冬末月，丁未，皇太子真金去世，是年四十三岁。太子从小师从姚枢、窦默，仁孝恭俭，聪明伶俐，尤优礼大臣。当时，江西行省以岁课羡钞四十七万贯来献。太子大怒："可汗但令汝等安百姓，百姓安，钱粮何患不足！百姓不安，钱粮虽多，能自奉乎？"全都退去，一分没留。

据《续资治通鉴》载，当时，臣民上奏：世祖可汗年岁已高，谏太子登基。可汗大怒。太子羞耻惧怕，生病，最终死去。但在《元史》中没有这样的记录。我拉喜彭斯克认为，当时世祖忽必烈虽年岁已高，但不至于老到胡言乱政的地步，应仍精神抖擞、精力充沛，定无臣民斗胆奏议，谏太子登基。

故吾删除这些文字，对其真相进行论述。

丙戌，至元二十三年（1286 年）。春正月初，以皇太子去世之故，罢朝贺。诏谕罢征日本。

春中月，敕中外："凡汉民持铁尺、手挝及杖之藏刃者，悉输于官。"

春末月，御史太傅程文海奉诏求访江南学士。可汗素闻赵孟頫、叶李二人，谕程文海必致此二人。程文海复荐赵孟頫、叶李、张伯淳等二十余人。可汗全部起用之。

可汗自大都至上都。

夏初月，湖广行省右丞要束木奉诏考荆湖行省钱谷。中书省上奏要束木为平章政事，脱脱忽为参知政事。可汗诏谕："要束木是小人，事朕方五年，授一理算官足矣。脱脱忽是人奴之奴，令史、宣使才也。读卿等所语，令人耻之。朕言传至安童。"

· 青铜花押印 ·

夏中月，参知政事秃鲁罕、枢密院判官李道、治书侍御史陈天祥，奉诏查办诸省俸禄。

夏末月，荆湖行省左丞阿里海牙去世。

秋初月，诏谕："行中书省衙门铨定省、院、台、部官品级。自中书令，左、右丞而下，各有定员。"诏谕安童："中书省朕当亲择，其余诸司，由中书省斟酌裁减。"安童上疏："比闻圣意欲倚近侍为耳目，如臣所行非法，从其举奏。今近臣乃伺隙援引非类，说某居某官、某居某职，以所署奏目付中书省施行。铨选之法，自有定制，其尤无事例者，臣尝废格不行，

虑其党有短臣者。"可汗道："卿言良是，后若此者勿行。"

秋末月，海外诸番马八儿、须门那、僧急里、南无力、马兰丹、那旺、丁呵儿、来来、急兰亦带、苏木都剌十国，各遣子弟上表来觐，贡方物。

冬初月，可汗自上都至大都。

丁亥，至元二十四年（1287年）。春中月，命麦术丁为平章政事。

春闰中月，复立尚书省，以桑哥、铁木儿并为平章政事，阿鲁浑撒里为右丞相，叶李为左丞相，马绍为参知政事。安童上疏："臣力不能回天，但乞不用桑哥，别选贤者，犹或不至虐民误国。"可汗采纳了安童的奏疏。立国子监，以耶律有尚为祭酒；诏谕设江南诸路儒学提举司。

可汗自大都至上都。

春末月，断事官黝儿合孙上疏："去岁录囚南京、济南两路，应死者有一百九十人。若总校诸路，为数必多，宜遣入分道行刑。"可汗诏谕："囚非群羊，岂可遽杀！即宜悉配隶淘金。"诏谕改"中统元宝"为"至元钞"（自一贯至五十文，凡十有一等）。

夏初月，宗王别勒古台五子、诸王乃颜[1]叛。

夏中月，可汗亲征乃颜。

夏末月，可汗抵达撒儿都鲁，与乃颜将金家奴和塔布岱所部六万兵马交战。可汗亲麾诸军，大获全胜。大军乘势而上，擒乃颜。依法处斩塔布岱等其党，乃颜为皇室家族，免于死，废为庶民。[2]

秋中月，可汗至上都，又回至大都。

---

[1] 乃颜——乃颜不是别勒古台之子，是铁木哥斡赤斤之孙。

[2] 乃颜为皇室家族，免于死，废为庶民——这条消息不符合历史事实。乃颜被处死。

冬初月初，日食。桑哥按察中书省钱谷，发现参知政事郭佑、杨居宽坐亏负中书省钱谷六千锭。郭佑、杨居宽辩解："我们除了只管任官以外，从来没有参与农桑俸禄二事。"桑哥大怒，命左右大臣扇郭佑、杨居宽耳光。郭佑、杨居宽无奈，认罪。桑哥上疏，可汗下令量刑定罪，弃于市，没其家。众称"冤枉了好人"。当时，江宁县达鲁花赤吴德忌恨桑哥说："尚书衙门按察中书省，不留死角。日后使中书省按察尚书衙门，你也不得好死。"桑哥闻之，杀死了吴德。左丞相叶李说："使和尚念经，支出给付。以后，岁岁如同，定制为律理。"又说："前省官不能行者，平章桑哥能之，宜为右丞相。"冬，十一月，诏谕，以桑哥为尚书右丞，阿鲁浑撒里为平章政事，叶李为右丞相，马绍为左丞相。左丞相阿术去世，追封河南王。

戊子年，至元二十五年（1288年）。春正月，可汗诏谕："各部大臣劝民开垦耕种。鼓励百姓开垦种植，府、州、县官吏每岁对其登记造册，开垦种植者给予奖励，未开垦种植者给予严惩。水域江南，土地肥沃，气候宜耕。鼓励官吏，开垦耕种，自食其力。新开垦耕种者，三岁免征赋税。"

春中月，司徒撒里蛮等，司读《列祖实录》。可汗诏谕："太宗事则然，睿宗少有可易者，定宗固日不暇给，宪宗汝独不能忆之耶，犹当询诸知者。"

春末月，可汗自大都至上都。

秋末月，可汗自上都至大都。

冬末月，命董文用为御史中丞。

己丑，至元二十六年（1289年）。春正月，地震。

春中月，可汗自大都至上都。

以中书右丞伯颜为知枢密院事，将兵镇和林。和林统有漠

·波斯细密画——蒙古王公图·

北诸路，置知院自伯颜始。以拜答儿为中书平章政事。

春末月初，日食。

夏中月，以忻都为尚书左丞、何荣祖为参知政事、张天祐为中书参知政事。

冬闰初月，可汗自上都至大都。

冬末月，命白洁矩为尚书省舍人。可汗至大圣寿万安寺祭佛。

庚寅，至元二十七年（1290年）。春正月，立兴文署，掌经籍板及江南学田钱谷。

夏初月，可汗自大都至上都。

秋中月初，日食，大地震，武平尤甚，地陷，民居毁，压死和受伤者不计其数。可汗闻武平地震，深为焦虑，颁诏天下，免征赋税。

冬初月，可汗自上都至大都。

敕封皇太子之长子甘麻剌为梁王，出镇云南。

据我拉喜彭斯克考证，甘麻剌是皇太子多儿只的长子。据《元史》和《续资治通鉴》载，甘麻剌为皇太子多儿只长子。据《金轮千辐》记载，甘麻剌为忽必烈彻辰可汗三子真金之长子。

在元成宗铁穆耳即位时，也孙铁木儿对甘麻剌说："王乃长兄，故听汝高见。"故断定，甘麻剌是皇太子多儿只的长子。

江阴、宁国等路大水，民流移者四十余万户。尚书省臣上奏，可汗诏谕："此亦何待上闻，当速赈之！"赈灾粮有五十八万两千八百八十九石。

冬中月，丞相安童看出元朝大权都集中到尚书省的弊病，屡次上奏退职，不肯。这次允准辞丞相之职，知内护卫怯薛。是年，报全国户，一千三百一十九万六千二百零六；人口，五千八百八十四万四千七百一十一，不包括山区、海上和溪洞百姓。

辛卯，至元二十八年（1291年）。春正月初，桑哥按察俸禄一事传遍天下，可朝廷诸臣没有一个人敢疏奏此事。有一天，可汗问集贤院直学士赵孟頫："你是宋太祖之子，还是宋太宗之子？"赵孟頫回复："微臣是宋太祖第十一代之子。"可汗又问："叶李、留梦炎谁优谁劣？"赵孟頫回复："留梦炎，臣之父执，其人厚重，笃于自信，好谋而能断，有大臣器。叶李所读之书，臣皆读之，其所知所能，臣皆知之能之。"可汗诏谕："汝以留梦炎贤于叶李？留梦炎为宋状元，位至丞相，贾似道瞒上欺下，误国害民，留梦炎阿附取容。叶李却伏阙上疏，是贤于留梦炎。汝以留梦炎父友，不敢斥言其非。"

赵孟頫私下对奉御大臣彻里说："圣主上论贾似道误国，责留梦炎不言。如此推测，桑哥罪甚于似道而我等不言，他日何以辞其责！然我疏远之臣，言必不听。奉御大臣，读书知理，慷慨有大节，又为上所亲信，无逾公者。夫捐一旦之命，为万姓除残贼，仁者之事也，公必勉之！"

可汗出猎柳林。彻里上疏可汗："桑哥欺上瞒下，削刮平民，奸诈贪婪，误国害民。"彻里言辞过激，可汗大怒，诏谕："谓其毁诋大臣，命左右批其颊，血涌口鼻，委顿地上。"英雄豪杰，刚正不阿，威武不屈，使君主以善取恶；奸诈恶贼，巧言花语，卑躬屈膝，使君主以假取真。尽管如此，彻里不顾一切愈辩愈力。彻里道："臣与桑哥无仇，所以力数其罪而不顾身者，为国家计耳。苟畏圣怒而不复言，则奸臣何由除，民害何由息！且使陛下有拒谏之名，臣窃惧焉。"

可汗息怒，招卜忽木问其缘由。卜忽木上疏："桑哥壅蔽圣上，紊乱政事，有言者即诬以他罪而杀之。今百姓失业，盗贼蜂起，召乱在旦夕，非亟诛之，恐为陛下忧。"当初，留守贺伯颜常提起桑哥之弊。自是言者益众。诏谕，在台、省衙门辩驳，刹住桑哥锐气。可汗诏谕："桑哥为恶始终四年，其奸赃暴著非一，汝台臣难云不知。知而不劾，自当何罪？"杜思敬上疏说："夺官追俸，唯上所裁。"斥罢久任者，罢桑哥、阿鲁浑撒里官。命彻里率卫士三百人，籍桑哥、阿鲁浑撒里家。犒赏彻里银帛，增一品。扬州路学正李淦上疏言："叶李本一黠徒，受可汗简知，千载一遇，而才近天光，即以举桑哥为第一事。禁近侍言事，以非罪杀参政、御史，罢御史太傅、侍御史；四处遣差，按察俸禄，又大钩考钱粮，民怨而盗发，天怒而地震，水灾荐至。人皆知桑哥用群小之罪，而不知叶李举桑哥之罪，宜斩叶李以谢天下。"可汗矍然诏谕："叶李廉介刚直，朕所素知，宁有是耶？"有旨，召进李淦诣京师。李淦抵京时，叶李已死。命李淦为江阴路教授，使其忠义载入史册。诏谕："免除江淮贫民至元十二年到至元二十五年所逋田租二百九十七万六千余石，及至元二十六年未输田租十三万石、钞一千一百五十锭、丝五千四百斤、绵一千四百三十斤。"桑哥罪状被宣诏天下，全国黎民百姓无不拍手称快。但是，遣差各路的按察使始终没有得到彻底禁止。

春中月，御史太傅上疏说："监察食禄者，始于中统元年，有三十余年之历史也。阿合马、桑哥相继手握朝廷大权，亵渎列祖列宗之承制，败坏吏治，挥霍国帑，甚为严重。其同党一伙，抢占民财，忍无可忍，目不忍见。今其禁止，是为上策。"

可汗然之，诏谕："撤经理司，食禄记录归档立卷，无帝诏令，查阅记载，严惩不贷。"

据《续资治通鉴》载，世祖可汗起用桑哥，整顿国帑，立经理司，敛财征税，使天下百姓苦不堪言，入骨三分。世祖可汗终于知其利弊，罢桑哥，撤经理司，天下百姓无不拍手称快。据《论语》载："有则改之，无则加勉。"知而不改，错上加错。汉武帝无悔过轮台，世祖不撤经理司，则与陈正祥无别，故在此记载为"撤后又罚"。显而易见，其意图极其明确，即一是指出桑哥罪过，二是衬托世祖可汗英明矣。

可汗命卜忽木为丞相。诏谕："朕过听桑哥，致天下不安，今虽悔之无及。朕识卿幼时，使从学，正欲备今日之用。"卜

· 使者献果品铜雕像 ·

忽木上疏："朝廷勋旧，齿爵居臣右者尚多，今不次用臣，无以服众。"可汗问："然则孰可？"卜忽木说："太子詹事完泽可。向者籍没阿合马家，其赂遗近臣，皆有簿籍，唯无完泽名；又尝言桑哥为相，必败国事，今果如其言，是以知其可也。"可汗命完泽为尚书右丞、卜忽木为平章政事。

可汗自大都至上都。

·青铜角力带·

是日苦寒，可汗解所御黑貂裘以赐。可汗每顾侍臣，称赛典赤之能，卜忽木从容问其故。可汗谓："彼事宪宗，常阴资朕财用，卿父所知。卿时未生，诚不知也。"卜忽木说："是所谓为人臣怀二心者。今有以内府财物私结亲王，陛下以为若何？"可汗急挥手谓："卿止，朕失言。"

夏中月，诏以桑哥罪恶，下狱按问；依法惩处桑哥同党要束木；罢尚书右丞完泽以下，并改入中书。颁行至元新律。

秋初月，依法处死桑哥。

《元史》中有五篇奸臣传，其中，四个是世祖可汗至元年间的人。一般认为，世祖晚年变昏君，多为奸臣恶贼蒙蔽所至。虽此语不符开国明君之称，但世祖在位时，阿合马、卢世荣、桑哥三人都被金钱左右，贪得无厌，为财而死。与其说世祖晚年变昏庸，不如说阿合马、卢世荣、桑哥辜负世祖。虽世祖清楚孰为忠诚与奸诈、孰为真善与假恶，但不至沉溺金钱不悟之地步。无爱民、宽民、恩民之心，何等人物劝阻，亦难制止重用阿合马、卢世荣、桑哥三人，任其敛财聚财矣。实现天下富庶之后，可汗惧怕后人骂其私欲膨胀、贪得无厌，诏以斩首桑哥等抑众言，天下得以安宁。

据《续资治通鉴》载，桑哥等心狠手辣，壅蔽圣上，专政朝廷。世祖可汗过于器重奸臣小人，致使奸诈小人紊乱政事，虐民误国。功勋元老受利益驱使，贪利害民，为所欲为。可汗下狱按问桑哥，将其斩首，这不就是其作恶多端、虐民误国的因果报应吗？话虽如此，罢前未之，罢后使之。在此书："诏以桑哥罪恶，下狱按问，斩首赎罪。"其目的一方面是向世人揭示桑哥紊乱政事的罪状，另一方面是向天下昭示奸臣祸国殃民的下场。这就是史家秉笔直书的目的之所在。

据《论语》载，身为一国之君，不诚实者有之。在《续资治通鉴》中，史官多有"世祖可汗为不诚实者之一"的谴责。依此类推，世祖的狡猾奸诈过于阿合马等三人。俗话说："树干直，树影亦直。树干歪，树影亦歪。树根有毒，树叶亦有毒。树根入药，树叶亦入药。"凡事始于心。世祖可汗贪财婪利，用人不当，起用阿合马等三奸臣，使黎民百姓遭罪。但是，其载入史册则书为："为民请冤，斩首赎其罪，以示安稳天下。"我拉喜彭斯克觉得，上述文字记载相生相克、自相矛盾，特别是身为国君，不能不视天下苍生为臣子。以假充真，以诏充律，不能有一代之盛世。世祖可汗闻孛罗之谏，遂命剖阿合马棺，纵犬啖其肉；纳陈天祥弹文，当即使卢世荣伏诛，刲其肉以食鹰犬；从彻里之言，诏以桑哥罪恶，下狱按问，斩首赎罪。世祖可汗的确被奸臣小人迷惑过，但是后来发现其罪恶，采取果断措施，将其绳之以法，非说一代之生性果断、聪慧英明之君主不可。吾辈认为，人，特别是一国之君，在识人用人、辨析

是非方面，应该谨慎切中为尚。

秋中月，平阳地震。

秋末月，以咱喜鲁丁为平章政事。

冬初月，以雪雪的斤为平章政事。诏谕，以武平路总管张立道为礼部尚书，使安南。安南王遣使来朝恭贺。

冬末月，宣政院大臣上疏："宋全太后、瀛国公母子已为僧尼，有地三百六十顷，乞如例免征其租。"可汗恩准。

壬辰，至元二十九年（1292年）。春正月初，日食，故免朝贺。诏谕："江南州县学田，其岁入听其自掌，春秋释奠外，以廪师生及士之无告者。贡士庄田，则令核数入官。"江西、福建诸路，连年盗起，百姓入山以避，今次第就平。江西左丞高兴向可汗上疏："使民复业。"可汗宜降旨诏谕复业。

春末月，诛桑哥党纳速剌丁、灭里、忻都、王巨济。命罢麦术丁职，以铁哥、剌真为平章政事。铁哥知司农寺时，随可汗出猎巴雅尔图之地。猎者射兔，误中可汗骆驼。可汗大怒："杀此人。"铁哥上疏："杀人偿畜，刑太重。"可汗诏谕："朕有误。不然，史书郎中要载入实录。快放！"还有一次，庾人有盗粮，罪应死。铁哥上疏："臣鞫之，其人母病，盗以养母耳，请贷其死。"可汗遂放此人。

可汗自大都至上都。

夏末月，两浙发大水害稼。可汗诏谕，免田租粮一百二十五万七千余石。

夏闰末月，广西上思州都司黄胜许举两万兵叛。可汗命右丞相程鹏飞以大军征黄胜许，杀黄胜许以平上思州。高丽国王王昛遣使禀报，当年歉收，民饥，请求赈灾。可汗诏赐十万石粮食救济之。安南国王遣使贡方物。

秋中月，可汗自上都至大都。

福建行省参知政事魏天祐上奏："发民一万，凿山炼银，岁得万五千两。"魏天祐以此为借口，赋民钞市银输官，而私其一百七十锭。御史台大臣上疏："凿山炼银是一件劳民伤财之事。故应罚其罪，革其官，请追其赃而罢炼银事。"可汗允准。

另外，当时宁国路民六百户釜山冶银，岁额两千四百两，皆市银以输官，未尝采之山，乞罢之。

冬末月，改封梁王甘麻刺为晋王，镇守北边。以张珪为江淮行枢密副使。张珪乃张弘范之子。

癸巳，至元三十年（1293年）。春正月，中书右丞安童逝世，是年四十九岁。

春中月，命中书省汰冗员。凡省内外官府二百五十五所，总六百六十九员。

可汗自大都至上都。

夏初月，右赞善太傅刘因逝世。

延祐年间，追谥文靖。时，诸王明理铁木儿与海拉图[1]结党谋反。可汗命伯颜讨伐。廷臣有谮伯颜："伯颜旧居朔漠，且战且却，果惧战。"可汗命皇孙铁穆耳代替伯颜讨伐诸王明理铁木儿。可汗使皇太子玉印以予皇孙，命太傅也孙铁木儿为皇孙铁穆耳副使。命伯颜居大同，以俟后命。也孙铁木儿近军营，海拉图兵将至。伯颜遣人对也孙铁木儿说："公且止，待我剪此寇而来，未晚也。"伯颜与海拉图兵交战，且战且退，凡七日。诸将以为怯，愤怒道："果惧战，何不授军于太傅！"伯颜称："海拉图悬军涉吾地，邀之则遁，诱其深入，一战可擒也。诸君欲速战，若失海拉图，谁任其咎？"诸将道："请任之。"即还军击败，

---

[1] 海拉图——《元史》称海都。窝阔台可汗之孙，右翼诸王。

海拉图果然脱逃。召也孙铁木儿至军，授以印而行。皇孙赐酒称：
"公去，将何以教我？"伯颜举所赐酒称："可慎者，唯此与
女色耳。"

秋初月，命孛罗兀勒孙子月赤察儿为知枢密院事。回回商
人耶克来大都售玉石，要价达几万锭钞。可汗诏谕："用其玉石，
作为何用？用其钞锭，救济百姓矣！"

秋中月，安南国遣使上贡。

秋末月，可汗自上都至大都。

冬初月，彗星入紫微垣，抵斗魁，光芒尺许。此天象持续
达一个月有余。为此，可汗不安，夜召卜忽木入禁中，问所以
销天变之道。卜忽木上奏："风雨自天而至，人则栋宇以待之；
江河为地之限，人则舟楫以通之。天地有所不能者，人则为之，
此人所以与天地参也。且父母怒，人子不敢疾怨，唯起敬起孝。

·铜鎏金冠饰·

据《易经》载：'君
子以恐惧修省。'
据《诗经》载：'敬
天之怒。'三代圣
王，克谨天戒，鲜
不有终。汉文之世，
同日山崩者二十有
九，日食、地震频
岁有之。善用此道，
天亦悔祸，海内乂
安，此前代之龟鉴也。愿陛下法之。"因诵文可汗《日食求言诏》，
可汗悚然诏谕："此言甚符朕意！ 可复诵之。"遂详论款陈，
至四鼓乃罢。

据《续资治通鉴》载，商武王，殚精竭虑，一心为民，商朝繁荣一世。周文王，闻鸡起舞，勤俭建国，周朝兴盛一代。如此看来，世间祸福，都由人而起。作为一国之君，应该控制奢侈、抑制欲望。这一年冬天，彗星入紫微垣不到一周年，可汗驾崩。这就是长生天的昭示——准确无误的信息。所以，圣人君子都以预防、谨慎为自己的座右铭。

可汗颁布大赦。

甲午，至元三十一年（1294年）。春正月初，壬子，可汗不豫，免朝贺；庚午，大渐；癸酉，驾崩于紫檀殿，是年八十岁，在位三十五年。

据史书载，皇帝生性仁慈宽厚，英勇聪慧，战功赫赫。溺用兵，善征伐，交趾、高丽、日本和八百媳妇等国先后奉表称臣。一统天下，开了有元一代太平盛世之先河。许衡、姚枢、刘秉忠、史天泽、王鹗、窦默和廉希宪等文臣，为朝廷谏言进策；伯颜、阿术、阿里海牙、张弘范、李恒和董文炳等武官，为朝廷奋勇征战。攻占各地，降服异域，帝国疆域空前扩张；文武并举，制定礼仪，推广礼乐；臣民百姓休养生息，衣丰食足，出现历朝历代绝无仅有之太平盛世。《元史》称："世祖度量弘广，知人善任使，信用儒术。"世祖爱民如子，赈济灾难，补助饥饿，赦免赋税，唯恐做得不到位。近臣上疏："牛车已到，使其运送军需。"可汗诏谕："汝等不知百姓疾苦，只知使其出力。今年若用尽，来年使谁耕种？"乃止之。当时诏谕："出征爪哇的两万兵，各赏二锭钞。"后来减员一万五千人，只派五千人出征。枢密院大臣上疏："要扣回没出征人员的赏金三万锭。"可汗诏谕："不是他们不去，而是朕下令减员。不要扣回他们的赏金！"可汗如此宽厚仁慈，才得以入主中原，一统天下。另外，世祖立纲陈纪，促成其为典章制度，历朝历代没有能与其相提并论的。在《续资治通鉴》中，梁寅却称：大元帝国一统天下，从中原到五色四夷没有一个不奉表称臣的。疆域之大，史无前例。然而，世祖皇帝颁布律令，始终不许汉人充当丞相，充当丞相的都是其本族臣民。另外，世祖皇帝不纳忠谏，使言路堵塞。忠孝之士，虽不断世袭，均被压抑在下级官吏之中，不得发挥其能，被奸佞当道。唯独被其信任的是执法官。其施政之道唯此，朝野上下武断专制不绝。臣僚无直书进谏的素养，却有贪财刮民之权柄。外郎大臣巧妙伪装，敲诈国库，勒索百姓。世祖皇帝根本没有意识到，只有长治久安才能得以永享天下这个道理。换句话说，世祖皇帝的确没有把宗社大事放在心上。

宗室诸王和尚书大臣遣使叫皇孙铁穆耳赶来奔丧。葬于起辇谷。

据《续资治通鉴》载，起辇谷位于漠北。御史中丞崔彧在老臣家里得到一枚欲售的传国玉玺，召秘书监御史杨桓辨其文。杨桓称："'受命于天，既寿永昌'，此历代传国玺也。"崔彧遂献给业已故去的太子之太妃弘吉剌氏。太妃出以丞相以下次第遍示，众臣庆贺："奇宝之出，实当宫车晏驾之后，此乃天意属于皇太孙也。"皇孙铁穆耳从军营来奔丧。

夏初月，欲决定可汗即位人。宗室诸王齐聚上都举行大忽里勒台。见诸王意见有分歧，太傅也孙铁木儿对晋王甘麻剌说："宫车晏驾，已逾三月，神器不可久虚，宗祧不可乏主，畴昔储闱符玺既有所归，王为宗盟之长，奚俟而不言？"甘麻剌说："可汗践祚，当北面事之。"伯颜手执利剑立于殿前，陈祖宗宝训，宣扬顾命，述所以立铁穆耳之意，辞色俱厉，诸王股栗，趋殿下拜。封弘吉剌氏太妃为皇太后，改皇太孙所居旧太子府为"隆福宫"，皇太后使传国玺献给了可汗。

据史书记载，杨桓认定这玉石为秦国的玉玺。汉元后曾以此宝击王莽，故留伤痕。魏文帝在其一边刻："汉降以魏之玉玺"字样。此玉玺无那些字，证明这个玉玺不是秦之玉玺。吾辈认为，这是宋元符时期，拾于咸阳百姓家的玉玺而已。还有，在汉代，蜀国大海常出现异光，而有人捡来送给诸葛孔明。

可汗诏谕："赦免大都路、上都路赋税。其他路府，一律免征兵丁田赋十分之三。一律免除逃亡者之赋役。"

夏中月，戊午，完泽、兀都带恳请可汗下诏上太上皇尊谥圣德神功文武可汗，庙号世祖，蒙古尊称"彻辰可汗"。追封父皇为"文惠明孝可汗"，庙号为裕宗。可汗诏谕命也孙铁木儿为太师，伯颜为太傅，月赤察儿为太保。可汗下诏："朕惟太祖圣武可汗受于天命，肇造区夏，圣圣相承，光熙前绪。迨我先可汗体元居正以来，然后典章文物大备。临御三十五年，薄海内外，罔不臣属，宏规远略，厚泽深仁，有以衍皇元万世无疆之祚。我昭考早正储位，德盛功隆，天不假年，四海缺望。顾惟眇质，仰荷先可汗殊眷，往岁之夏，亲授皇太子宝，付以抚军之任。今春宫车远驭，奄弃臣民，乃有宗藩昆弟之贤、戚畹官僚之旧，谓祖训不可以违，神器不可以旷，体承先可汗夙昔托付之意，合辞推戴，诚切意坚。朕勉徇所请，于四月十四日即可汗位，可大赦天下。尚念先朝庶政，悉有成规，唯慎奉行，罔敢失坠。更赖宗亲勋戚、左右忠良，各尽乃诚，以辅台德。布告远迩，咸使闻知。"

夏初月初，日食。

秋初月，可汗诏谕："中外崇奉孔子。"诏翰林国史院修《世祖可汗实录》，命以丞相完泽为总监修。

秋中月，可汗祭紫微星于云仙台。

冬初月，可汗自大都至上都。

· 畏兀儿体蒙古文题记 ·

江浙行省大臣上疏："陛下即位之初，诏蠲今岁田租十分之三。然江南与江北异，贫者佃富人之田，岁输其租，今所蠲特及田主，其佃民输租如故，则是恩及富室而不被于贫民也。宜令佃民当输田主者，亦如所蠲之数。"可汗允准。可汗诏谕："中书职务，卿等皆怀怠心。朕在上都，令还也的迷沙已没财产，任明里不花，皆至今未行；又不约束吏曹，使选人留滞。桑哥虽奸邪，然僚属惮其威，政事无不立决。卿等其束吏曹，有不事事者笞之。"

冬中月初，丁未，可汗去隆福宫，朝见皇太后。可汗诏谕："命何玮为中书参知政事，伯颜弟弟伯颜察儿为参议中书省事。伯颜上疏："臣为平章政事，兄弟宜相避嫌。"

可汗诏谕："兄平章于上，弟参议于下，何所嫌也！"

冬末月，开府仪同三司太傅、知枢密院事伯颜逝世，是年五十九岁。诏谕追封淮安王，谥忠武。当年，伯颜伐宋凯旋，丞相阿合马先百官而道谒。伯颜解下身上所服玉钩绦赠予阿合马说："宋宝玉固多，吾实无所取，勿以此为薄也。"阿合马不以为意，上奏可汗诬告伯颜："宋朝玉桃盏都被伯颜洗劫一空。"可汗下诏按察其事，果然没有。后来，阿合马死后，有人将玉桃盏献给可汗。可汗惊奇："几陷我的忠臣！"

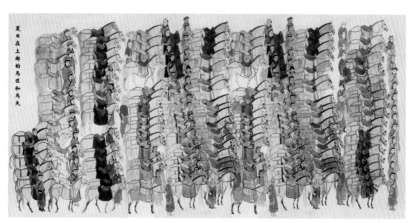

·夏日在上都的马匹和马夫·

据《续资治通鉴》载，伯颜足智多谋，统军有略，深谋善断，善于用人，攻城略地，进展甚速，谦虚谨慎，憨厚深沉。至元十三年（1276 年）春，即占领南宋都城临安，俘获南宋君臣，北归大都。伯颜在一统中原的战争中，立下赫赫战功，成为彪炳史册的英雄。

可汗诏谕，来年为元贞元年（1295 年）。

6. 成宗铁穆耳可汗

乙未，元贞元年（1295 年）。春中月，翰林学士承旨留梦炎上奏告老还乡。成宗可汗以其在先朝言无所隐，厚赐遣之。

夏初月，成宗可汗封乳母杨氏为赵国安翼夫人。

夏闰初月，兰州(兰州，属临洮府，于陕西省)上下三百余里，黄河清三日。成宗可汗察访三不剌。翰林学士承旨董文用上疏："先祖刚刚离世，可汗察访及时不归，民易不安也。现在应该回府。据我听说，可汗如北斗星，北斗星在哪里，众行星就汇聚到哪里。不用远征察访。"可汗允准，回大都。

夏中月，翰林学士承旨董文用完成了《世祖可汗实录》的撰写，上奏成宗可汗。御史台尚书上疏成宗可汗："内地盗贼窃发者众，皆由国家赦宥所致。请命中书立为条格，督责所属，期至尽灭。"成宗可汗允准，诏谕申饬中外："有儒吏兼通者，各路举之。廉访司每道岁贡二人，台省委官立法科举，所贡不公，罪其举者。官吏者，以受贿论处。"

秋初月，湖广行省平章政事刘国杰守广东、江西两省，诸蛮不能复寇，盗贼遂息。故赐玉带、锦衣、弓矢，以记功。

秋中月，缅国进献驯象三头。成宗可汗罢四川淘金户四千，还其原籍，罪初献言者。

爪哇遣使献方物。

丙申，元贞二年(1296年)。春正月，成宗可汗诏谕："诸王、驸马，非奉旨毋罪官吏。"

春中月，中书省大臣上疏成宗可汗："陛下自御极以来，所赐诸王、公主、驸马、勋臣，为数不轻，向之所储，散之殆尽。今继请者尚多，请甄别贫匮及赴边者赐之，其余宜悉止。"成宗可汗允准重申："禁军将擅易侍卫军、蒙古军，以家奴代役者罪之，仍令其奴别入兵籍，以其主资产之半畀之。军将敢有纵之者，罢其职。"

夏末月，御史台大臣上疏成宗可汗："官吏受贿，初既辞伏，继以审核，而有司徇情，致令异辞者，宜加等论罪。"成宗可汗允准。

冬初月，赣州民刘六十，自封国号，聚众至万余。成宗可汗闻之，遣将讨伐。所遣将士观望退缩，盗势益盛。当时，董士选就在此地。董士选请缨：“我去！”众皆喜。即日就军中，不求益兵，率掾吏李霆镇、元明善二人持文书以去，众莫测其所为。至赣境，捕官吏害民者治之，民相告语：“不知有官法如此！”进至兴国县，距贼营不百里，命择将校分兵守地待命。察知激乱之人悉置于法，复诛奸民之为囊橐者。于是民争出自效，不数日，刘六十就擒，余众悉散。军中获贼所为文书，具有旁近郡县富人姓名，李霆镇、元明善请焚之，民心益安。遣使以事平报于朝。卜忽木召其使：“董公上功簿耶？”使者称，“某且行，左丞相授之言说：‘朝廷若以军功为问，但言镇抚无状，得免罪幸甚，何功之可言！’”因出其书，但请黜赃吏数人而已，不言破贼事，时称其不伐。对此，诸多朝廷命官都赞赏董士选，以其识时务、明智、不争功劳上疏成宗可汗，推荐其为同察促成官。

丁酉，元贞三年（1297年）。春中月，成宗可汗封缅国国主的立普哇拿阿迪提牙为缅王，下诏书：“我国自祖宗肇造以来，万邦黎献，莫不畏威怀德。向先朝临御之日，尔国使人禀命入觐，诏允其请。尔乃遽食前言，是以我帅阃之臣加兵于彼。比者尔遣子信合八的奉表来朝，宜示含弘，特加恩渥。今封的立普哇拿阿迪提牙为缅国王，赐之银印；子信合八的为缅国世子，赐虎符。仍戒饬云南等处边将，毋擅自兴兵甲。尔国官民，各宜安业。”又赐缅王弟撒邦巴一珠镶金虎符、尤领阿散三珠镶金虎符、从者金符及金币，遣之。以新附军三千屯田漳州。成宗可汗诏改元赦天下，免上都、大都和隆兴差税三年。

春末月，吐蕃叛，杀掠阶州军民。遣陕西平章政事脱列伯以兵进讨，其当悉平，要塞关口留兵五百，镇守边关。大蒙古国自古有律，僧人修佛事毕，必释重囚。西僧为佛事请释罪人祈福，豪民犯法者，皆贿赂之以求免。有杀主、杀夫者，西僧请被以帝后御服，乘黄犊出宫门释之，云可得福。卜忽木听说之后称："人伦者，王政之本，风化之基，岂可容其乱法如是。"

· 肯特山 ·

成宗可汗斥责丞相完泽："朕戒汝无使卜忽木知，今闻其言，朕甚愧之。"使人对卜忽木说："卿且休矣！朕今从卿言，然自是以为故事。"

冬中月，高丽国王王眶称自己已老，请求传位给儿子王璋。成宗允准，封王璋为高丽国王，又命中书左丞、驸马、上柱国；封王璋父王眶为逸寿王；赐嫁侄女（甘麻剌之女）博迪失里为王璋王后。

冬末月，成宗可汗诏谕："禁诸王、驸马并权豪毋夺民田。"

贼陈吊眼叛乱，来犯漳州。时，诏投司臣何文兴迎战败死，其妻王氏被擒不从，而欺骗他们："我葬夫之后从汝！" 陈吊眼信其为真，释放王氏。王氏点火葬夫，跳火自尽。成宗可汗闻其举动，追封何文兴为英烈侯，封王氏为英烈夫人，建祀庙，名为双杰寺。

大德二年（1298年）。春正月，大臣王利用上疏成宗可汗，言时政十七事："谨畏天戒，取法祖宗，孝事母后，敬奉至尊，抚爱百姓，敦本抑末，清心听政，寡欲养身，酒宜节饮，财宜节用，有功必赏，有罪必罚，杜绝谗言，求纳直谏，官职量材而授，工役相时而动，俾近侍时赴经筵讲读经史。"成宗可汗及太子德寿允准。

成宗可汗赏赐翰林院王恽等十五位有学问、有智谋的功臣，每人钞两千一百锭。

秋初月，高丽国王王璋擅杀其臣。成宗可汗诏遣中书右丞杨炎龙、洪君祥，召高丽国王王璋入侍，因留不遣，复以其父逸寿王昛为高丽国王。冬中月，安南献方物。

冬末月，成宗颁诏："诸逃军，复业者免役三年。"成宗可汗又下诏："给阵亡军妻子衣粮。" 有奴告主者，主被诛，诏即以其主所居官与之。卜忽木谏止道："若此必大坏天下之风俗，使人情愈薄，无复上下之分矣。"可汗允准之。

大德三年（1299年）。春正月，暹番、没剌由、罗斛（这三个国家，都离乌思比较近）等国来贡方物。成宗诏遣使问民疾苦。除本年内郡包银、俸钞，免江南夏税十分之三，增给小吏俸米。置各路惠民局，择良医主之。成宗可汗诏谕六部："汝等事多稽误，朕昔未知其人为谁。今既阅视，且知姓名，其洗心涤虑，各钦乃职。复蹈前失，罪不汝贷。"

春末月，成宗可汗遣僧人一山使日本，"有司奏陈：向者世祖可汗尝遣补陀僧如智及王积翁等奉玺书通好日本，咸以中途有阻而还。自朕临御以来，绥怀诸国，薄海内外，靡有遐遗，日本之好，宜复通问。今如智已老，补陀僧一山道行素高，可令往谕，附商舶以行，庶可必达。朕特从其请，盖欲成先帝遗意耳。至于惇好息民之事，王其审图之。"

成宗可汗下诏谕："军官受赃，罪重者罢职，轻者降其散官，或决罚就职，停俸期年，许令自效。"

夏中月，大臣哈思出使高丽还朝，上疏成宗可汗："高丽国王王眶既复位，言王眶不能服其众，复立征东行省，帮助其共理。"成宗可汗允准，以阔里吉思为平章政事，共理高丽。

秋初月，扬州、淮安虫灾。鹙能吃这些虫子和蝉蝗，故消了灾。成宗可汗下诏："禁猎捕鹙。"

秋末月，高丽国王王眶遣使上贡并奉表以谢称："代代为可汗孝敬已有八十载，岁岁献贡至今，受宠成为可汗驸马，感恩永不忘怀。求不更改小国祖宗王法，乃职心足也。"

大德四年（1300年）。春中月，成宗可汗祖母皇太后去世。按察高丽的平章政事阔里吉思上疏成宗可汗："高丽国王自作主张立三百五十八个衙门，封四千零五十五位官员。吃穿用于百姓，欺压百姓，赋税高额。王在大型聚会上用的是折弯的伞，用龙宸警跸遮挡。众臣见王时都喊山呼。他们的护卫等样样都和我们的一样，甚至超过我们。"成宗可汗遣宣御史塔察儿、刑部尚书王泰亨到高丽纠正其礼仪。

大德五年（1301年）。春正月，御史台臣奏："官吏犯赃及盗官钱，事觉避罪逃匿者，宜同狱成。虽经原免，亦加降黜，庶奸伪可革。"成宗可汗允准。

春中月，立征八百媳妇（位于西域国西南）万户府二，设万户四员，发四川、云南囚徒从军。成宗可汗诏谕罢其行省，以答高丽国王王眡。

夏中月，云南土官宋隆济叛。

夏末月，宋隆济率猫猡、紫江诸蛮四千人攻杨黄寨，杀掠甚众。宋隆济又攻贵州，知州张怀德战死。闻讯宋隆济乘势而犯贵州城，梁王松山遣云南行省平章政事幢兀儿、参政使布兰奚以兵堵截。布兰奚率兵迎战，不仅杀死贼首撒月，还斩首五百级。

秋初月，高丽国王王眡上奏成宗可汗："我们国家自古居住岛屿时就喊'山呼'，后改为'千岁'。现以可汗之命，已经禁止。同时减掉九十余个衙门和二百七十多位官员，减掉了很多劳民伤财的衙门。"成宗下诏书："臣顺朕之意。汝要履行誓言，做好每件事。"

秋中月，成宗可汗下诏："遣官分道赈恤，凡狱囚禁系累年，疑不能决者，令廉访司具其疑状，申呈省、台详谳，仍为定例。各路被灾重者，免其差税一年。贫乏之家，计口赈恤，尤甚者优给之。小吏犯赃者，并罢不叙。"

冬中月，成宗可汗命刘国杰、也先忽都鲁率军一万，八剌、阿塔赤率兵马五千，讨伐叛贼宋隆济。

大德六年（1302年）。春正月，成宗可汗对御史台臣说："朕闻江南富户强占民田，以致贫者流离转徙，卿等尝闻之否？"御史台臣回复："富民多乞护持玺书，倚以欺贫民，官府不能诘治，宜悉追收为便。"可汗命即行之，毋越三日。

春中月，遣陕西省平章也速带而、参政汪惟勤，湖广平章刘国杰将各大军征亦乞不薛。

冬中月，刘国杰属将宋光上疏："率兵征伐亦乞不薛（地处关外的亦乞不薛位于四川西），大获全胜。"成宗可汗赐宋光衣二袭，仍授以金符。

冬末月，辛酉，御史台臣上奏："自大德元年以来，数有星变及风水之灾，民间乏食。陛下敬天爱民之心无所不尽，理宜转灾为福，而今春霜杀麦，秋雨伤稼，五月太庙灾，尤古今重事。臣等思之，得非荷陛下重任者不能奉行圣意，以致如此？若不更新，后难为力。请令中书省与老臣识达治体者共图之。"复请禁诸路酿酒，减免差税，赈济饥民。成宗可汗皆嘉纳，命即议行之。甲子，衡州袁舜一等诱集两千余人，侵掠郴州。湖南宣慰司发兵讨之，获袁舜一及其党，命诛首谋者三人，余配洪泽、芍陂屯田，其胁从者招谕复业。

大德七年（1303年）。春中月，成宗可汗诏谕中书省臣："凡

· 蒙古骑兵征战图 ·

有以岁课增羡希求爵赏者，此非掊克于民，何从而出！自今除元额外，勿以增羡作正数。"

春末月，中书左丞豁儿合孙上疏："僧人修佛事毕，必释重囚，有杀人及妻妾杀夫者，皆指名释之。生者苟免，死者负冤，于福何有！"成宗可汗嘉纳其言。

秋中月，成宗可汗以河漕行资有功，封朱清、张宣为参知政事。之后，朱清、张宣倚仗皇势，为非作歹。怕平章政事脱忽脱（脱忽脱系木华黎五世孙撒蛮之子）上奏可汗，朱清、张宣以金五十两、珍珠三袋往其家贿赂。脱忽脱大怒，捉拿朱清、张宣遣送至御史台。成宗可汗闻之下诏："脱忽脱乃朕先皇故臣之子，故有非同一般之心计。朕以江南任卿，果能尔，真男子事也。其益恪勤乃事。"赐脱忽脱内库黄金五十两；罢朱清、张宣，没其家。

秋末月，成宗可汗得知高丽丞相吴祈专权，遣刑部尚书塔察儿、翰林直学士王约到高丽问罪。

冬末月，成宗可汗以平宋隆济有功，增诸将秩，赐银、钞等物有差，其军士各赏钞十锭，放归存恤一年。

大德八年（1304年）。春正月，成宗可汗以灾异故，诏天下："恤民隐，省刑罚。杂犯之罪，当杖者减轻，当笞者并免。私监徒役者减一年。平阳、太原免差税三年；隆兴、延安及上都、大同、怀梦、卫辉、彰德、真定、河南、安西等路被灾人户，免二年；大都、保定、河间路免一年；江南佃户私租太重，以十分为率减二分，永为定例。仍弛出场、河泊之禁，听民采捕。"

冬末月，成宗可汗通过中书省、御史台审高丽丞相吴祈和千户吴天辅。知吴祈离间高丽王父子，吴天辅欲逃日本。擒拿吴祈和吴天辅，皆笞之，流放安西。

大德九年（1305年）。夏末月，成宗可汗立皇子德寿为皇太子，遣中书省丞相豁儿合孙、御史太傅铁木迭儿分别告长生天和太庙，诏告天下："赐高年帛。八十者一匹，九十者二匹，孝子顺孙堪从政者，量才任之。亲年七十别无侍丁者，从近迁除，外任官五品以下并减一资。诸处罪囚淹系五年以上，除恶逆外，疑不能决者释之。流窜远方之人，量移内地。"

有一天，诸王将帅议防边，众称："敌往岁不冬出，即可休兵于境。"阔里吉思道："不可。今秋候骑来者甚少，所谓鸷鸟将击，必匿其形，备不可缓也。"众不以为然，阔里吉思独严兵以待之。是冬，敌兵果大至，三战三克。阔里吉思乘胜逐北，深入险地，后兵不继，马踬，遂为所执。敌诱使降，正言不屈，又欲以女妻之，阔里吉思毅然说："我帝婿也，非帝后面命而再娶，可乎？"敌不敢逼。成宗可汗尝遣其家臣阿昔思使敌境，阔里吉思一见，辄问："两宫安否？"次问："嗣子何如？"言未毕，左右即引去。明日，使者还，不复再见，竟不屈，死焉。阔里吉思勇猛善战，文武超群。根据成宗可汗诏谕，阔里吉思谥忠宪。

冬初月，可汗不豫，故中宫皇后秉政。诏遣皇兄之子仁宗与其母居怀州。仁宗可汗爱育黎拔力八达至怀州，所过郡县供帐华侈，悉令撤去，严饬扈从毋扰民，民皆感悦。

大德十年（1306年）。春正月，高丽国王王眶遣使献土产。

冬末月，成宗可汗寝疾，禁天下屠宰四十二日。

大德十一年（1307年）。春正月，成宗可汗大渐，免朝贺。癸酉，崩于玉德殿，葬于起辇谷。成宗可汗在位十三年，是年四十二岁，追封钦明广孝可汗，庙号为成宗。

仁宗可汗爱育黎拔力八达与其母皇太后闻哀奔丧。至卫辉，经比干墓，对左右侍臣称："纣内荒于色，毒痛四海，比干谏，纣刳其心，遂失天下。"令祠比干于墓，为后世劝。至漳河，值大风雪，田叟有以盂粥进者，近侍却不受。仁宗可汗爱育黎拔力八达称："昔汉光武尝为寇兵所迫，食豆粥。大丈夫不备尝艰阻，往往不知稼穑艰难，以致骄惰。"命取食之。赐叟绫一匹，慰遣之。行次邯郸，谕县官："吾虑卫士不法，胥吏科敛，重为民困。"命王傅巡行按察。

春中月，至大都，与太后入内，哭尽哀，复出居旧邸，日朝夕入哭奠。当时，左丞相阿忽台等潜谋推皇后伯要真氏称制，安西王阿南达辅之。仁宗可汗爱育黎拔力八达对皇太后说："太祖、世祖肇造祖业非易。今成宗

·元武宗海山画像·

薨，怀宁王远，不能猝至，恐变生不测，当先事而发。"命阿忽台、怯烈以乱祖宗家法伏诛。诸王牙忽都（系拖雷四世孙薛必烈杰儿之子）说："今罪人斯得，太子实世祖之孙，宜早正天位。"。仁宗道："王何为出此言也！彼恶人潜结宫壸，构乱我家，故诛之，岂欲作威觊望神器耶？怀宁王吾兄也，正位为宜。"遣使，迎武宗于北边。

7. 曲律可汗

大元朝武宗可汗名海山，太子真金[1]之孙、答儿麻八刺之长子[2]。母亲名讳弘吉刺惕（弘吉刺惕是部称，而不是人名）。生于世祖忽必烈可汗至元八年（1271年）秋初月。大德八年（1304年）冬初月，成宗可汗赐兄长答儿麻八刺之子武宗海山金印和瑞州之地六万五千户，封其为怀宁王（怀宁为当今南京所属）。大德十一年（1307年）春正月，成宗可汗驾崩之后，武宗海山的弟弟爱育黎拔力八达遣人到北边迎接他。

夏中月，武宗海山来到上都与诸王商议，将成宗的皇后伯要真氏遣往东安州（今河北省武清区附近），令其自杀；又将安西王阿南达[3]、诸王明理铁木儿一并处死。甲申日，武宗海山于大安阁登基，接受了诸王大臣的叩拜，并颁诏大赦天下："昔我太祖可汗以武功定天下，世祖可汗以文德洽四海，列圣相承，丕衍无疆之祚。朕自吾叔成宗，肃将天威，抚军朔方，殆将十年，亲御甲胄，力战却敌者屡矣。方诸蕃内附，边事以宁，遽闻宫车晏驾，乃有宗室诸王、贵戚元勋相与定策于和林，咸以朕为世祖曾孙之嫡，裕宗正派之传，以功以贤，宜膺大宝。朕谦让未遑，至于再三。还至上都，宗亲大臣复请于朕。间者奸臣乘隙，谋为不轨，赖祖宗之灵，母弟爱育黎拔力八达禀命太后，恭行天罚。内难既平，众言神器不可久虚、宗祧不可乏祀，合辞劝进，诚意益坚。朕勉徇舆情，于五月二十一日即可汗位。任大守重，若涉渊冰。属嗣服之云初，其与民更始，可大赦天下。存恤征戍军士及供给繁重州郡，免收上都、大都、隆兴三处三年的赋税，免除各省（道）的轻重赋税，取消陈年的计红，赦免逃难归来

---

[1]　真金——世祖可汗的次子。

[2]　答儿麻八刺之长子——应该为答儿麻八刺次子。

[3]　阿南达——世祖可汗之孙忙哥刺之子。

者三年徭役，免除遭水旱各种灾害之地的一切赋税。不得禁锢山川，叫贫穷民众自由狩猎。赈济驿站穷困，来往军卒不得戏耍民众，叫民众随意利用各地之铁。奖励读书之人，免除儒户赋税。抚养鳏、寡、孤、独四种人。此诏。"

·波斯细密画——蒙古皇妃图·

当日，追尊先考答儿麻八剌为顺宗可汗、祖母元妃为皇太后。武宗可汗以登基之喜，众臣各晋升一级。封皇弟爱育黎拔力八达的乳母李氏为寿国夫人，其丈夫燕家奴为寿国公。

夏末月，武宗可汗封皇弟爱育黎拔力八达为皇太子，赐金印。

有一人持名叫《大学》的书呈送于皇太子后，皇太子命自己的赞善张猷译此书。

皇太子阅后说："治理天下，有此一书就足够了。"随之，翻译了《孝经》和《列女传》[1]，刻板模印成书并盖上印章，分发给众臣。武宗可汗封高丽国王王昛为沈阳王。

秋初月，武宗可汗以登基之喜，遣使臣祭祀太庙。

秋中月，中书左丞孛罗铁木儿译《孝经》，呈武宗御览。武宗可汗下旨："此《孝经》是一部很好的书，自天子至庶民都应该遵行。中书省刻板模印，遍赐诸王大臣。"

---

[1] 《列女传》——介绍中国古代妇女事迹的传记性史书。

·阿拉伯文金幻方·

武宗可汗做太子的时候，枢密院大臣吉尔嘎瑚曾用言语冲撞过他。武宗登基后欲将其处死，大臣脱忽脱劝谏道："可汗刚刚登基，大位尚未稳固。如果眼下施行杀伐之事，知情者说他有罪，不知情者以为寻仇而诛，勿使众人心悸。再说，朝廷也不能没有这等知晓前朝诸可汗正道之人。"武宗可汗接受脱忽脱的谏言，赦免了吉尔嘎瑚。

冬中月，中书省大臣禀报："驿官生活长年清贫，但乌拉[1]之业务十分繁重，今之费用巨大，理应暂时制止买卖各种宝物。可汗登基之初，也曾经颁过谕旨：'诸王大臣不得越权禀报。'如今看来，禀报领赏的均为可汗的近臣。内宫降旨使然，这事怎么办？今后，非中书省下达的事不得施行。再者，刑法如同权力，偏袒不得。一切事情都有世祖可汗所制定的成规。自成宗可汗元贞年以来，为了供佛，释放有罪之人，导致法律松弛，就连工部大臣也难以严守法度了。如今，应把内外诸犯人送交工部依法查办。"又禀报说："目前，百姓饥饿，除了服务于皇宫以外的徭役，其他应都取缔。"武宗可汗允准。颁下诏书："列祖列宗承天启运，一统天下，八方靖绥。如今，朕受命于天，承袭大统，谨受大法，唯恐不及。回想列祖列宗建立大统历尽

---

[1] 乌拉——蒙古语音译，意思是运送之事。

艰辛，如今惊想，恪守万事之纲均于朕我一人身上。正因如此，自登基以来，宽宏大量，知人善任，尽其才学，日日夜夜以百姓安乐为重。今岁粮食无收，难民无一回籍，官吏又盘剥，上下相护，上天亦威迫。如今，如我手足耳目之臣背负伟业，各自尽力，心怀良谋，辅助于朕，朝朝暮暮来与朕共商国是，则万事均成。朕渴望与天下百姓共享安乐。若远者谨慎，近者安定，还有比其更高尚的吗？因此，改大德十二年为至大元年（1308年），颁布新政，寻求永福：厚待征战中的军卒与戍边之将士，安抚驿站穷户。开放山河禁令，不得戏耍狩猎放鹰之百姓。招抚逃散的黎民。奖赏农桑，鼓励读书之人。议行科举铨选。孝敬父母及孝悌兄长之人则记录载册。专心务农者重赏，懒惰之人则惩罚。朝政有失误，人人皆可上书禀报。有关升官晋级、晋降粮饷、处罚犯人等事，近臣不得过多禀报。行佛事可赦轻犯，重犯则不得赦免。"

福宁（今在福建省）之地名王荐的人，素来孝敬父母。其父病危之时，他每天夜里向上苍祷告："祈求上苍削减我的阳寿，以延长我父亲的寿命。"结果，其父果真起死回生，说："刚才有一位身着黄衣、头戴红帽的神仙来对我说，'因你的儿子非常孝顺，我受上天之命给你增加了十二年的阳寿！'"从此，他的病症痊愈，后来果真活了十二年才逝世。之后，母亲沈氏也得了重病，口渴难受，对儿子王荐说："我要是能吃到瓜，一定能止渴。"当时正值严冬季节，王荐到处寻找也没有找到。他只好回走，到深奥岭时，忽然大雪飘落，王荐便躲到一棵大树下避雪。想起母亲的病情，他失声痛哭。突然从石缝中长出翠绿的瓜蔓，瓜蔓上吊着两个瓜。王荐取下那两个瓜，回到家给母亲吃了。母亲的病立即痊愈了。武宗可汗听到此事，嘉奖王荐此举，记下他的门户。

至大元年（1308 年）。春正月，中书省诸大臣向武宗可汗禀报："因为饥荒，贼寇蜂起，如果不严加整治，定会更加猖獗。所以，应向各地派人查办为好，若有贼寇，立即清除。与各地官吏商议制服贼寇之对策，赏罚要分明。捉拿贼寇而不押送或不按限定日期送到者，在限定期内找不到贼寇的地方官吏要一并论罪。海盗也在截杀官兵，调戏平民。抓到他们后，中书省官员验明正身，确属海盗则立即处斩，尚未找到的贼寇要继续追捕。对证明贼寇正身和主动自首的贼寇可免其罪，发给粮食；对抓住贼寇同党并送交衙门者要重赏。"武宗可汗采纳其禀报并下谕旨："制服贼寇，安抚百姓为重中之重，可从速执行。"

春末月，武宗可汗派遣使臣祭祀五岳四渎[1]等名山大河。

武宗可汗又命翰林国史院大臣着手撰写顺宗[2]及叔父成宗的

· 金马鞍 ·

---

[1] 五岳——五大山岭，即华山、衡山、恒山、嵩山、泰山。四渎——四条大河。

[2] 顺宗——成宗可汗的兄长答儿麻八剌。

实录，上呈御览。

夏初月，高丽国王王眶禀报："可汗曾许臣回国并委任为中书省事。如今驻于我处有好几百人，承担这些人的吃粮百姓难以忍受。这又不是世祖可汗的旧制。"可汗说："先前我提出制止是听了你的话。既然如此，那就遵循世祖可汗的旧制。我迅即遣使臣取缔吧。"枢密院大臣们向武宗可汗禀报："诸王为自己的事动用各自的印章，派人南来北往，致使驿站越加贫困。如今，应按旧规减少诸王差事的人数。"武宗可汗允准。

夏末月，大都百姓饥饿。武宗可汗下诏开国库底价粜米；又怕百姓摊不着，派出使臣监督粜米。

缅国送来三头驯象。

武宗可汗向安南国派使臣，送诏书称："我国以武功定天下，以文智归顺远方，故对你们国家持宽恕态度，你的祖父和父辈世世代代前来上贡，朕始终很赞赏。去年成宗可汗驾崩之时，我在北疆带兵镇守，乃有宗室诸王、贵戚咸以朕为世祖孙之嫡，均归顺于我，并称臣民皆欢喜，人心倾向于我，劝我即大位。朕推辞不过，依众人言，于大德十一年（1307 年）五月二十一日在上都登基。今派遣礼部尚书阿里灰、吏部侍郎李京、兵部侍郎高复礼为使臣，特昭示于贵国。汝应不忘恩典，诚心为上国效力，使贵国安宁，且合我意。"

是月，武宗可汗委任左丞相塔斯不花为中书右丞，委任太保乞台普济为中书左丞，并将内外大小诸事务都交给中书省来处理。颁布谕旨："诸王、公主、驸马、臣子等不得违法乱纪。我近边的臣及内外衙门的大臣等，凡事不得超越中书省禀报。各地方官吏若无我谕旨、无中书省的明文，因个人事不得动用驿站前来京城。向江南、江北等地派遣使臣为遭受旱涝灾害的

· 火铳 ·

饥苦百姓赈济粮食，并将此两地所收至大元年的一切赋税全免。"

秋末月，中书省大臣向可汗禀报："今年夏秋间，巩昌地区发生地震，归德地区刮邪风下怪雨；泰安、济宁、正定等地洪水泛滥，房屋被冲，人畜死亡惨重；江西、浙江发生饥荒以来，流行伤寒病相互传染而致死亡，出现了父鬻子、夫卖妻的惨状，嚎哭声凄惨难闻。我等无能，有心承起大事尽心尽力，但视听浅短，思维狭窄，导致政务混乱，天不抚慰，百姓死难者甚众。我等请求辞职，宜另请高明。"武宗可汗说："灾难事出有因，与你们无关，尔等唯谨慎行事为是。"高丽国王王昛逝世后，武宗可汗派人封其子王璋为国王。

闰十一月，因大都米贵，武宗可汗从国库出十万石米低价卖给百姓。从北部徙来的贫苦百姓有因饥饿卖妻儿换米充饥者，武宗可汗听到此事，命工部大臣赎回其被卖之人，归还本人。武宗可汗让近臣们在他跟前玩球，欲赏十五万贯[1]之时，大臣塔斯不花跪拜禀报："为玩球事赐重赏，则玩的人就更多了，若

[1] 十五万贯——钞一贯等于一两银子。某些文献记载为十五贯，不是十五万贯。

臣子们都沉浸于此，那可汗的国家社稷怎么办？我无论如何不从可汗之旨！"于是武宗可汗放弃了赏钱之事。

至大二年（1309年）正月，武宗可汗处死了越王吐剌。吐剌是太祖可汗的次子察合台玄孙，自幼勇猛。大德十一年（1307年）春，成宗可汗驾崩之后，左丞相阿忽台遵照皇后之命欲立安西王阿南达。武宗可汗之弟爱育黎拔力八达知道后，与吐剌合谋让武宗可汗即位，设计抓捕阿忽台，将其处死，镇压了内乱。武宗可汗登基后，论功行赏，赐予吐剌金印，封为越王，执掌绍兴省。而吐剌仍然嫉恨在心。至大元年（1308年）秋，武宗可汗在万岁山设宴款待众臣之际，吐剌醉酒，解下腰带扔在地上，对武宗可汗呵斥道："你我都一样！"从此，武宗可汗怀疑吐剌有异心。之后，武宗可汗逮捕吐剌，交给楚王牙忽都、丞相脱忽脱、平章赤因铁木儿等人进行审问，得知他确有反叛之心，故处死。

武宗可汗下令禁止孛额[1]、和尚、道士等人进出诸王、公主、近臣及众大臣家。辛卯日，皇太子、诸王以及百官共奉武宗可汗为一统天下承袭圣祖英武睿智孝顺可汗。武宗可汗祭祀太庙并颁下诏书："取消山水之禁令，仁爱贫寒百姓。逃荒及已死人的赋税不得向其亲戚索要，赦免遭旱涝灾害之百姓的一切赋税和徭役。"并为内外大小众臣晋爵一级。

武宗可汗登五花殿衙门，塔斯不花、三宝奴、伯颜等人列于两翼。塔斯不花见可汗的脸色越发苍白，上前禀报道："可汗拒食八味珍肴[2]，不惜千金之躯，这是古人禁忌。圣上您轻视祖辈留下的江山社稷，漠视天下百姓所望，沉湎酒色，这犹如

---

[1] 孛额——俗称"萨满"。"萨满"一词出现在"孛额"之后。

[2] 八味珍肴——猩嘴、豹便、驼峰、熊掌、黄鲤尾、鸡爪等。这里只点了六味，缺两味。

用两把斧头同时砍一棵树，能不倒下吗？您的天下就是祖辈留下的天下，您的宝座也是祖辈留下的宝座。您如果随心所欲，不爱惜龙体，那祖辈留的江山社稷怎么办？"武宗可汗大加赞许道："有谁能像你这样劝谏于我。今后，有话直说，朕铭记不忘。"遂命塔斯不花将酒来。塔斯不花再度跪拜道："臣刚才已经劝可汗忌酒，如今再劝您喝酒岂不是言而无信吗？臣何敢从命！"众大臣向可汗跪拜以示恭贺："圣上得到了一位忠臣。"

夏末月，皇太子爱育黎拔力八达禀报："如今有宣政院大臣伪称可汗之命信口说'殴打吐蕃僧侣者要断其手，辱骂者要割其舌'等言。这般刑罚自古未闻。如此违背国法，对僧侣臣亦觉得可汗应修改有关法规为好。"又说："不查阅宣政院衙门的文书资料则不符合情理，还是遵循旧规为好。"武宗可汗无异，采纳其言。

秋中月，武宗可汗设立尚书省衙门，命皇太子爱育黎拔力八达帮办，并训导众大臣："立纲纪，重名声，时刻勤于行省之事！"有一天，近侍对皇太子爱育黎拔力八达说："有人来卖上好的珍珠。"皇太子说："我在穿戴上崇尚朴素，珠宝装饰的衣物我不屑一顾！怎能轻易毁掉百姓的血汗钱呢？只在招录人才、体恤百姓等事上多加开导我，不要引导我奢侈浪费！"于是，那位进言者十分害羞地退出去了。

秋末月，武宗可汗下令："若有人欲禀报我的投机和失误以及军民的利害等事，可用封书呈上，外地远方之人则将书笺通过各自所属官员呈上。各地饥民逃荒溃散又回到原籍的，原有的赋税一律赦免，并免除三年的一切徭役。荒野死亡者若有尸骨，由官方收尸安葬。"尚书省衙门的诸臣向武宗可汗禀报："自古以来，置官分职各有规矩。如今，地广人众，事务倍增。

若将政纲全盘交给我等，下级官吏各尽其职，则无事不成。近几年来，中书省衙门诸臣积压案件，朝夕只查阅文案，因此，诸事均被耽误。天降灾祸，百姓饥饿，均与此有关。今后，要政革创新，凡事六部衙门和中书省、尚书省诸臣必须依法审理。大事必须上报可汗，求得可汗的恩准后方可执行。如此治理则上符天意，下安民心。"又禀报："自古以来，没有像我们的国家这样地广人多者。如今，我们国家的法规与从前不同，刑部诸臣对罪恶轻重的量刑过于随意。自太祖以来，采用过的执政条教有九千余例。应对其混乱

·八思巴文铜印·

的部分进行修改，制定出一部完整的法规。"武宗可汗欣然采纳。武宗可汗听说百姓烧柴价格过高之事后，立即下令让养猎狗、猎鹰的官吏不要霸占山林，让百姓随意砍伐。

占八国 [1] 国王派遣其弟弟扎剌奴送来百头大象。

---

[1] 占八国——与西域国接壤。

冬初月，武宗母皇太后病重，可汗特赦死囚一百人。

武宗可汗意欲处死布兰奚。专司皇族事务的大宗正衙门断事官禀报："布兰奚乃皇族，可汗可将其鞭笞之后送至北边充军。"武宗可汗允准。

冬末月，武宗可汗禁止汉人使用弓矢。

至大三年（1310 年）正月，武宗可汗封其妃弘吉剌氏为皇后，遣名叫脱忽脱的使臣持节送册书玉印，并建立中瑞司衙门，派遣三品官员执掌皇后印章。

春中月，武宗可汗按封皇后之礼，派人告太庙。

夏初月，武宗可汗将高丽国王王璋进勋臣之列，赐号沈王。

冬初月，武宗可汗领皇太子、诸王、百官来到皇太后居住的兴圣宫，为皇太后奉上册书，封其为仪天兴圣慈仁昭懿寿元皇太后，并按志礼将太后封号告太庙。

尚书省大臣向武宗可汗禀报："宣徽院衙门发放给诸皇后的粮饷有增，蓄虽大，仍不足供给。应酌减其量？"武宗可汗说："现在看来，后宫诸嫔妃所用与朕无异了，有这样的规定吗？立即酌减。"武宗可汗以封其母为皇太后志喜，特赦天下，免除所有遭旱涝灾害之地方的差税。

尚书省衙门平章政事三宝奴向武宗可汗禀报众大臣不勤于政务之事后，武宗可汗降旨："今后，每天早晨要聚会，晚些时候散朝。若有懒散之臣，不必禀报与朕，立即惩处！任职一两个月、装病误事者，罚以脊杖，并撤职。"

至大四年（1311 年）正月初一，武宗可汗不豫，停止百官朝拜，颁诏特赦天下。辛辰日，驾崩于玉德殿，遗体葬于起辇谷。武宗可汗在位五年，享年三十一岁。五月，百官追谥武宗可汗为仁惠宣孝可汗，庙号武宗。

8. 普颜图可汗

大元朝仁宗可汗名爱育黎拔力八达，为太子真金之孙、顺宗答儿麻八剌次子（三子）、武宗海山可汗之弟，母讳弘吉剌氏。仁宗爱育黎拔力八达生于世祖可汗至元二十二年（1285年）三月。成宗可汗大德十一年（1307年）六月，武宗可汗赐予爱育黎拔力八达金印，立为皇太子。至大四年（1311年）正月，武宗可汗驾崩后，仁宗可汗取缔尚书衙门，将丞相脱忽脱、三宝奴、平章政事乐实、右丞相保八、左丞相忙哥铁木儿、参政使王罴以"篡改旧制，折磨百姓"为名，责成中书右丞塔斯不花、枢密使铁木儿补化等人审理，并处死脱忽脱、三宝奴、乐实、保八、王罴五人，把忙哥铁木儿脊杖后发配至海南。

春末月，仁宗爱育黎拔力八达于大明殿登基，受诸王百官朝贺，并下诏昭告天下说："惟昔先帝，事皇太后，抚朕眇躬，孝友天至，由朕得托，顺考遗体，重以母弟之嫡，加有削平内难之功，于其践祚，曾未逾月，授予皇太子宝，领中书令、枢密使，百揆机务，听所总裁，于今五年。先帝奄弃天下，勋戚元老咸谓大宝之承，既有成命，非与前圣宾天而始征集宗亲议所宜立者比，当稽周、汉、晋、唐故事，正位宸极。朕以国恤方新，诚有未忍，是用经时。今则上奉皇太后勉进之命，下徇诸王劝戴之情，春末月十八日，于大都大明殿即可汗位。凡尚书省误国之臣，先已伏诛，同恶之徒，诛其一半，另一半驱逐之。废尚书衙门，凡事悉归中书。命丞相铁木迭儿、平章政事李道复等重新整治。今大赦天下，对证明赦令前于否之事，各衙门及我近侍等，不得越过中书省禀报。凡是为国就利益上书者量才录用。诸王、驸马路经州郡时不得行无义之事，租用或购买之事，同样平价付费，不得折磨我百姓。此诏！"

仁宗可汗开大都国库，底价鬻粮赈济饥困百姓。

仁宗可汗对中书省大臣说："卿等选出懂得世祖可汗中统、至元时期制定法律法规的老臣，制定出对罪状量刑的一个成规，并责成工部衙门大臣颁行天下。为如是，则抵罪者庶无冤狱。"又对太府监说："若有大量的财宝，则可以供养万民兵卒。今后，虽一粒之微物，非问于我不得施于他人。"同时，仁宗可汗向居住在大都城的九十岁以上的两千三百三十一位老者，每人赏给两匹缎子；八十岁以上的八千三百三十一位老者，每人赏给一匹缎子。

夏初月，仁宗可汗按登基之喜，向太师、太傅、太保每人赏金子五十两、银子三百五十两、衣四袭。行省诸臣也按品级进行了赏赐。

仁宗可汗以太子少保张驴为江浙、江西行省平章，并告诫："视你为先朝老臣而任职。百姓乃国家之根本，没有百姓便没有国家，你必须上合朕意，下体恤民众。"

仁宗可汗以即位志喜，竭告太庙。

仁宗可汗坐衙时，有一名叫李孟的大臣觐见："陛下御极，物价顿减，方知圣人神化之速，敢以见礼。"可汗哀叹道："卿等能尽力赞襄，是兆民乂安，庶几天心克享，至于秋成，尚未敢必。今朕践祚曾未逾月，宁有物价顿减之理？朕托卿甚重，此言非所赖也。"李孟感到非常羞愧。

夏中月，仁宗可汗命翰林国史院纂修先帝实录及累朝皇后、功臣列传。仁宗可汗收回诸王、驸马及有司驿券，自此以后，凡是遣使，均从中书省领取。当日，金齿国送来驯服大象。又有罗鬼蛮来献方物。

夏末月，吐蕃犯永福镇，仁宗可汗敕宣政院与枢密院遣兵讨伐。仁宗可汗命侍臣："咨访内外，才堪佐国者，悉以名闻。"并戒敕诸王，恪恭乃职。仁宗可汗请大行先帝谥于南郊，告知上尊追封先帝为仁惠宣孝可汗，庙号武宗。仁宗可汗御览《贞观政要》[1]一书后，对翰林院侍讲学士阿林铁木儿说："此书有益于国家，把他用国语翻译过来，并刻板成书，发给蒙古诵习。"

闰秋初月，仁宗可汗命国子监祭酒刘庚诣曲阜，以太牢[2]祀孔子。仁宗可汗将武宗可汗的灵位请进太庙。吐蕃军来犯礼店、文州等地，仁宗可汗命总帅亦憐真等领兵讨伐。仁宗可汗请僧人藏不班八为国师，赐玉印。

仁宗可汗诏谕中书省臣："国子学，世祖可汗深所注意。平章卜忽木等皆蒙古人，而教以成才。朕今亲定国子生名额为三百人，仍增陪堂生二十位，陪读太子硕德八刺，选拔其中成

·蒙古人物画像·

[1] 《贞观政要》——此书是唐太宗的政务纪要。

[2] 太牢——古代称祭祀用的肥牛为"太牢"。

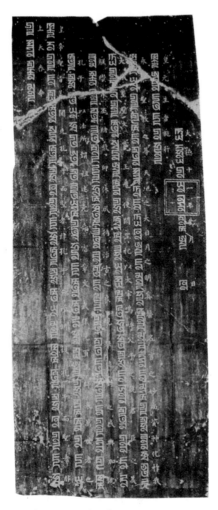

· 元加封孔子八思巴文诏碑 ·

绩良好者晋升，再选其他人补上。著为定制。"敕："军官七十致仕，始听子弟承袭。其有未老即托疾引年，令幼弱子弟袭职者，除名不叙；其巧计求迁者，以违制论。"仁宗可汗遣人收复白水蛮、黑水蛮等部落（这些小国均在今广东、广西边外），归降十二万余户民众。完泽、李孟二臣向仁宗可汗禀报："当今进用儒者，而老成者日以减少，四方儒士成才者，请提任国学、翰林、秘书、太常或儒学提举等职，俾学者有所激劝。"仁宗可汗说："卿说的对。自今勿限资级，果才而贤，虽白身亦可用。"还说："官印必须要守，官服不得随便他人乱拿，不得便装赴宴。"仁宗可汗下诏改至大五年为皇庆[1]元年（1312年），诏称："朕赖天地祖宗之神灵，纂承圣绪，永惟治古之隆，群生咸遂，国以乂宁。朕夙兴夜寐，不敢怠遑，任贤使能，兴滞补缺，庶其臻兹敛时五福[2]，用敷锡厥庶民，朕

水晶珠

---

[1] 皇庆——大喜之意。

[2] 五福——寿、富、德、忠、祥。

之志也。逾年改元，厥有彝典，其以至大五年为皇庆元年。"

占城国^[1]王遣使臣供奉方物。

仁宗可汗禁止汉人使用弓矢狩猎。

中书省衙门向仁宗可汗禀告："世祖设立晋降规，乃以示激励。今官未考则晋，或无辜更代，甚至越级僭受国公、丞相等职者颇多，取缔之衙又重置的也有。今春，内部降旨为臣者有千余人，其中的欺伪岂能悉知。考官破坏法规没有比这严重者。"仁宗可汗说："未经中书省任命的一律不许执行。"

·银鎏金虎首人身凤尾发簪·

仁宗可汗对安南国王世子陈日㷱下诏书："朕之祖父承天明令，招收万国，宣威施恩，远近诚服。先皇驾崩，诸王、大臣以及民众均敦请朕承袭大位。于是，朕于至大四年（1311 年）春末月十八日登基，依法将至大五年改为皇庆元年。今遣礼部尚书乃蛮带致书于汝，以示通告。尔等谨收此皇庆元年所颁发之年历数书后，时刻修为臣之义，不要更改汝祖父起效力本朝之诚心，以合朕无忘远邻之施恩之意。"

臣齐履谦者向仁宗可汗上疏奏九件事："可汗应要摆正心态，矫正百官；治理天下，孝道为先，选择贤能为宰相；多看多听，贯通上下；赈济贫穷，国本为重；兴办学校，广开贤路；颁行

---

[1]　占城国——与交趾接壤。

法律，制止百姓之不良行为；训诫兵卒虽太平之时常思危亡。立纲定爵、巡察内外事务乃监察大臣御史之职责。应该选择素来清正廉洁、治国的贤明之人为好。"仁宗可汗嘉纳其言。

皇庆元年（1312年）正月，仁宗可汗对监察御史塔斯不花说："凡首辅大臣不守法，卿等不要惧他，可直接向我举报，我亲自制裁他。"

仁宗可汗旌表广州路番禺县孝子陈韶孙门户。陈韶孙父亲陈浏犯罪被流放到肇州之时，陈韶孙才十岁。父亲动身之时，他舍不得离开，为跟随父亲赴远方而日夜啼哭，谁也不能制止，故只好让其跟随父亲起程。陈韶孙跋山涉水、不辞辛苦地走到辽阳。平章政事塔楚见他如此孝顺，爱怜称："如今天子宽宏大量，有罪者不涉及妻儿。再者，边陲地方寒冷难禁，你怎能忍受得了？我要你回家，你回去吗？"陈韶孙回答："虽然不能代受父亲之罪，但我愿意与父亲同生死，共患难。我不回去。"塔楚很惊讶，赏给他钱财。大德六年（1302年），陈浏死去。陈韶孙痛哭欲绝，凡是见到他哭的人，无不掉泪。肇州万户长知晓后，奏报仁宗可汗。仁宗可汗将陈韶孙遣回原籍，旌表其门户。

仁宗可汗将翰林国史院大臣晋升为一品、从一品，对中书省诸臣说："该院儒臣，我本人酌情选用，你们不用禀报。人们说御史台之事重要，我看国史院更重要。为什么呢？御史台之臣是尽一时之忠，而国史院之臣是尽万世之诚。"

八百媳妇国来献驯象。

夏末月，天降似毛雨。仁宗可汗训诫左右诸臣说："遵守法规，忠于职守，切勿寻机晋级。"

秋初月，仁宗可汗晋升大司农秩从一品，并对大司农说："农桑是衣食之源，你们要推举谙知农事的人任此职。"安南王陈益稷前来谒见仁宗可汗。

秋末月，八百媳妇、大彻里、小彻里三国献驯象及方物。翰林学士承旨于连赤不花等编修顺宗、成宗、武宗实录完稿，向仁宗可汗禀报。

冬中月，占城国进犀象。仁宗可汗晋升郝天挺为监

·酱釉花卉文字酒瓷·

察御史中丞后，他觐见仁宗可汗先论政纲爵位之重要性，并以狩猎来比喻说："监察御史之职犹如猎鹰，很容易捕到弱小的禽类。但遇到力气大的猎物，须以人力辅助，不然就会失去所捕到的禽类，甚至猎鹰也会受到伤害。"仁宗可汗对其所言大为赞赏。

中书省臣向可汗禀报："我们中书省是执掌政纲主要事务的，今仍有行省六部诸臣应该处理的事情不处理，还要作为疑难议题前来询问，因此误事、坏事的现象很多。"仁宗可汗说："按照世祖可汗设立中书省的意图拟一文本，我亲自审阅后再执行。"

是月，诸王春丹叛。仁宗可汗因监察御史纳林凡是商量之事均持反对态度而发怒，欲将其诛杀之时，监察侍御史杨多儿只一天上奏八九次："臣非爱惜纳林，唯恐可汗被誉杀死御史

之嫌。"仁宗可汗说："依你之言，我才放弃了杀纳林，让他任昌平知县吧。"杨多儿只说："作为监察大臣，在京城留任没有什么不合适的，只是因为直言受到贬低，恐怕后人不敢说话了。"可汗没有接纳他的劝告。几天后，仁宗可汗御览《贞观政要》一书时，杨多儿只在侧。仁宗可汗对杨多儿只说："魏徵乃古代忠臣，我怎样才能得到如此之人？"杨多儿只说："魏徵之所以被称为忠臣，是与唐太宗有关。如果唐太宗不听其忠言相劝，那魏徵再忠诚又有何用！"仁宗可汗笑着说："你意在纳林，我赦纳林之罪，成全你的忠诚之誉吧。"

皇庆二年（1313年）二月，仁宗可汗对众臣说："回回人又要来买宝玉，我想这种东西并不为宝，唯独好人才称得上宝贝。用好人则能使百姓安宁，这才是真正的国宝啊。"

仁宗可汗以册立其妃弘吉剌氏为皇后志喜，颁诏天下。

秃忽鲁等大臣向仁宗可汗禀报："我们本来受命扶助百姓，但去秋至今春干旱，百姓饥饿，而又降霜下沙雨，至天如此示以多变，这都是宣上福禄不当所致，怎么办啊？请可汗撤我们官职以合天意吧。"仁宗可汗说："此事于你们何干？别再提这事。"监察御史中丞郝天挺上疏禀报有关时政的八项事宜："爱惜为臣之荣誉，扼制铺张浪费，取缔百姓开垦的田地税粮制，将臣长期羁绊于原职，评论基业，以农为本，兴办学堂，奉养博学之士。"仁宗可汗嘉纳了郝天挺之言。以册封皇后志喜，遣臣告祭太庙。是日，仁宗可汗以天旱之事在宫中焚香祈雨，又派臣到诸神之庙祈雨，以求得大降甘雨。

高丽国王王璋上奏请辞王爵。仁宗可汗准其子王焘承王爵，又封为征东行中书左丞、上柱国。监察御史禀报："富人用钱与内臣交易取得圣旨，受官晋爵；徽政、宣徽二院起用因罪废职之人很多，可汗的近侍以这些人家境贫寒为由，互奏请皇恩；以西僧供佛为名，释放重囚；外臣犯罪贿赂，内臣求旨免其罪；诸王、驸马等出租耕田，每年都要收高额租金，骚扰百姓。应立即革除这些弊端。"仁宗可汗纳其言。

夏末月，河东廉访使赵简向仁宗可汗禀报："请可汗选择刚正博学的忠臣任翰林院侍读、侍讲[1]，并多向其询执政之道，听取箴言。"仁宗可汗纳其言。监察诸臣向仁宗可汗禀报："这几年诸廉访使失职、不尽心者有之，可汗宜令监察御史核实，晋升能者，淘汰劣者。调往广海[2]及云南、甘肃的官吏为地远惮弗肯往，因此，应该为这些人另加一等官级再赴任为好。"仁宗可汗允准。

仁宗可汗下谕以宋朝儒家名人周敦颐、程颢、张载、邵雍、司马光、朱熹、张栻、吕祖谦以及中书左丞许衡等撰写名录，并每年与孔庙一并拜祭。

秋末月，京师大旱。仁宗可汗问及弭灾之道，翰林学士程钜夫提起古代成汤在桑林之野祈雨之事。仁宗可汗嘉许之。

冬初月，仁宗可汗诏谕："来年八月，从天下各郡县文人中录用地方官员，优者可升为举人；次年春中月，会试京师，中选者晋升为进士，并在我面前考试，分明等级赐官晋爵。"之后，仁宗可汗对近侍说："我的唯一心愿就是百姓安居乐业。不选用文人学士，如何能得到大臣？若选用文人学士能得到真才实学之人，国家方能兴旺发达。"

有一人议论国家政务的不足和失误之事，并当着丞相的面进行斥责。丞相发怒，请求可汗下旨惩处此人时，杨多儿只觐

---

[1] 侍读、侍讲——在可汗身边议论律书之大臣。

[2] 广海——今广东省。

见可汗说："可汗以前下诏书说言者有错而无罪，如今这样做怎么能够施信于天下？如果真的把他杀了，那我也曾犯过类似错误。"仁宗可汗思量后，把那个人释放了。

甲寅，延祐元年（1314年）。春正月，仁宗可汗敕令各省平章政事与省衙一名汉臣协同认真寻访隐居的贤能之人，若寻得这等人后，禀报其名，而后让其前来拜见。

下诏改原皇庆三年为延祐元年，释放了流放罪以下的天下囚犯。

春中月，秃忽鲁请求辞官后，仁宗可汗以哈散为中书右丞、赵世延为参知政事。

春末月，仁宗可汗去上都。晋宁平民侯喜儿等兄弟五人一同犯下死罪。可汗听到后，叹息说："他们真是不幸啊，全家犯下死罪！从他们兄弟五人中挑出罪情较轻者一人，罚以鞭笞释放，让其赡养父母，不要让他们绝后。"

夏四月，可汗敕令："郡县官勤职者，加赐币帛。"可汗命集贤院诸大臣："《资治通鉴》中记载的前代兴衰造乱等实例俱全，择其有用内容翻译并呈奏。"

夏六月，敕令："宦官今后不得授主文官之职。"

据《续资治通鉴》记载，任太监为文武官员是汉朝与唐朝的弊政，宋朝继续沿用之，元朝也沿袭了下来。这都是不分是非的昏君、庸主所定。太监们的职责是清扫庭院、守护门户、传递旨令、处理眼前杂务等。仁宗可汗分析其弊端，更正了以往的过错，定然是改革更新之高见。

依我拉喜彭斯克之见，蒙古诸诺颜的近侍们和太监相似，所以，我趁机稍叙他们的弊端。有些诺颜被其近侍的各种奸佞伎俩所蒙蔽，把他们看成是忠贞之辈而笃信，明知不合情理却不动声色地使其得到政柄。而阴险奸诈的近侍们使用各种伎俩欺上得赏、胁下敛财,施颠倒是非等能事,玷污了祖先的名节却不被发觉,使被迫害的下人找不到申诉之处。他们将上、下两个方面均引入歪道,从中收益。如此,久而久之,酿成多种恶果之例何时能说完?诸如此类,给小民带来无可限量的痛苦。因此,应处处提防被近侍窃取权力,分清好与坏,谨慎于任免之事。

秋中月,仁宗可汗驾临大都。是月,发生地震。哈散以为自己不是名门勋臣之后,所以不宜任中书右丞之职,并向可汗推荐铁木迭儿替自己的职位。可汗按哈散的意图,任铁木迭儿为开府仪同三司大臣,执掌军政要事。

秋末月,敕:"铁木迭儿为右丞相,哈散为左丞相。"

冬初月,敕枢密院:"加强练兵。对世袭军官,必须看其武功而后任用。"

冬中月,敕:"官吏犯有贪污受贿罪,施以脸上刺字之刑。"

·科尔沁风光·

冬末月,诏中书省为官民服饰及车驾定制,唯独对蒙古怯薛等世族没有限制。不让穿戴龙凤图案的绢缎。

据《续资治通鉴》记载,当时,官民越规竞相穿戴,浪费物什者甚多,这正是上下级身份不清、官民思想不稳等原因造成的。官阀、氏族均不分明上下级，诸人怎能得知正统？仁宗可汗针对这种弊端，禁止了违规或超越自己身份而享用的行为，官服及车驾也按各自的身份定制。从此，上下级有了明显的区别，稳定了民心。此举不是与当时的形势十分吻合吗？

依我拉喜彭斯克之见，仁宗可汗对此定制不只是分清了官民之别，也是救济官民的一项举措。一道旨令为国家办了一件好事。

仁宗可汗敕中书省定议孔子五十三代孙袭封衍圣公事宜后当呈报其名。敕李孟复为平章政事，齐履谦复为国子监司业。

乙卯，延祐二年（1315年）。春正月，诏遣宣抚使分十二道问民疾苦，查官吏诸事以定晋升、罢黜之事。

春末月，初试进士，护都沓儿、张起岩为第一、第二名，以下五十四位及进士。

据《续资治通鉴》记载，仁宗可汗真是元朝的明君。他首先下诏举行会试，如今又选拔起进士来。自大元统一天下以来，三位可汗驾崩，四十余年间未曾实施之事，仁宗可汗开始实施了。他嘉奖聪慧之人、培育有德之士的思想明显地表现了出来，人称元朝皇庆、延祐时代为太平盛世的缘由即在此。仁宗可汗以其盛德照耀祖辈的仁政，成为一代明君。

夏初月初一，日食。奉旨赐进士恩荣宴于翰林院。可汗驾临上都。

夏中月，一夜，秦州成纪县狂风大作，闪电雷鸣，降下冰雹，北山移至南边的夕河川，次日再移到原处，平地凸出土阜，高出二三丈，民房倒塌，被淹埋。敕遣官核验灾民，分发钱粮。监察御史马祖常上疏禀报："山乃不移之物，而如今移动了。这是因为发生了该重用的智能之士被鄙弃在旷野，或臣下有上奏之事而有人巧施奸计未报等情。"可汗谕旨遵行。

夏末月，缅国主遣其子脱剌合来献贡拜谒。

秋初月，赣州人蔡五九作乱，陷汀州宁化县，自封为王。江浙平章政事张驴征讨之，擒获蔡五九并诛之，余党被镇服。

秋中月，可汗驾临大都。降旨赵世延为御史中丞。此前，可汗曾遣使萨迦寺迎请哈查姆邦嘉巴大师。当超度喇嘛哈查姆邦嘉巴大师到来时，可汗亲自迎接，礼遇隆重。可汗为首，诸大臣聆听其诵经。赐号帝师释教大师、大智超度圣僧，指定为福田，将宗教大权全部委托于他，大加传播无与伦比的佛教。《金轮千辐》称"请锡哩叭哒喇嘛作为福田"，而《智慧之鉴》一书则称"弟子实胜智慧的大智圣僧哈查姆邦嘉巴"。或许是先后迎请的吧。

冬初月，降旨郭贯为参知政事。

· 蒙古军出行图 ·

冬中月，彗星犯紫微垣。丞相哈散等奏请："因彗星不祥之兆，愿避贤路。"可汗说："此朕之衍，非卿等过失，应久据乃职。苟政有过差，勿惮于改。凡可以安百姓之有益之事，对朕悉言之，庶上下交修，天变凶兆均可泯灭。"下诏赦天下，减免各路税赋。降旨封武宗可汗长子和世㻋为周王，镇守云南。

冬末月，前者蔡五九作乱时，宁化县民赖禄孙背着母亲、带着妻儿和邻里们一起逃进南山之中。匪徒至，众人四散逃走，唯独赖禄孙的母亲因病不能行走，赖禄孙坐地守着母亲。匪徒们赶到要砍杀，他用身子挡住母亲说："把我当作母亲的替身杀死吧！"母亲口渴难忍，赖禄孙含唾嘿之。匪徒们见了惊异万分，不忍心杀害，反倒拿水来给其母亲喝。匪徒中有人抢去他的妻子时，众匪徒指责说："你怎么欺辱这样孝子之妻！"反把其妻子送了回来。这些事上奏可汗后，可汗大加奖赏，旨令赐赖禄孙一百两银子和两匹缎子，并旌表他的门户。

丙辰，延祐三年（1316年）。春末月，可汗驾临上都。平章政事张珪因病奏请辞职。太史令郭守敬逝世。郭守敬精通天文、水利。太史令王云以自己的博学而恃强，只因郭守敬所制定的法规严明，他才羡慕而顺从他。

据《续资治通鉴》载，太史令官衔不大，因何著录其逝世等情呢？这是为了展现郭守敬的贤能。郭守敬精通天文和水利，并且无愧于职守，所以在此著录他以示赞赏。

夏初月，敕卫辉府、昌平州守臣等修缮殷商时期的比干、唐朝的狄仁杰祠，岁时致祭。

夏中月，降旨封伯铁木儿、萧拜住为平章政事。

夏末月，敕封孟轲（孟子）的父亲为邾国公、母亲为邾国宣献夫人。

秋初月，可汗驾临大都。

冬初月，降旨赵孟頫为翰林学士承旨。

冬末月，仁宗可汗降旨赐封自己的儿子硕德八剌为皇太子兼中书令、枢密使。

丁巳，延祐四年（1317年）。春正月，可汗对左右众臣说："适才中书省奏呈，百姓乏食，宜加赈恤。朕思之，凡人民遭灾荒之缘由均因失政所致。前者，朕敕群臣不违世祖所制定的法规而遵循其制，我所不知不能之事汝等应以辅佐。然细思之，唯省刑薄赋、庶使赈恤等一时之扶助而民可安居乐业。"

春中月，敕郡县均复置义仓。

春末月，可汗驾临上都。

夏初月，大旱。可汗经常彻夜不眠，与臣下商谈。一天夜里，可汗问左右群臣："上天有时发洪水，有时降旱灾，原因何在？"萧拜住奏："是丞相之过。"可汗问："卿不在中书省供职吗？"萧拜住惶愧下拜。可汗当即到外院焚香祈祷叩拜，既而忽降大雨，左右送上蓑衣，可汗说："朕为全民祈雨，何须蓑衣？"遂未着蓑衣。

夏中月，敕封赤因铁木儿和阿卜海牙二人为平章政事。

夏末月，安南国遣使来上贡。可汗对中书省大臣们说："如今听说有蒙古的穷人把孩子卖给汉人的。现责成户部拿出钱粮还清他们的卖身钱，让孩子各回各家。"中丞杨多儿只、平章政事萧拜住为首的内外监察御史共四十余人上疏指责中书右丞铁木迭儿奸猾贪婪不法之事后，可汗激怒，下令罢免铁木迭儿之职，另任兀伯都剌为平章政事。

秋初月，李孟奏请辞职获准。以王毅为中书平章政事。有一天，可汗外出见到一位衣衫褴褛的近卫军人，便勒住马问其故，

那人跪答：“戍守边镇十五年余，因此变得这么穷。”可汗说：“彼等久劳于外，留守臣未尝奏呈，非朕亲见，何由知之！今后凡有类此者，必以闻言。”因命赐之钱币、锦缎。

秋中月，可汗驾临大都。一天，中书右丞哈散奏完事，可汗问：“卿等日所行者何事？”哈散回奏：“臣等只是遵行您的旨意。”可汗谕旨：“卿等何尝奉行我的旨意？虽祖宗遗训、朝廷法令，皆未遵守。所以分上下、定民心，只有法令使然，自古及今，未有法不立而天下治者。使人君制法，宰相能守而无失，则下民知所畏避，纲纪可坚，风俗可正；其或法弥民慢，怨言四起，欲求其安，岂不难哉！”

· “杨茂造”观瀑图八方形剔红盘 ·

秋末月，哈散向可汗进言：“旧制丞相必用蒙古勋臣之后，我哈散是西域人，不附人望且有损以往所制定的法规，请免去我现职。”其请颇坚。于是可汗便下旨以宣徽使伯答沙为中书右丞，仍以哈散为左丞相。

戊午，延祐五年（1318年）。春正月，因湖广平章政事买住为国家政事“出了大力”而授鲁国公、大司农之职。其后，御史大臣禀呈：“近几年因晋爵者众多而曾下令削减过。听说礼部衙门又在铸造太尉、司徒等二十六枚官印。如果对那些无功之人授官印，以后就不会有为国出力者，且这类事被记录在史册上，会受到后人的耻笑。最好是将这些人尽免职。"可汗准奏，将以往颁下的诏谕均都收回。

春中月初一，日食。可汗敕杭州守臣春秋祭祀淮安忠武王伯颜祠。

春末月，用藏文金字抄写《甘珠尔经》，所用黄金共三千九百两。可汗亲自主考选拔进士，录用霍士贤以下五十位为一、二等进士。

夏初月，仁宗可汗敕千奴、史弼为平章政事。

可汗赴上都。巩昌府陇西县大雨，南山崩，压死居民，可汗敕体察灾情并赈恤。

秋初月，御史中丞赵简呈："皇太子年尚幼，宜选者儒敷陈道义。今李铨侍东宫说书，未谙经史，请别求硕学，分进讲读，是宗社无疆之福。"可汗允准。下令加封楚国三闾大夫屈原为忠节清烈公。

秋中月，可汗驾临大都。大司农买住等进司农丞苗好谦所撰《栽桑图说》。可汗说："农桑乃衣食之本，此图甚善。"

· "钦察亲军千户所"八思巴文铜印 ·

命刊印千本，分发给民众。还有江浙行省所印《大学衍义》五十部，分赐给朝臣。

冬初月，御史大臣们弹劾中书省参知政事张庭玉奸佞贪婪之事，在衙门中将其逮捕。于是，张庭玉的朋党们贿赂可汗身边的人，向可汗诬告："御史们公报私仇，诬赖好人！"可汗激怒，欲将御史们分别处以死刑和充军之刑。御史中丞张启彦自以为新上任，与事无涉，写奏章上告："御史者，乃以指责诸大臣、评论国家施政的得失为天职。可如今，中书省臣宰不分是非，妄加指责。可汗如果听信这种谗言，反来惩处御史的话，今后御史们如何评论是非？虽真相大白，人们亦会感到委屈，忠臣们会生疑心。这不是盛世善政之所为。世祖可汗设立御史衙门，开通了辅助国政的言路。可汗您自从登基以来，每降旨必欲遵循祖辈旧制。如今若惩处御史衙门众臣，关闭忠谏之门，这哪里是遵循祖辈的旧制？"可汗听了这番话，没有回旨。张启彦将奏章反复宣读三遍，可汗方准奏，下令赦免御史衙门众臣，罢免了张庭玉的官职。

己未，延祐六年（1319年）。春正月，可汗对身边的诸大臣说："卿等以为朕居帝位安乐吗？朕以为太祖艰苦立业，世祖统一疆宇，吾自兢业守成，唯恐不能，顺上天之意，继祖辈之业绩，使万方百姓乐得其所，朕念虑在兹，卿等怎能知之？"

春中月初一，日食。

春末月，仁宗可汗诏以秃秃合为御史大夫，并训旨："御史大夫职任至重，以卿勋旧之裔，故特授是职。当思乃祖乃父忠勤王室，应法古之名臣，否则将毁汝家声誉，负朕委任之意。"

夏初月，可汗赴上都，敕铁木迭儿为太子太师。以御史中丞赵世延为首的监察御史四十余人弹劾铁木迭儿的不法行为十例，并陈其不宜居师保之任等事，可汗不听。

《续资治通鉴》中阐明，铁木迭儿乃奸佞小人，他任太子太师，太子岂不被耻辱之事所玷污？当时，以赵世延为首的大臣们检举他的不法行为，可汗未纳他们的话。

呜呼！仁宗可汗以睿智闻名却偏爱势利小人，并袒护于其。因为豢养了坏人，导致了后来的叛乱。这是谁人之过？特写下这段文字，以记载忧患的起因。

夏末月，山东、淮南诸路发大水。

秋初月，大长公主祥哥刺吉做佛事，释放全宁府重犯二十七人。可汗听说后很生气，惩罚了全宁府太守伊冲，将所释罪犯押回监禁。

秋中月，可汗驾临大都。可汗敕："诸司有受命而不赴官职及避烦托故去职者，夺其职衔。"

秋末月，御史台诸臣禀呈："如今多数官员以侥幸求得，罪以贿赂得免，以后官非勋旧有资望者，暂不晋升。再者，已出认自己的贪婪罪及以徇私之伎逃避惩处者，悉付原问官审查后办罪。因贪污罪被夺职永不录用者，勾结近侍以钱收买，将这些觊幸名爵亦名斥逐之。"可汗恩准全部依所奏照办。

冬初月，敕授皇太子玉册。

冬末月，命皇太子辅佐国政，追封宋代的聪智之士周敦颐为道国公。癸酉，是夜，风雪甚寒，可汗对近侍说："朕与卿等居暖室而如此寒冷，镇守塞外、边陲的宗戚、昆弟、官兵们，曷胜其苦？每年所赐钱帛怎能不发放到每个人的手中呢？"遂敕分等级赏赐镇服军将士。又敕："上都、大都时常出粮，以食饥民。"

庚申，延祐七年（1320 年）。春正月初一，辛巳，日食。

可汗斋居损膳，辍朝贺。丁亥，可汗的身体染疾。辛丑，于光天宫驾崩。在位九年，享年三十六岁。癸卯，葬于起辇谷。追谥为圣文钦孝可汗，庙号仁宗，蒙古号为普颜图可汗。

有文献载张买户言：仁宗天性慈孝，聪明恭俭，通达儒术，虔诚于释典。常说："修身治国，儒道为切。"又说："儒者可尚，已能维持三纲五常之道也。"平居服御质素，不事游猎，不喜征伐。近侍言及商贾鬻美珠之事时，可汗说："朕向来不愿以珍珠作饰物，况且为了买其物能轻易挥霍民脂民膏吗？你们应该多起用贤智者，以节俭、体恤民众引导挥霍浪费之举。"言者十分羞愧。事皇太后，终身无半点差错；待宗戚勋旧，始终以礼。大臣亲老，时加恩赉；太官进膳，必分赐身边的高贵之人。有司奏死罪之犯，每惨恻移时。其孜孜为治，一尊世祖之成宪，由是，全民幸福安乐。治国之道和制定的法律法规至今得到众人的赞赏。

太后懿旨，封太子太师铁木迭儿为右丞相。

据《续资治通鉴》记载，黎明时分母鸡叫，不符家国之礼数。太后不知夫死从子的道理，擅自主张封右丞相怎么行？这里注明"太后所封"，就可知重封铁木迭儿为右丞相之事除太后以外别人都不同意。后来此人窃权篡政、陷害忠良，是何人的

· 大元帝国集宁路石碑 ·

失误？由此可知，小人的才智不能用到大事上。

仁宗可汗身体不适时，皇太子极度悲伤，每夜都要烧香拜佛，乞求替代可汗死去。可汗驾崩后，痛哭尤甚以致泪湿衣衫、身卧尘埃，每天只吃一餐稀饭。徽政院使希剌麻依太后之命禀呈太子，欲调换各衙门的官吏时，太子说："现在是调换官吏的时候吗？这且不说，轻易调换先皇的旧臣怎能符合事理？"中书省参知政事乞失监犯鬻爵罪，刑部衙门依法判处打大板子，可太后懿旨"打小板子"。皇太子说："不可。能使天下折服的是法律，徇私而减刑，怎能施法于天下？"遂依法行事。

春中月，太子封黑驴、赵世荣为平章政事。前者，铁木迭儿因萧拜住、杨多儿只曾经弹劾他而怀恨在心，今假称太后之命将二人押到徽政院，协同徽政使希剌麻、御史大夫秃秃合进行审讯。以违背太后之命为由横加指责时，杨多儿只说："我身居御史中丞之时没有杀掉你以慰天下之恨。如果真是僭越了太后之命，你还能活到今天吗？"铁木迭儿叫两个当时为御史的人出来作证时，杨多儿只唾其脸说："你们都是执法大臣，难道也要行这种猪狗不如的事吗？"在座的人都因感到羞耻而低下了头。铁木迭儿起身走进内屋不久，复出来口称有敕，把

· 兽钮金印 ·

二人拘捕推出国门斩首。

当日，刮起大风，飞沙走石，天昏地暗，众人非常害怕。

据《续资治通鉴》记载，小人之心总是不忠诚，其有小小的仇恨便铭记在心，一旦得志，立即进行报复。这正是小人之辈的伎俩。如今，铁木迭儿因萧拜住、杨多儿只曾经揭露他的狡黠怀恨在心，为了报复，诬蔑他二人，违令尽皆诛杀。忠臣义士在烈火中含冤倒下时，其主子未能分清是非，诸大臣没有澄清事实，没有保护他们，这是何等悲哀啊！这种势利小人的种种劣迹真是难说尽。

春末月，皇太子硕德八剌在大明殿即皇位，接受了诸王及众大臣的叩拜。尊太后为太皇太后，尊皇后为皇太后。敕封铁木迭儿为开府仪同三司、上柱国、太师。颁诏天下，诏书称："洪惟太祖可汗应期抚运，肇开帝业；世祖可汗神机睿略，四海为一。以圣继圣，迨我先可汗，至仁厚德，涵濡群生，君临万国，十年于兹。思国民永享安乐之计，为定天下之大本，协谋宗亲，授予册笺玉玺。方春宫之与政，适逢先考之宾天。诸王贵戚、元勋硕辅一致谏朕继皇位，故于春末月十一日即皇位于大明殿，大赦天下。"

夏四月，祭太庙。可汗驾临上都。铁木迭儿因李孟没有附和他，向可汗进谗言恶意诽谤，收回曾经给其的一切敕牌，又毁掉其祖坟的石碑，降其官职为集贤院侍讲学士。李孟高兴地跪拜。可汗问铁木迭儿之子八儿吉思："你不是说李孟不得意此职吗？如今怎样？"从此，没有人敢说李孟的坏话了。

据《续资治通鉴》记载，铁木迭儿因李孟没有附和自己而向可汗进谗言恶意诽谤，撤销其所有官职而降为学士，由此可以看出，小人的暗害是很可怕的。再说，英宗可汗登基以前按他的意愿行事，如今登基了还要按他的意志行事，这是人主之道吗？明辨这些，不难看出那时候的得失之因。

可汗封拜住为平章政事。拜住是安童的孙子，嗣职在大内任怯薛长。可汗在东宫的时候曾经听说拜住的贤明，唤他去，拜住推辞说："贤明者忌讳猜测。如今我统领天子大内的怯薛，随便到东宫行走的话，不但自身获罪，有背皇太子的福气！"故始终没有去东宫。这次，可汗把他从太常礼仪院使破格提升为平章政事。有一个人勾结可汗近侍，转呈用七种宝物装饰制成的腰带。可汗说："自朕登基以来，从没见过卿等举荐明贤，如今却为他人奉献宝带，是以财物拉拢我吗？"没有接受那宝带。

据《续资治通鉴》记载，身为人主者，起初心地是善良的，可是有的人很难坚持到底。英宗可汗清廉无私、始终如一，真是一位明君。

铁木迭儿以上都留守何伯颜引发张驴事故而怀恨在心，向可汗诬告："何伯颜着便服迎接可汗的诏书，很不恭敬。"可汗下令处死何伯颜，籍没其家。

据《续资治通鉴》记载，金石说，人主之贤，莫过于睿智，睿智则奸佞不能诱骗；没有比昏庸更恶劣的了，昏庸则奸佞之辈乘隙而入。如今，铁木迭儿诬陷何伯颜，可汗不辨是非，听其言立即处置了何伯颜，由此可知他的不睿智，真可惜！还有，铁木迭儿因四川行省平章政事赵世延曾经弹劾自己而怀恨在心，向可汗诬告他做事不谨慎，应该把他监禁、处死。可汗没有答应。

夏中月，丞相哈散向可汗奏请辞职。敕拜住为左丞相，乃剌忽、塔失海牙并为平章政事。有人上告平章政事黑驴、御史大夫脱忒哈、徽政院使失列等谋废立之事。有人证实后，拜住丞相请鞫："这些人专权乱政已久，如今又挑起毁灭天地的大事，理应细细查问。"可汗说："有什么细查的！他们要是拉上太皇太后，你怎么办？"遂下令依法制裁，把他们处死，籍没其家。敕铁木迭儿为平章政事。

夏末月，敕康里脱脱为御史大夫。诏免僧人杂役。

秋初月，下令罢乃剌忽之职，以廉恂为平章政事。

冬初月，可汗驾临大都。诏太常院诸臣说："朕将以四时躬祀太庙，令群臣集议其礼。此追远报本之道，毋以朕劳于祭祀而缩减规模导致潦草，必遵循法规而行。"

冬中月初，丙子，可汗在斋宫斋戒。丁丑，可汗服衮冕祭祀太庙，至仁宗肖像前即流涕抽泣，左右皆为之感动。回到宫里，颁诏天下，诏书中说："朕依祖辈所制定的规矩，继承了大位。获承丕绪，使国家兴盛之念怎敢忘怀。爰以延祐七年（1320年）冬中月丁丑服衮冕，躬谢于太庙。既大礼之告成，应导天地之至和。用易纪元，理应慰全民！于依法《春秋》之谨始，以明年为至治元年（1321年）。减天下租赋十分之二。免大都、上都差税三年。煮官盐、炼铁等业暂停两年。七品以上官员有知适时安民之事者要书呈。如有屈身自洁无秽之行者及弃诬媚阿谀和骄矜自大之弊的贤能之辈，所属地方的官员要上报其姓名。"

可汗率百官奉玉册、宝玺，献给太皇太后尊号"仪天兴圣慈仁昭懿寿元全德泰宁福庆徽文崇佑太皇太后"。

湖南饥，可汗问其缘由，群臣中无人应答。可汗说："此乃朕治道未恰及卿等不尽心于职，又有奸佞乘隙侮政之因，故致使阴阳失调、灾难频生。自今各务勤恪，以应天慈，毋以异类弊端使吾民重困。"

敕翰林国史院撰写《仁宗可汗实录》。敕在诸郡建立八思巴庙，其规模已大大超过孔子庙。

丞相拜住呈卤簿图，可汗说："唐制曾用一万两千三百人，过多。乃定大驾为三千二百人，法驾用两千五百人。"平章政事拜住拜为左丞相后，刑部在案犯人案情较轻的赦免其罪，贪暴不法的则毫不宽容，一律严惩。可汗对近侍人说："你们要时刻谨慎行事，如果失误犯罪，虽然朕力主赦免你们，但拜住怎么也不会放过你们的。"铁木迭儿说："最近施行奖励直言政务得失以来，有些人把上诉之路封闭，启奏者直接找到可汗那里。乞可汗是否可以先让我等查看后，再转奏可汗？"可汗说："上

·查玛面具·

诉事务是非者，可以直接到朕身边，不要阻拦他们！要是小民互相告状之类的小事，不要让他们进来。"

据《续资治通鉴》阐述，国家的安定在于上峰之心与下民相通，下民之意能够上达；国家的混乱在于上峰的仁慈之心被梗塞而不能与下民相通，下属的忠言被堵截而不能上达。如今，诉事者如能亲身上达，可消除言路闭塞之弊端。此可称之为当时之无关紧要的事。

9. 葛根可汗

英宗可汗讳硕德八剌，是仁宗可汗的长子[1]，延祐三年

---

[1] 是仁宗可汗的长子——据《元史》记载，硕德八剌还有哥哥，所以不应该是长子。

（1316 年）被钦定为皇太子，仁宗可汗驾崩后即位。

　　辛酉，至治元年（1321 年）。春正月，可汗服衮冕，按礼仪飨太庙，诏群臣说："一岁四季，每季一祀，使人代之，不能致如在之诚，不称朕意。朕必终身亲祀。"廷臣或言祀事毕宜赦天下，可汗谕旨："恩可常施，赦怎可屡下？若杀人者获

· 八思巴文经版 ·

免，死者岂不可怜吗？"遂未下赦诏。可汗欲以元夕宫中张灯，摆鳌山之宴。礼部尚书兼中书参知政事张养浩作谏议书给丞相拜住看。拜住看了书，满口称赞说："甚好！把书带进去交给可汗看。"可汗打开看："世祖可汗在位三十余年，元夕在乡村中亦禁止张灯，何况深宫深秘之所更应该小心提防！如今在皇宫内地张灯设宴，随从耳目之欲而玩乐，虽说这是小事，可一旦发生不测，即为事关重大的损耗之事。图一时的快乐实不上算，请务必摒弃此举。"可汗看了书即生气，稍后赞叹说："对于朕的过错，除了张希孟还有谁人敢如此直谏？今后，对朕的一切过失，不必说御史大夫可劝谏，无论何人都可以及时劝阻！"遂赐张养浩上用的蟒袍一领、锦缎一匹，以志其忠贞。

据《续资治通鉴》记载，在宫中张灯，从来不是什么好事。世祖可汗曾经禁止的事情，后世没有遵行，所以是违背定制的行为。如今，英宗可汗听张养浩的劝谏改正了以往的过失，采纳劝谏、剔除弊端二者并成。与那些忤逆他人好言相劝而自以为是的人相比，不是超出甚远吗？因此，特记此事，以示赞赏。

春中月，欲在西边寿安山建造佛寺。监察御史观音保、锁咬儿哈的迷失、成珪、李谦亨等人上疏称："民饥而正值春耕季节，宜停止建造佛寺。"可汗大怒并处死观音保、锁咬儿哈的迷失二人；杖成珪、李谦亨，流放于奴儿干之地。

据《续资治通鉴》记载，农耕季节在寿安山建造佛寺之事，他人不敢劝阻，只有观音保等人敢于直言相劝。为国尽忠，直言相劝，不听劝告则已，为何处死？英宗可汗不是一个昏庸之主，为什么这样做？因此，在此记留和指责其刑罚上的失误。

春末月，皇宫中科考进士，录取塔布嘎、宋本等六十四人为一、二等进士。

可汗赴上都。途中，可汗下榻察汗诺尔行宫，嫌此宫低矮狭窄，欲扩建。拜住上劝道："此地极寒冷，所以入夏才能种稷子。可汗刚刚登基不久，不顾百姓疾苦，扩大赋用，误农事则恐有失民望。"可汗允准。敕铁失为御史大夫兼都指挥使。

夏四月，敕武宗可汗次子图帖睦尔亲王驻守琼州。

夏末月初一，日食。

秋初月，合阳县道士刘志先以妖术谋乱，敕范宽、章台领兵征讨，执而杀之。敕只儿哈郎为平章政事。又有周至县圆明和尚作乱，复敕章台领兵征讨，执而杀之，暴乱遂平息。

秋中月，可汗在上都时，左右以天寒请可汗驾临大都。可汗说："兵以牛马为贵，民以稼穑为重。朕所以迟留，盖欲马

匹在牧场抓膘，民得刈获，寒冷又有几多苦愁。"

秋末月，可汗驾临大都。

冬初月，群臣上可汗尊号继天体道敬文仁武大昭孝可汗而叩拜。

冬中月，命御史大夫铁失领左、右阿速卫。

冬末月，敕亦启烈氏为皇后，授玉册、宝玺，诏天下。寿安山佛寺竣工，下令铸佛像安放。该寺供品丰厚，装潢豪华，耀眼夺目。

壬戌，至治二年（1322年）。春正月，下令禁止汉人执兵器出猎及习武艺。可汗亲祀太庙。敕有司存恤孔子后裔中的贫寒者。敕萨迦派喇嘛博迪释哩为帝师，听其诵经，定为福田；叫他住于寿安山寺，封为佛教之主；交给他五百弟子，办起经塾。此使佛教的传播更加广泛。

春中月，敕钦察、买间同为平章政事。下令禁止猎杀大雁，如果有人违法猎杀，将籍没其家。有一天，可汗对左丞相拜住说："天下事多不胜数，单靠朕一个人的智慧难以悟彻。朕平时把你视为我的手足，所以当我出现疏忽时，你不要忘了提醒朕，并且不要怕我生气。"拜住频频叩首说："古代尧、舜凡事愿问于众，能摒弃唯我独尊的威风，顺从别人的正确意见，所以其圣名万古流芳；桀与纣因不听直言劝谏，自以为是，随意摆布他人，结交卑劣之徒，导致国破身亡，至今人们都嘲笑他们为无道之君。如今，臣蒙可汗的厚爱，怎敢不思隆恩呢？然则凡事说时容易做时难，望可汗谨慎从事为上。"河间、河南、陕西十二郡旱涝成灾，民饥，可汗下令免其租税之半。

据《续资治通鉴》记载，为人主之德不能单一，唯以恤民为先。恤民、得到民心则等于得到上天之心。如今，十二郡民饥，特赦免他们的租税之半，这足以显现可汗的恤民之意。

春末月，可汗敕丞相拜住前往范阳，建起木华黎国王祠，竖起石碑，令属地官吏每年祭祀。

夏初月，可汗赴上都。

夏中月，可汗上五台山烧香。封吴全节为玄教大宗师。在路上，丞相拜住上言："自古圣主们以得民心为上，失民心则失天下。钱粮为民众的血肉，索取多了，民众就会穷困，导致国家危亡；索取少了，民众富裕，国家泰安。"可汗说："朕以为君轻民重，如果没有民众，何处为君？从今以后，所有绥靖之务，诸臣等应深加领悟，小心行事。"

闰夏中月，可汗敕追封汉朝诸葛亮忠武侯为威烈忠武显灵仁济王。铁木迭儿自重新任丞相以来，倚仗权势，对瞪他一眼的人都必以报复，伺机使很多人遭受苦难。其谗言诬告的都是勋旧大臣。可汗渐渐地对铁木迭儿不满起来。可汗对拜住信任有加，铁木迭儿自觉没趣，托病退居家里。之后，

·元代官吏图·

拜住去范阳之际，铁木迭儿欲理中书省之务，走到衙门门口时，可汗知道他来，令人阻止。铁木迭儿更是承受不了，回家去了。从此，他愤懑有加，到秋中月死去。

秋末月，太皇太后崩。京都地震。有司上言欲在冬初月祭太庙。太常卿奏："国哀以日当月，过十二天方可祭太庙。"可汗说："太庙祭祀不可废，可烧香，不可奏乐。"敕拜住为右丞相。从此没有再设左丞相，唯任拜住理政务。可汗对拜住说："朕之所以重用卿，是因为你的上祖木华黎辅佐太祖成就了大业。卿应思念上祖的荣誉，为朝廷承担重任。"拜住再拜："如今可汗委臣以重任，臣有三件忧虑之事：一怕辱没了祖先的荣誉；二怕天下事繁多，不能完全按规矩办事；三怕自己年幼学浅而责任重大，报答不了圣上的恩宠。乞主上时刻教诲愚臣。"有人向可汗进言："可用佛教治理国家。"可汗问拜住此事，拜住说："佛学只是清心守戒、治理自身的学说。治理国家如果放弃仁义，则会破坏三纲五常之道。"有一天，可汗问拜住："如今可有像唐朝魏徵那样能直言苦谏的人？"拜住说："如果器皿是圆形的，其中的水就是圆形的；如果器皿是方形的，那其中的水也是方形的。只要有唐太宗那样能够接受诤谏的可汗，肯定会有魏徵那样的能诤谏之臣。"可汗很赞同这些议论，并夸赞拜住。

我拉喜彭斯克虽然愚昧、耳目混浊，但欲对那些智识深广、用知识之宝装满智慧之库的博士们的笑料，说一些废话。如今看，这位元朝丞相拜住是位有才智的忠臣无疑，对其不必再三赞扬，只看他"佛教只是清心守戒、治理自身的学说。治理国家如果放弃仁义，则会破坏三纲五常之道"这一段话，便可知他没有很好地领悟佛教。如果不先清心修身，如何能够治理国家？关于先修身后治国之事，《大学》一书中已有论述。《论语》一书称："其身正，不令而行；其身不正，虽令不从。"自古，那些转轮大王们用十善白福治理四大洲之民众，造就了来世的幸福。古印度、吐蕃的诸多圣主们以佛教治理国家，使天下百姓得到了幸福与安乐，这些不是佛祖关爱又是什么？拜住禀呈此事时，应该说用佛教虽然可以治理国家，可中原政权自古以来以儒教为尊，如今突然以佛教来治理国家，不知就里的一些人会妄加评论、混淆视听。用儒教治理国家，公平抚恤民众，应与佛教宗旨相符才对，为什么非要说大错特错？有人说，佛教始终以慈悲为上，所以对罪孽者的惩罚过于宽松。我说，要弄清此事，请拜读《hvtvgtv degedu altan gereltu erihetu svdvr》[1] 的《hagan ece hagan c shasdir tengri narvn erhetu yin tanggarig neretu bulug》[2] 以及《hvtvgtv bcdisadvwa narvn yabvdal arga yin jisai dvr tein boged hvbilgan i ujegulugsen svdvr》[3] 的《hagan v ycscn v bulug》[4]，其全面论述了做可汗的缘由、以佛教治理朝政等道理，说明了将扶助贤德之辈、扩充依佛法行事之人、减轻赋税，使百姓安居乐业等方面的内容。然而所有的苛政都是奸猾刻薄之辈惯用的伎俩，所以，惩罚犯罪之人后，要施以严刑，以绝后患。这是警告他人使之禁戒这样的罪孽，以使此类事情不再发生的措施。此举恰似善良聪智的父亲使用严厉的家法教训自己的儿子一样。

---

[1] 《hvtvgtv degedu altan gereltu erihetu svdvr》——《呼图克图上金光之念珠》。

[2] 《hagan ece hagan c shasdir tengri narvn erhetu yin tanggarig neretu bulug》——《从皇帝至皇帝的史书之诸天尊誓盟篇》。

[3] 《hvtvgtv bcdisadvwa narvn yabvdal arga yin jisai dvr tein boged hvbilgan i ujegulugsen svdvr》——《诸呼图克图菩蒂萨之行迹戒律以及显现神明经》。

[4] 《hagan v ycscn v bulug》——《可汗策》。

量罪施刑，以此使不法劣民远离罪孽，造就世间的平安幸福。恰如《hvtvgtv vran argatv》[1] 一书中所讲，杀死五百名商人之时，生慈悲之心而杀死了一名恶贯满盈的萨尔塔瓦乞[2]。因此，杀人者转生到了天界。还有，为了众生而杀死了一名佛教徒，其行为虽然是残忍的，但后果是慈善的。《hvtvgtv dvradhvi cira agvlahvi》[3] 第十章中称：有两个人互相斗殴，可汗与大臣收了不义之财，又以私情和偏见断了此案。结果，他们在转世之时落入凶恶的境地受到十一种烈火的煎熬，转生到了地狱。有些生性残恶之人因一时机遇，掌握了朝政大权。他们抱着贪婪而偏狭之心，到处搜刮不义之财，导致奸猾之辈扬眉吐气，正直之人大伤元气、备受压抑。他们混淆是非，颠倒黑白，以奸计唆使他人反叛，与恶人为伍。他们是苦难之城的建造者。既然如此，怎能说不能以佛教治理朝政呢？再者，从有关书籍查阅所谓的"三纲五常"：君为臣纲、父为子纲、夫为妻纲是三纲，仁、义、礼、智、信是五常。人君之道，上文已有论及；人臣之礼，在《yehe em vn tvvji》（《大药典》）一书中已谈及；关于为父之道，对从自己分支的诸多儿女不分罗怙罗或迪瓦塔嗬，应一视同仁，余者不论；关于人子之礼，在《yehe vran arga bvrhan v aqi gi harigvlhv svdvr》[4] 与《amarag uge yin tvvji》[5] 等书中有定论；关于夫妻之礼，论述了淫乱行为。关于五常，很多好书中都有论述，概括起来，即天下一切

---

[1] 《hvtvgtv vran argatv》——《呼图克图妙计》。

[2] 萨尔塔瓦乞——关于此词，学者有多种解释。以译者的拙见，是蒙古语"saratv behi"的口语演变，意思是穆斯林富商。

[3] 《hvtvgtv dvradhvi cira agvlahvi》——《呼图克图所言近意》。

[4] 《yehe vran arga bvrhan v aqi gi harigvlhv svdvr》——《大妙计回报佛恩经》。

[5] 《amarag uge yin tvvji》——《栾语经》。

事物均包含在五大物质之中。有些人偏信儒学，从异端邪说的角度出发，骄横地与佛教相抵触。所以，我在这里进行分辩。好比说《赛音·扎日力棍·达赖》（《善敕之海》）之类的书籍，其深奥的理论如苍穹般宽广，似大海、山岭般宏大，与我愚钝的智慧相比，如兔子身上驮起大山。近日读到拜住否定佛教的言语，我忍无可忍。我在神圣的超度喇嘛师傅的指点下，拜读了用满语写成的《sain jarlig vn dalai》[1]一书，不管对与不对，用其中的理论在这里胡乱谈了一通，不是为了夸耀自己，谨向高明的聪慧者致意，敬请进行专题研究的学者谅解。

冬中月初一，日食。御史李端禀呈："近日京师地震，今又日食，此均臣下失职之弊。"可汗自责："是朕施政之误所致。群臣理应修正朕之弊端，整顿朝政以应天意。"

冬末月，宣徽院大臣上言："世祖时代，弘吉剌惕部每年送可汗饷食之羊两千只；成宗时代增加到了三千只；如今要增加到五千只。"可汗说："天下黎庶皆朕之民，民有不足，朕怎能加重贡赋使百姓贫穷？应以世祖所定之数为准。"敕复以张珪为平章政事。

癸亥，至治三年（1323年）。春正月，右丞相拜住上言："王约、吴元桂、韩从益、赵居信、吴澄等人虽然年高谢职，但都是德高望重的旧臣，请复用之。"可汗高兴地说："卿言适符朕心。"遂令王约、吴元桂、韩从益、赵居信、吴澄复职，赐俸禄，使居其家，并规定每天一次到中书衙门去商议政务。当时的许多政务，由他们视其情处理的很多。又令赵居信为翰林学士承旨、吴澄为翰林学士。罢上都、云州、兴和、宣德、蔚州、奉圣州及鸡鸣山、房山、黄芦、三叉诸金银冶，听民采炼，

---

[1] 《sain jarlig vn dalai》——《善敕之海》。

十分之三输官。

春中月，可汗行猎于柳林，问拜住："如今地震、风雨不适时的原因，是不是与朕即位以来有什么不周的事情有关？"拜住回复："地震自古就有，陛下自责虽然有礼，但这都是我们这些臣下所作所为违背治国之道所致。"可汗说："朕在位三年，于兆姓万事岂无徇私、乖戾之举？卿等宜与百官议，有

·元代古船（复原）·

便民利物之事即奏呈，朕立即照办。"以前，可汗曾令曹伯启修订《大元通制》，又撰写统制函等事，如今已经修订完毕，呈上。其一为刑法，其二为规章，其三为诏赦，以下有两千五百三十九项。可汗认可，令颁发给各地。敕用金字抄录《丹珠尔经》。

春末月，可汗赴上都。

夏初月，可汗遣使考视新籍余缺，出田若干亩使应役之人更掌之，用其收入以助役费，使之与官吏无涉。

·元代至正通宝·

夏中月，敕追削铁木迭儿职。庚子，大风、冰雹，拔柳林行宫周围大树两千七百余株。

夏末月，奉元行宫寝宫被火灾。可汗对群臣说："世祖可汗始建此宫，至朕被火灾，此朕不审慎加防之故。"有一天，可汗到大安阁，见太祖、世祖遗衣皆以素木棉缝制，又加补缀，赞叹良久说："祖宗创业艰难，服用节简如此，朕怎敢顷刻即忘！"

秋初月，丞相拜住上言："如今的海运粮食比世祖时代增加了数倍。而今江南地区民穷，而京师仓廪堆积。宜每年减租粮二十万石。"可汗允准，并免去铁木迭儿所增收的江淮地区粮米。

秋中月，可汗从上都驾临大都的路上下榻南坡（今内蒙古锡林郭勒盟多伦县境内，蒙古文史籍称茂林额布楚之地）。前者罢免铁木迭儿的爵位并籍没其家的时候，铁失等奸党心神不安，后来他们畏惧死罪，教唆喇嘛僧说："国家有难，宜诵经特赦。"喇嘛僧向丞相拜住转告此话，拜住斥责他们说："你们这些人只知道向国家索取银两、绢缎，什么时候关心过赦免罪犯之事？"听到这些话，奸党更加畏惧。由此，御史大夫铁失及其弟宣徽使索诺木，典瑞院使脱火赤，枢密使赤因铁木儿、副使完者，金书枢密院事章台、大司农失秃儿，前平章政事也先铁木儿、诸王按梯不花等共同策划逆反阴谋。之前，成宗可汗遣皇太子多儿只长子晋王甘麻剌戍守北边，甘麻剌辞世后，其长子也孙铁木儿继晋王爵，仍戍守北边。成宗、武宗、仁宗三代即位时都曾辅佐过，因而赏赐敕书予以表彰。

　　秋中月，晋王也孙铁木儿行猎于秃剌之地。铁失派遣诸王按梯不花手下的名叫斡鲁斯的人去见晋王也孙铁木儿："我们大家合谋决定杀死可汗。事成之后，欲请王爷登基！"晋王大怒，立即逮捕斡鲁斯，将其监禁并遣自己近侍名叫别烈迷失的人前去向可汗报告。别烈迷失尚未到达，铁失将自己管辖内的阿速卫军交给诸王按梯不花作为外援，自己与也先铁木儿一起杀死右丞相拜住。之后，铁失手持朴刀闯入可汗住的蒙古包，亲手将可汗杀死在卧榻上。可汗当年二十一岁，在位三年。遗体葬于起辇谷，谥号为睿圣文孝可汗，庙号英宗。蒙古封为葛根可汗。

　　英宗秉性刚明，有一天以地震避正殿，并命撤乐、减膳。有近臣呈觞以贺，可汗斥责说："朕方修德不暇，汝为大臣，不能匡辅，怎能奉承！"拜住进奏："过失在于臣等，宜求贤以代。"可汗说："毋多逊，是朕之过。"常诫执政群臣："中书选人署事未旬日，御史台即改除御史。台除者，中书亦然。今山林之下的隐逸者，卿等不能尽心求访，唯以亲戚故旧相引荐？"其明断如此。然以果于刑戮，奸党畏诛，遂构大变云。

　　据《续资治通鉴》载，拜住与可汗同时被杀。铁失杀死英宗可汗之前，以为拜住在难以杀死英宗可汗，所以，他先杀死拜住，然后才动手杀死了可汗。由此可以看出，拜住在与不在关系重大。历来那些乱臣贼子、杀害君主的歹徒，总是要先剔除自己害怕的人。如果没有聪智的官吏，怎能治理国家？可见，乱臣贼子用刀斧杀死同僚之事屡屡发生。有文献记载，英宗秉性刚明，常诫执政群臣："卿等居要职，食厚禄，当勉力图报。苟或贫乏，朕不惜赐汝；若为不法，则必刑无赦。"又对拜住说："朕以微躯继大业，锦衣美食等所需均能得到，朕的祖宗在风雨中艰苦创业，没有如此享乐。卿是勋臣之后，因此应顺应朕的至意、恪守你祖辈的声誉才是。"拜住再呈："创业固然艰难，守业也不容易，可汗提及此事是全民之福。"巴刺济获罪收监后，可汗对近侍说："法规者祖上所制定，巴刺济为朕效力颇多，然而已获罪，朕怎能偏私，理当依法从事。"其明断如此。然以果于刑戮，奸党畏诛，遂酿成大变。临江梁氏称："自拜住受封丞

· 铁人像·

相以来，整理纲常，治理懈怠，制止庸政，封闭投机钻营之路，布施军民，减轻赋税。"英宗可汗非常信任他，遂勤于政务，

·铜铁器之锁·

彼时天下太平、国富民安，自古尚未来到中国的外夷纷纷前来上贡参拜、臣服。然而，奸佞之辈畏惧之余制造祸乱，何等可惜！

诸王按梯不花、也先铁木儿二人掠得可汗的玉玺，前往迎请晋王也孙铁木儿。

10.也孙铁木儿可汗

秋末月初四，癸巳，泰定可汗，讳也孙铁木儿[1]，显宗甘麻剌长子。英宗可汗遇难之后，因无嗣，以近亲承袭大位。

晋王也孙铁木儿即可汗位于龙居河，大赦天下。颁诏："世祖薛禅可汗封授自己的儿子皇太子多儿只之长子晋王，使之管领成吉思可汗四个大军营的国土。朕父晋王甘麻剌以谨慎、警戒之心监察军民之一切事务，笃志守业，数年之间，使百姓平安。后来，完泽笃可汗叫我继承晋王位，处理大斡耳朵里的诸多事务。朕忠于职守，扶立了两个哥哥武宗曲律可汗、普颜图可汗及侄英宗三位可汗。我对累朝可汗不谋异心，不图位次，依本分于国家竭尽全力。朕之所为诸王兄弟，众百姓们人人皆知。今朕兄之子英宗归天了，诸王、驸马、臣僚们一致认为唯我是世祖可汗皇太子的长孙，有资格继承可汗大位，可汗的大位不易久虚。再者，此番人心难测，为安抚百姓、使天下安宁，应即刻即位。如此多次敦促之下，朕不负众望，于秋末月初四癸巳日，继承

---

[1]　也孙铁木儿——不是甘麻剌的长子，是其次子。

汗位。"

冬初月，诸王买奴上言："不斩首恶，可汗的英名不能显现，而且，子孙后世也难以知晓。"可汗允准，下旨逮捕也先铁木儿、完者、索诺木、秃蛮等人，申明其反判罪，依法斩首。派遣旭迈杰、纽泽二人到京师逮捕叛贼铁失、失秃儿、赤因铁木儿、脱火赤、章台等人，依法处死并戮其子孙，籍没家产。欲赦铁木迭儿之子直属侍御史索诺木流放远方，张珪说："索诺木与反叛者结党，亲手砍伤丞相拜住的肩膀，却要赦他的罪吗？"于是，也依法处死索诺木。其余党，一律削职流放。

据《续资治通鉴》记载，那些弑君的罪臣必须依法处死。如今，可汗依诸王买奴之言，将反叛者全部依法严惩，归正惩罚贼寇之法。这是正义之事。那些乱臣贼子弑君的勾当是为了讨好未来的主子，得到功名利禄，结果，有的被杀，有的被流放，无一幸免。他们图功名利禄，反而酿成灾难，终于未躲过杀身之祸。可知，天时与人和不可泯灭。如果乱臣贼子不受到如此的惩罚，那日后定将放任自流，更加无拘无束了。依法惩处是对三纲的匡正，是人之常情。

敕兀伯都剌为平章政事。

冬中月，可汗驾临大都，登大明殿，升御座，接受了众大臣的朝贺。遣使到曲阜，宰牛祭孔子庙。御史大夫上言："过去铁木迭儿专权之时，诬杀杨多儿只、萧拜住、何胜、观音保、锁咬儿哈的迷失等人，还将李谦亨、成珪脸上刺字流放，罢免王毅、高昉、张志弼。这些人蒙冤，天下皆知，请昭雪为盼。"可汗下令，诏活在世上的恢复原职，已经死去的追封官爵。

冬末月，可汗下令追封父亲晋王甘麻剌为光圣仁孝可汗，庙号显宗；追封母亲弘吉剌氏为宣懿淑圣皇后。太常院诸臣言：

"自世祖可汗以来，每年祭一次太庙。先帝开始恢复古制，一年祭四次。请可汗裁择。"可汗说："祭祀是个大事，朕何敢减其礼！仍定每年祭四次吧。"御史台诸臣言："与逆贼铁失勾结的诸王们还没有得到惩罚。请求可汗下旨，以明法纪。"可汗下令，将与此事有牵连的诸王全部削职，流放月鲁铁木儿于云南、按梯不花于海南、曲吕不花于努儿干、孛罗及兀鲁思不花于海岛。旭迈杰言："在南皋之变中，诸王买奴逃到可汗的营房里，表示誓死为您效劳，而且还上言惩办反叛元凶。此言甚合可汗之意，因此您常夸奖他。请求可汗为他加官晋爵，以示激励忠贞！"可汗遂将泰宁县五千户赐给买奴，并封其为泰宁王。封倒剌沙为左丞相，马某沙、纽泽、锁秃等加授广禄大夫。可汗下诏改明年为泰定元年。诏书称："朕荷天洪福继大位，侧躬勤政，夙夜祗畏，唯祖训是遵。乃开岁甲子，景运伊始，思更新天下。稽诸典礼，逾年改元，定明年为泰定元年。"

甲子，泰定元年（1324 年）。春正月，可汗敕以乃马台为平章政事、丞相拜住之子答儿麻失里为阿速卫亲军都指挥使，将亲王图帖睦尔从琼州召回京师。江浙行省左丞赵简上言："请开经筵及择师傅和协理，令太子及诸王大臣子孙受学。"可汗允准，遂命平章政事张珪，翰林学士承旨忽都鲁都儿迷失，学士吴澄，集贤院直学士邓文原、王结等人进讲《帝范》《资治通鉴》《大学衍义》《贞观政要》，令右丞相也先铁木儿统领。

据《续资治通鉴》阐述，作为人主，好学为上。人主不学则不知平安或动乱，人臣不学则不知随和与服从，所以，学为治世之本。可汗登基后，非常重视学习和进讲，看来已经深悉其中的奥妙。

八番之地蛮国韦光正等人率领两万七千户来附，请求每年上贡两千五百匹布。可汗允准，下令建立长官司管理他们。

春末月，在皇宫廷试进士，八刺、张益等八十四位及进士中第。册封八八罕氏为皇后、皇子阿速吉八为皇太子，封皇子八的麻亦儿间卜为晋王。

夏初月，可汗赴上都。一日，可汗敕平章政事谕倒刺沙："朕即位以来，除已定政务外，其他诸事无一人为朕言者。知而不言则不忠，且陷朕于罪。今后，凡有所知，宜悉以闻，如能这样，朕断不敢自纵。朕一人如能治理政务，则全民皆安。"又说："凡事防之于小则易，救之于大则难，尔以朕言明告于众。"当月，风烈、地震。太庙新殿竣工。

夏中月，安放诸可汗神位于太庙。

夏末月，张珪自大都至，上言道："灾异所现是因为逆党未讨、奸恶未灭、忠愤未雪、冤枉未理、政令不信、赏罚不公、赋役不均、财用不节，请上峰裁择之。"并言自己久劳成疾，请求辞职。可汗说："卿等皆辞避而去，朕与谁治国？"未允准。御史高奎上疏："寻求净言，分清真假，明宣仁政。"可汗嘉纳其言，赏赐银两和缎帛。

秋初月，中书省诸臣上言："守卫东宫的

· 白釉矮身横梁式马镫壶 ·

兵卒原定额为三千人，如今已经增加到一万七千人。请求报告太子手下人等酌减为荷。"可汗下旨："按原数酌减。"

秋中月，可汗驾临大都。秦州成纪县风雨大作，山崩。

冬初月，敕封图帖睦尔为怀王；封皇弟王禅为梁王，以其子铁木儿补化袭封云南王。

冬末月，可汗敕翰林国史院修纂英宗、显宗二位可汗实录。命右丞相每天轮流坐班于内地。

乙丑，泰定二年（1325 年）。春正月，中书省臣言："江南地区民贫僧富，诸寺观田土，除宋朝旧置及累朝所赐的部分外，请按旧制于庶民一样收赋役。"可汗允准。敕怀王图帖睦尔居于建康。

春末月，可汗赴上都。

夏初月，参知政事左塔不台言："首辅大臣兼领近卫军务，自古所无。铁失与御史大夫也先铁木儿以知枢密院事，皆领近卫兵，如虎添翼，故成逆谋。今后，乞勿以首辅大臣领近卫军，如这样，勋旧之后得以保全。"可汗嘉纳之，赏赐缎帛以志其正直。

秋末月，可汗驾临大都。下令分中原地区为十八道，各遣宣抚使体察庶民疾苦之事。降诏："朕祗承洪业，勤于治理国政，敕众臣辨出贤德和弊端之分，体察赋役和法行，赈恤贫民，思与黎元共享安乐。今视六部众臣不理政务，御史大臣不辨是非，安抚使教民有误，故朕大有所悲。今为安民计遣使宣抚，分行诸道，查问官吏不法，察民疾苦，分辨冤狱。凡有利于民众之事应以鼓励，惩治罪犯之事应依理行使。四品以上官吏的罪孽要上报，五品以下官吏的罪孽就地处置。才堪辅治并隐居山峦林泉者，具以名闻。"

可汗下令："富民送粮食给政府者拜官，送两千石粮食者拜从七品，送一千石者拜正八品，送五百石者拜从八品，送三百石者拜正九品。"以备赈济贫民之用。

冬末月，镇南王脱不花逝世，遣中书平章政事乃马台镇守其地。敕塔失帖木儿为右丞相。

丙寅，泰定三年（1326年）。春正月，敕诸王宽车不花为威顺王，镇守湖广；封买奴为宣靖王，镇守益都。

春中月，可汗赴上都。封察乃为平章政事。

夏初月[1]，京师附近及湖北、山东等地饥荒，敕免民众贡赋之半。

秋初月，可汗驾临大都。黄河在郑州附近决堤，淹民宅一万六千多户。敕赈济钱粮。命萨嘉布尼亚巴迪喇嘛为宗教之主，尊为福田，弘扬佛教。盐官州大风，海荡，毁堤防三十余里，迁徙居民一千二百五十家。

冬末月，颁诏大赦天下。当时，倒剌沙窃取大权，与平章政事兀伯都剌相互勾结，趁大赦之机上言："付清各代胡人所上贡什物的本价，重新起用今县台免职的和英宗可汗时期的人。"左司都事宋本言："如今上天显灾祸示警，付清那些上贡什物的本价等事恐百姓有怨言，应写在可汗旨令上，这样天下归心。再者，宪司衙门罢免罪人的官职是世祖可汗所定的法规。今可汗自登基以来，三番五次地下令要遵循世祖可汗的法规，如果

·八思巴文圣旨·

---

[1]　夏初月——《元史》作春末月。

再起用这些人，则是忤逆以前所定的法规，违背之前的旨令，以后出现奸佞贪婪之官吏，要不要惩罚？"可汗嘉纳其言。

据《续资治通鉴》阐述，"治理国家，要用大智之人，不用小恩小惠辈"，这是诸葛武侯的名言。当时，倒剌沙当政，为所欲为，付清了各代胡人上贡的什物之本价。呜呼！主上制定的法规被小人私谋辱没，这是失察之误。不守大智，却计小恩，不是成了诸葛武侯所说的罪人吗？小人霸权，哄骗其君，可预知以后会发生什么样的事情。然而，泰定帝一点也不检点，放任小人为所欲为，所以他没能长久统治朝廷。这并不足道。

丁卯，泰定四年（1327年）。春正月，御史台臣请可汗亲自祭祀郊庙。可汗说："朕遵世祖可汗旧制，叫首辅大臣代行此事。"

春中月，加封孔思晦为嘉议大夫。

春末月，命皇三子允丹藏卜出镇北边。皇宫里殿试进士，阿察赤、李黼等八十五人赐一、二等进士第。可汗赴上都。

夏初月，乙未，盗贼入太庙，窃走武宗可汗金座及祭器。壬申，重新制作可汗金座和祭器。以未严守太庙罪削太常礼仪院大臣之职。普天下被干旱、蝗虫灾。

秋中月，滹沱河发洪水。通渭县山崩。硙门地震，声如龙吟，白昼昏暗。天全道山崩，石头砸死了人。凤翔、兴元、成都、峡州、江陵同日地震。

秋末月初一，日食。

据《续资治通鉴》记载，自泰定帝登基以来，干旱、蝗虫、民饥、山崩、地震、狂风等灾情记满于史册。不久，可汗驾崩，诸王争权，朝政十分混乱。这些难道不是事先的显兆吗？灾祸之根源如此，如先前的文人所称，因一时的善心成就安乐的氛围，因一件恶事引出灾星厉鬼。后世据有天下者应该以此为戒。

秋闰末月，可汗回到大都。因为灾祸，大赦天下。

冬末月，蔡国公张珪逝世。

戊辰，致和元年（1328年）。秋末月，改元文宗可汗天历元年。

春正月，诏天下改元致和元年，并免除被灾州郡贡赋一年，流民复归者免税三年，监禁三年还没有结案的犯人全部释放。可汗赴上都时，命枢密院大臣燕铁木儿戍守大都，命怀王图帖睦尔驻守江陵。

春末月，可汗聆听布尼亚巴迪喇嘛诵经。

夏中月，丞相塔失帖木儿、倒剌沙等言："凡蒙古人举行丧事必须遵循蒙古传统的丧葬礼，否则，一律查办。"可汗嘉纳之，依所奏施行。

·元文宗画像·

依我拉喜彭斯克之见，有人说丧葬之礼是一项不可丢弃的大礼，泰定帝应该鼓励其施行，可是他却禁止施行，这怎能合乎情理？当时，蒙古人中有些狡诈之辈开始丢弃自己传统的丧葬之礼。丧葬之礼最应重视的是失去亲人的悲痛之情，应为逝者做好后事，广积来世的阴德。背叛自己的传统礼节不算，如《sain ugetu erdeni yin sang》[1]所载，就像一群猿猴抓住

---

[1]　《sain ugetu erdeni yin sang》——《良言宝贝库传》。

一个人，嘲笑他没长尾巴那样，嘲笑坚持自己传统习俗的行为端正的人粗鲁顽固。他们因侮辱自己的根基，致使道德与日衰败。针对实情，学习运用别人的礼节固然可取，但不可背叛本祖。所以，我奉劝我自己和别人不要像那将要灭的灯光一样飘忽不定，见异思迁，毫无保留地照抄照搬，捕风捉影，要坚守自己本祖的传统习俗。

秋初月，宁夏地震。庚午，可汗在上都驾崩，在位五年，寿三十六。遗体葬于起辇谷。其后，文宗没有为泰定帝建庙，没有谥号，后人称其为泰定帝。

据有关文献记载，泰定之世连年遭灾，而君臣亦未见其引咎责躬之实。然能知守祖宗之法以行，天下无事，太平成像，亦应赞扬。

在《续资治通鉴》一书中，王威称，武宗可汗曾经制定兄弟相袭、叔侄更替之制。仁宗可汗听信奸佞之辈的谗言，食前言，

· 蒙古葬礼（出自《史集》）·

把大位传给了英宗可汗，将武宗可汗的二位皇子和世瓎、图帖睦尔派驻在外。因此，当英宗可汗被杀害后，因和世瓎在北方、图帖睦尔在南方，晋王趁机继大位。有人称："晋王不应继位。"但是，晋王乃世祖可汗的孙子，且排行老大，虽在戍边，但有证书在手，当时又无人继大位，若选择合适的人物，舍晋王其谁？所以，说晋王不宜继大位之言难道不过分吗？《元史》称，英宗可汗被害死之事晋王已知，因此，当他驾崩后，没有追谥，没有入太庙，示其为反叛之贼。可是，查阅史书，没有弄清真相，岂能相信传闻之谎言？

皇后、皇太子降旨谕安民。以前，燕铁木儿对晋王承袭皇位之事不满，与诸王门都等常怀歹意，加上武宗可汗曾经重用他，故他总是想立武宗可汗的二位皇子周王和世瓎和怀王图帖睦尔

·铜鎏金吉祥天母·

之一为可汗。当可汗驾崩于上都之后，他替皇后、皇太子派人前往大都对平章政事兀伯都剌下令："赶紧收回各衙门的印绶，安抚百姓！"

燕铁木儿与西安王阿剌忒纳失里暗中招募勇士。秋中月甲午黄昏，趁众大臣聚集于兴圣宫之机，燕铁木儿率领同伙十七人，各持兵刃，宣布："武宗可汗有子二人，大统所在，当迎立之，不从者死！"当场逮捕平章政事兀伯都剌，御史台大臣铁木格，左丞相朵朵，参政大臣王士熙，参议大臣陶克图、吴秉道等人下狱；又与西安王阿剌忒纳失里将心腹之人分别安排在要害部位。以为周王在遥远的朔漠，一时难以到达，就决定先请怀王于江陵，且宣言已遣使迎接周王，以定人心。向河南平章政事巴彦答儿宣讲细节，并率领劲兵准备围困，又令众卫兵守候在要害部位。巴彦答儿遵照燕铁木儿的话陈兵备战时，参知政事脱不台劝道："我看此事不合乎忠义！"巴彦答儿不听。当晚，脱不台手持利刃去杀巴彦答儿。巴彦答儿发觉后，将其与其亲信等全部杀死。

·白玉熊·

据《续资治通鉴》记载，泰定元年（1324 年），因封阿速吉八为皇太子，神器之依附地已定，与紧急时刻没有继承人有所不同。如今，泰定帝驾崩，父位子承是正道，因此太子即大位是应该的。怎能抛弃应该继承大位的太子，另请怀王登基呢？燕铁木儿不顾大义，密谋反叛，危害国法，图谋不轨，当凌迟处死，方泄心头之恨。再者，巴彦答儿为援反叛而陈兵，脱不台坚守君臣之义而不与其为伍，欲杀巴彦答儿而自己被杀死，实在可惜。当时，天子驾崩，且没有贤良诸侯，忠臣义士死于奸佞之手，以致无处诉说，实在是哀叹至甚。所以，在此记录此事，以评判坏人随心所欲地处死主上的功过是非。

燕铁木儿怕别人起疑心，命旧臣塔失帖木儿为南来的使者，制造谣言称"怀王且夕可至"等；还命乃马台为北来的使者，扬言："周王与诸王正向南进发"等。

·彩绘贴金舍利塔·

燕铁木儿命撒迪守护居庸关，命唐其势驻扎在古北口。

在上都的诸王门都、马拉迪、阔阔出以及平章政事玛来、集贤院学士斡罗斯不花、太常礼仪院士哈海赤等十八人密谋要与燕铁木儿联手。事发，全部被判处死刑。

皇太子阿速吉八在上都即位，改元天顺元年（1328 年），颁诏天下。时，皇太子方九岁。遂封梁王王禅为右丞相，命塔失帖木儿分路统兵征伐燕铁木儿。甲辰，怀王图帖睦尔从江陵起程，庚戌，到达汴梁。由伯颜答儿等人率兵跟随而来。丙辰，燕铁木儿以可汗的卤簿接驾于城外。丁巳，怀王下榻于京师。

据《续资治通鉴》记载，这里称怀王到来，说的是怀王不该来。怀王早已知道泰定帝封儿子为太子，应该力辞不来为是。如果率兵征讨反叛，则是名正言顺。他没有这样做，而是觊觎神器，急急忙忙窜进京师，丝毫没有回避之心，却是为何？所以他躲不过反叛之罪。这里称刚进京师的他为怀王，以示他为大元皇室的子孙，登基之后，直接指其名讳是为显示他强占朝廷，不再是元朝皇室的子孙之意。其意很深。

秋末月，图帖睦尔杀死平章政事兀伯都剌，流放左丞相朵朵。

据《续资治通鉴》记载，以前的史籍将杀死兀伯都剌之事记录为"依法处决"，这是有失正义之评论。附和皇太子，反对图帖睦尔的是一群正义之士，把他们说成"依法处决"，这合适吗？

诸王也先铁木儿率兵从辽东进入迁民镇。众大臣上言劝怀王登基。图帖睦尔说："我兄和世㻋在北边，以我兄之德行，他应该登基，我怎敢紊乱天理？"燕铁木儿言："人心向背之机，间不容发，一或失之，后悔莫及！"怀王图帖睦尔说："若谓必不可辞，必明著朕意以示众。"壬申日，怀王图帖睦尔于大明殿即位，接受百官朝贺，降诏改元天历，大赦天下。诏说：
"洪惟我太祖可汗混一海宇，爰立定制，以一统绪，宗亲各受分地，勿敢妄生觊觎，此不易之成规，万世所共守者也。世祖之后，成宗、武宗、仁宗、英宗可汗承袭，宗王、贵戚咸遵祖训。晋王具有盟书，愿守王道，而与贼臣铁失、也先铁木儿等潜通阴谋，冒干宝位，使英宗不幸罹于大难。朕兄弟二人播越南北，备历艰险，临御之事，岂获与闻！泰定帝以朕叔父之故顺承惟谨，于今六年，灾异迭见。权臣倒剌沙、兀伯都剌等随心所欲变乱祖宗法度，先皇驾崩后，立幼子而显握国柄，用成其奸。宗王、大臣以宗社之重，一致认为朕乃武宗可汗之子、统绪之正，推戴微躯为可汗。朕以菲德，宜俟大兄，故让再三，而宗戚、将相、耆老以为神器不可以久虚，周王辽隔朔漠，民庶遑遑已及三月，天下岂能无主，诚恳迫切，朕故无复推辞即登大位。谨俟大兄之至，以遂朕固让之心。已于致和元年（1328年）九月十三日即可汗位于大明殿，名为天历元年。除对主上怀歹意，杀祖父母、父母，妻妾杀夫，仇人互戮，伪造印玺的罪犯不赦外，其余罪犯咸赦免之。"

依我拉喜彭斯克之见，泰定帝与文宗可汗即大位之是非，中原史家们已有最终评论。从文宗可汗的指令看，晋王与铁失暗中勾结杀死了英宗可汗的说法，是明显的诬蔑。当初，晋王逮捕铁失等六人，将名叫斡鲁斯的使者收监；之后，派遣自己手下名叫别烈迷失的人向英宗报信；后来，又把铁失等人依法惩处之事，记于史书之上。怎么能说他参与了反叛密谋而办罪呢？这实际上是文宗可汗怀歹意从阿速吉八手中夺取朝政时故意栽赃于泰定帝的。如今，文宗可汗一见到燕铁木儿派出的使者，急忙来夺取可汗之位。以此推想，如果铁失不派遣名叫斡鲁斯的人去见晋王，而去见怀王的话，逮捕斡鲁斯而遣人禀奏可汗之说，我绝对不相信。俗话说，出自你手里的终究会回到你手里。后来，传说文宗可汗暗杀了自己的胞兄明宗可汗，这难道不是因果报应吗？所以，我在这里为泰定帝无罪而被诽谤之事辨明是非，记下了这段话。

11. 忽图克图可汗

明宗可汗，讳和世㻋，武宗可汗的长子。先前封其为周王戍守北边，可汗的弟弟文宗图帖睦尔请他来即大位。

己巳，天历二年（1329 年）。春正月，文宗图帖睦尔遣中书左丞撒迪再次请周王。乙丑，撒迪到达周王下榻处，奉劝他即大位。丙戌，周王在和宁之北撒撒格淖尔即皇位。之后，返遣撒迪回京师，敕："朕弟素来常读史书。如今在理政之余暇，广与贤明之士大夫谈论史书，应知古今平安、动乱和成败得失之礼。卿回到京师之后，向朕弟好生传递朕之意。"

陕西之地从泰定二年（1325 年）开始大旱，民饥而人食人。

· 龙凤纹金马鞍饰 ·

可汗下令重新起用张扬好，封其为西翼行台御史中丞，派遣他到各处发放钱粮。当初，张扬好辞官在家，可汗曾降七次旨令请他，他不肯来。这次，可汗的谕旨一到，他立即乘车前来。路过华山，到岳祠烧香祈祷，大雨连降三天。他到任上，立即着手分发钱粮，赈济百姓。听说有人杀自己的儿子给母亲食用，张扬好痛哭一场，拿出自己的钱养活那人之母，并把那孩子的肉传送给属下府官们看，斥责他们分发钱粮不到位。

据《续资治通鉴》记载，圣洁善气成吉兆，混浊恶气生祸根。当时，周王兄弟倒行逆施，引发了天怒人怨，因此，混浊恶气布满大地，干旱成灾，民众遭受了诸多灾难。可知天人感应之速如槌子一击、鼓之响动一样迅速。此非大加防范之事吗？

春中月，文宗图帖睦尔封自己的弘吉剌氏为皇后，追封周王母亲亦乞烈氏为仁献章圣皇后，追封自己的母亲唐兀氏为文献昭圣皇后。撒迪回到京师，民众听到周王即位，欢欣鼓舞。文宗图帖睦尔对廷臣说："撒迪归来说我的兄长已即皇位。凡二月二十一日以前除官者，速与制敕，后凡任职，其诣行在以闻。"

春末月，文宗图帖睦尔遣右丞相燕铁木儿奉可汗宝玺送至可汗行在所；嘱有司奉金一千五百两、银七千五百两、蟒缎四百匹等诣行在所，以备赐予；并命廷臣说："宝玺既北上，继今国家政事，遣人闻于行在所。"

夏初月，燕铁木儿到可汗行在所，率领众大臣将宝玺奉上。可汗大加赞赏燕铁木儿的功劳，封其为太师兼中书右丞、开府仪同三司、上柱国、知军国大事、国史院指挥达剌罕、太平王；并敕："在京师，凡朕弟曾任用的官员，一律照旧。卿替朕宣布朕之意。"燕铁木儿言："可汗乃万民之主。国家大事均出于中书省、枢密院、御史台，所以，必须选忠贞之人为之！"

可汗允准，敕封武宗可汗时期的勋旧哈八儿秃为中书平章政事，伯铁木儿为知枢密院事，孛罗为御史大夫。是日，可汗在行所设宴，专门对御史台众臣说："太祖可汗曾经教诲众大臣说，好女、好马，人皆企望，然而一心沉溺则身败名裂。卿等是执法的首辅，所以不要忘记这个教诲。世祖可汗建立御史台之初，对阿扎尔、塔察儿[1]二人说，天下朝政如一人之身躯，中书省是其右手，枢密院是其左手，双手染疾则应请良医医治。中书省和枢密院受贿过失，应由御史台进行治理。凡诸王及众大臣中违法乱纪者都要揭发出来进行指责。再则，对朕的过错，卿等及时予以指出，朕绝不斥责你们。"文宗图帖睦尔在京师建立起都督府，并遣使向明宗可汗报告各衙门官员的编制情况，明宗可汗一一应允。明宗可汗遣使到大都，敕中书左丞铁木儿补化替代自己祭祀郊庙社稷，告知其自己已即大位；又派遣武宁王撒撒格图[2]和平章政事哈八儿秃立文宗图帖睦尔为皇太子。可汗对中书省臣下谕旨："朝政一切大小事先向皇太子禀明，之后再向可汗报告。"湖南、湖北、山东等地干旱，民饥。铁木儿补化以久旱等事向皇太子乞辞丞相职并建议另请贤德之人充任。皇太子遣使向可汗禀报，可汗对左右诸臣说："修德以应天慈是君臣应尽之事，铁木儿补化的话极是，朕畏上天之明谕，瞬时不能忘怀。待皇太子来后，共议利国利民之事之缘由，以实施之。"皇太子图帖睦尔遣使到四川，许愿赦囊家歹之罪。于是，囊家歹归附，蜀地遂安。不久，将囊家歹处死在大街，籍没其家。

夏末月，皇太子图帖睦尔欲迎接明宗可汗，从大都起程，到上都六十里店。陕西行台御史孔思迪言："人伦之中，夫妻为重。如今内外大臣得罪就刑后，其妻妾即断付他人，此与国朝旌表

---

[1] 阿扎尔、塔察儿——《元史》作塔察儿、奔特杰儿。

[2] 武宁王撒撒格图——《元史》作彻彻秃。

贞节之旨不符，是毁乃妇尽白事之义。况以失节之妇配有功之人，又与前贤所谓'娶失节者以配身，是己失节也'之语相吻合。乞太子，今后夫罪，妻儿该杀则杀，不该杀者待其丧事完毕后方可配人。此可定为一种法规。"皇太子允准。

·蒙古毡帐车图·

　　秋初月初一，日食。张扬好逝世。张扬好自上任以来，不在家里安居，而住在衙门里，夜间为民向上天祷告，白天为饥民分放钱粮。每每想起民众之苦，捶胸痛哭，致使染病去世。关中地区的民众痛悼其如失父母，很多人披麻戴孝、各尽所能为他做后事。至顺时，追封他为平章政事兼济国公，谥号文忠。监察御史巴图[1]言："上次出兵平定叛乱时，为军需和赏赐官兵耗费了无数的钱粮。决算一年的钱粮，已经超支很多，加上前来谒见的诸王们赏银未兑付，又兼陕西地区饥荒中死难者尸骨遍野，冬春季节雨雪不适时，麦子均干枯，秋粮未播种，以致

---

[1]　监察御史巴图——《元史》作把的于思。

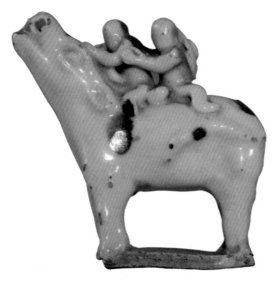

·影青褐彩童子骑牛摆件·

民众为求食而逃荒者倍增。臣乞可汗，确实有功于朝的必须奖赏者，应量其功过之大小和官衔之高低予以赏赐，这样既可节省钱粮，又能示以鼓励；要制止那些豪取巧夺之辈的苛求，以安抚普天下之民众。"可汗非常赞赏他的奏请，遂令中书省将此奏呈向众大臣们通告。

秋中月初，可汗来到名叫旺兀茶都的地方。丙戌，皇弟、皇太子图帖睦尔觐见可汗。可汗降旨设宴招待皇太子及诸王、大臣于行宫。庚寅，可汗骤然驾崩，享年三十二岁。遗体葬于起辇谷。谥号翼献景孝可汗，庙号明宗，蒙古号忽图克图可汗[1]。

《元史续编》中胡粹中称，据勋旧大臣所言，当初燕铁木儿奉送印绶之时，明宗可汗身边有的人不尊重他，为此，他既生气又害怕。不久，可汗骤然驾崩，燕铁木儿听到哭声立即跑进蒙古包，拿起玉玺，朝南方飞奔而去，欲扶文宗上马。可是原史上称："明宗崩，帝入临哭尽哀。燕铁木儿伪称皇后之命，奉可汗玉玺授予帝。"这两则记载明显不一，必是时人隐瞒事实。

据《续资治通鉴》记载，周王是武宗可汗的长子、图帖睦

---

[1]　蒙古号忽图克图可汗——《元史》称护都笃可汗。

尔的胞兄。图帖睦尔为了夺皇位，害死了胞兄，这种人能为天下之主吗？那么，为什么不写成"害死"呢？

说唐朝陈弘志叛，却写成"宪宗皇帝骤然驾崩于中和殿"；在此，把周王也写成"骤然驾崩"，前后一样。明显是反叛和暗害。唐宪宗皇帝本来有病在身，所以反叛同党隐瞒自己的所作所为，故意写成病故；而周王原先根本没有病，图帖睦尔前去觐见，他就骤然驾崩，显然是谋害无疑。所以，此是在揭示其谋害罪和当时大臣、子侄辈不敢明说的事。有文献记载，从《顺帝实录》看，后至元六年（1340 年）所颁的诏书中称，因为文宗可汗的反叛行为，明宗可汗含恨而逝。文宗的倒行逆施和谋害罪行显而易见。史籍中之所以写成周王"骤然驾崩"，其原因在于反叛、暗杀可汗是弥天大罪，要想加罪于人，必经细细审处以做到毫厘不差方可，怎能单凭猜想简单记载呢？查阅史籍，文宗驾崩后，有其儿子特古斯在世。而文宗皇后不让自己的儿子即皇位，却把明宗之子宁宗扶上了皇位。不久，宁宗驾崩，接着把宁宗的兄长顺帝从广西请过来即皇位。如果文宗真的暗害了明宗，其皇后立仇人之子，不怕其日后来复仇吗？即或自己没有儿子，在无奈之下也不会立仇人而应力寻他人，更何况自己还有儿子呢！就算是妇人之见，没有考虑到这点，还有与她同行的燕铁木儿等人，难道他们也不考虑自己所做的罪孽吗？这肯定是文宗以顺帝不是明宗可汗的亲生儿子而将他排斥在外之故，为复仇起见而设陷阱并加以反叛之罪，这是无可置疑的。所以未敢加大罪。那么，顺帝真的不是明宗可汗的儿子吗？说顺帝生在朔漠，谁能知道他的虚实？如果说他是瀛国公之子，我怎么也不敢相信。

我拉喜彭斯克想，有人说明宗可汗没病没恙而骤然驾崩，

其中必有嫌疑。福与祸不一定都有先兆，死不一定都是因病所至，怎能说猝死是绝对没有的事呢？再说，宋太祖驾崩的时候，晋王赵光义只身在其身边，近侍在灯光下从远处看时，皇帝说完话用手击地，最后说了一句"好自为之"便驾崩。对此事，中原史家心中疑惑，曾经有过许多议论。如今，单凭一个"骤然驾崩"就能把弥天大罪加到文宗头上吗？对其冤屈，胡氏早已澄清。不可挽回的是，当时文宗已登大位，拥有了权势。再者，周王远在北疆，文宗一点不怕他闯进内地夺皇位。既然这样，为什么还要急急派遣使者请周王来即大位，然后又杀死呢？而且，明宗登基之后，封文宗为皇太子。总体来看，文宗很显然是追随明宗的善行的，可是一些人却以恶意的猜想加弥天大罪于文宗。我在这里进一步肯定胡氏的评论。

皇太子图帖睦尔在上都复继大位。下诏书大赦天下。诏曰：

"当初，朕将临时即位之事诏告于众，既而遣使邀朕兄，又派燕铁木儿奉送玉玺。朕兄即皇位后即刻赐朕皇太子印章。

·半桃形铸铁马镫·

朕受厚恩，为实现夙愿而欣慰，遂率众臣奉迎可汗。秋中月初一日可汗到达旺兀茶都之地时，朕急忙上前觐见可汗，亲兄弟久别重逢，悲喜交加。朕兄从远处来，跋山涉水，经寒暑、风雨，吃尽苦头，自春天一直行到秋天，因有失调养，几天后便驾崩。于此，朕悲痛至甚，一直到今天哀叹达旦。诸王、首辅大臣言，祖宗基业之隆，先帝付托之重，天命不可违，宜速承袭大位，以安万民。朕以先可汗奄息方新，何忍即位，乃再三推辞，耐众请弥坚，伏阙者三日，为宗社之大计，敦请甚坚，朕不忍违众言，乃于八月十五庚子日继可汗位于上都。自天历二年八月十五日以前，罪无轻重，咸赦除之。裁定之余，莫大乎使民安逸，民众之事若不与和谐之道相吻合，则有失职之嫌。亦惟尔中外大小之臣，各究乃心，以称朕意。"

敕伯颜为左丞相，贺其业勒图、阿尔斯兰[1]、赵世延为平章政事，多儿只为右丞相，阿荣、赵世安为参知政事，塔失铁木儿为知枢密院事，铁木儿补化、铁木儿脱为御史大夫。可汗谕旨："朕遣近侍赏赐诸王、驸马。诸王、驸马不要收取颁发赏赐之人的什物，服饰、坐骑则可以接受。违法者以贪污罪论处。"敕："翰林国史院、奎章阁等衙门的学士们采辑本朝典故有关条例，以唐、宋《会要》为榜样，编撰《经世大典》。"

秋末月，可汗驾临大都。可汗谕旨，一改以往藩王时所镇守地方的名称。建康称集庆，江陵称中兴，琼州称乾宁，潭州称天临。史惟良上疏称："如今天下被灾郡县甚多。民众贫穷之际，过于崇尚豪华则国库将空虚。民众饥馑之际，应提倡维修陈旧。遵循世祖可汗体例，驱逐贪婪之官吏，停止土木工程，禁止无益事项。如此，上天的不祥之兆可变吉兆。如不这样，会酿成弊端，盛世和乱世自然会分明。"可汗嘉纳其言。

当初，镇南王脱不花逝世后，因其儿子孛罗不花年幼，命其叔铁木儿补化承袭王爵。孛罗不花既长，铁木儿补化请求将

---

[1] 阿尔斯兰——《元史》称阿儿思兰海牙。

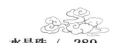

王爵归还给侄子。可汗非常赞赏铁木儿补化所求，把镇南王爵位归还给孛罗不花，封铁木儿补化为宣让王，并嘉奖载入史册。可汗谕旨，加封大都城隍为护国保宁王。

先皇曾经遣使到西藩萨迦寺聘请阿南达八德乞牙喇嘛。冬末月，阿南达八德乞牙喇嘛来到京师。可汗令首辅大臣为首的众臣在三十里以外迎接，可汗亲自在城门外出迎。可汗请喇嘛到皇宫里，亲自献贡品、恭听讲经，敕为福田，并敕封其为可汗的至尊喇嘛和教主，降旨免除喇嘛、和尚的一切赋税，广传无上的佛教。

据《续资治通鉴》记载，可汗和大臣们向帝师跪拜敬酒，而帝师稳坐于榻，无动于衷。唯有国子监祭酒孛术鲁翀向帝师立着敬酒说："帝师您是释迦牟尼佛的弟子，所以是天下僧人之师；我乃孔子的徒弟，所以是天下儒子之师。因此，你我二人不必互相施礼。"帝师笑而接过杯酒，一饮而尽。在场的众人大吃一惊。

翻阅《元史》，知元朝起于朔漠，固崇尚释教，及得西域，乃郡县吐蕃之地，而领之于帝师。帝师之命与可汗之命并行于西域，敬尊之道无不为之。可汗、后、妃、诸王均对他顶礼膜拜，受戒。上朝之时，百官排列肃立，而帝师坐在可汗身旁。如果帝师上朝，则事先由中书省首辅大臣和数百个骑士到驿站迎接。当他到来时，首辅大臣为首出城迎接。首辅大臣向他跪拜敬酒，而帝师毫不理会。唯独天历年间的孛术鲁翀敬酒时，敢于顶撞他。蒙古人中数百年间出现这样一个人，所以史臣称赞他，做此记载。可知此前，无一人能与帝师抗衡。而孛术鲁翀所见的那位帝师是与他同一代的弟子。当时，简直把这位帝师奉为人上人了。是时，孔子、孟子的儒教盛行于朝野，继承其教的弟子们以士大夫之身份受人尊敬。当时，如果见到帝师那样的人不知道怎样敬重，撰写史籍的人必然大加赞赏，相比之下，孛术鲁翀有什么可羡慕的。

我拉喜彭斯克认为，崇信佛教的蒙古可汗和中原王朝的皇帝未像秦政[1]那样焚烧过书籍，仍然采纳儒教的治世之道。可是，一些儒教的弟子们时时与佛教相对抗，诽谤崇拜者和被崇拜者。而今，愚讷眼拙的我对儒教一无所知，但为求得先哲们的教诲，胡乱谈谈自己的意见。佛教之清净说教中，有关于平庸者取得与舍弃宣称有十项黑暗与十善白福之说。结合儒教书籍可看出，《诗经》和《楚辞》以及《中庸》中提倡的男女有别是对淫欲之禁戒，《孟子》中提倡的非道则指送来的江山社稷不取，虽见千车之马犹如视而不见。孟子曾经说过，如果不合乎道义，连一粒米都不要别人的。这是不与而受之戒。概括起来，舍弃之理忽隐忽现，一般为八种书籍叙述，有三门之差。关于取与舍的后果，说成来世祸福的促成也不甚精确。一般来说，平庸者不甘失去，也不会去理解更深更细的道理。再者，佛教在汉明帝[2]时期才传入中原地区。从古代的圣贤、皇帝和臣下们一直到孔子、孟子，均属高贵者，他们为了造福人民启用了儒家治国之道。如果孔子以前或孔子时代佛教已传入，孔子一定会将儒家的学说结合佛教，互补互辅，将佛教广泛传播。有人说《论语》称，对鬼神敬而远之。显然，孔子是不崇尚佛教的。又有人说："我以为这些话可能是道教徒或孛额们崇拜的上天、神祇、鬼蜮们的邪说。佛教理论深奥，逐字逐句地聆听必然会信奉。"有说，"然则，自汉朝以来，精通儒教的学者不少，难道他们都不知

---

[1] 秦政——秦始皇嬴政的缩写。

[2] 汉明帝——东汉明帝，58—75年在位。

道你所说的道理吗？"我说，他们虽然是超过我千万分的贤者，但他们没有认真聆听佛教的清净学说。有的虽然聆听一二，但不知其理；有的虽然用心聆听，但因以往的成见不能理解其含义，却也并非像信奉儒教者鄙视佛教那样妄加评论。我在这里把佛教与儒教加以比较，陈述了两者的不同，不是像信奉儒教者贬低佛教一样强词夺理。正如故事中所说，井底之蛙不知大海广阔，像我这样的人，怎能鄙视儒教呢？所以无论是谁，对各种学问，尤其对儒教，进行认真的研究是大好事，对此我非常赞赏，但要做到不以狂妄之心玷污所学知识，始终与佛经结合起来进行研究。按《sain ugetu erdeni yin sang》一书的教诲，不脱离佛经意旨，虽然与万千事业的创建者的关系微乎其微，但凭借佛教的威力，为回答孛术鲁翀、胡氏等人的问话，不嫌自己知识浅显，不顾高明志士的耻笑，为解聪慧者的烦闷，以本人愚笨之见说了许多荒唐的话，请诸位贤明的学者体谅并给予修正。

12. 札牙笃可汗

文宗可汗讳图帖睦尔，武宗可汗的次子，先前被封为怀王。当泰定帝驾崩后，首辅大臣燕铁木儿请他来即可汗位。可是他再三推让，并遣使前去请自己的胞兄明宗可汗。其间，他署理政务。明宗可汗驾崩后，他继大位。

庚午，至顺元年（1330 年）。春正月，命赵世延、赵世安二位编修《经世大典》。

春中月，因为《经世大典》迟迟不能完稿，专命奎章阁大学士阿齐特木尔[1]、忽鲁都儿迷失把用蒙古文写成的典章译成汉

---

[1] 阿齐特木尔——《元史》称阿邻帖木儿。

文交给赵世延、虞集，责成燕铁木儿组织编写，写成国史一样的书。奎章阁大学士忽都鲁都儿迷失、撒迪、虞集等人推辞，可汗谕旨："先前我的祖辈睿智，深知治国方略。微躯以统绪所传，夙夜忧惧。比之父祖，朕远不如其生来知之之明，更兼年幼，从事之事艰险，于治国之道，岂能周知。故立奎章阁，置学士员，日以祖宗明训、古昔治乱得失陈说于前，朕洗耳恭听。卿等施展所学以构朕意，其勿复辞。"敕封秦朝蜀郡太守李冰为圣德

·献文庙铜爵祭器·

广裕英惠王，加封其子二郎神为英烈昭惠灵显仁祐王。

诸王秃坚占领云南返途中，攻陷中庆路，杀死廉访司衙门大臣，俘获左丞相忻都。秃坚自封为云南王，以伯忽为丞相，阿禾、忽剌忽为平章政事，筑城立寨，焚烧国库，与中央抗衡。敕明宗可汗次子仁钦巴拉[1]为郿王，敕阿布海[2]为平章政事。御史台臣上言指责："平章政事多儿只为封官事造成混乱，贪婪无度，已经真相大白。"可汗下令依法治罪并削其职务。敕伯颜为御前太保、录军国重事、知枢密院事。诏谕中书省衙门大臣们："过

---

[1] 仁钦巴拉——《元史》称懿璘质班。

[2] 阿布海——《元史》称阿卜海牙。

·西亚细密画——蒙古大帐备宴图·

去在世祖可汗时期，尝以丞相一人总领庶务，故治出一，政有所统。今燕铁木儿为右丞相，伯颜为知枢密院事，左丞相勿复置。"

春末月，可汗降旨封皇子拉达纳达拉[1]为燕王。廷试进士，赐笃列图、王文烨等九十七位及一、二等进士。将明宗可汗的神位移进太庙。命豫王阿剌忒纳失里率领众将军去镇压云南诸王秃坚。

夏中月，可汗坐大明殿，燕铁木儿率文武百官奉可汗尊号"钦天统圣至德诚功大文孝可汗"。是日，改元至顺。

可汗赴上都。敕亦列赤为平章政事。知枢密院事阔彻伯、脱脱穆而，通政使吉尔哈郎等密谋反叛，事发，可汗下令把他们全部逮捕并依法处死，籍没其家。

据《续资治通鉴》记载，阔彻伯等人看到燕铁木儿权势过人，便密谋杀死燕铁木儿。有人证实，经过审讯，全部依法处死，籍没其家。《续资治通鉴》阐明，凡被记载于史书上的乱臣贼子，得善终者绝少。阔彻伯、脱脱穆而等对主子忠心耿耿，进善言，抵制了恶势力，而没有得到善终，别人又何足道？当时，是燕

[1] 拉达纳达拉——《元史》作阿剌忒纳答剌。

铁木儿陷害他们而文宗可汗审讯他们，将斩于市曹，籍没其家。
法律混乱到如此地步，君臣均成了有过失的人。

据我拉喜彭斯克之见，《元史》称阔彻伯、脱脱穆而因为
反叛可汗而被处死。可是，据《续资治通鉴》记载，二者因为
密谋杀死燕铁木儿而被处死。果真为杀死燕铁木儿而密谋，岂
不是和《续资治通鉴》中记载王著杀死阿合马之事的议论一样，
"王著没能正当处死乱臣贼子，怎能逃脱无视主子的罪？"如今，
从赞叹阔彻伯等人欲杀死燕铁木儿一事看，前后评论相互矛盾。
史家撰写史书时，易对此毫无顾忌，以为这样说正确，那样写
确切，于是随心所欲，褒贬交替。因此我分情况予以阐明。

云南宣慰司使禄余叛变，勾结秃坚，罗罗斯等诸蛮都跟着
反叛，杀死了平章政事铁木儿补化。可汗命诸王云都思帖木儿
率领江浙、湖南、江西三省大军两万，与湖广行省脱欢一起前
去征讨。四川军至云南的雪山峡打败了罗罗斯军，遵照可汗的
旨意，立行枢密院讨云南，以彻里铁木儿为知行枢密院事，以
探马赤、教化为同知、副使。又令朵甘思、多思麻及巩昌等处
军一万三千人征讨云南。彻里铁木儿同镇西王树八 [1] 等由四川，
教化和豫王阿剌忒纳失里等由八番，分道进军罗罗斯。罗罗斯
土司官桑加伯合乌蒙蛮兵，攻打建昌县。云南行省右丞跃里帖
木儿迎战，斩首四百余级。四川军在芦古驿之地打败了桑加伯
之军。原丞相铁木迭儿之子锁柱、观音奴之妹夫伊拉海 [2] 等人怨
恨可汗，造符篆祭北斗诅咒。有人证实后，诏中书衙门审讯时
供出了前刑部尚书乌马儿、前御史大夫孛罗、上都留守马儿等
同伙，俱招供，全部处死。

---

[1]　镇西王树八——《元史》作镇西武靖王搠思班。

[2]　伊拉海——《元史》作野理牙。

据《续资治通鉴》阐述，孟子说："君子之泽，五世而斩；小人之泽，亦五世而斩。"铁木迭儿以奸邪从旁独揽权柄，其子锁柱染上了父亲的坏品质，其恶毒的教诲犹存。这种人不应享受国家的俸禄。造符箓祭北斗，进行诅咒之后才依法惩处，不是太迟了吗？这正是昏君和愚昧者永不改变的毛病。什么时候暴露在其脸面上、表现在其声色中，才能知晓。

秋初月，中书省诸臣言："近几年，国库快要空虚了，其原因有五个。一是赏赐，二是佛事，三是建新衙门，四是蒙骗巧取，五是续增卫士鹰坊。请汰减此类事。"可汗允准。

闰七月，加封孔子父亲叔梁纥为启圣王，母亲颜氏为启圣王夫人，颜子为兖国复圣公，曾子为郕国宗圣公，子思为沂国述圣公，孟子为邹国亚圣公，河南程颢为豫国公，伊阳伯程颐为洛国公。

秋中月，可汗驾临大都。大宁地震。敕告天下学习蒙古文。

冬初月，可汗在大明殿斋戒三日。辛酉，可汗服大裘、衮冕祀昊天上帝于南郊，同祭太祖成吉思可汗画像。赐伯夷、叔齐庙额清圣寺，每年春秋以羊祭。云南秃坚、伯忽等人横行霸道，乌撒、禄余也倚仗其势。乌蒙、铜川诸蛮约定攻打顺元。可汗遣使，命四川、云南行省急速进讨。于是，四川行省平章塔出引兵由永宁，左丞相孛罗引兵由青山并进，在周泥驿与禄余等交战而胜，夺其关隘。又有桑加伯、安达[1]率领诸蛮一万五千兵前来助战，瑶鲁特木尔率兵在木托山应战，斩首五百余级。

冬末月，敕将汉代董仲舒画像请入孔子庙，排在其七十二位弟子末尾供之。

据《续资治通鉴》阐述，不能说文宗可汗所推行的一切都

---

[1] 安达——《元史》作阿答。

合乎道理，但唯有重视儒家这一点颇合乎时理。先前追封孔子父母以及颜回、曾子、子思、孟轲、程颢、程颐，如今又敕将董仲舒画像安放在孔子庙中祭祀。这是保护贤者、扶持名士、彰示忠厚、爱育贤良的正确举措。

敕封燕王阿剌忒纳答剌为皇太子。监察御史上言："昔封裕宗可汗为太子后，世祖择耆旧老臣如王颙、姚枢、萧瑜等为师保、宾客。今皇太子仁孝，诚宜慎选德望老成之臣、学行纯正者置于太子左右俾之辅导，以诚教诲，施展太子才学，实宗社生民之福。"可汗嘉纳其言。

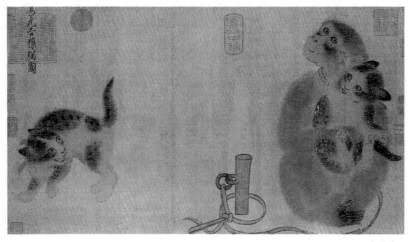

· 猴猫图 ·

辛未，至顺二年（1331 年）。春正月，仁德府临时指挥使曲木[1]纠集义军讨云南叛贼。首败伯忽于马龙州，杀其弟拜延；再战于马金山，俘获伯忽及其另一个弟弟伯颜察儿，其党拜不花、卜颜帖木儿等十余人，诛之。余贼溃散，唯独禄余占据金沙江。有旨进兵讨之。皇太子阿剌忒纳答剌殁。镇西武靖王搠思班、豫王阿剌忒纳失里等征讨云南，与瑶鲁特木尔奋进，夺取金沙江，

---

[1] 曲木——《元史》作权达鲁花赤曲术。

与阿禾交战。阿禾大败溃逃。大军直趋中庆，到南宁州，又大败贼军，禽阿禾，斩于军前。敕在京师西北角筑起五福太乙殿，一年四季祭祀之。

据《续资治通鉴》小字注解，五福太乙者为上神之星，在二百二十五年内游行五宫，即自乾至震，自艮至巽，自坤至元，回到乾，每宫留住四十五年，所到之处均赐福禄。是年位在乾宫。

敕封伯撒里为平章政事。

春末月，司徒香山言："陶弘景[1]《胡笳曲》有'自宸飞天历……终是甲辰君'之语，今陛下生年、纪号，实与之合，此实受命之符，乞录付史馆，颁告中外。"可汗诏翰林、集贤、礼部文臣合议之。翰林诸臣议以谓："唐朝开元年间，太子宾客薛让进武侯鼎铭云'上玄降鉴，方建隆基'，为玄宗受命之符。姚崇表贺以上书。后来宋儒司马光斥其采偶就之文以为天命吉兆，是小臣之谄，而宰相信以为真，是侮其君。《续资治通鉴》小字注解称天历乃文宗可汗的年号，甲辰是文宗可汗生年，太极则是隆基，今陶弘景之曲，虽于生年、纪号若偶合者，然陛下顺应天恩，承袭国政，于今四年，薄海内外，罔不归心，所以不必拾取胡乱歌唱之妄言以为符命。这是显见之事。如从其所言，恐滋生别样阴谋，非定民心之举。"可汗纳其言，事遂罢。

据《续资治通鉴》记载，朱子说："性柔而无中庸，位在下卦而开心，出现了困乏之相。对此虽无应合之事，如伤心而能改悔则无失误。"教诲他人务善，其心深远。为人臣者，引导主子务善，这是无上好事；引导主子走向邪路，这是莫大的坏事。司徒之职本不小，而因以符兆之事禀呈主子，结果把主

---

[1] 陶弘景——南朝梁时丹阳秣陵（今江苏南京）人。中国古代著名的医药家、炼丹家、文学家，人称"山中宰相"。作品有《本草经集注》《集金丹黄白方》《二牛图》等。

子引向了邪路。这岂不是以美食、欢欣而使人困乏吗？如果是这样，除了自己懊悔外，会得到什么益处？把事情如实地直叙，其义自见。

浙西地区发大洪水。

夏初月，武陟地震。豫王阿剌忒纳失里、镇西武靖王搠思班等进军云南，俘获云南贼首也不干等斩首。乌蒙、铜川诸夷均奉书归顺。从此，复又占领了永宁路，遣使报捷："叛贼或斩或俘。云南虽已初定，其余党逃窜山谷，因不能保其不再反叛，以半数兵力防守，另一半可撤回。"可汗敕以照办。

夏中月，《经世大典》撰修完毕。可汗赴上都。

夏末月，翰林学士吴成逝世，追封其为临川郡公，谥号文

·乔柯猿挂·

拯。中书省、枢密院臣联言："天历年间贼寇蜂起，众大臣战拒贼寇的赏赐指数未定。经臣下商定，诸王每人赐黄金一百两、白银五百两、金带一条、金丝绸缎十八匹。其他大臣每参战四次以上的，与诸王同；三次以下的，酌情赏赐。"可汗说："其余的均依汝等所言。唯独燕铁木儿首举大事仍全身披挂，伯颜镇服湖南贼寇，没有使朕中途操心，此二人怎能与其他人相比？"赐燕铁木儿七宝腰带一条、黄金四百两、白银九百两，赐伯颜金带一条、黄金二百两、白银七百两。其余应该赏赐的九十六人赏赐两千四百两黄金、一万五千六百两白银、九十一条金带、一千三百多匹绸缎。

秋初月，艺文少监欧阳玄言："先圣孙袭封衍圣公，爵最五等，秩登三品，而用四品铜印，与爵秩不称。"诏赐从三品银印。敕封伯颜为浚宁王。

秋中月初一，日食。可汗回大都。

御史台臣奏："四川参政马镕发粮饷云南军，中道辄还，预借俸钞以娶妾，又辱骂平章王寿昌，罪虽蒙宥，不宜任宰辅。"可汗说："纲常之礼、尊卑之分，懵无所知，何以居上而诲下？迅即撤职逐出。"命皇子固如答剌[1]为燕铁木儿义子，改名为燕特古斯。

秋末月，禄余又聚众攻打云南，都元帅怯烈打败他们，俘获秃坚两个弟弟、三个儿子并处死。禄余逃窜。

冬中月初一，日食。可汗诏燕铁木儿之子塔剌海为义子。

据《续资治通鉴》记载，可汗以前将儿子交给燕铁木儿为义子，如今又将燕铁木儿之子收为义子，犹如鞋帽互换，乱了纲常。在一般情况下，自己的儿子不在家养育怎能合乎情理？

---

[1]　固如答剌——《元史》作古纳答剌。

文宗可汗只知道燕铁木儿辅佐了他，而不知道他在摧毁着朝政；只知有奸佞，不知有国法。呜呼！不能清除弊端而又封其为臣宰，又偏爱至甚，能与他谈论人伦吗？纵观前后之事，那个时代甚是令人深恶痛绝。

湖北廉访使僧家奴言："自古求忠臣必于孝门。今官于朝者，十年不省亲者有之。其原因是虽有思亲之心，实由朝廷无给假省亲之制。古律，诸职官父母在三百里外，于三年后给定省假二十日以见父母；无父母者，五年后给祭陵假十日。依此推算，宜计地处远近，订立假期使拜谒。若以此为借口不去省亲则办罪，与诈奔丧者同科。"遂命中书省、礼部、刑部及翰林院、集贤院、奎章阁合议后施行。

壬申，至顺三年（1332年）。春正月，封孔子妻郓国夫人丌官氏为大成至圣文宣王夫人。高丽国王王焘遣其臣王元忠奉表，贡方物。

春中月，贼犯禄余言于四川行省："自从我的父亲被世祖可汗任命为乌撒土司宣慰使，佩虎符，素无异心。过去我被伯忽诱胁以至于此，如今朝廷诏赦，即率四路土司官出降。仍乞改属四川省，隶永宁路，安抚于我。"四川行省转报朝廷。可汗命诸首辅大臣合议之。

春末月，爪哇国遣其臣奉箔金书表及方物来朝贡。

夏初月，大宁路地震。

夏中月，可汗赴上都。大都城中发大声，地震。太常博士王瓒言："诸路请加封神庙，滥及淫祠。按《礼记》，以劳定国，以死勤事，能御大灾，能捍大患，则祀之。其非祀典之神，今后不许加封祀典。"可汗允准照办。白虹并日出，横贯而竟天。

夏末月，监察御史陈思谦言："内外臣宰非文武全才、出

·人形金饰件·

处系天下安危、能拯金革之难者，勿许夺情起复。"可汗允准照办。

据《续资治通鉴》记载，《书经》称，盛德日新则能容万众，心自满则九族散也。如今文宗可汗听信别人之言，停止起复，可以说是使自己的盛德日新了。夺情干预非上策，起复不是好名声。三年服孝期是古今通理，夺情干预符合哪家之礼？这正是军事必行之礼以外，平常事不得采用的礼数。文宗可汗听取臣下的谏言，下令禁止其行，证明他还是有接纳直谏的良心的。所以，寄语此处，以示嘉奖。

秋中月乙酉，陇西地震。可汗在上都驾崩，寿二十九，在位五年。遗体葬于起辇谷。上尊谥圣明元孝可汗，庙号文宗，蒙古谥号札牙笃可汗。

13. 仁钦巴拉可汗

宁宗讳仁钦巴拉，明宗忽图克图可汗的次子，初封鄜王。文宗札牙笃可汗驾崩后，丞相燕铁木儿言于皇后，欲立文宗札牙笃可汗之子燕特古斯为可汗。皇后未准，称："有可汗的遗言。"冬初月庚子日，在大明殿立鄜王仁钦巴拉为可汗。宁宗可汗降诏，诏曰："洪惟太祖成吉思可汗启建政权，世祖可汗统一万方，列圣相承，法度明著。

·虎咬马牌饰·

从此诸圣可汗秉政，国家太平。文宗札牙笃可汗，顾育眇躬，尤笃慈爱。可汗宾天之后，皇后传顾命于太师、太平王、右丞相、答剌海之父燕铁木儿，太保、浚宁王、知枢密院事伯颜等，谓圣体弥留，益推固让之初志，以宗社之重，属诸大兄忽图克图可汗之世嫡。乃召诸王宗亲，以至顺三年十月初四即可汗位于大明殿。此前，除反叛朝廷，谋杀祖父母、父母，妻妾杀夫，奴婢杀主，结仇杀人，印造伪钞，刁悍犯上等重犯不赦外，其余罪犯咸赦免之。尚赖宗王大臣、百司大小官员忠于职守，以合朕意。嘉与亿兆之民，共保承平之治。故兹诏示。"

敕撒迪为中书平章政事。

冬中月，封文宗札牙笃可汗之后为皇太后。因贫寒，赐诸王衮楚克[1]帛两千匹。

壬辰，可汗驾崩，年七岁，在位两个月。遗体葬于起辇谷。谥冲圣嗣孝可汗，庙号宁宗。

---

[1] 衮楚克——《元史》作宽彻。

14. 乌罕图可汗

顺帝讳妥灌特木尔[1]，明宗忽图克图可汗的长子。宁宗驾崩后，燕铁木儿上言皇太后，欲立燕特古斯。皇太后说："吾子尚幼，难以掌国家大事，明宗忽图克图可汗的长子妥灌特木尔在广西，现今已经十三岁，应该请他回来，立为国君。"乃命中书右丞阔里吉思迎接妥灌特木尔。当妥灌特木尔来到良乡，燕铁木儿具卤簿以迓之。燕铁木儿既见妥灌特木尔，并马徐行，具陈迎立之意。妥灌特木尔因年幼而受到拘束，一无所答。于是燕铁木儿不知出于什么原因怀疑上了他。太师又称："妥灌特木尔即可汗位，国将大乱。"因此，妥灌特木尔到京师后不得立。迁延者数月，国事皆决于燕铁木儿奏皇太后而行之。

癸酉，顺帝元统元年（1333年）。春末月，燕铁木儿逝世。皇太后与首辅大臣们商定立妥灌特木尔为可汗，并对妥灌特木尔曰："万岁之后，像武宗、仁宗那样传位于燕特古斯。"于是诸王、大臣奉上传国玉玺，夏末月初八己巳，即位于上都。

依我拉喜彭斯克之见，据《元史》以及《续资治通鉴》记载，至顺元年（1330年），文宗可汗的皇后与太监伯术同谋，计杀明宗皇后，将妥灌特木尔流放于高丽大青岛中。之后，复诏天下，言明宗生前常言妥灌特木尔不是他的儿子，且嘱将其移于广西。并且文宗可汗与其皇后杀害明宗可汗与其皇后之事如果属实的话，他们有自己的儿子，为什么要让明宗的两位儿子轮流着做可汗呢？哪有仇杀其父母而宠爱其儿子之理？当时的文宗可汗像宋太宗杀死廷美、德昭那样，不会杀死明宗可汗的两位幼子吗？再者，那两本书上明明记载说"明宗在朔漠之时，娶了罕禄鲁氏名叫迈来迪的姑娘，延祐七年生妥灌特木尔"，如果明

---

[1] 妥灌特木尔——《元史》作妥懽帖睦尔。

宗真的不承认妥灌特木尔是自己的亲生儿子，那么，他应该早就将其母子抛弃才对。这且不说，文宗可汗虽然驾崩，太后与燕铁木儿也知道这些事，那么，有文宗可汗亲生儿子燕特古斯在，为何去请别人的儿子妥灌特木尔呢？在这里，应该嘉奖文宗可汗与皇后的忠信仁义之举，他们不以自己的儿子唯亲，先后立明宗可汗的两位儿子。本朝大清圣祖皇帝曾经指出《续资治通鉴》中记载宋代、辽代、金代、元代的事情之时，对有些事实的评论带有明显的偏见和袒护之嫌，所记载之事有歪曲事实和相互矛盾之弊。在此，我以自己的愚知拙见进行了评论。

可汗颁诏，封伯颜为太师兼右丞相，萨杜瓦为太傅、左丞相。

秋中月，敕立燕铁木儿女儿伯牙吾氏为皇后。

冬初月，改至顺四年为元统元年（1333年）。封萨杜瓦为荣王，食邑庐州；让燕铁木儿之子唐其势承袭太平王；敕封伯颜为秦王。当天，秦州地面山崩地裂。诏秦王伯颜、荣王萨杜瓦二位统百官、总庶政。

冬中月，命省台衙门大臣分赴天下监狱审判刑事罪犯时，谕旨："案例清楚的，立即判决。被误判者，立即释放。案例有出入者，细审清理。案例有迁延，要办有司的罪。"

甲戌，元统二年（1334年）。春正月，汴梁降雨雪，人们的衣服都染成了淡红色。

春中月，可汗诏内外兴举学校。

春末月，敕脱不台为平章政事。彰德路下毛雨（鬃毛雨或毛毛细雨），色蓝而状如线。

据《续资治通鉴》阐述，下雪[1]与下毛雨不是常事，以往不

---

[1] 下雪——《元史》作血雨。

曾有，所以才当成一种凶兆。童子[1]说，国家失政，行将灭亡的时候，天降灾祸，以示警告。不能反省自己则难以解释天所示之异象，如不知悔改，会走向破损。但是，不信灾兆，不知警惧，把上天所示警告看成是自然定数，不知怎样抵制，导致恶果日长月增、天怒人怨而岂有不灭亡之理？呜呼！上天所示警告果真不虚假！

广西瑶贼反叛，杀同知元帅吉烈思，强抢国库。遣右丞杜拉玛希[2]率兵讨伐。追认吉烈思官爵，令其子孙袭职。益都、真定盗起，中书省诸臣言："请选官员前去督捕之。能够擒获盗贼者，限期赏赐外，捕获三个盗贼者，可封官爵。"可汗下令施行。

夏初月初一，日食。奉文宗可汗画像附于太庙，可汗亲自祭奠。可汗称赞许衡辅助世祖可汗，特选许衡之子孙当中的许从宗为章佩监异珍库提点。可汗赴上都。

夏中月，以唐其势代萨杜瓦为左丞相，萨杜瓦仍商量中书省事。

夏末月，唐其势辞去左丞相之职。敕萨杜瓦为左丞相，不久逝世。

秋中月，上皇太后尊号。颁诏大赦天下。当天，京师地震。鸡鸣山崩，下陷溢出水，方圆百里成为湖泊。湖广、河南自春末无雨，民饥，太白经天。

据《续资治通鉴》记载，朱子言："除了日食以外，雷鸣、闪电、山崩、洪水泛滥，这些都是莫大的灾难。理应诚惶诚恐，改善弊政。可是，幽王却毫不介意。"如今，从地震、山崩等现象看，顺帝必有不称天意之事。如果审慎处事、革新国政、

---

[1] 童子——为庄子之误。

[2] 杜拉玛希——《元史》作秃鲁迷失。

消除天灾、取悦民心的话，国家会接近盛隆平安，可是，败坏道德，沉溺于邪恶，每况愈下，由是，天下事日趋繁杂，实为可惜。

秋末月，可汗驾临大都。前三代皇后尊号及附太庙祭祀等事尚未商定。冬初月，伯颜问太常博士逯鲁曾："前代真哥皇后因无子而未立神主。如今应该立神主的是明宗可汗的母后，还是文宗可汗的母后？"逯鲁曾说："真哥皇后奉武宗可汗旨令曾受封皇后宝册。明宗、文宗二位可汗的母后都是可汗的妃子。如今，以无子为理由不立神主而将由妃子立神主的话，乃为人臣者对主子母亲的贬低，为人子者对自己父亲小妾的抬高。怎能步慕容垂之错误之举呢？"集贤院学士陈颢说："可是唐太宗可汗封曹王李明的母亲为皇后，所以也有两位皇后，有何不可呢？"逯鲁曾说："尧可汗没有随帝喾参加祭祀的事，不学尧而学唐太宗吗？"众大臣同意让真哥皇后的画像随武宗可汗画像。为此，封逯鲁曾为监察御史。

冬中月，可汗对台县衙门和行省衙门官员下令："选录有首领之才者各一人上报。"又下令："不得随便增建寺、观、庵、院。和尚、道士须缴纳五十贯钱才可发给度牒。"

乙亥，顺帝至元元年（1335年）。春中月，可汗下令欲狩猎于柳林之地。御史台众臣谏言："陛下春秋鼎盛，宜思文宗可汗托付之重，致天下于隆平。况今近处之民，供给繁劳，农务方兴，而驰骋冰雪之地，倘有衔橛之变，奈宗庙社稷何！"可汗嘉纳其言，放弃狩猎。前者，萨杜瓦去世后，封唐其势为左丞相、伯颜为右丞相。伯颜独揽大权。唐其势嫉妒说："天下乃是我家所定，伯颜何等人，敢在我的上头任职！"从此，生反叛之心，与其叔父句容郡王德里德勒[1]密谋，欲立诸王宏忽特木尔[2]为可汗。

夏中月，可汗赴上都。

夏末月，郯王撤撤格图举报唐其势密谋叛乱之事。唐其势知道事发，当月三十日在东郊伏兵并集聚勇士闯入皇宫。伯颜、

· 双马纹金饰牌·

乌力吉特木尔等人率领近侍也直入宫中，俘获唐其势，唐将皇宫的栏杆拽断。唐其势的弟弟塔刺海钻进皇后座位的台下藏匿，皇后用衣襟遮盖了他。近侍把他拽出来砍死，鲜血溅满了皇后的衣服。把唐其势押到市曹，依法处死。唐其势的同党们逃到

[1] 句容郡王德里德勒——《元史》作答邻答里。

[2] 宏忽特木尔——《元史》作晃火铁木儿。

德里德勒处，德里德勒召集朋党直奔皇宫而来。御林军迎击，德里德勒败逃到宏忽特木尔处，阿荣抓住他，押送到商都，依法处死。宏忽特木尔自杀。伯颜上言："皇后乃唐其势之妹妹，理应依法惩处。"秋初月，逮捕皇后时，皇后大声呼唤可汗："可汗救我！"可汗说："是你的兄弟们反叛，怎能救你？"于是，逐出皇宫。不久，在开平民舍里毒死。

秋中月，封皇太后为太皇太后。

秋末月，御史台众臣言："建国初宦官不过数人，今内府执事不下千余。乞依旧制，裁减冗滥，广仁爱之心，清除靡费之患。"可汗允准其言，遵照执行。可汗驾临大都。

冬中月，可汗敕封伯颜弟阿齐尔为王时，阿齐尔推辞说："我哥哥已经被封为王，再封我为王，不太合适。"于是封他为平章政事。平章政事彻里铁木儿在江浙行省当平章之时，看到驿站为铨选官准备的丰厚物品，感到很不满意。他进入中书衙门后，谏言制止铨选。监察御史吕思诚等十九人上奏否定彻里铁木儿的奏呈，因可汗不准，他们都辞职而去。可汗敕停止铨选。

据《续资治通鉴》阐述，呜呼！顺帝此举玷污了朝政！要选拔德才兼备的能人，没有比铨选更好的途径。如今，制止了铨选，这是颠倒取舍，紊乱纲常。如此，怎能使天下不乱？

当时，灾祸连连，可汗说："世祖在位多年，应效仿他。"于是降诏改元。诏曰："惟世祖可汗，在位长久，天人谐和，诸福威玉，朕祗绍天明，于今改元统三年为至元元年，赦天下。"

监察御史李好问上言："学旧制改元，自古未闻。如今虽然学其年号，而不履其辙，有何用？"后历数元统年间不如至元的十余条弊政，可汗没有降回旨。

冬末月，上太皇太后尊号"赞天开圣徽懿宣昭贞文慈佑储

善衍庆福元太皇太后"。诏说："太皇太后自有亲生儿子而心怀忠义，亲以大宝付之朕弟，后又付朕。两度定夺实乃前人、后者不能比拟，故与前臣商议以至孝之心封尊号，宣告天下。"

御史台臣劾奏彻里铁木儿的贪婪罪，遵旨罢免其职，流放于南安之地，不久死去。

丙子，至元二年（1336年）。春中月，追尊可汗生母迈来迪为"贞裕徽圣皇后"。

夏初月，以铁木儿补化为平章政事。可汗赴上都。

秋中月初一，日食。

秋末月，可汗驾临大都。

是年，到处出现洪涝、干旱、蝗虫等灾害，民饥。

丁丑，至元三年（1337年）。春正月，可汗狩猎于柳林之地三十五天。监察御史丑的、宋绍明劝谏，可汗赞赏纳谏，并且赐予金、帛。丑的等固辞，可汗说："昔魏徵禀报，唐太宗未尝不赏，今汝等应受之。"

据《续资治通鉴》阐述，嗜好野味而不醒悟者，被称为"乌春"[1]；嗜好喝酒而不醒悟者，被称为"朱努克"[2]。以往可汗、诸王当中，不曾出现过"乌春"或"朱努克"。如今顺帝进行狩猎，后来接纳了劝谏，看来似乎有向善之意。这次在柳林狩猎三十五天，其间，政务多有欠缺，灾祸频频出现，而他不思防范，更加疏忽大意，成何体统？《书经》称，陶唐为南极王，因他失道，淫乱纲常，招致灭亡。顺帝具有天子之高尚、四海之富庶，为何还要学那些军卒骑射等事？在此直书抨击之。

广州增城县民朱光卿率领其朋党石昆山、钟大明等反叛，

---

[1] "乌春"——古代生活在我国东北地区的部族之一，又称为"沃迪哈""窝德格""乌者野人"。

[2] "朱努克"——蒙古语音译，意即昏愦。

称大金国，年号赤符元年。还有陈州人棒胡以烧香叩拜，妖言惑众，在信阳州谋反攻破归德府，火烧陈州，立寨于杏冈。命河南行省左丞庆童领兵讨伐，虏获叛贼旌旗、书信、金印等送到京师。可汗敕诏中书省、御史台、枢密院、翰林院、集贤院等衙门的汉族官员：“你们细商歼灭朱光卿、棒胡的办法报上来。”不久，四川合州民韩法师聚众造反，称自己为南朝赵王。不久，均被镇服。

·佛像·

春中月初一，日食。可汗下令禁止平民穿戴麒麟、鸾鸟、凤凰、白雉、灵芝、二角五爪龙、八龙、九龙、“万”字符、福寿符服饰以及黄色衣服，并命定为律例；乐人、舞蹈人等不得穿戴彩色衣物，不得被披风，不得骑马。江浙等地饥民达四十万户，可汗下令颁发钞四十万锭赈济，并开山河之禁，任民自由开发为生计。

春末月，可汗降旨册立弘吉剌氏为皇后。皇后名为白音忽

图克[1]，是武宗宣召慈佑皇后的近亲，毓德王孛罗铁木儿的女儿。可汗下禁令，汉人与南人不得持军械，不得学习蒙古文字，没收他们的马匹充公。

·岩画——骆驼骑者鱼·

夏初月，可汗赴上都。

夏中月，民间讹传："可汗将从民间选取、拘刷童男、童女。"一时嫁娶殆尽。

据《续资治通鉴》阐述，世祖可汗时期并不是没有灾荒，而在那时，上下安然，原因是立政选用了能者，使民众心悦诚服。如今，顺帝即位以来，时政是非颠倒，出现"选取、拘刷童男、童女"的谣言，促成了灾难。这都是因为人心惶恐。

西藩贼起，杀镇西王子党兀班。遂令也孙铁木儿为行宣政院使，前往讨伐。丁卯，彗星见于东北，色白，尾长丈余，自昴星座至房星座，越三十五个星座，经六十三天而灭。

秋初月，湖南武陟县蝗虫从东方铺天盖地而来。知县张宽

[1] 白音忽图克——《元史》作伯颜忽都。

朝天祷告说："请求老天爷杀死我这县尹保佑百姓吧！"祈告毕，鱼鹰忽然成群地飞驰而来，捕食蝗虫殆尽。狗札里、沙的等人擒贼寇朱光卿、石昆山、钟大明等送到京师，依法处死。

秋中月壬午，京师地震，至丁亥方止。可汗驾临大都。

冬末月，丞相伯颜上言乞求杀掉张、王、刘、李、赵五姓汉人。可汗未准。

据《续资治通鉴》记载，伯颜之毒心在此事上暴露。当时，灾祸连连，贼寇横行，百姓涂炭，国政半途而废，元朝诸大臣应该进则尽忠，出则改过，剿恶助善，引进贤能，剔除弊政，才是不辱自己的职责。然他们不思和解，为何专务杀伐？五姓汉人犯了何罪？这些都是势利小人引导其主子犯错误的恶劣行径。若照他的言语行事，民众如何得到安居乐业？因此，在此直言记述，以暴露其恶。

依我拉喜彭斯克之见，单就此事，汉人之此五姓民众没有任何罪行，伯颜虽是强暴之徒，怎能提出以某种原因将其全部杀死的要求呢？而不同的三种书籍均论及此事之实。如果信其有，对杀死五姓民众的原因为何毫不提及？因此，请诸贤能之人予以明鉴。

可汗敕从萨迦寺请来阿南达马蒂喇嘛，奉为宗教大师，并聆听其诵经，作为福田而崇拜。

戊寅，至元四年（1338年）。春正月，以地震诏赦天下："内外廉能官，其父母年七十无侍丁者，附近诠注，以便就养。"

春末月，命平章政事阿齐尔监修《至正条格》。

夏初月，以探马赤、卓里克台[1]二位为平章政事。从河南俘获贼首棒胡，押送到京师依法处死。

---

[1] 卓里克台——《元史》作只儿瓦歹。

可汗赴上都，路经八里塘之时，下雹子，大如拳头，其形状如小儿手镯、蝴蝶、狮子、大象、乌龟、鸡蛋等。

夏中月，命佛家闾为考功郎中、乔林为考功员外郎、魏宗道为考功主事，考较天下郡县官属功过。

秋中月初一，日食。京师地震。可汗驾临大都。

己卯，至元五年（1339年）。春正月，禁止无故赋予僧人名爵。

夏初月，可汗赴上都。加封孝女曹娥为"慧感灵孝昭顺纯懿夫人"。

夏末月，汀州路长汀县发大水，平地水深三丈余，淹没民舍八百家，冲坏民田二百顷。为此，每户分发钞半锭，死者发钞一锭。

秋中月，可汗驾临大都。

冬初月，禁优盛服；许男子裹青巾、妇女服紫衣，不许着披肩、乘马。

冬中月，河南杞县人范孟挑起不法事。伪为传令使，杀湖南行省平章政事月鲁铁木儿、廉访使乌力吉不哈[1]等，以卸职者替补之；挟持大都路提举使归旸去守护河口，归旸力拒不从，贼寇发怒，把他关进大牢里。不久，帝师俘获范孟依法处死，贼寇同伙均获罪，归旸无罪获释。以往，朝廷欲录用归旸同乡吴炳为翰林代职使，而其人力辞不赴。贼首挟持吴炳，叫他编写《司卯酉历》的皇历，吴炳惧而无辞。当时人称归旸名扬，吴炳无荣光。不久，敕归旸从国子监衙门升为监察御史。归旸觐见叩首谢恩。御史台众臣向可汗言："此人是抗拒河南贼人的名士归旸。"可汗称赞道："这是一个好事情，卿该当如此！"并赐给上用的御酒。

---

[1] 乌力吉不哈——《元史》作完者不花。

诏命伯颜为大丞相，加元德上辅广忠宣义正节振式佐运功臣之号，赐七宝玉书、龙凤金符。

冬末月，伯颜向可汗谗言丹王撒撒格图，欲处死而未经可汗审批，后伪称上谕，私下处死了他；还上言欲罢宣襄王铁木儿补化及惟顺王衮楚克之职，而未等可汗旨令，私下削职。为此，可汗甚为不满。

庚辰，至元六年（1340年）。春中月，贬伯颜为河南行省左丞。伯颜杀死唐其

·战神图·

势后，独揽国家大权，擅自篡改法律法规，欺压百姓，进而耍阴谋诡计，使可汗大为烦恼。伯颜将自己的近侍交给燕者不花指挥，让他护卫自身，其前呼后拥的近侍队伍满街满巷，可汗的仪仗和卫队却日趋稀疏。伯颜养弟马扎尔台之子陶克陶胡[1]曾与父亲商议："大伯威风已过盛。万一天子发怒，我们都躲不过满门抄斩的厄运，不如事发之前谨慎从事以剪除之。"其父亲虽然赞同，却疑惑不定，久久不能决断。陶克陶胡找师傅吴直方商议此事。吴直方说："《传》[2]称，'大义灭亲'。大夫只顾为国尽忠便是，其他事有什么顾忌的？"有一天，陶克陶

---

[1] 陶克陶胡——《元史》作脱脱。

[2] 《传》——古汉文习惯称《左传》为《传》。

胡觐见可汗，上言欲舍去家眷为国效劳的决心。可汗没有领会他的意思。当时，可汗左右近侍全都是伯颜的同党，所以可汗只相信阿鲁、世杰班二位。可汗唆使他们故意与陶克陶胡交往，整天与他谈论忠义之事，知其真心，才确信。之后，可汗决定驱逐伯颜，并将此事告知陶克陶胡。陶克陶胡回到家，与师傅吴直方相商。吴直方说："此事关系到太庙社稷之兴亡，不能不谨慎。你与可汗商量此事之时，在旁还有何人？"陶克陶胡说："有阿鲁、脱脱穆而二人。"吴直方说："你大伯有威胁可汗的实力，所以，这等人如果奢望荣华富贵而泄露秘密的话，则可危及可汗，且你本人亦生命难保。"听此话，陶克陶胡立即将他们二位请到自己家里，大摆宴席，抚琴弹弦，通宵达旦。这次，伯颜请可汗出去狩猎，陶克陶胡劝可汗不要去。

伯颜再次请可汗出去狩猎，可汗命太子燕特古斯代替自己狩猎于柳林。陶克陶胡与世杰班、阿鲁商议，派遣自己管辖下的军队和怯薛军前去应付伯颜；又派人去收回京师大门的钥匙，并且调动自己所有的心腹之人排列于城门。当天夜里，将可汗请到玉德殿，命令汪家奴、萨拉顿[1]守护可汗；令中书省、枢密院诸大臣觐见可汗之后，使之列班于午门处等候命令；二更时分，命怯薛大臣永察儿带领三十名骑士去请太子入京城；还命令翰林学士杨瑀、范汇二人到皇宫里拟诏书陈述伯颜罪状，于四更时分派遣平章政事卓里克台送往柳林伯颜手中。诏书说："伯颜独揽大权，欺朕年幼，变乱法规，虐害天下。为此，今贬伯颜为湖南行省左丞。"黎明时分，伯颜派人前来在城门之下询问缘由。陶克陶胡从城门上宣告："奉旨只将丞相一人贬职，胁从者无罪。宜应各赴原职。"伯颜请求见可汗一面，不允。

---

[1] 萨拉顿——《元史》作沙剌班。

乃策马遄行，路过真定之时，有几位老者为其斟酒送行。伯颜问他们：“你们见过儿子杀父亲的事吗？”老人们回答：“未曾见过。只见过为臣弑其君之例。”伯颜听到后感到羞耻，低下了头。敕马扎尔台为太师、右丞相，塔失海牙为太傅、知枢密院事，探马赤为太保、御史大夫，汪家奴为中书平章政事，陶克陶胡为知枢密院事。己酉，彗星侵房星座，色白，尾迹约长尺余。彗指西南，渐向西北行，三十二天方灭。

·木佛塔·

春末月，漳州义士陈君用聚义军袭杀叛贼李志甫。敕陈君用同知漳州路总管府事。诏徙伯颜于南恩州阳春县安置。伯颜羞耻至龙兴路，在驿站病死。诏封马扎尔台为忠王。马扎尔台力辞答剌罕号，可汗允准。

夏中月，可汗赴上都。

夏末月，诏撤文宗庙主；徙太皇太后不答失里于东安州安置，不久逝世。逐太子燕特古斯于高丽国，在途中杀害。诏书云：“昔我皇祖武宗可汗升遐之后，祖母太皇太后为奸佞辈所惑，俾皇考明宗可汗出封云南。英宗遇害，正统浸备，我皇考以武宗之嫡，逃居朔漠，宗王大臣同心翊戴，肇启大事，于时以地近，先迎文宗暂总机务。继知天理人伦之攸当，假让位之名，以宝玺来上，皇考推诚不疑，即立为皇太子。文宗稔恶不悛当躬逆之际，乃与其臣月鲁不花、阿莱[1]、明里董阿等谋为不法，使我皇考饮恨宾天，归而再御宸极，思欲自解于天下，乃谓夫何数日之间，宫车弗驾。海内闻之，靡不切齿。又私图传子，乃构邪言，嫁祸于八不沙皇后，谓朕非明宗之子，遂俾出居遐陬。祖宗大业，几于不继。内怀愧慊，则杀阿莱以杜口。上天不佑，随降殒罚叔婶。不答失里，怙其势焰，废弃明考之宗嗣，而立孺稚之弟，不久夭亡。诸王大臣以贤以长，扶朕践位。国之大政，属不自遂者，讵能枚举。每念治必本于尽孝，事莫先于正身，朕赖天之灵，权奸并黜，尽孝正名，不容复缓，永惟鞠育罔极之恩，

· 彩绘白瓷人像 ·

忍忘不共戴天之仇。既往之罪，不可胜诛，故命太常撤去图帖睦尔在庙之主。削去不答失里的太皇太后之号，徙东安州安置。燕特古斯惟放逐高丽。当时，其同伙月鲁不花已死，以在世之

---

[1] 阿莱——《元史》作也里牙。

明里董阿等明正典刑。"

监察御史崔敬言："撤去文宗可汗在庙之主，削去太皇太后之号，已经做到了尽孝正名。可汗的弟弟燕特古斯尚幼年，放逐他不符天理人望。先皇驾崩之际，燕特古斯幼冲，不知其里，理应予以宽恕。平庸之人得到百两黄金，则置田买地，领养族人；富有四海而不容同胞兄弟，则不但受到异国他人的嘲笑，且是国家的耻辱。如果还有其他变故，则事关重大，臣愿以身家性命担保可汗的弟弟。请求将太皇太后母子请回京师，以完骨肉之义。"可汗无回旨。

据《续资治通鉴》阐述，文宗可汗虽然有弑杀长兄的嫌疑，但他舍弃自己的儿子，立侄子为太子，这不能不称之为忠信之举。如今之可汗乃是文宗可汗的兄长明宗可汗的儿子，所以，万不可造次。将文宗可汗的神主徙出太庙，又将婶母的太皇太后之号废除，这就是所谓的尽孝正名之道吗？又容不下一个燕特古斯，以放逐之名将其置之死地，怎能合乎仁义？顺帝虽然知道为自己父母昭雪，但却不知失去大义多么可惜。

依我拉喜彭斯克之见，《大学》所言："欲治其国者，先齐其家。"如今，顺帝偏信那些无根据的谣言，擅自施行不曾与贤明志者商讨的决议，对辅助自己的臣下施加了极刑，破坏了自己家族的纲常，结果失去了江山社稷。依我拙见，他之所以有这种行为，是因为嫉恨宁宗比其小而被先立；又以为如果燕特古斯安在，则自己的儿子将来难以继承可汗之位。因此，我深究他的本意，辨别于此。

秋中月，可汗驾临大都。

冬初月，右丞相马扎尔台请求辞去现职，可汗允准。敕陶克陶胡为右丞相，掌管军国大事。陶克陶胡自幼聪明伶俐，读

书时曾对自己的老师吴直方说："请让我每天都读书。每天都让我记住豪言壮语，以至终身。"时任丞相职，上言将伯颜[1]的所作所为叙述一遍，定为一年四季祭祀太庙，昭雪丹王的冤屈，召回宣讓、惟顺二位诸王，取消马禁，减少盐税，举行诤讼。内外一致夸赞他为好丞相。

冬末月，翰林学士承旨巙巙上言："自古以来，用人均以科举录用。如今废止科举，似有不妥。"可汗允准，恢复科举制度。敕罢文宗可汗增设的所有官员。

辛巳，至正元年（1341 年）。春正月初一，可汗敕改至元为至正元年。

春末月，翰林学士承旨巙巙诤讼之时，向可汗提议"重视学习"。可汗想观赏古代名画，巙巙找出郭忠恕的《比干》呈给可汗说："纣王不听其劝谏而至于亡国。"有一天，可汗看到宋徽宗所绘的图画，赞叹说："厉害！"巙巙说："宋徽宗虽然有才华，但他没能做好一件事。"可汗问："哪件事？"回答道："没能做好皇帝！因为他当权时亡国，所以没能做好皇帝。没能做好皇帝，他的其他才能无须颂扬。"

夏初月，可汗赴上都。敕特木尔铁失为平章政事。

秋中月，可汗驾临大都。

冬中月，湖广道州民蒋丙、何仁甫先后起兵占领江华等州县。蒋丙自封为顺天王。嵊峒二百余寨栅之瑶人群集掳掠，湖广行省平章政事巩卜班征平之。燕南、山东等地贼寇纵横勾结，其朋党多至三百余人。

壬午，至正二年（1342 年）。春正月，可汗下令在京师修通了金口河，深五丈，宽十五丈，工程人员达十万人之多。

---

[1] 伯颜——应该是忽必烈可汗时期的大臣伯颜。

春中月戊寅，可汗亲自考取进士。拜住、陈祖仁等七十八人分别考取一、二等进士。

春末月，大同地区饥荒，出现了人食人的局面。可汗下令从大都国库拿出粮食赈济。

夏初月，冀宁地震，声如雷震，地裂一尺多宽，民舍均倒塌。可汗赴上都。

秋初月，惠州罗浮山山崩。庆远路名叫莫八的人聚众造反，攻陷南丹，左、右两江等处。命脱朵钦[1]讨平之。拂郎国上贡奇异的马匹，长一丈一尺六寸，高六尺八寸，全身纯黑，后二蹄皆为钢。[2]

秋中月初一，日食。

秋末月，可汗驾临大都。诏遣湖广行省平章政事巩卜班率领河南、江浙、湖广诸军讨道州贼，平之。复平嵲峒堡寨二百余处。

冬初月初一，日食。

冬末月，京师地震。

癸未，至正三年（1343年）。春正月，辽阳地区名叫吾者野人、水鞑靼[3]的聚众造反。

春中月[4]，监察御史成遵等上言："可用科举终场下第的举人充学正、山长职。"可汗敕行。巩昌府秦州地区成集县、宁远县、伏羌县山崩。

春末月，诏修辽、金、宋三朝史略。以右丞相陶克陶胡为都总裁官，中书平章政事特木尔铁失、中书右丞太平、御史中

---

[1] 脱朵钦——《元史》作脱脱赤颜。

[2] 拂郎国上贡奇异的马匹……后二蹄皆为钢——《元史》作拂郎国上贡奇异的马匹"长一丈一尺三寸，高六尺四寸，全身纯黑，后二蹄皆白"。

[3] 吾者野人、水鞑靼——此是部名，而不是人名。

[4] 春中月——《元史》作春末月。

丞张起严、翰林学士欧阳玄、侍御史吕思诚、翰林侍讲学士揭系斯等为总裁官。

夏四月初一，日食。可汗赴上都。河南地区自夏四月至夏六月大雨连绵。

秋中月，可汗驾临大都。

秋末月，湖广行省平章政事巩卜班擒道州贼寇唐大二、蒋仁五，并送到京师处死。

冬初月丁戊，可汗将祀南郊，祭太庙。至宁宗室，问："朕为宁宗之兄，应不应该对他叩拜？"太常博士刘闻言："宁宗虽然是可汗您的弟弟，但他做可汗的时候，可汗您是他的臣下。早在春秋时代，鲁闵公是弟弟，僖公是他的哥哥，闵公因为先当君主，宗庙之祭，未闻僖公没有拜闵公。所以，可汗应该叩拜宁宗！"可汗听后，叩拜了宁宗位。

冬末月，中书左丞铁木儿补化请求辞去左丞之职。可汗允准，

· 五体文夜巡铜牌 ·

敕巴拉杰布哈[1]为左丞相。因丞相陶克陶胡举荐，诏征陶班[2]、乌力吉图、只儿哈郎、董立、李孝光、张枢等逸士。陶班、张枢二位推辞而不至。敕乌力吉图与只儿哈郎为翰林代职，董立为右撰，李孝光为著作郎。有人上言说这些人的职务过高时，平章政事特木尔铁失说："逸士们对朝廷无所求，而朝廷对逸士有所求，何况这等微小的官职？"有识之士都夸赞他。

甲申，至正四年（1344年）。春正月，敕制定守令官员的升降法，为"六事均备者升一等，三事备者平迁，六事俱不备者降一等"。所谓的六事者，即所属地盘上人口增多，开荒面积扩大，诉讼事宜偏少，消除窃贼，支出适当，有效地利用昌平仓。

春中月，敕贺唯一为平章政事。

春闰中月，敕陶克陶胡协理宣政院事。当时，诸山各寺主持和尚纷纷请求复立和尚衙门，称："我等被郡县管辖，受苦受难如陷地狱。"陶克陶胡答："如果复立和尚衙门，无异于在地狱中再立一个地狱。"不准。

春末月，敕那仁[3]为中书平章政事。

夏初月，可汗赴上都。

夏五月，陶克陶胡力辞右丞相职，可汗问他谁可以顶替他时，他举荐阿鲁图。可汗敕阿鲁图为右丞相，敕陶克陶胡为郑王。阿鲁图任职之后，推荐一个人为刑部尚书。有人反对说："此人软弱而且松散惯了，所以不宜在刑部任职。"阿鲁图说："那么，是否要选择一个爱杀人的人呢？如果选择这种人来做，必须考虑他是否强硬而且精干。所谓的尚书，必须细审案情，不冤枉人，

---

[1] 巴拉杰布哈——《元史》作别儿怯不花。

[2] 陶班——《元史》作脱因。

[3] 那仁——《元史》作纳麟。

·卧马形带链金挂饰·

不破坏法律，这样才是一个忠良之臣。在这里用不着强硬的人。"

秋初月，温州飓风大作，海水溢，地震。

秋中月，可汗驾临大都。

秋末月初一，日食。赐陶克陶胡金十锭、银五十锭、钞一万锭、绸缎二百匹。陶克陶胡力辞不收。

乙酉，至正五年（1345年）。春末月，七十八人考取进士。普颜不花、张士坚进士及第，其余分别获得一、二等进士。

夏初月，可汗赴上都。

夏中月，翰林学士承旨巎巎逝世。巎巎字子山，康里人，自幼在国子监攻读，精通数种文字，深得静心修身之道于许衡及其自己的父兄。此人威风凛凛，行为忠贞，所见者均知其为富贵之人；断事果决，捋须谈论，虽贤者、君子无人能超过他。每当天示灾祸，必谏可汗亲自修身养性以免除。他逝世后，因其家贫，无力安葬。可汗赐白银五锭，以资安葬。

秋中月，可汗驾临大都。

秋末月初一，日食。

冬初月，派遣奉使宣抚巡行各地，诏称："朕自即大位以来，至今已过十余年。本人身居万民之上，安居九重宫内，耳目所及岂能周到？故虽夙夜忧勤，觊安黎庶，而和气未臻，灾祸连绵，声教未洽，风俗未淳，吏弊未去，民瘼滋甚；或宣令使及在职者、纠劾之司，有失职之嫌。故遣官分道奉使宣抚，布朕德意，询民疾苦，疏涤冤滞，蠲除烦苛。体察官吏贤否，明加黜陟，有罪者，五品以上暂削其职，六品以下就地免职。民间一切兴利除害之事，悉听举行。"

虽然如此，当时派遣到各处的奉使宣抚与纠劾之司相勾结，互相隐瞒罪状。宋、辽、金三朝史编写成书，右丞相阿鲁图呈献给可汗。可汗说："史既成书，前人之善行，朕当取以为法，恶行引以为戒。然岂止激劝为君者，为臣者亦当知之，卿等体朕心，以前代善恶为勉。"

冬末月[1]，撰写成《至正条格》，颁行天下。

丙戌，至正六年（1346年）。春中月初一，日食。赐贺唯一蒙古姓，改名为太平，封御史大夫。山东地震，七日乃止。

春末月，贼寇李开务在闸河打劫商旅船只。两淮运使宋文瓒上言："世祖可汗开凿会通河千余里，每岁运米粮至京师五百万石。如今，贼寇不过四十余骑，劫掠船只三百艘，若不及时剿灭，恐运道阻塞。乞选能臣勇士征讨之。"可汗弗听。

夏初月，可汗赴上都。

夏中月，陕西饥荒。

夏末月，汀州连城县民罗天麟、陈绩万等反叛，陷长汀县。命江浙行省右丞忽秃可不花率兵讨之。不久，贼党名叫罗德用的杀死罗天麟、陈绩万二人归顺。云南彝族人死可伐聚众造反。

秋初月，可汗因一人善于抚琴而爱慕，欲晋升其为崇文监

---

[1]　冬末月——《元史》作冬中月。

承旨之时，参知政事道尔吉巴勒[1]举荐了另外一人。可汗发怒称："晋升官吏之事都由中书衙门做主吗？"道尔吉巴勒叩首称："可汗爱慕一人而予其清闲职位，后人会以此为例评说可汗。如今举荐其他人，是臣下我一人之罪，与中书省其他官员无涉。"可汗听了，称赞道尔吉巴勒，晋升他为右丞相。

秋中月，可汗驾临大都。

冬末月，靖州瑶人吴天保造反，攻占了黔阳、吴康、溆浦等县。湖广行省右丞沙巴克[2]领兵讨伐，为吴天保所败，吴天保附众过六万余人。右丞相阿鲁图辞职。先是巴拉杰布哈为暗害陶克陶胡欲与阿鲁图合谋时，阿鲁图说："我们也有辞职的时候。到时候，远近之人会怎样评论我们呢？"巴拉杰布哈再三说服他，阿鲁图始终没有答应。巴拉杰布哈怀恨在心，挑唆御史大夫上告阿鲁图"不适于丞相之职"。阿鲁图得知此事后，躲避到城外。阿鲁图的同伙们劝他亲自向可汗分辩。阿鲁图说："我本人是孛斡儿出之后裔，做一个丞相有何难？只是可汗的旨令不可违。如今，御史台臣已经弹劾我，我躲避就是了。因为，御史台是世祖可汗所立，我如果与御史台作对，就等于与世祖可汗作对，请你们不要再说了。"

丁亥，至正七年（1347年）。春正月初一，日食。命巴拉杰布哈为右丞相；不久，免职。命盖苗为参知政事。以广西宣慰使章伯颜讨贼有功，升为湖广行省左丞。

春中月，山东地震，城郭被毁。

夏初月，可汗赴上都。命特木尔铁失为左丞相。河东大旱。巴拉杰布哈向可汗谗言马扎尔台后，可汗下令将马扎尔台流放

---

[1] 道尔吉巴勒——《元史》作朵儿直班。

[2] 沙巴克——《元史》作沙班。

于西宁州。其子陶克陶胡力求同去。马扎尔台不久去世。

据《续资治通鉴》阐述，马扎尔台无罪却因为巴拉杰布哈的谗言被流放。为人主者，没有比明智更好的，明智则能够辨识奸佞。马扎尔台乃国家元老，而且没有大的过错。可汗对别人的谗言岂能不认真考证？呜呼！顺帝把首辅大臣看作鹰犬，听信谗言，将他驱逐，连奴婢都不如。这还是尊重首辅大臣之理吗？

·凤形金戒指·

敕太平为平章政事。

秋末月，可汗驾临大都。特木尔铁失去世后，命多儿只为左丞相。贼寇吴天保来攻沅州，州兵击败之。

冬初月，沿江盗贼蜂起，剽掠无忌，有司不尽力剿灭。两淮运使宋文瓒上言："江阴、通泰犹如江海之门户，而镇江、真州亦是次之重地。国初设万户府以镇其地。今戍将无能，致使贼舰恣意往来。集庆华山窝贼仅三十六人，而数万人不能进讨，反为所败。今应选智勇之士，授兵权从速剿灭，不然，东南五省租赋之地恐非国家所有。"可汗未降旨。

冬中月，命多儿只为右丞相、太平为左丞相。近几年，连年水旱，民失生计，选出台阁贤德之臣二十六位分别为郡守县令。

戊子，至正八年（1348年）。春末月，可汗亲临国子监。又考取进士，以阿如温帖木儿、王宗哲为首的七十八人为一、二等进士。

夏初月，可汗赴上都。

夏中月，阴雨连绵，山崩水涌。

秋初月初一，日食。

秋中月，可汗驾临大都。奎章阁侍书学士虞集逝世。

据《续资治通鉴》阐述，虞集学识渊博，为政务崇尚耿直。文宗可汗至顺四年（1333年），因被马祖常诬告而告病假，整整十六年不愿为官，在家闲居，恒以著书立说为重，真是一代贵人。元朝有这种高贵之人，而顺帝不知，诸大臣不举荐，叫他老死在家里，诚可惜也。

冬初月，贼寇吴天保率众攻打全州。

冬中月，台州黄岩人方国珍与蔡乱头互为仇敌，方国珍聚众入海为乱，抢劫海上运粮。命江浙行省参知政事道尔吉巴勒领兵讨伐。监察御史张桢上言："伯颜曾杀丹王十二口人，稽之古法，当伏门诛，而其子、兄弟尚仕于朝。今灾异迭见，盗贼蜂起，国事危急，若不振举，恐有唐末藩镇之祸重演以致后悔莫及。"可汗无旨。监察御史李泌又上言："世祖可汗誓不与高丽国共事，陛下践世祖之位，而违世祖之言，以高丽国奇氏为皇后。今灾异屡起，河决，地震，盗贼滋蔓，此皆阴盛阳衰之象，乞将奇氏降为妃，庶几三辰奠位，灾异可息。"可汗不允。命太不花、忽秃不花二人为平章政事。

己丑，至正九年（1349年）。夏初月，可汗赴上都。命乞札台[1]为平章政事。枣阳平民张氏生一子，到一周岁，忽然长成四尺高，其肚腹大，形状特异，见人和蔼微笑，活像画中的布袋和尚。

---

[1] 乞札台——《元史》作钦察台。

秋初月，多儿只、太平二位请求辞职，获准。敕陶克陶胡为右丞相。

秋中月，可汗驾临大都。敕伯颜为平章政事。

冬初月，命皇太子爱猷识理达腊学汉文，自是日始入端本堂学习。敕李好问为谕德、归旸为赞善、张冲为文学，命陶克陶胡领端本堂事。端本堂虚设中座，以备可汗亲临。太子与师傅东西向坐受书。

冬中月初一，日食。监察御史斡勒海寿劾奏殿中侍御史哈麻及其弟雪雪罪恶，御史大夫翰嘉讷以闻，不准。再上三次书，诏夺哈麻、雪雪官，敕斡勒海寿出任陕西廉访副使[1]。

庚寅，至正十年（1350 年）。春正月，先有声自西北空中来，棣州城此二十里处落一陨石，色黑，中微有金星。至州北二十里乃陨。

命撷思监为平章政事。

夏初月，诏赦哈麻等人的罪。可汗赴上都。

夏末月，敕祭三皇如祭孔子礼。敕在东平府立木华黎、伯颜二位的庙宇。伯颜者，是世祖可汗时代的都元帅伯颜。

冬中月初一，日食。敕铸至正通宝币。二星[2]陨于耀州，化为陨石，形状如斧，削之迎刃，击之有声。

冬末月，敕修大都城。贼寇方国珍犯温州。

辛卯，至正十一年（1351 年）。春正月，命江浙行省左丞孛罗铁木儿率兵讨伐方国珍。

春末月，可汗亲自考取进士，以图鲁都、文允中为首的八十三人为一、二等进士。

---

[1] 敕斡勒海寿出任陕西廉访副使——《元史》记载此事发生在本年度秋初月。

[2] 二星——《元史》作三星。

夏初月，诏开黄河故道。白茅堤、哈只堤等数千里决堤，沿河居民被灾，已经五年未能堵决口。丞相陶克陶胡采纳贾鲁所献之策，乞请堵决口。敕封贾鲁为工部尚书兼总治河防使，发河南、河北兵民七十万，自黄陵冈以西到阳青村合于故道，挖掘凡二百八十余里。又命右丞相玉枢忽儿塔忽[1]、同知枢密院事哈斯[2]以兵镇之。 宋利贞在《续资治通鉴》中称："人们将天下之乱说成是贾鲁治黄河，使民众受累所致。元朝灭亡的原因，实际上在于朝纲败坏，法规淡薄。却不知混乱之根源非一日酿成。纵然贾鲁不启动治河工程，天下之乱还是照样会发生的！"

　　可汗赴上都。

　　夏中月初一，日食。初，栾城人韩山童祖父与父亲，以白莲会烧香惑众。后来，韩山童倡言："天下大乱，迈达哩（弥勒）佛下生将主天时。"河南、江淮愚民皆翕然信之。刘福通、杜遵道、罗文素、盛文郁、王显忠、韩咬儿等人结为党羽，造"韩山童将成为中国的主人"之谣言，宰白马黑牛，祭拜天地，欲立兵造反。此事被其县官发觉，领衙役逮捕。事急，刘福通等以戴红帽为信号，及时造反。韩山童被捕，其妻杨氏、儿子翰林儿潜逃到武安。

　　夏末月，刘福通占据朱皋，攻破罗山、真阳、确山，遂犯舞阳、叶县等处。孛罗铁木儿讨伐方国珍，为之所败。

　　秋初月，开黄河竣工。命大司农达识帖睦迩及江浙行省参知政事樊执敬二人前去诏谕方国珍。方国珍率领自己的兄弟们登上海岸迎接朝廷的招谕书，后解散部众，自己回到了故乡。

---

[1]　玉枢忽儿塔忽——《元史》作玉枢虎儿吐华。

[2]　哈斯——《元史》作黑厮。

朝廷降旨，分等级封他们为大小官吏。

在《续资治通鉴》中，史臣论述说：先前的贤哲所言，元朝失天下，原因在招谕。为什么？因为作为君主，治国必有朝纲。朝纲之强盛在于赏罚。赏赐给予恶民（这里似乎漏了字，应该为"赏赐给予良民，惩罚恶人"，这样才能前后衔接），使天下通晓赏与罚的威力，朝纲才能稳定。如今这个方国珍，在天下尚未混乱之际，带头叛乱。元朝应该用兵征讨，处罚惩戒反叛之徒。可元朝没有这样做，反而运用招谕的办法。不进行惩罚，反过来赋予官衔，用赏赐善事之法，鼓励了恶行。因此，凶恶的贼寇相互效仿，轰动一时，群集反叛，一旦事成则称王称霸，不成也不失为县令。以此，贼寇纷纷轰动，导致了元朝的覆没。

秋中月，可汗驾临大都。

当时，刘福通势力更旺。丞相陶克陶胡建议，让自己的弟弟御史大夫也孙铁木儿知枢密院事，再让卫王、宽彻克二人率诸卫十万大军征讨。他们重又占领上蔡县，擒获刘福通同党韩咬儿等处死。萧县李二、老彭、赵君用等人反叛，攻陷了徐州；他们又烧香聚众作乱。蕲州罗田县人徐寿辉与麻城人邹普胜等以妖术聚众作乱，也以红巾为号。

冬初月，信州、邵武降稷雨。衢州下得多，民取食之。建宁地区下黑壳儿。徐寿辉攻

· 绿釉扁身双孔式马镫壶 ·

占蕲水县及黄州，以蕲水为首都，立国号为天完，自称皇帝，封邹普胜为太师，建元为治平。

冬中月，彗星出现在娄、胃、昴、毕等星宿之间。敕道尔吉巴勒为平章政事。

壬辰，至正十二年（1352年）。春正月，徐寿辉攻占汉阳等郡。威顺王宽彻不花、平章政事和尚等人弃城而逃。

春中月，徐寿辉进兵九江。当时，左丞相孛罗铁木儿率兵驻于宁江，听到贼兵将近，连夜逃遁。总管李黼向各地村庄颁下檄书，用石头或木桩堵塞要害狭路，以断贼寇回路。黄梅地方主簿守臣也孙铁木儿愿出马与贼寇交战，李黼与之同出死战，大败贼寇，斩首两万余级。李黼预知贼寇一定从水路来偷袭，弄来数千根树干，头上钉铁钉，藏于河岸之下。贼寇数千只战船擂鼓呐喊，顺水而下，被树干阻住去路，不能启动。李黼下令用火箭射贼寇的船只，贼寇多人死于水火之中。

当时，上自淮甸，下到京沪，各地守军纷纷放弃城池逃遁，只有李黼死守孤城，外无援军的条件下，贼寇势力更旺盛，城被攻陷。李黼力战在峡巷，最后难以抵挡，用大刀招徕贼寇，大声喊道："你们杀我李黼吧，不要杀百姓！"贼寇将他刺下马来。其兄长李冕之子李秉昭也同死在贼寇手中。居民听说李黼之死，哭声震天，大家准备棺木以安葬。李冕当时在颍州，也为贼寇所杀。有关官员将这些事情上报给可汗，可汗下令追封李黼为淮南行省左丞、陇西公，赐号文忠。

据《续资治通鉴》阐述，在战场上逃遁，是男子汉脱身之举。如今，宽彻不花身为诸王，受可汗之命讨贼，但一朝之间却贬低了可汗的隆恩，为贼寇所恐吓，逃离战场，以寻求保全自己之法，看来真是像兔子怕鹰犬一样。当时，只有李黼整军守城，不顾自己的死活，只知有其国而不思有自身。那些只求生存、为保全自己的性命而忘记国家的人们看到李黼的事情，难道不感到耻辱吗？

敕月鲁不花为平章政事。定远人郭子兴聚众作乱，攻占濠州。

春末月，徐寿辉攻破袁、瑞、饶、信、徽等州。命德住为河南行省右丞，镇守东明。当时，德住辞职在家闲居，接到命令，立即到达东明，修复城池，加强防范，贼寇被震慑，不敢来犯。河南行省左丞太不花克复南阳等地。是月，方国珍又反叛，复聚其党下海。台州路镇守使泰不花率官兵攻打贼寇船只，众贼齐上，将他抱住带到自己的船上。泰不花瞪着眼睛，大声叱咤，夺取朴刀，连斩三人。众贼寇一齐用枪将他刺死。泰不花身死，尸首仍旧站立着不倒。此事禀报朝廷，可汗追封其为江浙行省平章政事、魏国公，赐号忠杰。

据《续资治通鉴》阐述，泰不花真可谓是一个英雄好汉！当时，贼寇势力正旺，各地守臣纷纷逃遁，唯独他不畏不惧，昂首挺立，只身与群贼厮拼，力尽身死。这不是一个光荣的事例吗？所以，标榜他成全了道义。

陇西地震百余日，城郭颓夷，山崩。会州衙门墙垣倒塌，墙壁之下出现了五百只弓，其中长的两丈余，短的也近九尺。

闰春末月，徐寿辉手下伪将军陈普文攻陷吉安路。乡民罗明远组织起义军夺回了吉安路。因为方国珍不接受招谕，命江浙行省左丞左答纳失里率军征讨。又命诸路行省分兵征讨各路反贼。

夏初月初一，日食。湖广平章政事也孙铁木儿驻军沙河。一夜，其军自行内乱。也孙铁木儿整军回到朱仙镇。朝廷派遣中书平章政事蛮子接管其军，将也孙铁木儿召回京师，仍旧任

其为御史大夫。右台衙门御史大夫蒙古鲁海^[1]、范文等人上言称：
"应判也孙铁木儿损兵辱国罪。"陶克陶胡袒护自己的弟弟，
谗言劾奏蒙古鲁海、范文等人，遣他们在诸州当判官。其后，
道尔吉巴勒向可汗保奏蒙古鲁海等人清廉之时，陶克陶胡又谗
言道尔吉巴勒，将其贬为湖广行省平章政事。此后，无人敢奏
事务的对与否。当道尔吉巴勒接受命令后，关中地区的人们哭
拦去路，不让前行。道尔吉巴勒只好从小路奔湖广。他因有故疾，
到广州之后，在那里逝世。

据《续资治通鉴》阐述，也孙铁木儿因有兵败辱国之罪，
理应依法处置，而今，反倒把他调回京师，官复原职。如此，
如何能使有罪之人悔过自新？道尔吉巴勒身为奏事官，斥责他
是对的。顺帝不但没有接受他的举奏，反而将他贬职。如此，
怎能聆听正直之言？呜呼！不信忠言，不惩治奸佞之辈，会使
天下人寒心。因为天下动乱，顺帝尚且来不及清心治身，事已
如此，其朝政哪有不覆灭之理？直言记述，其义自见。

敕卓司建为平章政事。

夏初月，可汗赴上都。总管吴按摊不花讨伐诛杀宜黄贼寇
涂佑、应必达等。敕修复天下城池，加强防范。敕翰林学士承
旨欧阳玄与湖广行省右丞一起免职，全俸终其身。荆门知州聂
炳复荆门州。四川行省平章政事咬住复归州，进攻郑州，打败
贼兵，诛贼将李太素等；又占领中兴路。

夏中月，监察御史彻彻格特木尔^[2]等上言："各地群盗辄引
亡宋故号以为口实。宜爱怜瀛国公赵完普及其亲属，使之徙居
沙州安置，禁止与人交往。"可汗允准照办。

---

[1] 蒙古鲁海——《元史》作蒙古鲁海牙。

[2] 彻彻格特木尔——《元史》作彻彻帖木儿。

夏末月，大明路被干旱、蝗虫等灾。敕达什巴特尔[1]为四川参政使。达什巴特尔在襄阳大败贼寇。红巾贼周伯颜攻占道州。

秋初月，贼寇徐寿辉手下将领项普略进攻杭州。江州参知政事樊执敬应战，被杀。贼寇占领了杭州。将军董搏霄率兵打败贼寇，复杭州，进而复克徽州，平息了该地区。陶克陶胡请求亲自率兵讨伐徐州。可汗允准。

秋中月，湖南元帅小云失海牙、总管兀颜思忠等复宝庆路。方国珍进攻台州城，浙东元帅伊达米失[2]击败之。可汗敕陶克陶胡为答刺罕大夫、中书右丞，统管在外诸行省事务，统率诸路大军攻打徐州，统领省、院、台各衙门诸大臣。赏赐有功者，诛杀有罪、抚慰降服者，讨伐反抗之人等事，令其适当处理。陶克陶胡当日领兵出发。大军到达徐州，贼寇迎战。大败贼寇，进攻城郊。次日力战，占领了徐州城。敕加陶克陶胡太师职衔。撤军。可汗驾临大都。

秋末月，安陆贼寇俞君正重攻陷荆门州，知州聂炳战死。徐寿辉手下将领党仲达攻陷岳州。贼寇俞君正攻陷中兴，平章政事咬住迎战，被打败，本路判官上都战死。中兴义士范忠、荆门和尚李智率义军打败俞君正，克复中兴路。敕余阙为淮西宣慰副使，镇守安庆。

冬初月，霍山连续三日发出龙吟般的声音，最后山崩。

冬中月，江西行省平章政事星吉受命征讨贼寇邹普胜，大战湖口，大败，身中数箭，倒在马下。贼寇对他的英名早有所闻，不忍心加害，把他关进暗室。当他苏醒过来，贼寇们跪着敬饭给他，他没有食用。七天后，他忍痛起身，向北叩首称："臣

---

[1] 达什巴特尔——《元史》作答失八都鲁。

[2] 伊达米失——《元史》作也忒迷失。

·绿釉堆塑蜥蜴纹鸡冠壶·

已尽心了！"遂辞世。

冬末月，达什巴特尔复襄阳城。颍川沈丘人察罕帖木儿与信阳州罗山人李思齐同起义军，讨伐贼寇立功。敕察罕帖木儿为忠顺大夫、汝宁府达鲁花赤，李思齐为汝宁府知府。

癸巳，至正十三年（1353年）。春正月，敕哈麻为右丞相，敕兀梁哈台、乌古孙良桢二人为大司农卿，授予分司农衙门印章。西自西山，南至保定、河间，北至檀、顺州，东至迁民镇，凡系官地及元管各处屯田，悉从分司农立法佃种，并供给农具，派进耕种者，给钞五百万锭，以供其用。

春末月，招谕方国珍。方国珍愿接受招谕。

夏初月，可汗赴上都。

夏中月，江西行省左丞仁钦巴勒与江浙行省左丞老老领兵取道信州，还有元帅韩邦彦、哈迷取道浮梁，同赴饶州，复占这些地方。蕲、黄等州的贼寇闻风皆奔溃。泰州的白驹场亭人张士诚及其弟张士德、张士信聚众作乱，攻占泰州及兴化县，接着又占领高邮，立国号为大周，自封为诚王，建元天佑。之后，朝廷诏赦其罪，欲招谕而派遣使臣。贼寇佯称："李知府亲自来则降服。"行省衙门的大臣们信以为真，迫使知府李齐前去。

李齐到贼寇窝里百般洽谈，贼寇都不答应，反而让李齐给他们下跪。李齐大声叱道："我乃可汗的臣子，怎能对贼寇下跪？"贼寇张士诚大怒，打碎李齐的膝盖，凌迟处死。时人相传："三次科举的冠军乃是李黼、泰不花、李齐三位。他们没有辜负所学知识。"

夏末月，可汗立长子爱猷识理达腊为皇太子。知枢密院事希剌巴图[1]、统率河南军的平章政事达什巴特尔等自襄阳分道而下，克复安陆府。敕淮南行省平章政事福寿征讨贼寇张士诚。

秋末月初一，日食。可汗驾临大都。

冬初月，广西元帅甄崇福复道州，诛杀贼将周伯颜。朝廷授方国珍徽州路治中之职，方国珍怀疑有诈，不受命。

冬中月，江西行省左丞浩尼奇[2]率军克复富州、临江，进而又占领了瑞州。

冬末月，江浙平章政事卜颜帖木儿、南台御史中丞满子哈喇[3]及四川行省参知政事哈临秃、左丞桑秃失里、西宁王牙罕沙等合兵讨伐徐寿辉于蕲水，打败之。徐寿辉逃出，俘获其伪官四百余人。

哈麻建议可汗让西北术士进皇宫。他们向顺帝授予运气术和秘密法。从此，可汗每天习练那些法术，搜集众多女子，与她们行各种淫乱事。哈麻又对可汗说："如今可汗虽富有四海，但人不能长生，应该尽情享受！"可汗非常赞同。可汗即位多年来，不理政务，国事多有懈怠，偏向于寻欢作乐。经常在皇宫中召集十六名少女，将她们的头发分绾成发髻，给她们戴上象牙似的帽子，让她们穿上宽袖衣服、红缎刺绣兜兜和长短裙

---

[1] 希剌巴图——《元史》作失剌把都。

[2] 浩尼奇——《元史》作火你赤。

[3] 满子哈喇——《元史》作哈喇蛮子海牙。

子、穗鞋和袜子，叫她们手拿"加巴剌般"的东西。她们中的一人手拿铃铛起乐，少女们开始跳舞，称其为"天魔舞"。还要将十一位少女的头发扎起来，用绸缎裹头，穿上素装，戴上唐冠，着紧身衣衫，手拿各种乐器弹奏。又制一种龙船，可汗亲自制定规格，从头到尾长一百二十尺、宽二十尺，船头设乘凉的两个厅阁，船尾又设一个叫"吾殿"的亭子，将龙身与厅阁用各种颜色和金粉装饰。在龙的两只脚上安排二十四人划船，他们统一穿上肝紫色的衣服，扎上金带子，用绸缎裹头，分列两旁，每人拿一把划子。可汗乘船直到北宫，在山下湖中往来游玩。龙船行走，其头尾、眼睛、脚、爪子均能自动。可汗还按宫壶漏的尺寸，制造高六七尺的橱，其中安装装水的瓶子，水在其中上下浮动。橱上立起三尊佛像，其两旁塑造的玉女手拿时刻签站立着。时间将近，龙船顺着水流往上行驶。在船的左、右两旁塑造了两个金甲神，其中的一位手拿钟，另一位手拿钲，他们按时辰自行击打钟和钲。

据《续资治通鉴》阐述，自古以来，一些小人愚弄其主子，为了窃取权势，往往施用淫秽或骄奢等手段使主人衰变。小人酿成的灾祸真是说不完。而今，哈麻本是一个奸佞村野之人，突兀得到可汗的重用，就马上引进异人，引导可汗临于淫荡之事，致使其荒淫无度。其行为，即使千刀万剐，也抵不上蛊惑可汗的罪过。所以，斥责于此。

甲午，至正十四年（1354年）。春正月初一，汴梁城东汴河冰上出现了五色花草模样的图像。三天之后才消失。

春末月初一，日食。可汗赴上都。殿试进士，赐薛朝晤、牛继志等六十二人为第一、二等进士。

夏初月，汾州地震。

夏末月，贼寇张士诚攻打扬州，达什特木尔迎战失败。可汗下令叫江浙行省参知政事佛家间合兵，共同征讨张士诚。

秋中月，可汗驾临大都。

秋末月，诏右丞相陶克陶胡总制全军出征张士诚。陶克陶胡率领大军抵达高邮，在城外交战，大败贼寇。又出兵攻占六合。贼寇威风大减。

冬末月，敕德住为左丞相，哈麻、苏嫩巴勒[1]并为平章政事。哈麻原先记恨陶克陶胡，趁陶克陶胡领兵出征的空隙，教唆监察御史袁赛因不花等人劾奏陶克陶胡。袁赛因不花上言：

· 雕兽香炉钮 ·

"陶克陶胡出师三个月，没有立下一点功劳，倾国家之财以为己用，将国家大臣的半数归为自己的属下。他的弟弟也孙铁木儿，懦弱无用，玷污了御史台的清名，身为高官，不修朝纲，贪婪之事暴露无遗。"如此，弹劾三次。可汗下令，将也孙铁木儿安置于宁夏路；削陶克陶胡官爵，安置在淮安路。敕泰不花为河南行省左丞，岳格察尔[2]加太尉，雪雪为知枢密院事，代替陶克陶胡统军。诏书送到兵营里，参议龚伯璲对陶克陶胡说："将在外，君命有所不受。

---

[1] 苏嫩巴勒——《元史》作锁南班。

[2] 岳格察尔——《元史》作月阔察儿。

再者，丞相出兵之时已有详细的授权书，应该一心讨伐贼寇才是。如今，暂不要打开诏书，打开诏书大事将被毁。"陶克陶胡说："不然，可汗为我下的诏书，我不遵从则等于忤逆可汗，不符君臣之纲。"听完诏书，叩拜说："臣本愚拙，可是可汗溺爱，将军国大事交给了微臣。微臣日夜不安，唯恐不能成就。今一朝之时使微臣离开此职，这是授微臣的深恩。"遂把自己的盔甲、坐骑及军械等分给诸将军说："诸位各领自己的部下，在岳格察尔、雪雪的指挥下为国出力吧！"客省衙门副事噶剌丹说："如今丞相一去，我们与其死在别人的手里，不如死在丞相眼前！"说着拔刀自刎而死。

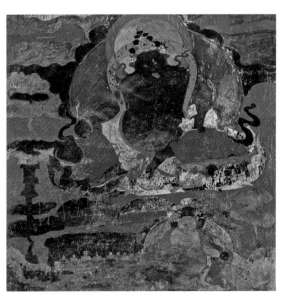

· 毗沙门天 ·

　　据《续资治通鉴》阐述，这真是将危为安、将祸为利、将哀为乐的顺帝。前者哈麻引进术人，合了可汗的欲望以来，可汗唯信其人、唯听其言、唯从其计。所以，陶克陶胡虽有功劳，怎能压倒哈麻其人？因此，当哈麻施奸计时，陶克陶胡低头顺从，这真是万分危险。有人问："陶克陶胡有何罪过？"答说："罪过不大，但不能说没有罪。但是他之所以使哈麻记恨，根本原因在于他无知且内心不刚。他虽然没有忤逆可汗的诏谕，肯定有后悔莫及之委屈。如何称其为贤明？

当初，威顺王宽彻不花因武昌失于贼寇之手而被收回官印。如今，他在征讨贼寇的战斗中多次立功，所以，诏还其官印，镇守湖广。

乙未，至正十五年（1355 年）。春正月，敕哈斯为平章政事。贼寇徐寿辉派手下将领倪文俊复又攻占沔阳府。威顺王立即派遣自己的儿子报恩奴与元帅阿匝兰[1] 水陆并进，进行征讨。大军到汉川，因为水浅，贼寇火攻战船，报恩奴兵败身亡。

教授郑喧建言："蒙古乃国家本族，宜教之以礼。而犹循本俗，不行三年之丧，又收继庶母、叔婶、兄嫂，恐贻笑后世，此宜改革，绳以礼法。"可汗没有降旨。

依我拉喜彭斯克之见，收继庶母、叔婶、兄嫂是沉湎于淫欲、败坏伦理之行为。有些愚昧者将这些行为说成是蒙古人的旧习俗。实际上，没有一个可汗把这些制定为制度。对此，不必多说。郑喧此话非常合乎伦理道德。不顾社会道义的那些淫荡之乖徒，应予以严正的惩罚。因此，可汗应该宣告于世，严格禁止。所以，再次呼吁那些淫欲之火十足的禽兽般的人，记取这段忠言，谨守伦理。

春中月，贼寇刘福通等迎接韩林儿，立其为皇帝，号小明王，建都毫州（应该为亳州），国号宋，建元龙凤。以其母杨氏为皇太后，杜遵道为丞相，刘福通为平章，刘六为知枢密院事。拆掉鹿邑县太清宫，用其材料兴建宫阙。刘福通憎恶杜遵道得宠专权，遣军卒打死杜遵道，自己称为丞相。

敕达什特木尔为平章政事。

春末月，贼寇徐寿辉攻占襄阳城。哈麻教唆御史台衙门的大臣们上言："判轻了陶克陶胡之罪。"遂下令将陶克陶胡发

---

[1] 阿匝兰——《元史》作阿斯兰。

配到云南镇西之地；将其弟也孙铁木儿发配到四川碉门之地；将其长子哈拉金[1]发配到肃州，次子三宝奴发配到兰州；没收其家产。陶克陶胡前行到大理，知府高惠对陶克陶胡说："我把女儿嫁给你，你住在我这里，没有人敢触犯你。"陶克陶胡说："我是一个罪犯，怎敢造次？"没有答应。可汗赴上都。

夏初月，敕德住为右丞相，哈麻为左丞相，僧格习礼[2]为平章政事，哈麻之弟雪雪为御史大夫。至此，朝政大权全部落入哈麻之手。

夏中月，因为太不花军队内乱，诏削其官职，命达什巴特尔统领其军。贼寇倪文俊复占中兴路，元帅道尔吉巴勒受命征讨而战死。

据《续资治通鉴》阐述，道尔吉巴勒死于王事，不能与那些寻私利而苟且偷生的人相比。

夏末月，明太祖从和阳起兵渡江，攻占了太平路。《英烈传》称明太祖为皇觉寺人[3]，姓朱，名元璋，字唐基[4]。自从红巾贼寇作乱，南北各地郡县多被占领，明太祖趁机夺得了天下。

秋初月，贼寇倪文俊复陷武昌、汉阳等路，进而围困岳州路。敕达什特木尔为江浙行省左丞。

秋中月，祁州、黄州贼寇攻陷宣州，原为谏议大夫、礼部尚书却已解职的王泽民，不听贼寇的劝降，持忠义骂不绝口而死。

冬中月，可汗亲自在南郊祭上天。

冬末月，河南行省平章政事达什巴特尔征讨刘福通，在太康败刘福通，遂围毫州（亳州）。刘福通保护其主子韩林儿，

---

[1] 哈拉金——《元史》作哈剌章。

[2] 僧格习礼——《元史》作桑哥失里。

[3] 明太祖为皇觉寺人——皇觉寺是朱元璋出家当和尚的寺庙，不是地名。

[4] 唐基——《朱元璋传》称其字为国瑞，没有"唐基"之字。

向安丰逃去。哈麻假传可汗诏书，毒死原右丞相陶克陶胡，时四十二岁。

有文献记载，陶克陶胡形态魁伟，威风压过千百人，才华超群，常人难以度量他。为社稷立功而不自满，身为朝廷首臣而不骄傲。生来不贪财宝、不迷声色，礼贤下士。凡事依可汗，自始至终不失为人臣之礼。虽古代首臣名流也没有人能超过他。唯因受小人蒙骗，为报私仇而被贤哲所耻笑。

据《续资治通鉴》阐述，当时生杀首辅大臣的权力均在哈麻一个人手中，其早已把元朝断送了。可是，陶克陶胡与巴拉杰布哈有私仇，因哈麻帮助了自己而重用了他，而今却死在他的手里。这是因为陶克陶胡与坏人结交而促成的。奸臣贼子所作的罪孽断送元朝，显见于自然法则中。呜呼！实是可畏。

丙申，至正十六年（1356 年）。春正月，依法处死哈麻与其弟弟雪雪二人。原来哈麻拜丞相后，为自己引进术人之事感到羞耻，对父亲说："我兄弟二人身在辅助可汗的要害职位，理应引导可汗务正道。可是，我的女（妹）婿图茹特木尔时刻以淫荡来讨好可汗，天下御史大夫们必然会耻笑我，我有何面目见人？这且不论，可汗越发昏庸，不能治理国家了。如今，皇太子已经长大，而且聪明过人，所以应该以皇太子为可汗，将当今可汗拜为太上皇。"他的这些话，被其妹妹听到，转告其丈夫图茹特木尔。图茹特木尔唯恐牵连到自己，悄悄告知可汗，不提"淫荡"等语，只提哈麻所说的"可汗老了"等语。可汗听了大吃一惊说："我的头发还没有发白，牙齿还没有脱落，怎么能说我老了呢？"从此，有杀死他们之心。加之，御史大夫搠思监弹劾哈麻兄弟二人的罪状，就将哈麻、雪雪兄弟二人杖杀。

据《续资治通鉴》阐述，哈麻、雪雪兄弟二人专权，欺骗可汗、责难庶民之罪，多于毫毛。如今阴谋涉及废立可汗事宜，幸亏其妹妹揭露了他们的阴谋，可汗才发怒，将他们杖杀。

春末月，明军围吉庆路，南台御史福寿应战，力竭城陷。

·高颈鸿雁三彩壶·

其余大臣们均逃窜，回头唯见福寿在凤凰台上端坐，指挥士兵进行反抗。别人劝他逃命时，他说："我本国家首辅大臣，与本城生死与共！"一时，敌军从四面八方蜂拥而上，福寿遂遇难。福寿本唐兀特人。有司禀报此事，追封其为（江浙行省）左丞、卫国公，号忠肃。方国珍复降，封他为海道运粮万户，封其兄方国璋为衢州路总管。是月，有两日相晖。明军占领广德、镇江。

夏初月，敕搠思监为左丞相。

夏中月，贼寇倪文俊攻陷澧州路。

夏末月，璋德路李实果结如黄瓜。

秋初月，贼首张士诚出兵攻陷杭州，江浙行省左丞达什特木尔潜逃，平章政事左答纳失里战死。杨乌力吉[1]及万户普贤奴克敌制胜，复占杭州。

---

[1] 杨乌力吉——《元史》作杨完者。

据《续资治通鉴》阐述，达什特木尔身为丞相，镇守两浙，应该大战为王事献身，这样才不辱可汗的使命。可是他却效独夫之行径，临阵逃脱，只顾保全自己的性命，不是太下贱了吗？

秋中月，奉元路判官王渊率领义军复商州。贼寇倪文俊攻陷衡州路，元帅甄崇福战死。甲戌，彗星见于张宿，色青白，彗指西南，长一丈余[1]，至冬末月戊午始灭。

秋末月，汝、颖贼寇李武、崔德等破潼关，参政述律杰战死。豫王阿剌忒纳失里、同知枢密院事德住领兵复潼关，交于河南平章政事伯家奴以兵守之。

冬初月，有星如火，从东南流，其尾如扫帚，坠于大名地，火焰喷发良久，化成一块石头，青黑色，光莹，形如狗头。贼寇围攻淮南城，江东廉访使朝布胡[2]迎战。贼寇绕城挖渠，断粮道，攻城愈急。外边的将军驻在下邳城，惧怕敌军，不来救援。朝布胡曾九次派人告急，均无人来营救。

· 雕花檀木马汗刮子 ·

---

[1] 长一丈余——《元史》作长尺余。

[2] 朝布胡——《元史》作储不花。

不久，城中断粮，诸蛤蜊、小螺蛳、青蛙、乌鸦、燕子、皮靴、鞍鞯、弓弦等能吃的都吃光，最后，到了吃死人之肉的地步；拆取房子檩木当柴烧，最后没有了住房。如此奋力守城，筋疲力尽。朝布胡西门内与敌军交战，身受重伤，被敌人俘获。贼寇将他凌迟处死。其子伯乐衮[1]也阵亡。朝布胡镇守淮南城已经五年，先后战数百次。对他的忠义，时人与张巡[2]相提并论。

据《续资治通鉴》阐述，朝布胡一人死守淮南，虽然力竭，心方不渝。外援绝，粮草缺，而居民无反意，可见他善于以忠义教育其属民。最后，城破身死，但没有玷污忠义。与张巡相比非常恰当。

湖广参知政事也孙铁木儿与左江义军万户邓祖胜合兵，复占衡州。河南行省左丞太不花驻军于南阳，嵩、汝等州叛民皆降。从此，军威大振。

丁酉，至正十七年（1357年）。春正月初一，日食。

春中月，贼寇李武、崔德进犯蓝田，命察罕帖木儿会合答儿麻失里，镇守陕州、潼关。

哈剌不花由潼关抵陕西，会合豫王阿剌忒纳失里、定住等一同进讨。贼寇刘福通遣其同党毛贵攻陷胶州，金书枢密院事陶高[3]战死。贼寇倪文俊攻陷新州。贼寇李武、崔德等攻陷商州。

---

[1] 伯乐衮——《元史》作伴哥。

[2] 张巡——708—757年，河南人，唐玄宗开元末年中进士第三名。唐至德二年（757年）正月，尹子奇率领13万安史叛军攻打睢阳城（当时的睢阳城是南北交通要塞、军事咽喉之地），叛军企图踏平睢阳，夺取江淮富庶之地。在这危急存亡的关键时刻，张巡挺身而出，率领仅有的6800名将士与13万叛军进行了一场惊天地、泣鬼神的睢阳保卫战。最后虽然由于众寡悬殊、粮尽援绝而失败，但却有力地遏制了叛军南下，保住了大唐半壁江山和江淮丰厚的财源，为大唐王朝反攻赢得了宝贵的时间。唐朝大诗人韩愈在评价睢阳保卫战时就说，"无睢阳即无江淮，无睢阳即无大唐"，可见其重要性。文天祥的"骂贼张巡，爱君许远，留取声明万古香"诗句更是流传千古。

[3] 陶高——《元史》作脱欢。

察罕帖木儿与李思齐领兵支援陕西。敕察罕帖木儿为陕西行省左丞，诏以高宝为四川省参知政事，领兵前去攻打中兴，不克。遂破辘轳关[1]。

· 《出行图》局部 ·

春末月，贼寇毛贵攻陷莱州，守臣沙格嘉[2]战死。明军攻陷常州路。贼寇毛贵攻占益都路，益王买奴兵败逃走。由此，山东郡县全部被占领。御史张震上疏分辨十种祸根：轻视了首辅之臣，没有修正朝纲，追求了享乐，闭塞了说实话人的路子，分散了人心，失去了刑法的定数，这六条是根本的祸根；再则，

---

[1] 遂破辘轳关——《元史》作"贼遂破辘轳关"。

[2] 沙格嘉——《元史》作释嘉讷。

变通不谨慎，不采纳贤哲的计谋，赏罚不分明，不选择将帅，这四条是征战之缺陷。其言非常准确，尤其是"追求了享乐"和"赏罚不分明"两条，恰中时弊。其大意是可汗自年轻时即大位，熏心于政治的安宁，偏向于寻欢作乐，没有提前预防而使海内不安宁，随着天道的变化，人心向背。如今可汗应该卧薪尝胆，痛改前非，时刻思忖失去祖辈艰辛创立的天下之危险，以盛德治国，以符天意，示以真诚，使人欢心。从根本上摒弃一切土木工程之役及声色之享乐、恶毒的欲望。可是，可汗放宽一切，视同太平无事之时一样。这正是追求享乐而酿成根本的祸根的缘由。自从四方轰动以来，已过六年。在这期间，凡是领兵征讨，均无军法可依，更兼失掉了赏罚之理。因此，诸将领以假为真，明明败绩而虚报功劳，内外互相隐瞒。他们虽个性不一，但贪图虚名，在觊觎奇功奖赏方面如出一辙。出征败绩、削弱属民、贪婪污秽、软弱无能的将领从来没有被惩处，

·银鎏金佛舍利塔·

因此，所过之处，鸡猪无剩，什物掠空；而且，到可汗面前虚报战功，称"复克""战胜"来骗取奖赏。如今，河南一个省内只剩三四个县，江淮千里已经空虚。可是，不为军士少而苦恼，专为积攒财物而奔波。如此，天下米雨、地长金树也难以逃脱灭亡的命运。更谈不上以从民众手里搜刮而来的有限的钱粮来

满足众将领无限的欲望。如今，欲用信佛求福、施舍和尚、可汗诞辰禁杀牲畜来祛除灾祸，都是图虚名而已。天下动乱，兵燹中无数人死亡，可汗不以宏观眼界观世，只为寻求福源而劳神，福从何来？因为赏罚不分明，导致了战乱不断。可汗没有接纳其言。不久，权臣们讨厌张震的锋芒，将他派遣到山南地区任廉访签事。

夏中月，命搠思监为右丞相、太平为左丞相。明军占领宁国等路。

夏末月，敕实理门为中书分省右丞，镇守济宁。监察御史脱脱穆而上言："每年河南之抢掠河北，唯河南与山东互相策应，压力很大。为今之计，应遣太不华、达什巴特尔等到军中，从他们军中择其精锐，以守河北，进可以制河南之侵，退可以攻山东之寇。庶几无虞。"可汗允准。温州路乐清江中腾出二龙，相互厮斗，飓风大作，风中有火光如球，被袭击者死伤很多。

秋初月，大都城内白日大雾，昏暗到了人不相识的程度。中书省臣言："山东般阳、益都相继被贼寇占领，济南告急，以良将训卒，信赏必罚，为保燕赵计，以卫京师。"可汗没有降旨。镇守黄河的义军万户田丰叛，攻陷济宁路，中书分省右丞实理门逃走。义军万户孟本周交战，镇伏贼寇。监察御史答儿麻失里[1]上言："疆域日蹙，兵律不严，陕西、汴梁、淮颍、山东之寇窥伺燕赵之地。宜俯询大臣，共图克复之宜，预定守备之策。"可汗没有降旨。归德府知府林茂、万户时公权献城降于贼寇。归德府及曹州均被占领。

秋中月，贼寇刘福通攻打汴梁城，分兵攻打山东、山西诸地。敕杨乌力吉晋升为左丞相。张士诚派遣使者请求投降，命江浙

---

[1]　答儿麻失里——《元史》作迭里弥实。

水晶珠 / **349**

行省左丞达什特木尔奉命，令参知政事周伯琦等至平江抚谕之，诏以张士诚为太尉。明军占领扬州路。

秋末月，泽州灵川县被贼寇攻占，县尹张辅战死。贼寇倪文俊欲谋杀其主徐寿辉，事未遂而从汉阳逃到黄州，徐寿辉手下陈友谅袭杀之，自封平章政事。

冬初月，刘福通同伙白不信、大刀敖、李喜喜等攻占兴元，遂围凤翔。察罕帖木儿、李思齐迎战屡胜，白不信等人逃入四川。翰林学士承旨吴杨宣逝世，追认楚国公，号文忠。

冬中月，汾州桃树、杏树皆开花。

冬末月，贼寇徐寿辉手下将领明玉珍攻占成都。庆元路鹅鼻山崩。太尉达什巴特尔（战）死（在军中），敕其子孛罗铁木儿为河南平章政事，指挥其父亲的军队。义军千户余宝杀死枢密院判官宝童，叛逃到毛贵手下。遂占领棣州。

戊戌，至正十八年（1358年）。春正月，原安庆守臣、淮南行省左丞余阙独自一人坚守本城六年，成为淮南地区屏障，贼寇每犯必败溃逃。那次，众贼寇嫉恨，陈友谅领头攻打安庆。赵福生在东门，祝氏贼寇在南门，陈友谅在西门，他们从四面八方蜂拥而来。外无援军，西门形势更加危急，余阙指挥手下分兵严守三门，他自己率领一队人马出西门浴血奋战，杀死了很多敌人。余阙身负十余处伤。贼寇越发愤恨力战，中午时分城池被占领，贼寇在城中放起大火。余阙抽出朴刀自刎喉咙之后，投清水塘而死。余阙夫人蒋氏、小妾耶律氏、儿子余德生、女儿喃喃、亲家儿子福通均跳井而死。镇抚使韩建因病在家卧床，城破之后，痛骂贼寇，全家死节。

本城守卫战中，万户李宗可、纪守仁、陈彬、金承宗，万户夫人、经历段桂芳，督师特木尔不花，千户陆廷玉、葛延龄、丘耷、许元炎，奏差兀都满，博考黄寅孙，推官黄秃伦歹，经历杨恒，知事余中，怀宁县尹陈巨济等均死节；还有平民千余人不服贼寇，跳火自尽。余阙军令如山，与城民同甘苦共患难。每当余阙患病，其手下均向上天祷告说："让我们替他死吧！"每当参战，近侍用盾牌护住他的时候，他就把盾牌推开说："你们也有生命，为何护我？"所以，人们为他拼死而战。闲暇时，他对《易经》进行注释，在郡学府里与众秀才答辩的时候，叫侍卫们站在门口，让他们听仁义之道。他还善于文学创作，态度认真。余阙死后，贼寇们感到惊奇，把他的尸首从湖水里捞出来，重新穿戴衣冠，葬于西门之外，时五十六岁。此事禀报到朝廷之后，可汗追认他为平章政事、豳国公，号忠宣。明军占领安庆后，明太祖赞赏余阙忠义，追封忠节王，立寺庙，令有司四季祭祀。

宋濂在《续资治通鉴》中阐述，余阙孤身一人守城六年，大小战争二百余次，每战均胜。他所指挥的并不是虎豹之师，而是从懦弱庶民中征集的几千名士兵而已，只是他用忠义之道教导他们，使他们成了不可夺其志的勇士。后不幸城破身亡，而他的忠义之气常存。不仅如此，余阙为可汗尽忠，其妻为夫

·浴马图卷（元·赵孟頫）·

而死，其子为父尽孝，忠孝节义聚于他们一家。与晋朝的卞壸[1]相比，高出一筹。呜呼！余阙远远超出了常人。

明军攻陷婺源州。贼寇田丰攻占东平。

春中月，贼寇毛贵攻陷济南路，河南行省右丞董搏霄迎战被捕。贼寇刺死他时，身上没有出血，只出一股白气上升。当日，其子董昂霄亦死节。

·元代军用铁锅·

据《续资治通鉴》记载，董搏霄书生出身，后入仕。当天下大乱之际，他奋力战斗立下了军功。他的才华大大超过了常人。因为当时没能用尽其能力，贤哲们感到遗憾。

贼寇田丰攻陷济宁路，东昌守臣纽的该闻田丰到来，十分害怕，弃城而逃，贼寇占领了东昌。当时，东昌名叫颜瑜的读书人携妻儿家人逃往郓城，路上遇见贼寇，贼寇大声问："你是何人？"颜瑜说："是东鲁书生。"贼寇说："你是读书人，我们不杀你。你跟我们去见我们的元帅吧！"颜瑜骂他们说："你们这样的贼寇哪里还有什么元帅？"贼寇叫他在旗帜上书写字时，颜瑜厉声叫骂说："你们都是大元朝的臣民，今天下大乱，你们为何结党作乱？你们砍掉我的手，我也不会给你们写字的！"贼寇们大怒，用枪刺他，他至死骂不绝口。他的妻儿家人皆被杀死。

---

[1] 卞壸——281—328年，字望之，今山东菏泽卞庄人。东晋初名臣、书法家。累事三朝，两度为尚书令。以礼法自居，意图纠正当世，并不畏强权。后在苏峻之乱期间率兵奋力抵抗，最终战死。

察罕帖木儿调兵复泾州、平凉，进保巩昌。贼寇毛贵经河间趋直沽，攻破漷州，遂攻取柳林，接近京师。枢密副使达国珍战死。京师的侍臣惊恐万状，有的说可汗北迁为上，有的称徙关陕为妙，唯独丞相太平反对迁徙，传檄各地驻军前来勤王。同知枢密院事刘哈剌不花率兵在柳林一带击败毛贵，贼寇毛贵逃奔济南。

大同路夜间黑气起自西方，有声龙吟。少顷，东北方向有一条条赤云如火，交射中天，空中有如兵戈之声。明军攻占建德路。

夏初月，贼寇陈友谅攻陷隆兴路。察罕帖木儿、李思齐、宣慰使张良弼、郎中郭择善、宣慰同知拜帖木儿、平章政事定住、总帅汪长生奴等人各领自己的部队，征讨李喜喜于巩昌。李喜喜战败，逃入蜀地。李思齐、张良弼二人合谋杀死拜帖木儿，分了他的军队。

夏中月，贼首刘福通攻打汴梁，守将竹贞出逃。刘福通占领汴梁城，请韩林儿前来，入主为都城。

可汗下令斥责右丞相太不花没有保住汴梁城而削其职，不久处死，以知枢密院事兀良哈台代之。山东地震。

夏末月，贼寇关先生、破头潘等攻打辽州，虎林赤将军率兵击败之。关先生遂掳掠塞外诸郡。

秋初月，周全据怀庆路以叛，附于刘福通。义军万户王信据滕州叛，附于贼寇毛贵。

秋中月，贼寇关先生攻打保定路未遂，转而占领完州，掠大同、兴和等塞外诸郡。贼寇陈友谅攻占赣州路，江西行省参知政事全普庵撒里及总管哈海赤战死。

冬中月，因右丞相搠思监贪污罪，命罢其官，以纽的该为

右丞相。明军占领兰溪州。

冬末月初一，日食。贼寇关先生攻占上都，放大火烧毁宫殿，

· 元上都宫城复原图 ·

在上都待了七日，转掠往辽阳。明军攻占婺州路，守臣僧住战死。

己亥，至正十九年（1359 年）。春中月，命孛罗铁木儿镇守大同。明军占领襄阳城。

夏初月，可汗以天下多故，在自己的诞辰之日制止诸大臣朝贺，诏说："朕方今宜敬天地、法祖宗，以修自身。朕初度之日，群臣勿贺。"左丞相太平携文武百官上奏："可汗的诞辰朝贺，是臣子们崇敬可汗的至孝，合乎礼典。今谦让不受，是陛下的盛德。然而如今正当军旅征进之际，君臣名分，正宜举行。"可汗没有允准。皇太子率群臣再拜上奏："初度日朝贺祝寿，是祖宗以来旧行典故，今不行，有乖于礼。"可汗说："今盗贼未息，百姓荼毒，正是朕之畏惧修身之时，缘何受贺以自乐？"御史大夫帖里帖木儿奏："可汗诞辰朝贺之礼，盖出臣子之诚，伏望陛下取徇所请。"可汗说："因为朕缺乏修省，致使百姓涂炭。今日如果再行朝贺宴集，是加重朕的不德。等到天下安宁，

行之不晚。卿等不要再劝。"始终没有允准。

夏中月，察罕帖木儿扩充军队征讨刘福通，围攻汴梁。山东、河东、河南、关中等处蝗虫成灾，飞则蔽天遮日，落则盖住狂野，人马不能行，民众大饥。

夏末月，贼寇陈友谅派遣同伙王奉国率军攻打信州，江东廉访使巴彦不花剔斤从衢州借兵击败贼寇。当时，镇南王子大圣奴正在城中，遂大开城门迎接巴彦不花剔斤入城。过几天，贼寇又过来攻打城池。巴彦不花剔斤分兵三路出城迎战，斩首数千级，大败敌军。可是，贼寇增加兵力加紧攻城的同时派遣使者进城，欲说降巴彦不花剔斤。巴彦不花剔斤发怒说："我的头可断，脚不可移！"遂斩来使。从此，日夜激战，虽然城中断粮草，兵器紧缺，他们的斗志倍增。他们吃城中的野草、皮革，到最后吃家雀、老鼠。精疲力竭，城被攻占之后，巴彦不花剔斤、大圣奴手下将领海鲁丁、蔡诚、蒋广等人战死。之前，巴彦不花剔斤率兵前去支援信州之时，抱必死决心，对自己的母亲鲜于氏跪拜说："儿子我从今以后不能孝敬母亲了！"

· 元上都皇城东墙遗址 ·

其母说："你成为忠臣，为国捐躯，我就无所遗憾！"巴彦不花剔斤把母亲交给儿子哈散不花，以中路赴岷，将廉访司大印护送到行台衙门之后，才率兵赴信州增援。鲜于氏系太常衙门典簿鲜于枢的女儿。

据《续资治通鉴》阐述，一切孝顺行为均可嘉奖。当时，兵燹日增，诸多城池被陷，没有出现孝顺的榜样。这里却出现了忠孝的巴彦不花剔斤。他的为国尽忠的精神真是值得赞扬。再者，他尽心竭力守城，城破身死，其行为毫无斥责之处！因此，在这里专门予以标榜，以嘉奖那些为国捐躯的臣子们。

秋中月，察罕帖木儿攻占汴梁城，刘福通护其主子韩林儿逃往安丰。将此事禀报朝廷，可汗敕察罕帖木儿为河南行省平章政事兼同知河南行枢密院事、西行台中丞。

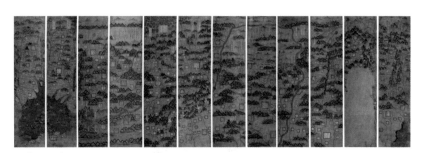

· 《九边图》·

秋末月，明军占领衢州路。自从中原地区慌乱以来，江南海运粮食因长期被扰而不能运到京师。这回河南稍靖，诏遣兵部尚书伯颜帖木儿以可汗饮用的御酒、蟒袍赐张士诚，命他恢复海运。伯颜帖木儿到达杭州，命张士诚所属方国珍准备船只，命丞相达什特木尔总领事务，费了好大的力气，才将十一万袋粮食运到了京师。

冬中月，敕方国珍为江浙行省平章政事。汴梁来了名叫杜鹃的鸟。

据《续资治通鉴》阐述，杜鹃者，本是南方的鸟，北方没有。天下太平之时，地气从北向南移动；天下动乱之际，地气从南向北移动。如今，地气从南方向北方移动而天下出现了动乱。自从汴梁出现杜鹃，竖子便知天下动乱。杜鹃虽为一种小鸟，但却关系到天下的太平与动乱，所以记录在此，以示警戒。

冬末月，皇太子忌恨丞相太平与自己不和，以中书左丞成遵、参知政事赵中与太平亲密，唆使监察御史诬告成遵、赵中贪污腐败，杖杀之。

《续资治通鉴》称，皇后与太子欲废可汗，将此事与丞相太平密谋，太平不赞同。为此，太子忌恨他。《元史》中没有这种记载，所以，在此也删掉。

贼寇陈友谅将主子徐寿辉迁到江州，以江州为都城，自封汉王。

庚子，至正二十年（1360年）。春正月，丞相纽的该逝世。纽的该本为出众的首辅大臣，患病之后曾对别人说："我这病不会痊愈，太平也不久于此职。想起来真是遗憾。"

春中月，丞相太平请求辞职。可汗允准，

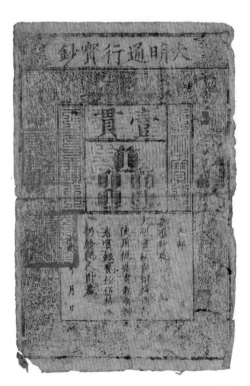

·大明通行宝钞·

并敕之为太保，镇守上都。

春末月，以搠思监复为右丞相。彗星见东方。可汗殿试进士，赐买住、魏元礼等三十五人一、二等进士。贼寇田丰攻陷保定路。

夏初月，命都事乐元臣招谕贼寇田丰，贼寇田丰杀死了乐元臣。

夏中月初一，日食。贼寇陈友谅杀其主子徐寿辉于太平路，自封皇帝，国号大汉，建元大义。已而回驻于江州。

夏末月，明军占领信州路。

秋初月，孛罗铁木儿败贼寇王士诚于台州。

秋中月，命孛罗铁木儿镇守石岭关以北地区，命察罕帖木儿镇守石岭关以南地区。

秋末月，孛罗铁木儿率兵自石岭关直抵冀宁，围其城三日，复退屯交城。察罕帖木儿调参政阎奉先率兵与孛罗铁木儿战。可汗派遣使臣叫他们和好，两人各自撤军，镇守各自的地盘。贼陷孟州、赵州，进而犯上都。右丞相忙哥铁木儿率兵迎战，败绩。

冬初月，以张良弼为湖广参知政事，讨南阳、襄樊。诏孛罗铁木儿镇守冀宁。孛罗铁木儿遣保保、殷兴祖、高脱因三位将军去冀宁，守城者不让他们进城。察罕帖木儿连年征战靠的是冀宁的钱粮，他以为，如果将冀宁给孛罗铁木儿的话，孛罗铁木儿军队一定会钱粮丰盛，因此，违令以去汴梁新建宫殿为借口，渡河驻于泽、潞，调延安兵，与孛罗铁木儿交战于东胜州，再遣手下将领八不沙率兵去战。八不沙说："他的军队是奉旨而来，我怎敢抗击？"察罕帖木儿发怒，杀死了八不沙。可汗又派遣使臣，叫他们和好，各自撤兵回所守之地。二人领兵归去。

据《续资治通鉴》阐述，当初孛罗铁木儿攻打冀宁，确实错误。

之后，察罕帖木儿调兵抗旨更是大罪。可汗理应分清是非，适当予以处罚为是，为何对双方均不闻不问，只是派遣使臣叫他们和好，这是不分青红皂白的大失误。从此以后，连年内部混战，谁也不怕谁，连可汗也无可奈何。这到底是何人之过？

冬中月，因四面八方乱动干戈，可汗颁布命令，令诸王们率北方军南下，征讨贼寇。其中，太宗可汗第七子大王灭里第六代后裔阳翟王阿荣特木尔知道国家危难，率领数十万大军来到穆尔古彻克之地驻军，派遣使臣对可汗说："你已经把祖宗创立的国家之大部分失去了，如果把传国玉玺交给我，我就把天下治理好。"可汗对来使说："天命有定数，你如果有意，请便！"并派遣知枢密院事秃坚帖木儿等领兵迎击他。秃坚帖木儿被打败，逃到了上都。孛罗铁木儿打到汾州，察罕帖木儿率兵迎战。

辛丑，至正二十一年（1361年）。春正月，诏赦天下。

春末月，察罕帖木儿驻兵宿州，擒贼将梁绵住。孛罗铁木儿占领延安。张良弼出南山义谷，依察罕帖木儿言，驻蓝天。

夏初月初一，日食。察罕帖木儿遣其子副詹事呼和特木尔[1]送粮至京师，皇太子亲自与他见面畅叙，遂不复怀疑他。

夏中月，贼寇明玉珍攻陷嘉定等路，李思齐遣兵击败了他们。贼寇李武、崔德等人向李思齐投降。察罕帖木儿率兵征讨山东，下井陉，出邯郸，过磁、相、怀、卫等州，渡白马津，水陆并进。

秋初月，察罕帖木儿收复东昌，由此进军，重新复占寇州。

秋中月，明太祖占领江州路。贼寇陈友谅逃到了武昌。

察罕帖木儿遣其子呼和特木尔、阎思孝等人，与关保、虎

---

[1] 呼和特木尔——《元史》作扩廓帖木儿。

林赤合兵做浮桥，渡东河[1]。贼寇两万余人前来争夺浮桥，关保等人且战且渡，拔长清，讨东平。东平伪丞相田丰遣崔世英等

· 石拐窖藏铜铁器之镣 ·

出战，大破之。乃遣使诏谕田丰。田丰投降，东平遂克。令田丰为先锋东征。棣州俞宝、王安、刘桂投降，遂围益都。

秋末月，阿荣特木尔率兵进犯上都。诏少保、知枢密院事老章率诸军讨伐，打败了他们。阿荣特木尔手下将领陶高原为太平之子哈散胡图克部将，他擒住阿荣特木尔，将他绑缚，押送到上都太平处。太平没有收留阿荣特木尔，转送给可汗。可汗下令，将阿荣特木尔依法处死。明军占领建昌、饶州二路。

冬末月，察罕帖木儿、李思齐二人围鹿台山，与张良弼大战。可汗派使臣命他们和好，遂不战而归。

壬寅，至正二十二年（1362年）。春正月，明军占领江西诸路。当时，江西诸路已被陈友谅所占。李思齐要攻打张良弼，行军到武功，张良弼事先伏兵，打败李思齐。

据《续资治通鉴》阐述，当时，海内动荡，兵燹成灾，上下一心，同仇敌忾，可是，尚且不能扭转局势，这二位将军这样做却是为何？为此，在这里指出这二位将军的罪过，以示斥责。

春中月，彗星见于天空。不久，长星出现在宿、危二星中间，形状像展开的成匹白绸缎，长数十丈，三十五天后消失。

春末月，贼寇明玉珍占领云南，夏中月，自封陇蜀王。福

---

[1] 东河——《元史》作盐河或大清河，位于山东省东阿县。

州 [1] 行省参知政事陈有定复汀州路。

夏末月，彗星侵紫微垣。当初，田丰降于察罕帖木儿，察罕帖木儿以诚待他，毫无疑心。是月，察罕帖木儿围益都，围城立寨，准备攻城之时，田丰、王士诚二人密谋反叛，遂请察罕帖木儿到其的军营视察，众将说不可去。察罕帖木儿说："我诚心敬重他们，是人都提防怎么行呢？"侍卫、勇士们请求一同去，察罕帖木儿不准，只带十一名骑士到王士诚军营。从那里转到田丰军营时，王士诚刺死了察罕帖木儿，同田丰一起叛逃，进入益都。可汗听到察罕帖木儿被刺杀的噩耗，非常遗憾；朝廷公卿及京师民众和四方人士无不痛心疾首。之前，天空出现了千余丈长像一条长绳的白气，自微星出，进入太微宫，太师称："山东之地将发大水。"可汗说："不然，在山东地面必定损失一员良将。"并遣使诏察罕帖木儿，告诫他不要轻易出动。可汗的诏书尚未到，察罕帖木儿已遇难。可汗下令，追认察罕帖木儿为"推诚定远宣忠亮节功臣忠襄王"，谥"献武"，并在河南、山东等地建立寺庙，四季祭祀。其子呼和特木尔授广

·元代铜炮·

禄大夫，中书平章政事，同知河南、山东等处行枢密院事，一应军马并听节制。并诏谕众将士："你们诸位将领，久与察罕帖木儿共同指挥军队，唯恩与义，如同骨肉。视彼逆党，不共戴天，当力图报复，以申大义。"

据《续资治通鉴》记载，元末得到高官厚禄者虽然很多，

---

[1] 福州——《元史》作福建。

但尽忠报国的人却出自草莽之地。察罕帖木儿可称得上是超群的忠心耿耿的大丈夫。李思齐虽然与他一同起兵，可最终失去了为臣之节，与察罕帖木儿相比，屈辱之甚。

据《续资治通鉴》记载，察罕帖木儿非常尊重田丰，可是田丰却以怨相报。依此看，对反复无常的歹徒斥责又有何用？但是，察罕帖木儿以忠诚待人，毫无防人之心，结果落在歹人之手，是莫大的遗憾。察罕帖木儿为国尽忠始终不渝，易如反掌地收复了山东、河南等地。如果老天恩赐，延长他的寿命，歼灭受宠者，收复失地是指日可待的事情。大事未成士先死是天命使然！真是可悲啊！为其不失忠贞，示以嘉奖。

冬中月，呼和特木尔将军率军发誓报仇，遂围攻益都，极力奋战，数次打败贼寇，又出精兵，掘地而进城，占领该城。捕获贼首陈猱头以下二百余人，送交皇宫；活捉田丰、王士诚，拔其心脏以祭父。由是平定了山东地区。

据《续资治通鉴》阐述，呼和特木尔以忠义之师攻克益都，诛杀田丰报仇雪恨，值得嘉奖！而田丰无端杀死察罕帖木儿，反被察罕帖木儿的儿子所杀，此乃证昭天道不差。所以，凶顽之辈最终没有好报。故阐明了两者的是非曲直。

癸卯，至正二十三年（1363年）。春正月，贼寇明玉珍自封皇帝，建国号为大夏，建纪元为天统。

皇后奇氏娘家在高丽，恃宠骄横，其王伯颜帖木儿将其处死。之后，可汗听信皇后的谗言，废伯颜帖木儿王爵，立其在京师的族人塔思帖木儿为王。封将作同知崔贴木儿为丞相，让其带领一万兵士护送塔思帖木儿赴高丽国为国王。之后高丽国人上书言："旧王不当废，新王不当立。"可汗不允。（高丽国人）在鸭绿江一带伏兵，突然出击，王师大败溃逃。

春中月，呼和特木尔（自益都）回到河南。张士诚手下将军吕珍打进安丰，杀死刘福通，占领安丰城后，明太祖领兵镇压。

春末月，彗星见东方。可汗亲试进士六十二位，赐薄薄、杨等为一、二等进士。诏立广西行中书省，以廉访使也儿吉尼为平章政事。当时，南方郡县大多数被占领，唯独也儿吉尼防守广西达十五年。贼寇关先生余党进犯上都，孛罗铁木儿迎击，贼寇投降。

夏末月，孛罗铁木儿派手下将领朱振占领山西。呼和特木尔与李思齐合兵征讨，迫使朱振投降。

秋初月，明太祖与陈友谅激战于鄱阳湖，陈友谅兵败被杀，其子陈理即位，仍据武昌。明军围攻武昌。

秋末月，张士诚自封为吴王，派人向可汗请命。可汗不准。之后，可汗派人命张士诚向京师送粮食，张士诚不应。

·铜鎏金多面佛·

冬初月，孛罗铁木儿派兵攻打冀宁，呼和特木尔迎击并大破之。

甲辰，至正二十四年（1364年）。春中月，明太祖占领武昌，活捉陈理。自此，湖南、湖北、江东、江西均归明军。

春末月，诏以孛罗铁木儿藏匿罪臣，谋为悖逆，以太子之言，废其官爵，发配其到四川居住。孛罗铁木儿知道诏书非出自可汗之手，而是出自皇太子与右丞相撒思监之手之后，拒命不受。既而，派秃坚帖木儿率兵进犯京师，从居庸关进兵。知枢密院事也速、詹事布兰奚等率兵迎战于皇后甸，兵败东逃。

皇太子率侍卫兵出光熙门，走古北口，逃往兴、松之地。

当时，京师无备。众大臣分兵把守要塞，并派帝师询问其事。秃坚帖木儿回答："必须把撒思监与太监朴不花二人交出！"可汗慰藉多时，不听。不得已，将撒思监流放于岭北，朴不花流放于甘肃；恢复孛罗铁木儿原职，加封太傅，并赐封秃坚帖木儿为平章政事。于是撤兵归去。

皇太子逃到路儿岭，诏追及之，回到宫中。皇太子怀恨在心，命呼和特木尔、关保等率兵征讨孛罗铁木儿。孛罗铁木儿派兵抵住呼和特木尔的军队，自己与秃坚帖木儿、老的沙一同率兵直奔京师而来。秋初月，孛罗铁木儿先遣军进入居庸关。皇太子亲率大军行进到清河，其军队自行溃散。白锁住保护皇太子从平则门进入京城；皇太子又与白锁住一起从顺承门出逃，顺雄州、霸州、河间奔赴冀宁。孛罗铁木儿驻兵建德门外，与秃坚帖木儿、老的沙入见可汗于宣文阁，诉其无罪而痛哭。可汗也哭，诏以孛罗铁木儿为中书左丞、老的沙为中书平章政事、秃坚帖木儿为御史大夫。从此，朝政大权均为孛罗铁木儿所掌握。

据《续资治通鉴》阐述，孛罗铁木儿虽有大罪，但皇太子也有罪。顺帝没能管束其子，没能杀死逆臣，这正是君非君，臣非臣，父非父，子非子，恰应"虽然有食物，我能吃得着吗"之言。如此，天下哪有不失之理？看来，顺帝真可谓是一个依靠别人生存的君主。

秋中月初一，日食。明军占领柳州。张士诚赶走达什特木尔，让自己的弟弟张士信为江浙行省左丞。前御史大夫不花帖木儿不顺从张士诚，守节而死。

乙巳，至正二十五年（1365年）。春正月，明军攻占宝庆路，守将唐隆道逃遁。

春中月，白日见太阳旁边出现一轮月、一颗星。

春末月，皇太子对兵将下令："孛罗铁木儿袭据京师，本人受命总督天下诸军，恭行显罚。少保、中书平章政事呼和特木尔躬勒将士，分道进兵。诸王、驸马及陕西平章政事李思齐为首，各统军马尚其奋义戮力，克期恢复。"

夏初月，皇太子先锋关保攻占大同。孛罗铁木儿命秃坚帖木儿领兵去上都镇压皇太子同党，叫自己的勇士姚伯颜领兵迎战皇太子。也速趁其不备，袭击姚伯颜，杀之。之前，孛罗铁木儿怀疑自己的勇士保安而将其杀死，如今姚伯颜又被杀死，心中郁闷，天天与老的沙喝酒，醉酒后动辄杀人，喜怒无常，人人皆恐慌。

夏中月，京师下鬃毛雨。

夏末月，皇太子加封李思齐为邠国公。威顺王之子和尚收到斩杀孛罗铁木儿的可汗密令，与徐士本、上都马、吉那噶、伯达儿等勇士商定斩杀事宜。

秋初月，当孛罗铁木儿上朝走到延春阁下李子树旁时，伯达儿忽然从人群中跳出来，用刀砍孛罗铁木儿的头部。随之，上都马等人一拥而上，乱刀砍死了孛罗铁木儿。老的沙额头受伤，

逃出去，救护孛罗铁木儿的母亲、妻子及儿子三宝奴等人逃往北方。

秋中月，皇后弘吉剌氏去世。可汗遣使将孛罗铁木儿首级装进木匣子送到冀宁，召皇太子回京师。秋末月，呼和特木儿护送皇太子到京师。可汗敕伯撒里为太师、右丞相，呼和特木儿为太尉、左丞相、知枢密院事，方国珍为淮南行省左丞。

冬闰十月，敕呼和特木儿为河南王，统领各路军马。冬末月，诏立奇氏为皇后，仍封奇氏父亲以上的三世皆为王爵。

丙午，至正二十六年（1366年）。春中月，呼和特木儿遵旨欲征南方贼寇，回到河南，调遣各处军马。因张良弼拒命，派军队征讨他。李思齐伙同张良弼应战。

春末月，可汗殿试进士，赐赫德薄化、张栋等七十二人为一、二等进士。

夏初月，明军攻占淮南诸路。

秋初月初一，日食。

秋中月，敕陈有定为福建行省平章政事。

秋末月，以方国珍为江浙行省左丞。明军攻占湖州路。

丁未，至正二十七年（1367年）。春正月，绛州夜闻天鼓鸣，将近黎明时分，天空又出现交战的声音。

秋初月初一，日食。

秋中月，诏命皇太子总天下兵马。设立大抚军院衙门。

秋末月，明军取平江路，活捉张士诚。

冬初月，因为皇太子谗言，可汗下令削去呼和特木儿一切职务，只留河南王一职，以汝州为其食邑，将其属下军队分给诸将领之。接到诏书，呼和特木儿叩头谢恩，带领自己原来的属下赴泽州去。明军大败方国珍，方国珍投降，其所属全部领地被占领。

冬中月，明军攻取沂州，进而攻打益都路，城将被攻破之时，平章政事保保投降。宣慰使普颜不花对母亲说："儿子忠孝两难全，幸亏还有两位弟弟可以孝敬母亲终身。"遂拜别母亲，来到公堂上端坐。明军将领们早已听说他的清名，几次去请都请不来，最后将他绑缚押来。普颜不花说："我在元廷从进士出身，如今已到人臣之极。事已至此，还能苟活吗？"言讫便死去。他的夫人抱着名叫阿如察的姑娘跳井自尽，妾与另一个姑娘也跳井自尽，还有总管胡浚、知院张俊皆守节而死。

冬末月初一，日食。明军攻取般阳、济宁、莱州、东平等地，还占领了杉关和邵武路。明军从海路出，攻打福州，守臣平章政事曲出逃走，行宣政院使朵耳战死。诏分潼关以西属李思齐，以东属呼和特木尔，各罢兵退守。于是，关保退屯潞州，商暠退守潼关。

戊申，至正二十八年（1368 年）。春正月，见彗星。明军攻占建宁，进而取延平，活捉陈有定。明军攻打东昌路，守将申荣、王辅元战死，城被占领。呼和特木尔自泽州退守晋宁。关保镇守泽、潞二州，与貊高军合。明军一路攻城略地，来到河南。李思齐、张良弼等合兵镇守潼关。明军取河南，火焚张良弼军营。李思齐率自己的军队移驻葫芦滩，派手下将领张德敛、薛穆飞镇守潼关。明军攻取潼关，围攻李思齐军营。李思齐大败，向凤翔府逃去。是月，明军继续攻占了永州和惠州。

夏初月，明军攻占英德州，进而攻取广州路，又取嵩、陕、汝等州。接着，明军又占领道州、全州、郴州、梧州、藤州、浔州、贵州、象州等州郡。

夏中月，广西全境被明军占领。

秋初月，貊高、关保以兵攻晋宁，呼和特木尔应战，打败并活捉了他们，禀报上去，可汗下令将他们依法处死。海南、海北诸郡，左江、右江诸路皆被明军占领。诏呼和特木尔领兵前来保护可汗。明军攻占平陆，转而过河占领卫辉、彰德、广平、顺德等城。呼和特木尔自晋宁退守冀宁。

秋闰初月，明太祖以兵攻打通州，知枢密院事卜颜帖木儿力战而死节。可汗听到后，非常害怕，在清宁殿召集诸大臣商议避敌北行，左丞相失列门、知枢密院事乞希克[1]、太监伯颜不花劝阻不听。遂命淮王铁木儿补化、丞相庆童镇守大都城。太监伯颜不花哭劝道："天下者，太祖、世祖之天下，陛下当以死守，奈何弃之？臣等愿率军民及诸怯薛出城拒战，愿陛下固守京城！"可汗不听，携带太庙中的诸神主、三宫六院诸后妃、皇太子妃以及大小诸臣等，开健德门出城，顺居庸关奔上都而逃。

秋中月二十日，庚午，明军抵达京师齐金门。第二天，明军攻打城池，淮王铁木儿补化、丞相庆童、左丞相丁敬可、大都路总管郭允中等人守节战死。

顺帝逃到上都东北三百里远的应昌府住一年。

己酉，至正二十九年（1369 年）。夏四月，不愈，丙戌薨逝[2]，寿五十二，在位三十七年，庙号惠宗，蒙古人称"乌罕图可汗"。其遗体由太尉乌力吉[3]葬于北方。明太祖以"知天命而回避"，追认"顺帝"。

夏中月，明朝军队为占领上都出征。

秋末月，占领上都，转而攻占应昌府，俘获可汗的孙子迈

---

[1] 乞希克——《元史》作黑厮。

[2] 丙戌薨逝——《元史》作"又一年，四月丙戌，帝因痢疾殂于应昌，寿五十一，在位三十六年薨逝"。

[3] 乌力吉——《元史》作完者。

达尔巴拉[1] 及后妃并宝玉、王子贺德、韩国公达什特木尔等。皇太子爱猷识理达腊逃脱。明太祖封迈达尔巴拉为崇礼侯。

据《续资治通鉴》阐述，元太祖深沉有大略，用兵如神，故能灭国四十余，平西夏，定西域。太宗有宽宏之智，信赖智能之臣，审时度力，循规蹈矩，民众享受幸福；与宋朝联合占领金朝之后，更加强盛。在定宗时代，太后篡政，加上天旱，人民生活一度紧蹙。宪宗刚毅，沉断而寡言，不乐宴饮，不好奢侈，屡建奇功。世祖贤明仁慈，威武雄猛，一统天下，使之安定；求贤纳谏，知人善任，信用儒术，使诸如许衡等贤达之辈将自己的才能毫不保留地贡献出来，武将如伯颜等以文韬武略为国献力；立经陈纪，发展礼乐，物质丰硕，人民富裕：古今中外，盖无如此者。成宗善于守成，治世有道。武宗封爵太盛，导致至元、大德年间国政稍懈。仁宗聪明恭俭，练就儒术，爱惜民力，致志平安，一遵世祖之成宪，因而被称为元朝立宪守成的贤明君主。英宗可汗果于刑戮，奸党畏诛，遂杀害之。泰定帝以远亲继宗，灾祸不断，君臣之间，亦未见其引咎侧躬之实；然能知守祖宗之法以行，天下无事，堪称太平。文宗可汗将明宗可汗从北边请来，使之即位。文宗可汗暂承制改元，而明宗可汗在下榻处忽然崩逝，因此，文宗可汗难以逃脱忤逆暗杀之名。后来，将他的神位从太庙驱除，这是对的。宁宗可汗幼小承制，仅过月余时间便崩逝。顺帝生性软弱，不果断，所以，伯颜、哈麻等奸臣接连专权朝政作乱。后至元三年（1337年），广州朱光卿反叛，自称大金国。至正十一年（1351年），刘福通、徐寿辉等人以白莲会惑众，叛乱戴红帽为号。从此，天下混乱，贼寇蜂起，谣传"弥勒佛诞生"，不可一世。加之，可汗派遣

---

[1]　迈达尔巴拉——《元史》作买的里八剌。

镇压叛贼的将领呼和特木尔、字罗铁木儿、李思齐、张良弼等人互为仇敌,连年混战。对于这些,可汗不屑一顾,却修炼所谓"运气术"的异术,在皇宫中叫少女们跳"天魔舞",忘掉了国事,深坠于淫逸奢侈之渊,因此,众奸佞窃取国政,擅自称为"帝王"之号。如此过二十年而运数归于明朝。汉文史记到此结束。

·壁画——奔马图·

　　在蒙古文史记中,称乌罕图可汗承制后二十年的甲申[1]之际,中原地区姓朱的老头家里生孩子时,房舍出现彩虹。为此,剌哈、伊巴忽二位大臣向可汗禀报:"平民不可能有这种异象出现。有益则罢,以防有害,应该除掉。"可汗不允。那位小孩叫朱洪武,长大之后,叫他统辖东部诸行省。把西部诸行省交给陶克陶胡与哈剌章二位掌管。朱洪武的弟弟名叫布哈。他们兄弟向可汗谗言陶克陶胡与哈剌章,可汗发怒,将陶克陶胡与哈剌章削职为民,把东部和西部诸行省全部交给朱洪武、布哈二人掌管。之后,朱洪武、布哈二人去南方征收赋税,在那

---

[1]　甲申——1344年,不是二十年,是十一年。

里待了三年，整备军队，回来围攻大都。秋闰初月廿七日夜，可汗携带皇后、皇子等，以梦中见到的水渠出城。率十万蒙古军逃走的时候，哈布图哈撒儿后裔陶高巴特尔的儿子脱穆罗忽巴特尔及其儿子哈奇呼鲁克、呼鲁克布古尔齐之后人伊剌忽丞相三位率领六十名旗牌手，迎战中原军队，救可汗出古北口。可汗在克鲁伦河畔修筑巴日斯浩特居住。中原人称此城为应昌府。翌年，中原军队追击到巴日斯浩特，皇太子爱猷识理达腊应战，祈动札答之术，招来大风雪，大败中原军队。顺帝因失去朝政而悔恨不已，唱道：

> 英雄的成吉思可汗创建的国家，
> 神奇的薛禅可汗鼎立的朝政，
> 普天下祭祀的根源——大都，
> 没纳好心的剌哈、伊巴忽之谏之祸，
> 用宝贝镶嵌而成的坚固的大都，
> 古代可汗们的夏令胜地——上都锡尔塔拉，
> 各种宝贝建成的八面白塔诸神祇，
> 四十九万大蒙古国！
> 呼图克图活佛建立的太阳般的宗教，
> 忽必烈可汗建立的政教合一的朝政，
> 这一切都失于朱洪武、布哈二位之手，
> 可坏的名声留在了乌罕图可汗身上。
> 祖宗父辈建立的国家，
> 最受崇拜的政教合一的朝政，
> 毫无发觉地失于中原人之手，
> 最坏的名声留在了乌罕图可汗身上。
> 天之骄子成吉思可汗黄金家族的制度，
> 上神忽必烈薛禅可汗的黄金宫殿，

普天之下的大可汗乌罕图我本人，
依天命失去了一切政教大权。
把可汗父亲苏图博格达的传国玉玺，
视为珍宝保护的乌罕图可汗我。
舍命迎战的不花帖木儿丞相，
磐石般的朝政永属黄金家族！

　　为万世政教合一的朝政而悲哀唱出此歌。从此，乌罕图可汗统辖全体蒙古军民，在巴日斯浩特居住了一年之后，五十二岁时崩逝。

　　汉文史籍称顺帝时元朝灭亡。依我拉喜彭斯克之愚见，元朝至顺帝时没有灭亡。有人说，顺帝将国家全部丧失，只身逃出，所以，怎能说元朝没有灭亡呢？我说，汉朝的献帝（指刘备）在四川，晋朝的元帝、宋朝的高宗等在江东即位，一些史官仍然视其为中心朝政。如今，顺帝不像汉献帝那样被贬谪，不像晋惠帝、闽帝那样被俘虏，而是亲自逃出，占据蒙古之地称可汗，所以，怎么能说元朝灭亡了呢？他人又说，如果那样，怎么写合适呢？我说，应该写成"顺帝丧失了中原地区，回到蒙古地区，继续了元朝朝政"。那么，从博格达成吉思称蒙古可汗到统一中原地区的这个阶段怎么算？是否要删掉呢？他人又说，那么，顺帝舍弃为社稷而死的气节，爱惜自己的生命，逃之夭夭，这合乎大义吗？我说，当时中原地区是为蒙古所占领的，如果顺帝死守大都而失去一切的话，也会像以上所说的那些皇帝一样，成为可耻的人。如果为国捐躯的话，蒙古的汗统就会中断，国家就会混乱。因此，有什么必要不顾蒙古汗国，却要为中原地区而舍命呢？他人又说，依你所说，丧失中原地区是对的了？我说，丧失祖宗所建立起来的国家之一部分，有什么对？而且，他在所唱的歌曲里已经承认了自己的错误。成吉思可汗统一中原地区之时，蒙古名声大振，所向无敌，所到之处无人反抗，所以才征服了四方各国。到了顺帝，其因不行德政而使人心悲凉、失和。如此看来，人人必须知道不能恃强骄横，而要时刻注意仁义之德的道理。他人问，如果像蒙古文史书所称，顺帝应该听从刺哈、伊巴忽二位所言，杀掉朱洪武才对，是吗？我说，不是！就好比说，一时的饥饿与饱餐都和上一世的作为有关，何况说一国之君主的福缘呢？所以，朱光卿、徐寿辉等人像雄鹰般呼啸，像饿狼般乱窜，这类人最终都灭绝了。如果顺帝警惕恶行、清除不利、谨慎治理国政的话，朱洪武也许可以成为一个贤能的好臣下。反过来说，想用无故杀害好人的办法来稳定国家的话，像唐太宗皇帝杀掉李君羡那样，则难以避免光凭

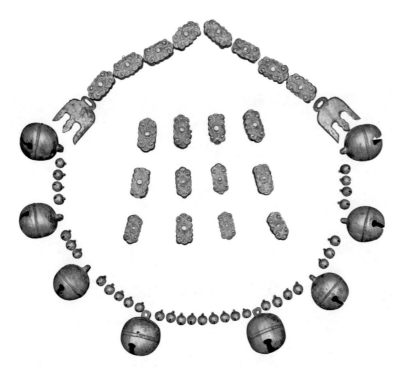

· 双龙纹鎏金马具 ·

猜测杀害无辜的大错误。这且不说，如果因为怀疑把朱洪武杀掉的话，再生一个朱洪武怎么办？如果此话当真，明太祖皇帝身为人臣，叛逆本主，应也难逃破坏忠义的大罪！因此，我在这里辩明元朝没有在顺帝时灭亡之事实。

有些蒙古文史书称，当时，身有三个月之孕的弘吉剌氏哈屯被明太祖俘获，娶为哈屯。哈屯暗自向佛爷和天尊祈祷："如果七个月而生，他们会认为是敌人的儿子而抛弃；如果十个月而生，他们会认为是自己的儿子而抚养。所以，请求佛爷和天尊恩赐，再加给我三个月！"结果，她于十三个月之后生下了一个儿子。明太祖梦见两条龙在打架，左边的龙打胜了。醒来之后，问解梦人。解梦人说："右边的龙是西宫汉族皇后所生的皇子，左边的龙是东宫蒙古族皇后所生的皇子。将来，蒙古族皇后所生的皇子可能继承皇帝的大位。"明太祖心想："二人虽然都是我的亲生儿子，但其中一人的母亲是敌人的哈屯，所以不能让蒙古哈屯的儿子继承皇位。"为此，那位皇子长大

· 壁画 ·

之后，在塞外修筑青城叫他居住。明太祖崩逝之后，汉族皇后生的皇子继承了皇位。四年后，居住在青城的蒙古族皇后之子准备了军队，打进大都，将中原皇帝俘获，自己登上了皇位，以永乐可汗的尊号名扬于世。他聘请佛教第二实胜博格达宗喀巴的徒弟扎姆萨亲·揣斯·刺钦喇嘛，让佛教黄帽教盛行于中原地区。

依我拉喜彭斯克之见，顺帝从大都撤出去时，毫不匆忙，因为事先就知道，但为什么要舍弃哈屯呢？可是汉文史书却说"岁己酉，明军出征。秋末月，俘获皇孙迈达尔巴拉及皇妃并宝玉、王子贺德、韩国公达什特木尔等"。这似乎也符合事实。可是，从怀孕到分娩的日月，怎么能增加呢？从前，中原地区名叫吕不韦的人，将自己有孕之妻送给秦朝的太子，该女子增加月份而生产，所生孩子就是秦始皇。这是《资治通鉴》及《资治通鉴纲目》等书明确记载的史实。此话之真假，贤达们会明辨的。

15.必力格图可汗等

顺帝薨逝后，皇太子爱猷识理达腊于庚戌年在应昌府即位，称北元，统辖全体蒙古。戊午年薨逝，在位九年，享年四十三岁。追认昭宗可汗，蒙古号"必力格图可汗"。

北元时期的历史记载，在蒙古文献中体现得都比较简略，因此，后来的记载也如此大概地延续了下来。

按昭宗必力格图可汗的遗训，其次弟益王兀思哈勒[1]于当年继承可汗位，改己未年（1379年）为元年。岁戊辰（1388年）薨逝，享年三十九岁，在位十年。

兀思哈勒长子恩克卓里克图于当年继承可汗大位，改己巳

---

[1] 兀思哈勒——又称特古斯特木耳。

年（1389年）为元年。岁辛未（1391年）薨逝，享年二十一岁，在位三年。

因为可汗无嗣，众大臣共议，于当年推举可汗的弟弟额勒伯克尼古埒苏克奇[1]继承可汗大位，改壬申（1392年）为元年。可汗统辖蒙古大众，平安无事。有一天，可汗出去打猎，打下一只兔子，鲜血滴在雪地上。可汗见此情景，降旨说："这天下有没有脸面雪白、两颊绯红而风姿绰约的女人？"卫拉特部浩海达尤禀报说："可汗的弟弟哈尔崇杜棱台吉[2]的乌勒吉图高娃拜姬[3]就是可汗所问的那样美貌动人的女人啊。"于是，可汗淫欲涌生，立即对浩海达尤下令说："你让我看得见所想看到的东西，能够满足我多年欲望的就是达尤你啊！这件事情就你去办理吧。"狩猎结束后，浩海达尤对拜姬说："可汗想见一见你的靓丽容貌！"拜姬生气地说："上天和大地能合到一起吗？作为可汗，有随便召见弟媳的道理吗？台吉是不是他的弟弟？世上哪有这样的可汗？"说完这些话，拜姬把浩海达尤赶了出去。可汗为此违背伦理，杀死了自己的弟弟哈尔崇杜棱台吉，娶乌勒吉图高娃拜姬为哈屯。有的史书称哈尔崇杜棱台吉为额勒伯克尼古埒苏克奇可汗的儿子。《金轮千辐》一书中则记为其弟，之后便都那么记载了。有的人把汉籍所记载的"皇太子"和"妃"，在蒙古文献中记作"台吉"和"拜姬"，还把"郡王"记为"济农"，"宰相"记为"宰桑"，"丞相"记为"青桑"。

浩海达尤亲自设宴。他来到乌勒吉图高娃拜姬的寝宫时，可汗驾临别宫，于是便在外边坐着等候。拜姬听说后，派人去说："宴席必等可汗回宫再开，你先到宫中来一下！"浩海达

[1] 额勒伯克尼古埒苏克奇——又称额勒伯克尼古勒斯贵。

[2] 哈尔崇杜棱台吉——有书称哈尔图楚克杜棱台吉。

[3] 乌勒吉图高娃拜姬——又称乌力吉图洪高娃别乞。

尤立即进宫，拜姬赏赐浩海达尤酒说："将我低贱之身变成了高贵之身，使我升为皇后，这都是你的功劳啊！"这样，美言劝酒，直到浩海达尤酩酊大醉后，将其扶到可汗的床上躺下。之后，抓破自己的脸面，蓬头散发，派人向可汗禀告。可汗大怒，赶到时，浩海达尤稍微清醒，赶紧逃走。可汗立即追赶上来，浩海达尤拼命反抗，射断了可汗的小指。可汗将浩海达尤杀死，命苏尼惕部亚新太保剥下浩海达尤脊背上的皮，送给拜姬。

· 彩绘架鹰木俑 ·

拜姬采得可汗被射断的小指血，又把浩海达尤脊背皮上的油脂与其搅拌在一起吃掉后说："今我吃了沉湎美色而杀死弟弟的可汗之血，追求封赏而害死主子的达尤之油渍，已经报仇了。作为一个妇道人家，我死而无憾！"可汗这才发现中了拜姬的计谋，知道自己错了，什么都没说。

可汗将自己名叫萨玛拉的公主嫁给了达尤的长子巴图拉，封其为丞相，并掌管四部卫拉特。其后，岁丁丑（1397 年），

巴图拉丞相与弟弟乌格齐哈什哈一起为父亲报仇，举兵攻打可汗，杀之。当时，可汗二十八岁。

依我拉喜彭斯克之见，智者不唯欲望而行。欲望是一种恶毒的东西，犹如刀刃上的蜂蜜，这是很多贤达的名言。古代唐玄宗皇帝强娶了自己十八子寿王李瑁之妃杨氏，因而遭遇了安禄山之乱，国政被毁，唐朝几乎灭亡。如今，额勒伯克尼古埒苏克奇可汗杀死自己的弟弟，强娶弟媳，倾倒于淫欲，最后被敌人杀死，家眷被掳，元朝几近覆没。《svbasidi》说，高贵的上层者一身正气，若不这样，玷污本族。这二位可汗，放纵欲望，为所欲为，做了不可做的事情，结果玷污了根脚，多么可惜！再说，达尤为了赢得可汗的宠爱，策划了这种事情，欲望还没实现便被可汗杀死，不是适得其反吗？另一方面，可汗因为冤杀达尤而后悔，把公主嫁给巴图拉，将全体卫拉特交给他掌管。依此看来，他只知道自己娶得乌勒吉图高娃拜姬是浩海达尤的功劳，而不曾回想自己的弟弟哈尔崇杜棱台吉的被杀之仇；又只知道把公主嫁给巴图拉是为了报恩，而没有想到巴图拉与他有杀父之仇。这样，可汗把卫拉特当作自己的爪牙，使他们变

· 玻璃簪 ·

得更加凶猛，却不承想加速了自己的灭亡；而且，还为后代留下了祸根。所以，倾倒于淫欲、享福、名利而做的任何事情，一定会招来今世或来世、本人或后裔的臭名与灾祸、苦难三者。这是我谨慎劝导所有人们的肺腑之言。

是年，可汗的长子坤帖木儿即大位，改戊寅年（1398年）为元年，统辖全蒙古；己卯年（1399年）薨逝，在位两年，享年十六岁，无嗣。是年，可汗二弟兀雷帖木儿[1]即大位，改庚辰年（1400年）为元年；丁亥年（1407年）薨逝，在位八年，享年二十岁，无嗣。是年，三弟答里巴[2]即大位，改戊子年（1408年）为元年；辛卯年（1411年）薨逝，在位四年，享年二十二岁。是年，答里巴可汗独生子幹亦剌台[3]即大位，改壬辰年（1412年）为元年；辛丑年（1421年）薨逝，在位十年，享年十八岁，无嗣。是年，额勒伯克尼古埒苏克奇可汗的四子阿岱即大位，改壬寅年（1422年）为元年，统辖蒙古。阿岱可汗正要向卫拉特报仇，准备粮草军马之时，从卫拉特虏获的乌勒吉图高娃拜姬已有身孕。后来生一男孩，萨玛拉公主为他起名为阿齐台吉，并把他们母子二人藏匿起来。之后，将他们送往阿岱可汗身边的时候，告诉说："卫拉特及厄鲁特[4]现在正处于混乱状态，趁这个机会报仇！"

收到这个消息，阿岱可汗非常高兴，即刻颁下命令，叫阿鲁克台太师指挥军队，自己率领十万精兵讨伐卫拉特部。卫拉特、厄鲁特、泰苏惕、辉特听到这个消息后，也组织军队，来到孛罗脑海·昭之地。两军相遇开战之时，阿鲁克台太师命翁牛特

---

[1] 兀雷帖木儿——又称衮特木尔。在此期间，还有鬼力赤和本雅失里二人称可汗。

[2] 答里巴——又称德里布克。

[3] 幹亦剌台——又称卫拉岱。

[4] 厄鲁特——《明史》称瓦剌。

部将军察罕图门出战。

可汗命令道："成年的马虽然跑得快，不如老马有耐力！"另叫哈撒儿后裔锡古失台巴特尔出战。卫拉特方派贵林赤巴特尔迎战。他们二位原先是最好的朋友。当时，锡古失台巴特尔对贵林赤巴特尔说："如果蒙古与卫拉特开战的话，肯定是你我二位首先出战啊。"贵林赤巴特尔说："我射箭时，你不穿铠甲也没事！"锡古失台巴特尔说："我砍刀时，你不戴头盔也无妨！"

这次，锡古失台巴特尔出战时，穿上了两层铠甲，里边胸口处加厚铁锨，扎上腰带，手握凹口大刀，乘骑线脸黄骠马出阵。卫拉特的贵林赤巴特尔戴上了双层头盔，乘骑线脸铁青骏马，手握长矛出阵。

二位勇士各自奋勇，各为其主，使出浑身解数，约战半个小时，贵林赤巴特尔慢慢地挡不住了，败下阵逃走。锡古失台巴特尔紧追不舍，刚要赶上去时，贵林赤巴特尔回头瞄准其胸口，一箭射去，射透了锡古失台巴特尔的两层铠甲，箭头直抵铁锨，锡古失台巴特尔没坐稳鞍子，不由得身子移到鞍子的后面。锡古失台巴特尔大怒，力战贵林赤巴特尔。贵林赤巴特尔的铁青骏马跑得快，所以，锡古失台巴特尔总是接近不得。见此情景，郭尔罗斯部的斡勒贵墨尔根抽打栗色骏马，风驰电掣般地插进二位勇士中间，射断了贵林赤巴特尔的铁青骏马的腿。趁此机会，锡古失台巴特尔赶上贵林赤巴特尔，大声喊道："线脸黄骠马只管跑，凹口大刀只管砍，为了国家大事，顾不得亲友之情！"锡古失台巴特尔举刀砍去，劈开了贵林赤巴特尔的双层头盔和头颅。

阿鲁克台太师看到锡古失台巴特尔得胜，便率兵杀进，打败卫拉特军队，俘获巴图拉、乌格齐哈什哈等人，并依法处死，活捉巴图拉的儿子巴噶穆。阿齐台吉向可汗求情说："巴噶穆的母亲萨玛拉公主曾经救过我的命，如今能否宽恕他？"阿鲁克台太师说："他的父亲巴图拉曾经把我扣在拾粪筐底下折磨过我，把这个祸根之子交给我吧！"可汗答应了阿鲁克台太师的请求。阿鲁克台太师把巴噶穆扣在大锅底下，改名为"脱欢"，当奴隶使唤。

岁乙巳，阿岱可汗四年（1425年）夏中月，收复全体蒙古并会盟。脱欢在放羊，遇见那些会盟后散去的人们，便问道："会盟的盛势如何？"那个人嘲笑说："因为你不在，会盟什么都没有谈。"脱欢听到他说的话很高兴，对天叩拜说："这不是你们所说的话，是上天的谕旨啊。"

岁戊申，阿岱可汗七年（1428年），脱欢的母亲萨玛拉公主来向可汗请求要回儿子。可汗允准，把脱欢还给卫拉特。

岁辛亥，阿岱可汗十年（1431年），卫拉特、厄鲁特、泰苏惕、辉特四个部落会盟，向脱欢询问蒙古政务的情况。脱欢说："阿鲁克台太师老了，一切事体有过失。座位次序变了，思想已经混乱；不用晓政之臣，听信专横之言；势利小人治国，战袍乘骑骟马；任用奴隶执政，狭小器皿盛酒；庭院乘骑战马，驱逐贤明之臣：犹如无主之国，无母亲之畜群。"

听到这个消息，该四部开始征兵备马。

岁甲寅，阿岱可汗十三年（1434年）夏初月，可汗正在徙牧之时，脱欢埋伏四部兵马，携财物前来觐见可汗，并蒙骗说："可汗宽恕了我，放我回老家。为此，我特地前来向可汗设宴献礼，请可汗就在这里享用吧！"可汗同意了。当天晚上，卫拉特大军扑过来，杀死了可汗，享年四十九岁，在位十三年。

其后，阿岱可汗长子岱宗继承可汗大位。

岁乙卯，岱宗可汗元年（1435年），可汗统辖蒙古，整顿兵马。

岁戊辰，岱宗可汗十四年（1448年）春末月，可汗下令讨伐卫拉特。可汗与二弟阿噶巴尔济[1]亲王率领十万大军，前行到明安·哈喇之地时，卫拉特的军队也到此地迎战，失败。卫拉特部脱欢太师、阿卜杜拉彻辰、阿拉克铁木儿、哈丹铁木儿等人惧怕可汗大军的威力，欲和好而派遣使者。

敖汉的撒答克钦彻辰说："这是天赐良机，如今赶紧征伐，先杀死这些太师，消灭卫拉特等四部。"亲王之子哈尔固楚克台吉也说："撒答克钦所言极是，刻骨仇恨的敌人就在眼前，我们趁机屠杀吧！"可是，可汗与亲王不听，与卫拉特和好了。

那次，因为阿拉克出惕部名叫乌嫩察干的人的谗言，可汗

· 双羊五轮金饰牌 ·

---

[1] 阿噶巴尔济——又称阿嘎巴儿津吉囊。

与亲王之间发生矛盾。卫拉特的阿卜杜拉彻辰对自己的那可儿[1]
们说："听说亲王阿噶巴尔济是个愚笨的人，如果他的儿子著
名的哈尔固楚克台吉不在他的身边的话，我就可去把他骗死。"
于是连夜赶到，对亲王说："您的可汗兄鄙视您愚笨，他征服
我们之后，就要杀死您。如今，我们拥戴您为可汗吧！"亲王
同意与卫拉特联手。哈尔固楚克台吉听说此事后说："不要相
信敌人，不要分裂自己！陷害一奶同胞，扶助姻亲奈何！上层
变为下层，首领变成庶人！"

如此苦苦相劝，但亲王阿
噶巴尔济丝毫不听，带领鄂尔
多斯的一万人和永谢布的一万
人反叛，与卫拉特合兵攻打岱
宗可汗。岱宗可汗被打败，带
领少数兵卒逃往克鲁伦河。

之前，可汗因为抛弃郭尔
罗斯部彻布登的女儿，彻布登
怀恨在心，趁此机会，害死了
可汗以及伊里、答里二皇子和
阿噶孛罗特、巴噶孛罗特二侍
卫。可汗在位十四年。门都乌
儿鲁克诺颜率兵征讨彻布登，
将其活捉并依法处死。

依我拉喜彭斯克之见，
岱宗可汗率兵征讨卫拉特是绝
对正确的事情。只是被敌人的

· 石雕力士像（辽代）·

---

[1] 那可儿——蒙古语，意为朋友或伴当。

势力所压倒，被自己的嫉妒心所困扰，忘记了杀父之仇，不听撒答克钦、哈尔固楚克台吉的明言劝告，与卫拉特和好，真是遗憾至极。再说，阿噶巴尔济与其杀父仇人联合，反叛兄长可汗，抛弃了忠孝节义，一切恶毒行为已经昭然若揭，所以，无须再斥责。唯独这个哈尔固楚克台吉虽为当时的一位豪杰，但没能劝阻自己的父亲，真是遗憾！

卫拉特太师们商量："连自己的宗亲和朝政都不爱惜的阿噶巴尔济，能爱惜我们吗？放弃自己的声誉和意志，往自己火撑子里注水的阿噶巴尔济，能为我们的火撑子加油吗？"之后，派使者对阿噶巴尔济说："当初，我们许愿拥戴你为可汗。如今，时机已到！"这样，设谋把他们请来，阿噶巴尔济为首及其三十三名缨官和四十四名羽官及六十一名旌旗官全部被杀死。

唯独哈尔固楚克台吉和纳哈出二人逃了出去。卫拉特的策棱巴特尔选出三十名勇士追赶，在翁衮山之峡赶上。策棱巴特尔穿双层铠甲，手握长矛，顺山峡而来，哈尔固楚克台吉用公羊角箭射透了他的双层铠甲，策棱巴特尔死。其余人见势不妙，慌忙逃走。

当天夜里，纳哈出偷袭卫拉特部，盗取了脱欢之子也先的从不生驹的银合马和一匹飞快的黄骠驯马，二人各骑一匹，奔向成吉思可汗长子术赤的属国——托克玛克，到那里投靠叫蒙克巴颜的人，并住下来。

哈尔固楚克台吉曾娶也先之女琪琪格为妻。纳哈出对哈尔固楚克台吉说："您待在这里要好生提防啊！别让人发现你为黄金家族和人间豪杰。我去用计谋请来您的哈屯！"遂骑上那匹飞快的黄骠马奔赴卫拉特。在此期间，蒙克巴颜的弟弟瓦赛孟和[1]知道（哈尔固楚克台吉）为人间豪杰后十分嫉妒，杀死了他。

纳哈出到卫拉特，对也先撒谎说："我瞒着哈尔固楚克台吉把你的黄骠马给偷来了。"他待在琪琪格哈屯身边。当琪琪格哈屯离开哈尔固楚克台吉时，已身孕七个月。足月后，生下一个男孩儿。她瞒着卫拉特人，把孩子交给萨玛拉公主。萨玛拉公主给他起名为巴彦蒙克，寄养在察哈尔部忽喇巴特鄂托克的名叫斡都亦的妇人处。

脱欢听说哈尔固楚克台吉逃到托克玛克的消息，交给也先一部军队，让其去征讨托克玛克。纳哈出也随同前去。他们到达托克玛克边境附近时，就听说了瓦赛孟和杀死哈尔固楚克台吉的消息。

纳哈出率二十名勇士，连夜压进蒙克巴颜家，杀死了蒙克巴颜、瓦赛孟和等人，把他们的牲畜及家物全部虏获，交给也先。也先惊讶地说："你不是人，是鹰！"从此，纳哈出以"阿里雅纳哈出[2]"扬名。

也先听说哈尔固楚克台吉被杀死的消息，返回卫拉特。

之后，脱欢听说琪琪格哈屯生孩子的消息，对手下人交代说："如果是姑娘，梳其头发；如果是男孩儿，就梳其命脉！"手下人到家时，斡都亦老人把巴彦蒙克藏起来，骗那些人查看自己的孙女，蒙骗过去。

卫拉特的斡哥台巴特尔对别人发牢骚："我曾经十三次打先锋，可是，脱欢始终不爱惜我！"阿里雅纳哈出听到这个消息，

---

[1] 瓦赛孟和——又称亚西孟和。

[2] 阿里雅纳哈出——蒙古语，意思是淘气的舅舅。又称"额立业纳哈出"，也是蒙古语，意思是鹰一般的人。

悄悄地对斡哥台巴特尔说："你想成为被人尊敬的达尔罕[1]吗？琪琪格哈屯所生之子巴彦蒙克在这里，你能把他送到蒙古，别说你这一辈子，连你的子子孙孙都能成为达尔罕！"斡哥台巴特尔高兴地答应了。他到琪琪格公主与拜姬处告知此事，伙同自己的亲密朋友喀喇沁的布雷太师、弘吉剌惕的桑达赖太保、撒尔塔兀勒的巴颜岱巴特尔反叛卫拉特，带着巴彦蒙克奔往蒙古。

脱欢听到消息，准备派人去追杀。阿里雅纳哈出自告奋勇说："我去追杀他们！"脱欢交给其军队，让他去追赶时说："你如果能够把那个孩子抢回来的话，我赏你整个阿寅勒的奴隶和成群的马匹！还要封你为宰相。"阿里雅纳哈出赶往反方向一段路程后，回来说："没能赶上他们。"之后，阿里雅纳哈出得病，对萨玛拉公主和琪琪格拜姬说："我为圣祖成吉思可汗的黄金家族义无反顾、忠心不二地效劳到今天，而如今，此病难愈，可爱之身死去却不可惜。只是因没能惩罚反叛的贼寇而遗憾。"遂死去。

依我拉喜彭斯克之见，阿里雅纳哈出的行为可以说是忠、

·蒙古族传统用具·

---

[1] 达尔罕——古代蒙古社会神圣不可侵犯的职衔。

贤、勇、义俱全。如诸葛武侯所说："谋事在人，成事在天。"如果阿里雅纳哈出生在兴盛时期，定会和木华黎等人一样成为出奇的良将。如今虽遇衰落时代，但他却像在霜天雪地里傲然挺立的松柏永不褪色那样，超越众人，真是令人感叹。如丧家之犬，哪里有吃的东西就跑到哪家一样，有的献媚之辈追逐名利，背离仁义道德，哪里的势力稍稍抬头，就立刻跑向哪里，这种人就像谁的手上有肉就飞落谁手的猎鹰。我劝他们痛改自己的行为，步入阿里雅纳哈出的光明之途，如何？

斡哥台巴特尔等人把巴彦蒙克送到乌梁海部呼图克锡古失身边，在那里住下。

其后，脱欢太师想要承袭蒙古可汗的大位，前往圣祖成吉思可汗的八白室叩拜，喝醉了说："你虽然被称为苏图博格达，而我也是索岱哈屯的儿子。"遂上马，大声喊叫着冲击八白室。突然，脱欢口鼻出血，抱着马鬃说："武圣展示了自己的雄风，索岱母亲的儿子脱欢我服输了，死了！"说完，便死去。众人看见博格达宫殿里撒袋中的一叉披鹫羽箭矢染上鲜血并战战而动。

· 女真武士像 ·

之后，脱欢之子也先太师当了可汗，统辖卫拉特与蒙古以

及三万女真。与明朝交战，活捉了正统可汗[1]，改其名为穆忽尔西古色[2]，并给他娶了名叫毛吉雅图[3]的姑娘为妻，交给永谢布的阿萨萨迈做奴隶。也先活捉正统可汗后，告诫大家："任何人都不许泄露此消息！"可是，永谢布的索尔逊告诉了也先的母亲。也先得知后，杀死了索尔逊。

卫拉特右翼丞相阿拉克铁木儿、左翼丞相哈丹铁木儿对也先说："如今你已经称可汗，太师名号应该给我们了！"也先没有答应。他们二位私下谈论说："他是靠阿拉克铁木儿的勇气、哈丹铁木儿的毅力、阿卜杜拉彻辰的计谋才称的可汗！"盛怒之下，他们举兵造反来攻打也先。也先被打败，独自逃了出去。

有一天，流浪的也先因为不认识路，走到索尔逊家，乞讨喝了酸奶子便出去。索尔逊的妻子从也先身后仔细端详后，对儿子孛欢说："这个人走路像狠毒的也先一样，一瘸一拐的！"孛欢问："这个狠毒的人，怎么变成了这个样子？"母亲告诉他："脱欢、也先父子二人心狠手辣，人们根本就没有真心信服他们。可能是发生内讧而逃出来的吧！"于是，孛欢兄弟九人一起追上也先，认出其后，非常高兴。他们把也先赶到家里，捆在柱杆上凌迟处死，并把他的头颅割下来，悬挂在路边山坡上，报了杀父之仇。正在此时，卫拉特、厄鲁特地区发生灾荒，疫病流行，社会混乱。

岱宗可汗小哈屯萨穆尔生有马嘎古儿乞斯斯、彻布登的外甥摩伦。听说也先死的消息后，萨穆尔哈屯亲自率领军队攻打卫拉特，征服了他们。扶助儿子马嘎古儿乞斯斯继承可汗大位。

岁己巳，马嘎古儿乞斯斯可汗元年（1449年）秋中月，可

---

[1] 正统可汗——指明英宗朱祁镇。

[2] 穆忽尔西古色——蒙古语，意思是庸俗的秀才，蔑称。

[3] 毛吉雅图——蒙古语，意思是命运不佳。

汗薨逝，在位一年，才八岁。

后来，科木齐古特的坛达尔太保[1]、郭尔罗斯的摩拉台二人将摩伦台吉从彻布登家护送到波阔·伯勒古台[2]的后裔摩里海王府。翁牛特部名叫赛特的人对王摩里海说："如今这大国无主，应该由王爷您来执政做可汗！"摩里海王发怒说："圣主之子健在，我为何做可汗？如果我做可汗的话，对本人以及后代都不好！"遂把赛特赶出去，让摩伦台吉骑上甘草黄马，插上金鄂齐尔，立其旌纛，冬中月即大位。

岁庚午，摩伦可汗元年（1450年），摩里海王治理国政，平定局势并统辖蒙古与卫拉特全部，使民众得到了安宁。

岁壬申，摩伦可汗三年（1452年），明朝派遣使臣请求放还正统可汗，并且送来了金、银、绸、缎等大量物品。可汗与众大臣商量，科木齐古特的坛达尔太

·波斯细密画——蒙古大汗宴会图·

---

[1]　坛达尔太保——又称达嘎达尔太保。

[2]　波阔·伯勒古台——《蒙古秘史》作别勒古台。

保说："他们的可汗在我们手里，所以他们的国家一定很混乱。如今我们召集兵马，分路而进，抢回我们的大都城。"可汗下令叫来摩里海王问此事。摩里海王禀报说："坛达尔所言不可取！一般与敌人交战，首先要看看自己的力量。自卫拉特部捣乱以来，我们耗费了很多力量。如今刚刚安宁不久，马上还要动兵，很可能会发生意想不到的事故。依我看，现只能接收他们的礼物，放还他们的可汗，两国和好为上。"可汗同意并接收了他们的礼物，宴请正统可汗，赠送骆驼、马匹等礼物，并誓盟两国修好关系。后派遣使臣送正统可汗回国。

之后，可汗近侍鄂尔多斯的蒙克、哈坦布哈二人对可汗说摩里海王的坏话，可汗信以为真。岁己卯，摩伦可汗十年（1459年）夏末月，可汗亲自率兵征讨摩里海王。摩里海王听说可汗率兵征讨他的消息后，向上天献祭说："天尊苏图博格达明鉴！辅助您天下无比的子孙一心不二，可他对我下了狠心！"摩里海王哭泣着叩拜完毕，率兵迎战，活捉可汗并杀死。摩伦可汗在位十年，享年十七岁。

·鼻烟壶·

摩里海王抓住并杀死了说谗言的蒙克、哈坦布哈等人。

秋中月，请阿岱可汗卫拉特哈屯所生的满都固理台吉继承可汗大位。可汗将土默特部恩古特[1]鄂托克绰罗思拜铁木耳丞相的女儿赛因满都海娶为哈屯。

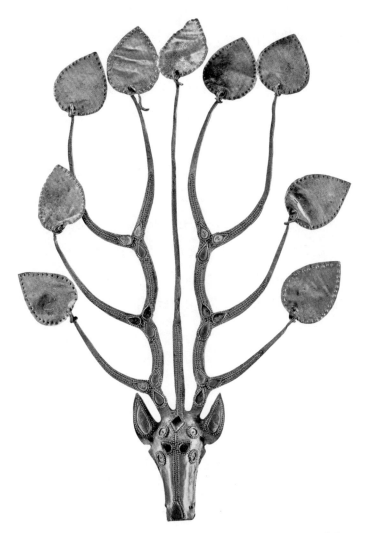

·传统装饰品·

---

[1] 恩古特——部称，是汪古特的异音。

锡古失台巴特尔[1]听到摩伦可汗被杀死的消息后，率兵攻打摩里海王，将其活捉并杀死。

岁庚辰，满都固理可汗元年（1460年），可汗整治国家，安宁幸福。

巴彦蒙克台吉长大后，乌梁海部什古锡将自己名叫锡吉尔的女儿嫁给他为哈屯，并和卫拉特部斡哥台巴特尔一起，把巴彦蒙克与锡吉尔拜姬送到其叔爷满都固理可汗处。可汗非常高兴，封巴彦蒙克为博勒呼济农；封斡哥歹等四位为太师，并封为世袭答剌罕；设宴赏赐锡古失台巴特尔（应为诺颜孛罗特），封为宰相。

岁辛巳，满都固理可汗二年（1461年）夏末月，博勒呼济农的锡吉尔哈屯生下一个男孩，可汗高兴，敕："这孩子将来是执掌我们家族命运的好孩子。所以，预祝他生命坚强，国家永恒，起名为巴图蒙克！"之后，交给名叫巴海的人抚养。

岁癸未，满都固理可汗四年（1463年）春末月，可汗病逝，在位四年，享年四十二岁。因为无嗣，夏四月，博勒呼济农继承可汗之位。

岁甲申，巴彦蒙克可汗元年（1464年），可汗整治全蒙古，安宁幸福。

岁丙戌，巴彦蒙克可汗三年（1466年），卫拉特部亦思蛮太师反叛，袭击可汗。可汗败绩，在逃难途中迷路。永谢布的柯里叶、查罕、铁木尔蒙克[2]等人因为不认识可汗，将其捉住并杀死。巴彦蒙克可汗在位三年，享年十九岁。

黄金家族直系后裔中，遗留下来的唯一嫡孙巴图蒙克，因

---

[1] 锡古失台巴特尔——这里误作锡古失台巴特尔，应为其子诺颜孛罗特。

[2] 铁木尔蒙克——《黄金史》记载为铁木尔、蒙哥两个人。

名叫巴海的人没有很好地抚养他而患上痞积。唐纳斯[1]部妥烈格赤之子特木尔哈丹知道之后，请求把他转给他。巴海没有答应。特木尔哈丹回到家，带来自己的六位弟弟，把巴图蒙克抢了回去。特木尔哈丹的妻子用初次下驼羔的白骆驼乳汁为巴图蒙克按摩医治，治好了他的病。特木尔哈丹把巴图蒙克送到赛音满都海手里。

之后，哈布图哈撒儿后裔诺颜孛罗特[2]王想当可汗，派使臣对赛音满都海哈屯说："我给你点燃香火，我给你指点牧场！"

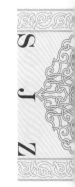

16. 达延可汗

岁丁亥，巴图蒙克达延可汗元年（1467年）春正月，三十三岁的满都海哈屯携七岁的巴图蒙克台吉来到八白室之前，献祭并誓言：

> 在辨不清黑白的地方做媳妇，
> 谓可汗的后裔弱小而
> 哈撒儿叔父的后裔诺颜孛罗特王欲娶我之时，
> 我来到父可汗、母哈屯宫殿之前。
> 我要等待你的后裔巴图蒙克长大。
> 我以虔诚之心向您祷告，
> 赐予我七个儿子的缘分吧，
> 再赐一花香般的姑娘。
> 若有七子均起名为孛罗特，
> 让他们守护你家族之香火！
> 让他们治理其野蛮凶狠的属众！

---

[1] 唐纳斯——又称唐古特。

[2] 诺颜孛罗特——又称乌嫩孛罗特。

让他们执掌你所传下的社稷大业！

这样，祷告发誓，在八白室之前扶助（巴图蒙克）做可汗，封国号为大元，为巴图蒙克达延可汗。

依我拉喜彭斯克之见，有人说，你曾抨击娶父亲之妾的事情为乱伦。如今，巴图蒙克娶赛音满都海哈屯这件事，你认为怎么样？我在那时抨击的是为了满足淫欲而行事的人。如今，达延可汗才七岁，绝对未到享受欲望之年华。赛音满都海母亲若是为了享受情爱之淫欲，则完全可以嫁给年轻力壮而渴求娶她为妻的诺颜亭罗特，为何嫁给刚刚七岁且有病痛的孤儿？赛音满都海母亲不计小义酿成小误，为了圣祖成吉思可汗黄金家族的香火不断、大元江山的传承稳固而行大义，其虔诚忠孝之心是非常明显的。她的确为国家未来利益而着想、而守大义，对于其在小义上酿成的小误，贤哲们是不会指责的。周公依法

·人物形青釉笔洗·

处死自己的两位弟弟管叔、蔡叔，争得周朝的稳定。此事相似于彼事。所以，与那些放纵欲望、做出畜生般事情的人相比，这是大有区别的。

岁戊子，巴图蒙克达延可汗二年（1468年）夏五月，赛音满都海哈屯整顿军队，率领众大臣、巴特尔和军队征讨四部卫拉特。在塔斯布尔图之地与卫拉特交战，大胜。从此，再进入卫拉特、厄鲁特、泰苏惕、辉特这四部之地并将其全部征服。赛音满都海哈屯对这四部卫拉特颁布政令说："不得将房舍称作斡耳朵！冠缨不得超过二指长！不得盘腿而坐，只许跪！不得用刀吃肉，只许啃着吃！酸奶必须称为策格！"

于是，他们（指的是卫拉特人）禀报说："其余的均按禁戒从之，只求恩准用刀吃肉！"赛音满都海哈屯恩准。从此，赛音满都海哈屯将全蒙古和卫拉特都收复于政权之下，辅佐可汗的朝政。

依我拉喜彭斯克之见，摩里海王不听翁牛特部赛特之言，拥立摩伦可汗，是忠义之举。后来，可汗听信谗言出兵征讨他，是可汗有误。可是，他不但反抗而且还捕杀了可汗，这就难逃破坏忠义的背叛之罪。理应把说谗言的奸臣依法惩处，表明自己的清白，更正可汗的错误才对，但他却没有这么做，这是何等遗憾啊！再说，诺颜孛罗特王追究摩里海王的罪过，统领义勇军捕杀摩里海王是值得赞许的。若后来，将反叛巴彦蒙克可汗的亦思蛮及杀死可汗的柯里叶、查罕等人依法处置，弘扬大元朝纲，扶助国政的话，可成就不朽奇功。可是，他没有这么做，也没有注意到乘人之危为不义之举。他欺压孤儿寡母，自以为得到机会而高兴，企图自做可汗。这就抵掉了以往的忠义之举，比摩里海王更为卑劣。有人会说，摩里海王捕杀了可汗，而诺颜孛罗特王没有那么做，怎么能说比摩里海王更卑劣呢？依我看，摩里海王虽然捕杀了可汗，但他又扶立了满都固理可汗，这对维护成吉思可汗黄金家族以及元朝汗统的传承做出了贡献。与此相比，诺颜孛罗特却挑起了叛逆之端，这使自己更低劣于特木尔哈丹。他丝毫没有注意到巴图蒙克小儿的存在，自寻做可汗的途径，差一点把成吉思可汗黄金家族的后裔、大元朝纲给葬送了。所以，他的罪过比摩里海王的还要大。幸亏有了赛音满都海母亲的忠义和才能，圣祖成吉思可汗的后裔及大元政权才得以重新兴盛。有人又说，你在评论莫拿伦哈屯[1]的时候，已经论证了妇女掌权的弊端。而从后来人们都赞许宪宗可汗的皇后以及如今的赛音满都海哈屯这一点上看，还敢说妇人不能做好事吗？我说，那么众多的妇人里难道能没有贤能之辈？我之前说的是掌权柄而专横所造成的弊端。宪宗可汗的皇后从来没有执掌过政治权力，这里所称赞的只是她理智地观察到时局、人心的好与坏之后将政权交给世祖可汗的明理行为。赛音满都海母亲也是因汗位即将中断，别无他法而掌握了政权。但她极为明智，不久就把政权移交给了可汗。如果她为掌握政权而使自己的欲望更加膨胀，那么我绝对不会说"不会导致全然混乱破裂"这样的判定之句的。因此，我将她们的得与失放在一起进行了分别评述。

---

[1]　吕后——吕雉（公元前241—前180年），字娥姁，通称吕后，或称汉高后、吕太后等。单父（今山东单县）人。汉高祖刘邦的皇后，高祖死后，被尊为皇太后，是中国历史上有记载的第一位皇后和皇太后。同时，吕雉也是秦始皇统一中国，实行皇帝制度之后，第一个临朝称制的女性，被司马迁列入记录皇帝政事的本纪，后来班固作《汉书》仍然沿用。她开启了汉代外戚专权的先河。吕雉统治期间实行与民休息的政策，废除挟书律，下令鼓励民间藏书、献书，恢复旧典，为后来的"文景之治"打下了很好的基础。司马迁在《史记·吕后本纪》中评价称："政不出房户，天下晏然；刑罚罕用，罪人是希；民务稼穑，衣食滋殖。"给予吕后施政极大的肯定。

岁庚寅，巴图蒙克达延可汗四年（1470年），赛音满都海哈屯召集众大臣说："托佛爷与上天所赐的缘分，扶助了圣祖后裔，征服了叛逆，维护了破裂的政体。如今国主可汗已长大，我把国主交付于尊贵的诸臣，从此你们君臣自己执政，作为妇人家，我再不问政了！"这样，将政权要务责成巴特尔齐格钦、彻辰实固锡等大臣掌管。

岁癸巳，巴图蒙克达延可汗七年（1473）夏五月，可汗下令在克鲁伦河岸召集众部会盟。令将扰乱国家的柯里叶、查罕、蒙古勒津的乌阔列吉、

·武士铜雕像·

水晶珠 / **397**

卫拉特的亦思蛮、翁牛特的博格勒斯、浩塔克齐洪忽来等人逮捕并处死；为国效力的巴特尔齐格钦、巴速特塔布囊、实固锡、阿拉呼、特木尔哈丹为首的众多功臣，分别授予"达尔罕"称号。

达延可汗依法治国，使百姓安康、国家稳固。

其后，赛音满都海哈屯依缘分生下了第一胎孪生兄弟图噜孛罗特、乌噜斯孛罗特，第二胎孪生兄弟巴尔斯孛罗特、阿尔斯孛罗特，第三胎孪生兄弟阿勒楚孛罗特、斡齐尔孛罗特，第四胎孪生兄妹阿喇孛罗特、格根公主。卫拉特部浩吉格尔之女固实哈屯生下的有青、格埒迪二人。乌梁海部实固锡之女吉米斯根哈屯生下的有格埒孛罗特、格埒森扎二人。达延可汗共有十一个儿子、一个女儿。

把格根公主嫁给了乌梁海部的巴速特塔布囊。其中的乌噜斯孛罗特与格埒迪二位夭折无嗣。

后来，右翼三万户乌梁海、喀喇沁、蒙古勒津、翁牛特等部发生内讧。可汗派遣图噜孛罗特去八白室前进行调解。他们不但没有和好，翁牛特的亦不刺太师、鄂尔多斯的勒古失、土默特的塞音火筛、宾巴海等人蛮横地杀害了图噜孛罗特。达延可汗将他们全部俘获并依法处死。

岁甲子，巴图蒙克达延可汗三十八年（1504年），达延可汗抱病，薨逝。在位三十八年，享年四十四岁。可汗遗嘱："应该由图噜孛罗特长子博迪阿拉克即位，但是他的岁数太小，所以先由巴尔斯孛罗特即位。之后，让博迪阿拉克继承可汗之位。"遵循这个遗嘱，亲王巴尔斯孛罗特先即位，一个月后病逝。其后，亲王阿尔斯孛罗特欲即位之时，左翼三万户人马赶到，说："没有可汗的遗旨，亲王您这样无礼稍有不妥！"便扶助皇太子博迪阿拉克在八白室前即可汗大位。

岁乙丑，博迪阿拉克可汗元年（1505 年）。此可汗时代，政治稳定，国泰民安。

岁丁未，博迪阿拉克可汗四十三年（1547 年），可汗染恙，于秋初月初十薨逝。在位四十三年，享年五十岁。按可汗遗嘱，长子皇太子达赉逊库登于秋中月初登基可汗位。

岁戊申，达赉逊库登可汗元年（1548 年）。

岁庚戌，达赉逊库登可汗三年（1550 年），亲王巴尔斯孛罗特次子阿勒坦格根台吉禀报可汗："如有可能，请可汗赐予我辅国可汗之号。"可汗允准，赐予他汗号。

岁丁巳，达赉逊库登可汗十年（1557 年），可汗抱病，薨逝。在位十年，享年三十八岁。长子皇太子图门即大位，称可汗。

岁戊午，图门可汗元年（1558 年）。图门可汗责成左翼三万户察哈尔的奈麻岱洪台吉、哈拉哈的苏布迪卫征诺颜、永谢布的布达达尔洪台吉，右翼三万户鄂尔多斯的呼图克台彻辰洪台吉、乌梁海的阿苏特部诺木达喇达尔罕忽喇齐、土默特的奈麻岱楚尔库洪台吉等人执政，从此，国家太平，人民安居乐业，以图门札萨克图可汗美名远扬。

岁壬辰，图门札萨克图可汗三十五年（1592 年），可汗染恙，薨逝。在位三十五年，享年五十四岁。可汗长子皇太子布延彻辰即可汗位。

岁癸巳，布延彻辰可汗元年（1593 年）。国家安定，人民幸福。

岁癸卯，布延彻辰可汗十一年（1603 年），可汗抱病，薨逝。在位十一年，享年四十九岁。可汗长子莽古斯墨尔根台吉于其父前辞世，故敕其子剌瓦噶勒丹呼图克图为洪台吉。他以洪台吉林丹呼图克图为名即位。

岁甲辰，林丹呼图克图可汗元年（1604 年）。由此，将八

鄂托克察哈尔分成左、右三万户，在阿巴噶哈喇山阳修建都城，依法治理国家。责成右翼三万户的却鲁克塔布囊、左翼三万户的沙尔瑚诺克杜棱、诺木阿尔斯朗为首的贤达执政，伊德尔阿尔斯朗、图伦奇达瑚为首的诸多明哲治理民众，以二位索诺木为首的三百名巴特尔为将军。迎请迈达里诺扪可汗朱克齐里以及萨斯嘉呼图克图萨尔瓦巴丹瓦哑喇嘛诵经，受洗礼；建起金顶寺，铸造三世无量佛像；还聘请衮达剌苏瓦迪扎尔墨尔根曼殊室利班第达以及神通阿纳迪为首的三十五名墨尔根通释把佛经之最《甘珠尔经》从藏文译成蒙古文，弘扬佛法，让佛经成为众生之福田。如是扶持政教事务之时，可汗沉湎于寻欢作乐，从而政法懈怠，赋税过重，人民叫苦。凡事不成，喜言忠告一律否定，驱逐以往的贤达能臣，毁坏宝贝的宗教。因而，其国家开始混乱。哈拉哈与科尔沁为首的部众背叛可汗，各自为政，随意称为可汗，与可汗（林丹呼图克图可汗）为敌。

·八辐金轮图·

岁甲戌，林丹呼图克图可汗三十一年（1634年），可汗被逼无奈，为征服吐蕃，率领察哈尔部众迁徙到西拉塔拉之地，染恙，薨逝。在位三十一年，享年四十一岁。

于是，彻辰洪真、巴达玛彻辰等大臣保护可汗之子额哲孔果尔台吉返乡，但家乡已被别人占领。无地可栖身之际，打听到了大清国的兴盛，便奔赴穆格敦城（今沈阳城），归附了太祖博格达可汗。

有的史书记载，林丹可汗是因为喝了地下出土的毒酒之故，被妖魔蛊惑，乱了方寸。还有的史书记载，他用权力逼迫班迪达固什制造阿里伽利倒体字之故，患癔病，而导致心理混乱。

《金轮千辐》一书称："岁甲戌，额哲孔果尔归附太宗博格达主子。"依《大清则例》一书，查阅大清朝诸皇年谱，太祖博格达登基之年为天命元年，岁乙丑。以次排查，应为天命十年，岁甲戌。

自元太祖博格达成吉思可汗元年（丙寅年）至顺帝薨逝之己酉年，共登基十五位可汗，称八代，历时一百六十二年为南元。自昭宗可汗爱猷识理达腊元年岁次庚戌至林丹呼图克图可汗末年岁次甲戌，共有二十一位可汗，十四代人，历时二百六十五年为北元。自博格达成吉思可汗元年丙寅至林丹呼图克图可汗末年甲戌，共有三十六位可汗，二十二代，历时四百二十七年。依照《金轮千辐》记载，查阅大清朝诸汗年谱，太祖博格达登基之年为天命之年，岁次乙丑。以次数起，天命十年（岁次甲戌）为归附太祖博格达的大概年限。

· 金莲花 ·

第四章

后继诸诺颜

叙述其后继诸诺颜之源流。博格达成吉思可汗四子睿宗拖雷后裔执掌南北元朝政权。因为时局混乱所致，唯有达延可汗承续了香火，并生有十一子，其中次子乌噜斯孛罗特、九子格

·伽陵频伽金帽顶·

圬迪二人无嗣，小时候夭折；其余九子繁衍的后裔如下。

达延可汗长子图噜孛罗特有长子博迪阿拉克、次子额勒莫格诺颜。

博迪阿拉克可汗有长子达赉逊库登可汗、次子呼格吉台墨尔根、三子翁衮都喇勒、四子诺木图、五子昆都。

达赉逊库登可汗有长子图门可汗、次子忠图杜剌勒、三子巴噶达尔罕。

图门可汗有长子布延彻辰可汗及寨桑忽尔、恩克、拜桑忽尔、宰桑忙忽、卫征、哈散、索宁、岱青、博迪、巴班、萨噶剌勒、桑噶尔杰、杜楞。

布延彻辰可汗有长子莽古斯墨尔根、次子茂奇塔特。

莽古斯墨尔根台吉独生子为林丹呼图克图可汗。

林丹呼图克图可汗有额哲孔果尔、阿布鼐二子。

额哲孔果尔英年早逝，无嗣。

赏阿布鼐固伦公主，封为亲王。阿布鼐亲王有布尔尼亲王、一等台吉罗卜藏二子。布尔尼因违背忠义而反叛之故，兄弟二

· 人骑动物瓷棋子 ·

人均被依法惩处。

茂奇塔特台吉有子脱尔该安班实兀什台、阿楚台吉二人。他们的子孙均在今内蒙古镶黄旗。

博迪阿拉克可汗次子呼格吉台墨尔根有布尔海楚琥尔、贝勒卓里克图、布延忽里墨尔根岱青、布延达刺彻辰四子。

长子布尔海楚琥尔的儿子为塔巴海和硕齐。塔巴海和硕齐的儿子为苏尼特左旗的札萨克王腾汲思墨尔根、腾汲特卫征达古里斯呼、珲都尔彻辰诺颜、莽古岱哈刺忽刺、别乞巴特尔、宾巴哈达海齐六人。

长子腾汲思墨尔根王之子为萨玛迪王（萨穆扎）。萨玛迪之子为贡噶苏荣王（恭苏咙）。贡噶苏荣王之子旺钦等为陇忽勒的诺颜。

次子腾汲特卫征达古里斯呼之子为博木布贝勒。博木布贝勒之子为苏岱贝勒。苏岱贝勒之子沙里贝勒为黄金家族系诺颜。

三子珲都尔彻辰诺颜之子额璘沁台吉等为哈喇图如登的诺颜。

四子莽古岱哈

·三彩龙纹兽钮熏炉·

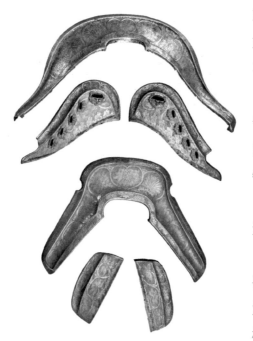

·牡丹纹鎏金铜马鞍具·

刺忽刺之子台吉并扎黑如克齐丹巴等为宝儿杜马勒的诺颜。

五子别乞巴特尔之子本巴什等为卫古尔沁的诺颜。他们均属苏尼特左旗所辖。

六子宾巴哈达海齐无嗣。

呼格吉台墨尔根的次子卓里克图贝勒之子为苏尼特右旗札萨克杜棱郡王臾塞，其子沙斯岱王，其子斡歌台王，其子阿玉什王等。

三子布延忽里墨尔根岱青、四子布延达刺彻辰。这三位诺颜的后裔都是苏尼特右旗的诺颜。

博迪阿拉克可汗三子翁衮都喇勒诺颜有子伊勒呼巴特尔、拜什冰图、拜斯噶勒额尔德尼、纳延泰伊勒登、章京达尔罕、多儿只彻辰济农六人。

长子伊勒呼巴特尔之子为乌珠穆沁左旗札萨克固伦贝勒色棱额尔德尼、乌勒吉图墨尔根岱青、恩克岱巴特尔、额尔克隆台吉、索凌诺颜、萨本台吉六人。

长子贝勒色棱额尔德尼之子为贝勒额尔克奇塔特。贝勒额尔克奇塔特有子贝勒摩里海兄弟八人。贝勒摩里海之子为贝勒博木布。贝勒博木布有子贝勒车布登兄弟三人。

次子乌勒吉图墨尔根岱青之子为贡楚克，其子达瓦，其子乌巴什、罗卜藏二人。

三子恩克岱巴特尔之子为伊斯格博墨尔根、都思噶尔、图都布、噶尔玛扎布、嘎尔玛五人。伊斯格博墨尔根之子为尹扎纳、迪鲁、布景、博鲁、大萨纳、小萨纳、巴朗、萨尔塔呼八人。尹扎纳之子为布尔海，迪鲁之子为梅林、布特噶里等。

翁衮都喇勒诺颜次子拜什冰图的后裔是乌珠穆沁右旗骡斯沁鄂托克的诺颜。

三子拜斯噶勒额尔德尼无嗣。

四子纳延泰伊勒登诺颜的后裔是萨尔扈特鄂托克的诺颜。

五子章京达尔罕诺颜的后裔是塔巴鄂托克的诺颜。

六子多儿只彻辰济农诺颜有子萨布坦汗、墨尔根楚琥尔垂僧格、阿齐图洪台吉、崇忽台吉、齐根台吉（德音楚克）五人。

三子阿齐图洪台吉之子为乌珠穆沁右旗札萨克车臣亲王察罕巴拜，其子为忽勒图台吉、亲王索达尼、索玛迪、索布迪、公乌达里、阿达里六人。

王索达尼之子为亲王色布腾栋罗普、公（剌）哈旺扎木素、公德勒克旺舒克三人。

五子公乌达里之子为（蒙）藏学校一等安班、一等台吉古木扎布（官布扎布）。

王色布腾栋罗普之子为亲王阿喇布坦纳木扎勒。

博迪阿拉克可汗之子诺木图、昆都二人的后裔是迭良古与锡巴古沁的诺颜。

达赛逊库登可汗次子忠图都剌勒有子德格类额尔德尼，其子扎干杜棱以及浩齐特左翼旗札萨克王额尔德尼亭罗特、巴斯琫、土谢图三人。

额尔德尼王孛罗特之子为王阿赖充，其子王达尔玛吉哩第，其子王阿嘎尼斯达。

长子扎干杜棱之子为浩齐特右翼旗札萨克王噶尔玛，其子王阿喇布坦，其子王车布登，其子王巴扎尔。

图噜孛罗特次子额勒莫格诺颜有子贝玛诺颜，其子图景都喇勒、哈散（卫征）二人。

图景都喇勒之子为布阳瑚里岱青杜棱，其子索诺木杜棱色棱彻辰、色棱杜棱卓里克图都喇勒二人。

索诺木杜棱色棱彻辰有子固伦郡王玛吉克、王布达、台吉额琳臣三人。

王玛吉克之子为诺尔布无嗣。

王布达有子王散丕勒、额尔德尼、萨仁绰克图三人。

王散丕勒无嗣。

额尔德尼次子有乌勒吉图王兄弟九人。乌勒吉图王有子帖木尔、领侍卫阿斯干安班、盟长贝子和硕额驸（会盟一等贝子和硕额驸）罗卜桑谢（希）喇布等。

索诺木杜棱色棱彻辰三子台吉额琳臣有子库登为首的十一人。他们是敖汉右旗的诺颜。

布阳瑚里岱青杜棱诺颜次子色棱杜棱卓里克图都喇勒有子敖汉旗札萨克固伦郡王固伦额驸班第，其子有王墨尔根、一等台吉和硕额驸齐伦巴特尔、一等台吉鄂齐尔、安达阿玉什四人。

长子王墨尔根有子王扎木素、台吉固穆、丹津三人。

王扎木素有子盟长王垂木丕勒、台吉扎木巴喇什等。

王垂木丕勒有子副盟长却吉喇什。

台吉固穆有五个儿子，其三子为安班盟长固伦贝勒额驸罗卜藏，其子贝子却吉勒、公散扎勒等。

丹津的封地里还包括协理台吉桑图等。

王班第次子齐伦巴特尔有子塞音乌猷图、达赖、罗卜藏、毕里衮达赖等。

王班第三子鄂齐尔有子丹津、诺门桑、额尔德尼、特古斯、达赖、毕里衮等。

王班第四子安达阿玉什有子阿木古朗、毕里衮达赖、额驸扎木素、额尔德尼达赖、绰克图罗卜桑、协理台吉却扎木素等。

额驸扎木素之子为和硕额驸多儿只喇什、和硕额驸彭斯克拉喜等。

额驸多儿只喇什有子协理台吉额驸旺苏克刺布坦。

协理台吉却扎木素之子台吉布延图、额驸德穆楚克等都是图景都喇勒诺颜的后裔。他们是敖汉旗的诺颜。

贝玛诺颜次子哈散卫征有子土谢图、泰公、奈曼旗札萨克固伦达尔罕郡王洪巴特尔衮楚克、达尔罕岱青四人。

长子土谢图有子噶尔玛。噶尔玛有子班第等七人。

次子泰公有子鄂齐尔、诺门桑、杜勒巴等。杜勒巴有子巴图，其子乌尔图纳苏图，其子一等台吉巴都里雅。

三子王洪巴特尔衮楚克有子额驸巴达里、王阿罕、王扎木萨、贝子乌勒木济四人。

额驸巴达里有子王鄂齐尔、公格日勒二人。

王鄂齐尔有子敦斯、苏朱克图、拉德纳、垂木丕勒、喇什、王班第六人。

王班第有子曾经当王爷的却忠，王阿扎喇、纳玛扎布等。

王阿扎喇有子副盟长拉旺喇布坦王。

公格日勒有子协理台吉阿尔善、多儿只色棱二人。

王阿罕、王扎木萨等因与布尔尼同伙而被削王爵。因此，

乌勒木济当上贝子，后也失掉了贝子爵。

曾为王爷的阿罕有子布延图、班第二人。

曾为王爷的扎木萨之子为巴达玛、多儿只、色布腾三人。

曾为贝子的乌勒木济有子多儿只。多儿只有子阿玉什、阿木古朗、阿尔嘎等三人。

四子达尔罕岱青有子乌力吉、桑干（赛汗）、察衮三人。

乌力吉有子鄂齐尔，其子哈拉斤。

桑干有子卓达巴等五人。

察衮有子蒙格赉等五人。他们是哈散卫征诺颜的后裔，均属奈曼旗的诺颜。

达延可汗次子乌噜斯孛罗特无嗣。

三子巴尔斯孛罗特可汗有子库玛哩墨尔根哈喇济农、阿拉坦格根可汗、勒布克台吉、拜斯噶勒昆都伦、巴彦达喇那林台吉、博达达喇台吉六人。

长子库玛哩墨尔根哈剌济农有子衮毕里格墨尔根济农、拜桑忽尔哈旺、卫达尔玛诺木罕、诺木达里台吉、巴札尔卫征、巴阳忽里、巴德玛散巴瓦、纳穆达喇达尔罕、翁嘎兰伊勒登九人。

长子衮毕里格墨尔根济农有子博硕克图济农，其子杜勒巴济农、额琳沁济农、诺颜达喇济农三人。

额琳沁济农有子布延巴特尔、悫剌济农二人。

悫剌济农有子鄂尔多斯旗札萨克王固鲁青，其子王栋罗布。

次子拜桑忽尔哈旺的儿子为卓里克图诺颜，其子哈坦墨尔根和硕齐，其子塔尔巴，其子鄂尔多斯旗札萨克固伦贝勒善丹，其子固伦郡王索诺木，其子松喇布。

三子卫达尔玛诺木罕的儿子为德该和硕齐、额尔克巴特尔、讷该昆都伦岱青三人。

德该和硕齐有子西拉奇塔特，其子塔拉赛，其子阿齐台彻辰，其子鄂尔多斯旗札萨克公扎木素，其子公索诺木，其子公杜棱。

讷该昆都伦有子沙吉尼楚琥尔，其子鄂尔多斯旗札萨克贝子萨吉雅，其子贝子固鲁斯格。

四子诺木达里台吉的儿子为呼图克台绰克齐孙吉如很彻辰台吉，其子萨达台彻辰楚琥尔，其子固什诺颜，其子鄂尔多斯旗札萨克贝子额琳沁，其子贝勒达尔扎，其子贝勒旺舒克。

五子巴札尔卫征诺颜的儿子为明海岱青，其子固鲁岱青，其子鄂尔多斯旗札萨克贝子色棱，其子贝勒固玛喇什，其子贝子萨杜喇什等。他们都是库玛哩墨尔根哈喇济农诺颜的后裔，为鄂尔多斯旗鄂托克的诺颜。其余四个人的后裔情况不详，故在此没能记载。

巴尔斯孛罗特可汗次子阿拉坦格根可汗统辖十二鄂托克土默特。他强化内政，备好精锐部队，北征卫拉特部并收服他们的部分地区；又往南讨伐明朝的边境，占领其城镇时，明朝的皇帝怕其锐气，派遣使臣送白银、绸缎为首的什物上贡，请求和好。阿拉坦格根可汗接受和好。往西还征服了很多地区，并使其纳贡。在翁衮岭南建起呼和浩特居住。

之后，向西边的吐蕃地区派遣使臣，迎请杰出的佛教喇嘛、先知先觉的索南嘉措葛根，施以聆听洗礼经文等事，放弃以杀生为趣乐的随便杀生等有违佛法的行为，并制定教庶民皈依佛法，专行积德善事的法规。建造大寺院，铸造了很多六拃高的昭释迦牟尼为首的三世佛银像，又组建了很多僧侣部落，并尊奉索南嘉措为东方宗教之主，赐"圣识一切瓦齐尔达喇达赖喇嘛"称号，授予金质印章。第二杰出的博格达宗喀巴创立的朝气无比的黄帽派佛教初次传播于这个地方，结成了施主与福田。达

赖喇嘛回奉阿拉坦格根可汗"诺门可汗地之大婆罗门天"称号。阿拉坦格根可汗将政教之事妥善地并行和弘扬。

·系链水晶杯·

依我拉喜彭斯克之见，阿拉坦格根可汗的政教并行之举是多么奇妙啊！我在《智慧之鉴》和《金轮千辐》中只能见到一些简略的摘录。如果哪位贤达知悉其历史事实的主要细节，那么，我在此请求他们为本书填补内容，使其更加完善。

阿拉坦格根可汗有子僧格杜棱可汗、噶勒图诺颜、土伯特台吉、冰图伊勒登、达拉特曲鲁克台吉、布达习礼台吉、衮楚克台吉、扎木素台吉八人。

长子僧格杜棱汗有子楚鲁克彻辰汗、铁木尔洪台吉三人。

楚鲁克彻辰汗有子博硕克图汗。

铁木尔洪台吉娶哈布图哈撒儿后裔乌云卫征诺颜的女儿拜哈珠拉为哈屯，生下了先知先觉的达赖喇嘛云丹嘉措。铁木尔洪台吉兴建了如今呼和浩特的小昭寺。

阿拉坦格根汗次子噶勒图诺颜的儿子有绰克图、图拉嘎图、楚拉嘎图、图勒木图、罕答垓诺颜、温木布楚琥尔洪台吉。

罕答垓有子哈散台吉，其子垂鲁尔，其子萨木丕勒、索喇罕二人。

温木布楚琥尔洪台吉有子阿齐台吉，其子土默特旗札萨克贝子衮布、台吉沙格德尔二人。

贝子衮布有子色棱、察珲、贝子拉斯扎布、曾为贝子的衮济扎布四人。

色棱有子丹巴松、多儿只二人。

察珲有子僧格尔杰等四人。

贝子拉斯扎布有子贝子班第、哈屯扎布二人。

贝子班第之子为贝子哈穆噶巴雅斯呼郎图。

曾为贝子的衮济扎布之子为台吉丹津、贝子班第。他们都是土默特旗的诺颜。

阿拉坦格根汗三子土伯特台吉有子楚依岱青，其子温齐特台吉，其子诺尔布台吉，其子噶勒丹台吉，其子哈屯喇什、丹津等。其子一等台吉拉玛扎布、纳森巴雅尔图。他们的后裔在呼和浩特土默特旗。阿拉坦格根汗其他儿子的后裔情况不详，故在此没有记载。

巴尔斯孛罗特可汗三子勒布克台吉的儿子为台吉巴特尔、达尔玛二人。

巴尔斯孛罗特可汗的四子拜斯噶勒昆都伦汗的儿子为拜桑忽尔卫征、寨桑忽尔青巴特尔、赖桑忽尔、莽古斯、莽古泰。

巴尔斯孛罗特可汗五子巴彦塔拉那林台吉的儿子为拉哈台吉、高娃都喇勒、达伦台吉。

巴尔斯孛罗特可汗六子博达达喇台吉的儿子为恩克达喇岱青、哈散达喇都喇勒、诺门达喇忽喇齐。

恩克达喇岱青之子为恩克彻辰、哈散卫征、乌勒吉图阿拜。

恩克彻辰之子为杜瓦麦巴德玛、安拜图多儿只、额业图宰桑、噶尔玛伊勒登、那玛扎布楚琥尔、布延图青巴特尔、却尔晋卫征、色棱喇什额尔德尼、扎木素楚琥尔、衮布、扎玛阳、额琳沁扎布。

哈散卫征之子为布尔海彻辰楚琥尔、多儿只诺木齐卫征、噶尔玛卫征卓里克图等。

布尔海彻辰楚琥尔之子为额琳沁。

多儿只诺木齐卫征之子为什喇津。

噶尔玛卫征卓里克图有子彻布登额尔克宰桑，其子固什汗。他们都是掌管大永谢布的诺颜。他们的后裔近况不详。

达延可汗四子亲王阿尔斯孛罗特驻于青海地区，掌七土默特鄂托克以及布尔布克鄂托克。王阿尔斯孛罗特有子墨尔根诺颜、斡农（济农）诺颜二人。

长子墨尔根诺颜的儿子为布吉格尔诺颜，其子岱巴特尔、墨尔根台吉、卓里克图台吉。他们的后裔执掌七土默特鄂托克。

次子斡农诺颜的儿子为布鲁克勤台吉、哈吉呼僧格台吉等。他们的后裔执掌布尔布克鄂托克。

达延可汗五子亲王阿勒楚孛罗特掌从称为"十二库伦"的哈拉哈分离出来的巴林、扎鲁特、弘吉剌惕、巴牙兀惕、乌济叶特五部哈拉哈鄂托克。王阿勒楚孛罗特独生子名叫忽喇克齐哈撒儿。忽喇克齐哈撒儿有子乌巴什卫征、苏巴海达尔罕、乌班拜穆多克森、索宁岱青、硕哈克卓里克图洪巴特尔，分别执掌五鄂托克。故以内五部哈拉哈的诺颜而扬名。

忽喇克齐哈撒儿诺颜长子乌巴什卫征诺颜执掌扎鲁特部。乌巴什卫征诺颜的儿子为巴彦达喇伊勒登、忽纳该多克森（无嗣）、多保墨尔根、脱迪都喇勒、布乃彻辰、劳萨和硕齐。

乌巴什卫征诺颜长子巴彦达喇伊勒登的儿子有忠图可汗、

郁诺克卫征、哈拉巴拜都让、沙拉巴拜杭吉勒、昂噶达尔罕巴特尔、呼博格图诺颜（无嗣）、呼毕勒图杜棱、巴拜赫其彦贵（无嗣）八人。

长子忠图可汗的儿子有阿巴岱内齐可汗、扎鲁特左旗札萨克贝勒庆格布瓦、额业图巴特尔阿拜、色棱台吉、乌尔格台吉（无嗣）、塔布台吉、岱朗瑚台吉七人。

贝勒庆格布瓦有儿子贝勒奇塔特、土伯特、巴鲁木齐、额讷特格（无嗣）、纳穆（无嗣）、多儿只、巴雅斯呼朗（无嗣）、拉鲁。

贝勒奇塔特的儿子为贝勒亚穆、协理台吉阿穆古朗、台吉鄂齐尔（无嗣）。

贝勒亚穆的儿子为贝勒毕噜瓦、协理台吉德勒格仍贵、台吉巴赉三人。

贝勒毕噜瓦有子贝勒索诺木、台吉诺木达赉二人。

协理台吉德勒格仍贵的儿子为协理台吉腾津、罗布桑喇什、哈达什、固什、格棱诺尔布、藏达古米、协理台吉喇什纳木扎勒、旺吉勒（无嗣）。

巴赉有子索宾、绰克图二人。

贝勒索诺木的儿子为拉唐、察尔楚克、沙吉雅、色棱衮布、丹丕勒（无嗣）、善扎布、贝勒锡勒塔喇、纳拉木台、朝克巴达喇瑚。

贝勒奇塔特的儿子阿穆古朗有子台吉阿玉什，其子台吉色旺扎布。

贝勒庆格布瓦次子土伯特有儿子弥兰、巴达玛二人。

弥兰有子格埒尔图，其子孔果尔、察干呼等。

巴达玛有子巴雅斯呼朗，其子阿齐图等。

贝勒庆格布瓦三子巴鲁木齐的儿子为乌勒吉图，其子巴雅斯呼朗等。

贝勒庆格布瓦六子多儿只的儿子为沙克都尔、达尔什西里、阿古鲁克散三人。

沙克都尔之子为昭衮奈曼、达布哈尔力克二人。

达尔什西里之子贺齐业呼、色里布等。

阿古鲁克散之子多勒巴、索尔格勒二人均无嗣。

贝勒庆格布瓦八子拉鲁的儿子为阿萨拉勒图、巴图（无嗣）。

·铁箭镞·

阿萨拉勒图有子台吉扎黑鲁克齐希拉布等。

阿巴岱内齐可汗次子伊杜（额业图）巴特尔阿拜有儿子满殊、拉鲁（无嗣）、索勒呼、斡尔布呼、古吉等。

满殊有子色布腾、乌勒吉图、鄂齐尔、瓦齐尔、阿穆古朗五人。

色布腾有子贺齐业呼，其子乌巴什。

乌勒吉图有子杜尔勒拜，其子豁楚赉。

鄂齐尔有子道格棱喇嘛、阿穆尔令贵、脱尼喇瑚等。

瓦齐尔有子阿克齐，其子德勒格尔。

阿穆古朗有子阿里衮、额尔克、德勒格仍贵、阿力衮达赛、诺门绰克图、却扎布等人。

伊杜巴特尔阿拜三子索勒呼的儿子为瓦齐尔达喇、伊特格勒、乌尔图纳苏图三人。

瓦齐尔达喇无嗣。

伊特格勒的儿子为色棱、云丹、扎木素、阿尔毕吉呼、额尔克等。

乌尔图纳苏图有子巴图，其子甘珠尔、楚木通嘎拉克等。

伊杜巴特尔阿拜四子斡尔布呼有儿子瓦齐尔、额尔德尼、布坦（无嗣）等。

瓦齐尔有子哈迈、布延图、阿里鲁克散等。

额尔德尼有子巴扎尔，其子色棱。

伊杜巴特尔阿拜王子古吉的儿子为一等台吉拉布克（无嗣）、阿里鲁克散、乌巴什三人。

阿里鲁克散有子一等台吉萨木坦。

乌巴什有子多儿只、诺穆罕二人。

·壁画——烹饪图·

阿巴岱内齐可汗三子色棱有子锡塔尔、固邦二人。他们的后裔是扎鲁特左旗乌梁海（鄂托克）的诺颜。

阿巴岱内齐可汗五子多布台吉的儿子为瓦齐尔、班第、额木齐、布特格勒图、阿力衮达赉等。

瓦齐尔有子陶克塔干、色棱二人。

班第有子南迪、额尔德尼、桑三人。

额木齐有子好毕图、斡巴赉、格垛尔图三人。

布特格勒图有子乌尔图纳苏图、常辉二人。

阿力衮达赉有子索诺木、阿玉什、苏玛迪等。

阿巴岱内齐可汗六子岱朗呼有儿子阿必达、斡鲁、布玛岱（无嗣）、脱克坦四人。

阿必达有子毕里克图、瓦齐尔、布延图、衮布、布坦扎布、根敦什希布、固鲁扎布、固穆扎布、扎木素九人。

斡鲁有子萨玛亚、习礼、坦达里沙津、巴达仍贵四人。

脱克坦有子伊勒登、苏达尼、额木克什迪、葛根乌巴什四人。

巴彦达喇伊勒登诺颜次子郁诺克卫征诺颜有子哈巴海卫征诺颜、达尔罕卓里克图、尚图、杭忽拉鄂勒布克四人。他们的后裔是昭奇特（鄂托克）的诺颜。

巴彦达喇伊勒登诺颜三子哈拉巴拜都让的后裔是北京的大都阿琪图，故他们被划定为内八旗。

巴彦达喇伊勒登诺颜四子沙拉巴拜杭吉勒诺颜有子忽喇图、迈勒、芳萨勒、阿萨克岱、楚琥尔贝穆、索布克、特木尔齐，七人中前四子的后裔为阿尔伯特鄂托克的诺颜，其余三人的后裔划入北京。

巴彦达喇伊勒登诺颜五子昂噶达尔罕巴特尔有子索胖、鄂鲁布克、奇塔特三人。他们的后裔是哈拉努特部的诺颜。

巴彦达喇伊勒登诺颜七子呼毕勒图杜棱诺颜有子多儿只、满珠习礼、耀察、陶杜哈亚四人。

陶杜哈亚有子协理班达喇什，其子协理台吉哈苏巴等。他们是察扈特（鄂托克）的诺颜。

巴彦达喇伊勒登诺颜的后裔是扎鲁特左旗的诺颜。

乌巴什卫征诺颜三子多保墨尔根的儿子为博鲁岱扎尔古齐、额勒哲格卓里克图、伊鲁特冰图、海色伊勒登、额德格（额登）巴特尔、坦登、泰嘎勒墨尔根、达赛扣肯八人。

博鲁岱扎尔古齐有子恩克哈散岱青、诺木图、玛雅三人。

恩克哈散岱青有子猷斯该、图巴、图斯格尔、额尔赫图四人。

诺木图有子乌勤、摩鲁、温木布三人。

玛雅有子阿尔嘎、瓦齐尔、毕里克三人。

多保墨尔根诺颜次子额勒哲格卓里克图的儿子为唐木杰尔嘎郎、脱忽、固穆、固木希四人。

唐木杰尔嘎郎有子拜瑚、多儿只二人。

拜瑚之子鄂齐尔，其子喇什，其子阿玉什、纳木扎勒二人。

阿玉什有子协理台吉朋素克等。

多保墨尔根诺颜三子伊鲁特冰图的儿子为脱诺图、拉毕斯格尔、乌力吉、昂努克、尚图。

多保墨尔根诺颜四子海色伊勒登的儿子是童鉴、内大臣博尔杰二人。

童鉴有子固穆、噶尔玛二人。

多保墨尔根诺颜五子额德格巴特尔的儿子为岱青、乌勒吉图、买奴三人。

岱青有子协理台吉图斯格尔、乌尔图纳斯图二人。

图斯格尔有子哈剌班第等九人。

乌尔图纳斯图有子察干班第等六人。

乌勒吉图有子额琳齐等四人。

买奴有子玛克希图，其子乌尔图等四人。

多保墨尔根诺颜六子坦登、七子泰嘎勒墨尔根、八子达赉扣肯三诺颜的后裔在旧书上尚未记载，所以，我在这里没能表述。

乌巴什卫征诺颜四子脱迪都喇勒诺颜的儿子为巴噶达尔罕和硕齐、巴雅尔图岱青、斡布克达尔罕巴特尔、索尼扎尔古齐、买奴青巴特尔、舒沙海布克（无嗣）、海色固什、宰桑扣肯。

长子巴噶达尔罕和硕齐有子唐穆多儿只、瓦齐尔桑、内大臣曼吉勒嘎、侍卫浩楚台四人。他们的后裔在北京属内正白旗。

脱迪都喇勒诺颜二子巴雅尔图岱青诺颜的儿子为桑噶尔扎、

·彩绘毡帐车陶俑·

布喇齐、达尔登、库木格尔、章隆、巴达哈额驸、海桑、浩吉格尔。

脱迪都喇勒诺颜三子斡布克达尔罕巴特尔诺颜有子二等台吉阿萨亚、扎鲁特右旗札萨克固伦贝勒桑噶尔、萨吉、浩克勤、茂奇塔特、图巴、拜布克、浩塔克齐八人。

长子阿萨亚有子阿齐图等十人。

次子贝勒桑噶尔有子贝勒巴达里等六人。

贝勒巴达里有子贝勒毕里克图等三人。

贝勒毕里克图有子齐莫克图、贝勒诺木拉拜等六人。

贝勒诺木拉拜有子贝勒伊德希克等三人。

三子萨吉有子沙里等九人。

四子浩克勒有子协理拜兴、萨拉岱、头等台吉达尔玛。

五子茂奇塔特有子额尔德尼等四人。

六子图巴有子鄂齐尔、布延图二人。

七子拜布克有子协理察珲等四人。

八子浩塔克齐有子斡鲁斯希布、鄂齐尔、乌尔图纳苏图三人。

鄂齐尔有子协理班第达等三人。

脱迪都喇勒诺颜四子索尼扎尔古齐诺颜的儿子为桑噶尔齐巴特玛、额璘沁、固穆、纳穆吉克黑、扎木苏、色棱。

桑噶尔齐巴特玛有子额尔德尼，其子德勒格仍贵等五人。

额璘沁有子阿尔嘎、乌勒吉图二人。

固穆有子协理萨拉齐。

扎木苏有子诺尔布。

色棱有子协理阿必达等五人。

脱迪都喇勒诺颜五子买奴青巴特尔诺颜的儿子为公茂奇塔特、毛拉台吉（无嗣）。

公茂奇塔特有子图斯噶尔、公巴图、协理博多克图、哈鲁、

·彩绘车马陶俑·

巴喇米德、乌尔古玛勒、协理乌巴什、协理苏玛迪、阿力衮、明安十人。

长子图斯噶尔有子喀尔必等四人。

次子公巴图有子巴哩、公素哩等五人。

公素哩有子公察罕莲花，其子公纳逊额尔克图。

三子博多克图有子托音布延图等三人。

哈鲁、巴喇米德二人的后裔没有记载。

六子乌尔古玛勒有子撒迪。

七子乌巴什有子哈屯等三人。

八子苏玛迪有子协理阿穆古朗等三人。

九子阿力衮有子协理明安琪琪格等三人。

十子明安有子色布腾等人。

脱迪都喇勒诺颜七子海色固什诺颜有子班第、图巴、哈散、恩克、垂扎布、巴雅斯呼朗六人。

长子班第有子额德。

图巴有子阿尔什达。

哈散有子阿穆古朗等三人。

恩克有子吉尔噶朗等四人。

垂扎布有子扎木扬、卓特巴等人。

巴雅斯呼朗有子纳木什希、萨木丕勒等。

脱迪都喇勒诺颜八子宰桑扣肯有子锡喇奇塔特，其子阿尔什等五人。

乌巴什卫征诺颜五子布乃彻辰诺颜有子额勒哲格卓里克图、阿散岱楚琥尔二人。

额勒哲格卓里克图有子桑噶尔扎、哈散二人。

桑噶尔扎有子忽吉格尔等五人。

哈散有子鄂齐尔。他们是玛噶齐拉忽特（鄂托克）的诺颜。

乌巴什卫征诺颜六子劳萨和硕齐诺颜有子布延图、楚琥尔、那颜布克、达延、拜噶勒、阿忽朝等六人。他们是乌巴什卫征诺颜之子多保墨尔根、脱迪都喇勒、布乃彻辰、劳萨和硕齐四诺颜的后裔，为扎鲁特右旗的诺颜。

忽喇克齐哈撒儿诺颜次子苏巴海达尔罕诺颜掌巴林鄂托克。

苏巴海达尔罕诺颜独生子巴噶巴特尔诺颜。巴噶巴特尔诺颜有子额布格岱洪台吉、巴林右旗札萨克公色特尔、和托果尔昂哈、布克特格尔昂哈、内齐洪台吉五人。

细查其长子额布格岱洪台吉的独生子固伦额驸兼和硕贝子色棱为国效力的事迹，只根据朝廷下发的文书略述如下：在当年执政的可汗之父王经北京进军山东的征途中，敌人的偏军前来袭击兵营时，他率领本旗军马前来解救并打败了敌人。之后，攻打济南府城郊的敌人以及拦截越过长城时尾追的敌人；还有攻打锦州首战中，打败敌人的驻军骑兵；在第三次围攻锦州城时出兵镇压洪承畴的三营军队；还有固伦郡王巴彦率兵经北京攻打山东的战役中，镇压王总兵官及总兵官的军队；又在镇压北京后卫军、王参将的军队、八总兵官的军队等诸多战役中，均以全旗之力协同作战。因此，朝廷以平敌有功，将其晋封为和硕贝子。后来，贝子色棱在跟随札萨克巴特尔亲王进攻辽西的战役中病逝。

贝子色棱有子贝子诺尔金、三等台吉诺尔布、余穆钦、扎木什坦四人。

贝子诺尔金有子贝子额尔德尼、弥勒、阿弼坦、扎勒布、尼木布、博塔噶里六人。

贝子额尔德尼有子贝子扎什纳木塔尔、都噶尔扎布二人。

贝子扎什纳木塔尔的独生子为策零敦多克。

贝子策零敦多克有子贝子多儿只喇布坦、协理三等台吉喇布坦多儿只二人。

贝子色棱次子诺尔布的儿子为台吉额璘沁、忽穆齐等。

三子余穆钦有子占巴剌等三人。

四子扎木什坦有子班第、巴特尔二人。

贝子诺尔金次子弥勒的独生子为达尔扎。

三子阿弼坦的独生子为额尔赫穆。

四子扎勒布的儿子为布达尔、巴彦萨喇。

五子尼木布的儿子为班达喇什、赛音呼。

六子博塔噶里的儿子为阿日雅、彬德日亚。

贝子额尔德尼次子都噶尔扎布的儿子为乌巴什、脱尼喇瑚。他们是额布格岱洪台吉的后裔,为巴林左旗的诺颜。

巴噶巴特尔诺颜次子公色特尔的独生子为固伦额驸兼巴林右旗札萨克固伦郡王色布腾。王色布腾为国家效力的事迹,没有专门档案可查,只根据朝廷下发的文书略述如下:在辅国额尔克亲王额尔德木图的军队中打先锋;在追击腾汲斯的战争中,色布腾与其父亲一起举全旗之力

· 圆顶式铁盔 ·

打败了土谢图汗和硕垒可汗的军队。为此，将其晋封为辅国公。之后，在顺治七年（1650年），尚色布腾为固伦额驸，晋封札萨克固伦郡王。

王色布腾有子二等台吉楚斯该、札萨克固伦郡王鄂齐尔、公格埒尔图、公纳木扎、防御侍卫固伦额驸协理一等台吉阿喇布坦五人。

这些诺颜为国家效力的详细情况基本上无具体记载和可证明的物件，只有三子公格埒尔图参加征讨吴三桂的战役时，可汗赏赐他黄金盔甲，出征七年，征服敌人凯旋的记载。之后，征战准噶尔贼寇噶勒丹的战役中，公格埒尔图争锋在前，打败了敌人。因此，博格达可汗亲手赐金杯酒三次，还赏赐金口短枪一支、弓箭、全鞍马、紫狐皮大衣等。这些赏赐的具体时间我均未查到，故依据传闻略写。

王色布腾长子楚斯该有儿子二等台吉达什、四等台吉额德勒、乌达巴喇等三人。

台吉达什有子二等台吉阿穆古朗、阿穆尔里呼等。

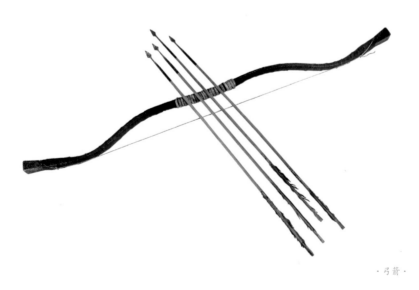

·弓箭·

阿穆古朗有子二等台吉衮布、乌察喇勒等四人。

衮布有子二等台吉哈勒津等。

阿穆尔里呼有子云丹、索布勒青二人。

台吉楚斯该次子额德有子卓特巴、恩克二人。

卓特巴有子达木丕勒、余穆庆。

恩克有子弥勒、丹巴等人。

台吉楚斯该三子乌达巴喇有儿子扎米扬、巴达仍贵、莽哈岱三人。

扎米扬有子布延图。

巴达仍贵有子布延温都日瑚。

莽哈岱有子多儿只、布延乌哲布齐等人。

王色布腾次子王鄂齐尔有子和硕额驸郡王纳木达克、固伦额驸盟长郡王乌尔衮、副盟长郡王僧格尔腾、二等台吉苏玛迪（无嗣）、协理二等台吉伊拉古克齐五人。

王乌尔衮于康熙五十五年（1716年）任大将军职，率兵征伐准噶尔贼寇。为国家大事效力十年，在兵营病逝。

王僧格尔腾于康熙三十三年（1694年）跟随叔父协理一等台吉阿喇布坦率军征讨贼寇噶勒丹，行进到克鲁伦河，活捉一个名叫邵格达弥沙的贼寇。康熙四十四年（1705年）晋升为协理。康熙五十五年（1716年）参加征讨准噶尔贼寇的战争时，受到两匹马的赏赐。之后，到达军营，与哈里大臣老齐讷格同行到萨勒布尔图之地，和贝子梅林章京扎哈出一起到花额璘沁的蒙楚克乌兰哈达之地取到有关证书回来。康熙五十九年（1720年），应盛兴将军富尔丹的委派，带领一百名军卒打前哨，在名叫索里噶图哈勒塔尔的地方活捉一名贼寇，在萨勒布尔图之地又抓获两名贼寇。从此到珠噜忽讷噜的地方，收受降贼寇宰桑拜珲及他所辖二百五十八人。与兄固伦额驸乌尔衮一起活捉二十三名贼寇。当哈里大臣太祖率军火烧贼寇农田时，他也在。当后卫军与贼寇厮杀时，他与额驸一起前去平定贼寇，此次受到一级护胄之赏。康熙六十年（1721 年），因功劳超众，可汗特赏赐四蒲褂、八蒲袍。雍正三年（1725 年），特许觐见可汗，晋封辅国公，赏赐可汗御用的帽子和绸缎九匹。雍正七年（1729 年），从公爵晋升为札萨克固伦郡王。雍正八年（1730 年），命王僧格尔腾参加北路军，赐一年俸禄。秋末月，到达军营，与辅国将军和硕亲王超级大将固伦额驸策凌、王丹津多儿只一起在苏克阿喇答呼之地与贼寇交战时，王僧格尔腾在途中活捉名叫多儿只的贼寇。与梅林章京鄂齐尔一起继续从特尔格图山口深入，平定了贼寇，这次，受（御用）帽子、褂、袍等的赏赐。雍正十年（1732 年）秋中月初四，在额尔德尼昭与贼寇大军自巳时开战，同盟之王僧格尔腾、翁牛特贝勒罗布桑、敖汉贝子罗布桑等人带兵抢夺山顶之时，王僧格尔腾前额中弹受伤，直到日落，混战六次，黄昏时分，大军合力攻击，大败贼寇。初五，大军追击贼寇到土刺河，此次受刀、火镰、枪支、鼻烟壶等的赏赐。之后，轮值在察干布尔嘎苏、扎克萨海等地出哨，到雍正十二年（1734 年），与大军班师归来，受帽子、褂、念珠、绸缎等的赏赐。

长子王纳木达克的独生子为二等台吉青宝，其子为现职额驸四等台吉诺尔布扎木楚、二等台吉桑布喇什、四等台吉德勒格尔等。

王鄂齐尔次子王乌尔衮的独生子为一等台吉堪布。堪布有子二等台吉格里克、四等台吉丹珠尔。

王鄂齐尔三子僧格尔腾有子御前行走的和硕亲王品级内大

臣盟长和硕郡王、记三品级的璘沁，二等台吉常命，旺吉勒，罗布桑多儿只等四人。

王璘沁于乾隆十九年（1754年）受命晋升内大臣，率本盟两千名军卒参加征讨准噶尔贼寇的战争。到达伊犁河，于乾隆二十年（1755年）班还。

王璘沁有子御前近侍和硕额驸公德勒克、御前行走定边左翼辅国将军、昭乌达盟副盟长、巴林旗札萨克固伦郡王、记品三级的巴图等三人。

王巴图的第三个女儿于乾隆四十年（1775年），被敕指名娶为四阿哥长子的哈屯。

乾隆四十一年（1776年），王巴图任将军，赴乌里雅苏台驻军。命其长子索多诺木多儿只为本盟署正，兼札萨克掌印官。

常命有子二等台吉金巴、毕力克图、额尔克托音伊希扎木索、台吉余穆沁四人。

旺吉勒有子乾清门行走的二等台吉索诺木喇什、四等台吉满都呼、布仁特古斯、衮楚克托音、德木楚克五人。

罗布桑多儿只有子和硕额驸二等台吉布延图、台吉松敦扎布、阿木古朗三人。

王鄂齐尔五子伊拉古克齐有子协理一等台吉额璘沁、四等台吉扎木桑二人。

协理额璘沁于雍正九年（1731年），以二等台吉参加征讨准噶尔贼寇的战役，多次出哨或侦探敌情。在额尔德尼昭与贼寇激战时，协理额璘沁向将军请示，带领一百名勇士从我军的左翼领先出兵直入敌军。敌军右翼的三百余人从山上往下冲击，占领了靠边的山顶。协理额璘沁率一百人直接攻击山顶。敌人下马，两军对射。协理额璘沁亲自带头猛烈冲击，敌人抵挡不住，败下阵去。协理额璘沁接连攻夺两个山头。之后，又带领兵丁打前锋六次，黄昏时分，与大军一起强攻，贼寇大败而退却。当大军回归兵营时，协理额璘沁当后卫防哨。

翌日，将军达兰泰率三千人马追击敌人，协理额璘沁随同前往，在哈喇忽尔古勒的地方捉一名叫脱火赤的贼寇，在统格喇克岭南阳又捉来一名叫讷赫的贼寇。大将军衙以这几次的功劳为典型禀报朝廷，可汗赐封协理额璘沁为一等台吉，旌表一等功。

之后，因在多次战斗中充任前锋或后卫，雍正十年（1732年）赏孔雀翎。冬末月，哈拉哈公根丕勒带兵进入贼寇老窝库利耶图之地时，协理一等台吉额璘沁率本盟二百名士兵并入队伍。

他率一千名士兵打前锋，血战十三天。之后，又率八百名士兵进行掳掠。又率二百名士兵参加了俘获纳尔图等三家贼寇的战争。他深夜进入贼窝，在横利克乌里雅苏台之地抓获一名胡子。大军回归时，额璘沁率三百名精兵侦查到高林孳罗盐湖之地。雍正十三年（1735年）大军回

· 蒙古军队征战图 ·

归时，额璘沁才一同返乡。协理一等台吉额璘沁忘我奋战的经历可以概括为：强夺三座山，打六次硬仗且一次大胜，任前锋、后卫二十五次。

协理台吉额璘沁有子协理一等台吉德穆楚克扎布（无嗣）、闲散额驸四等台吉扎木延、协理一等台吉定山三人。协理德穆楚克扎布于乾隆十九年（1754年）参加讨伐准噶尔贼寇的战争。

扎木延有子台吉卓黑斯图、道黑雅勒图、卓黑雅勒三人。

王色布腾三子公格垿尔图有子近侍额驸协理台吉纳木松、四等台吉索尔齐克、苏布迪、萨玛迪、赛音察衮、一等台吉协理诺达、三等台吉巴勒珠尔、三等台吉格木勒、额尔赫岱九人。

长子纳木松有子三等台吉喀拉玛里、沙尔根二人。

喀拉玛里的独生子为班第。

沙尔根有子台吉贤达什里、萨吉布二人。

公格垿尔图次子索尔齐克有子台吉海拉图、乌巴什二人。

海拉图有独生子尼玛（无嗣）。

乌巴什有独生子喇什。

公格垿尔图三子苏布迪有子台吉阿南达、阿必达、哈里克三人。

阿南达有独生子巴彦齐瑚。

·铁战刀·

阿必达有子齐博克扎布等。

哈里克有子布延阿尔毕吉呼、索尔吉木二人。

公格垆尔图四子萨玛迪有子台吉乌什巴、伊如格勒图、达延三人。

乌什巴有独生子巴达仍贵。

伊如格勒图有子台吉珠拉、马克萨图二人。

达延有子台吉布延温都拉呼。

公格垆尔图五子赛音察衮有子台吉阿穆古朗、阿木尔图、索诺木三人。

阿穆古朗有独生子台吉吉尔噶朗。

阿木尔图有子台吉伊朗贵、喇什、阿尔必吉呼三人。

索诺木有子台吉斯日古楞、托音罗卜藏希喇布等。

公格垆尔图六子诺达有子一等台吉阿利刺瑚、台吉毕希日勒图二人。

阿利刺瑚有子拉克巴扎木素等。

毕希日勒图有独生子台吉都噶尔扎布。

公格垆尔图七子巴勒珠尔有子乾清门行走的四等台吉策凌达尔扎、台吉固勒格二人。

策凌达尔扎有子阿尔达什里（无嗣）、额尔德尼墨尔根班布瓦卡巴赞巴托因音罗布桑丹津、协理三等台吉拉喜彭斯克三人。

固勒格有子台吉敏珠尔、托音根丕勒二人。

公格垆尔图八子格木勒有子台吉赛音毕里克图、三等台吉巴雅尔台二人。

赛音毕里克图有独生子巴噶瓦纳。

巴雅尔台有子台吉都喇勒等。

公格垆尔图九子额尔赫岱的独生子为三等台吉谢喇布。谢喇布有子台吉班第。

王色布腾四子公纳木扎有子台吉德里格仍贵、乌巴什、巴特玛、道诺、协理一等台吉根敦扎布、固穆扎布六人。

长子德里格仍贵有子尹湛纳、达赉二人。尹湛纳有子台吉格木勒。

公纳木扎次子乌巴什有子三等台吉特古斯、台吉沙尔巴、旺吉拉、班第四人。

特古斯有独生子三等台吉丹津。

旺吉拉有独生子鄂如锡勒。

公纳木扎三子巴特玛有独生子台吉沙津达赉，其独生子台吉多儿只。

公纳木扎四子道诺的独生子为台吉毕里克图，其子台吉格图勒格克齐、托音拉克巴、布延桑。

公纳木扎五子根敦扎布有子固伦额驸一等台吉当津、台吉达尔玛二人。

当津有子三等台吉闲散额驸垂勒登、垂木散、朋楚克、彰吉亚、都噶尔等。

达尔玛有子台吉策崩、臣达二人。

公纳木扎六子固穆扎布有子台吉丹巴、达克巴二人。

丹巴的独生子为台吉伊什彭斯克。

达克巴有子台吉伊什巴勒布、托音拉德纳、格隆诺尔布等。

王色布腾五子阿喇布坦有子三等台吉额勒德布、额尔德尼、一等台吉齐达克齐、赛音胡必图（无嗣）、台吉乌优图、索诺木六人。

长子额勒德布有子台吉巴拉米德、达尔玛、三等台吉宾巴喇三人。

巴拉米德的独生子为台吉布延德勒格尔。

达尔玛有子阿里拉呼、松迪二人。

宾巴喇有子台吉巴勒多儿只、丹丕勒多儿只等。

台吉阿喇布坦次子额尔德尼有子三等台吉萨木坦、台吉罗布桑二人。

萨木坦有子三等台吉诺木巴里克齐、台吉乌巴什、官布、色旺扎布四人。

罗布桑有子台吉纳森阿尔必吉呼、达瓦多儿只二人。

台吉阿喇布坦三子齐达克齐有子台吉达尔罕、扎尔古齐、一等台吉纳森额尔赫图三人。

达尔罕有子台吉格图勒格克齐、巴雅斯呼朗二人。

· 白釉人首摩羯形瓷壶 ·

扎尔古齐有子台吉博迪等。

台吉阿喇布坦五子乌优图有子台吉乌哲思古楞、乌勒木济、纳森额尔克班第、赛音吉雅图、宝特巴赉、托音阿扎喇等六人。

乌哲思古楞有子台吉巴彦桑、都仍桑二人。

乌勒木济有子台吉僧格喇什、明安图二人。

纳森额尔克有子台吉蒙克吉呼等人。

台吉阿喇布坦六子索诺木有子台吉金巴、阿里什、阿玉什三人。

金巴有子台吉云扎布等。

阿里什有子纳森乌力吉等人。

公色特尔的这些后裔为巴林右旗的诺颜。自大元太祖博格

·鎏金银覆面·

达成吉思可汗到御前行走的定边左翼协理将军、昭乌达盟副盟长、巴林旗札萨克固伦郡王、记品三级的巴图，共二十五代。

巴噶巴特尔诺颜三子和托果尔昂哈诺颜有子巴林左旗札萨克贝子满珠习礼、一等台吉乌尔古达克二人。

贝子满珠习礼有子诺尔金、三等台吉乌力吉、图班、齐曼、噶尔玛、协理摩伦六人。

贝子诺尔金有子贝子鄂齐尔桑、台吉必齐叶二人。

贝子鄂齐尔桑有子贝子巴特玛、协理赛音乌优图、博迪扎布、桑杰扎布四人。

贝子巴特玛子贝子诺门额尔赫图、贝子达色、台吉古如扎布三人。

贝子达色的独生子为萨木丕勒多儿只。

古如扎布有子固穆扎布。

贝子鄂齐尔桑次子赛音乌优图的独生子为达尔扎，其子台吉朋素克等。

贝子鄂齐尔桑三子博迪扎布有子弥勒、三等台吉迈达、台吉敏珠尔三人。

贝子鄂齐尔桑四子桑杰扎布有子云丹衮布、拉旺多儿只二人。

贝子诺尔金次子巴扎雅有子台吉乌巴什、沙克沙巴特、索诺木、三等台吉班第、罗布桑五人。

乌巴什的独生子为摩里海。

沙克沙巴特有子斡格台、巴鲁、巴雅尔三人。

索诺木有子乌勤、哈勒津呼二人。

贝子满珠习礼次子乌力吉有子三等台吉诺木齐、台吉察干殊拉、乌格里衮达赉、呼图克四人。

诺木齐有子安达尼、乌巴什二人。

安达尼有子齐沙、舒达玛尔、卓赫斯图、班第四人。

乌巴什有子伊如格勒图、玛希达、巴拉米德三人。

台吉乌力吉次子察干殊拉有子台吉毛玉肯、满都呼、忽鲁木齐、土谢图、却达尔五人。

毛玉肯有子台吉额列克齐等。

满都呼有子喇布坦等。

土谢图有子纳穆扎布等。

台吉乌力吉三子乌格里袞达赉有子台吉孛罗斤、毕里克图、巴雅尔三人。

台吉乌力吉四子呼图克有子台吉沙尔巴、乌勒岱、者别三人。

沙尔巴有子台吉班第等。

乌勒岱有子苏尔齐海等。

者别有子乌巴什等。

贝子满珠习礼三子图班有子达什、台吉扎木素二人。

达什有子三等台吉纳穆达尔、台吉赖青、伊特格勒图三人。

扎木素独生子为沙格达尔。

贝子满珠习礼四子齐曼的独生子为台吉绰克图，其子协理三等台吉诺门桑、台吉苏布迪、阿穆尔什迪。

诺门桑有子巴扎尔、马塔里二人。

苏布迪有子乌巴什、巴凌巴拉米德二人。

阿穆尔什迪的独生子为赛音布延图。

贝子满珠习礼五子噶尔玛的独生子为三等台吉策凌扎布，其子鄂布迪、浩毕图二人。

鄂布迪有子苏哈克、阿拉齐尼二人。

浩毕图有子巴雅斯呼朗等。

贝子满珠习礼六子摩伦有子三等台吉罗布桑、台吉塔尔巴、毕里克图、达赛四人。

罗布桑有子台吉察干、协理三等台吉必齐叶、台吉阿里玛、哈喇呼、萨克萨嘎尔五人。

必齐叶有子台吉陶克陶胡呼。

阿里玛有子台吉云勤等。

萨克萨嘎尔有子协理台吉乌巴什。

塔尔巴有子台吉丹巴、沙尔巴等。

毕里克图有子台吉巴勒丹等。

达赛有子巴拜扎布等人。

和托果尔昂哈诺颜之子台吉乌尔古达克的独生子为一等台吉塔尔布，其子台吉巴里克、二等台吉纳穆斯该、三等台吉额尔德门、台吉莲花、博迪木尔。

巴里克有子台吉乌巴什、巴拉米德二人。

乌巴什有子台吉阿里拉呼、图斯噶尔、罗布桑三人。

巴拉米德有子台吉拉特纳、博迪坦、布延图、色旺四人。

台吉塔尔布次子纳穆斯该有子二等台吉铁木迭儿、台吉萨玛噶尔二人。

铁木迭儿有子台吉拉特纳、巴达仍贵、苏瓦扎布、察干玉肯四人。

萨玛噶尔有子台吉班第、沙尔巴二人。

台吉塔尔布三子额尔德门有子台吉乌尤、达什、纳苏图、桑、德勒登、少登、三等台吉拜柱七人。

次子达什的儿子为布延图等四人。

纳苏图有子德勒格尔等三人。

桑有子纳木扎布、纳木扎二人。

德勒登有子阿布拉等三人。

·宽檐铁盔·

少登独生子为巴拜。

拜柱有子台吉多儿只扎布等五人。

台吉塔尔布四子莲花有子台吉布特噶里，其子多儿只、喀尔毕二人。

台吉塔尔布五子博迪木尔有子台吉古如扎布，其子台吉诺门齐纳尔、布延德里格尔二人。

和托果尔昂哈诺颜的这些后裔是执掌巴林左旗的诺颜。

巴噶巴特尔诺颜四子布克特格尔昂哈有子台吉茂奇塔特，其子一等台吉固鲁、台吉满哈、哈屯、却桑、布达尔（无嗣）。

固鲁有子毕力克（无嗣）、一等台吉伊拉古克散。其子一等台吉弥勒、台吉塔玛里、伊玛克泰、苏布迪。

次子满哈有子台吉斡尔姆，其子台吉弥勒、衮楚克二人。

三子哈屯有子三等台吉毕里克图，其子三等台吉阿南达、台吉扎玛拉二人。

四子却桑有子台吉额尔赫木、温德格、罗布桑三人。

额尔赫木有子台吉达尔扎、卡扎布、蒙克三人。

温德格有子台吉沙尔巴、毕哈胡、阿尔必吉呼、鲁塔、额尔赫图五人。

罗布桑有子台吉丹巴。

布克特格尔昂哈诺颜的这些后裔是执掌巴林右旗的诺颜。

巴噶巴特尔诺颜五子内齐洪台吉的独生子为台吉多儿只，其子台吉奇塔特、伊德姆、三等台吉奥伦。

奇塔特有子三等台吉阿穆古朗、台吉毕力克、只儿哈郎、格色坦四人。

阿穆古朗独生子为三等台吉乌巴什。

毕力克独生子为班第。

只儿哈郎有子台吉德勒格仍贵、海都二人。

格色坦有子台吉布图根、根敦扎布二人。

台吉多儿只次子伊德姆有子台吉阿尔新、齐木该二人。

阿尔新独生子为希勒格德尔。

· 念珠 ·

齐木该独生子为台吉巴拉米德。

台吉多儿只三子奥伦有子三等台吉达萨巴、台吉乌尔吐纳苏图、乌尔古玛勒、丹巴四人。

达萨巴独生子为三等台吉桑。

乌尔吐纳苏图独生子为台吉沙津达赛。

乌尔古玛勒有子台吉纳木扎布。

丹巴有子台吉博迪扎布、桑杰扎布、沙津三人。

内齐洪台吉诺颜的这些后裔在巴林左旗。

忽喇克齐哈撒儿诺颜三子是掌弘吉刺惕鄂托克的乌班拜穆多克森诺颜，其子巴噶达尔罕诺颜、卓里克图诺颜二人。

巴噶达尔罕诺颜有子茫哈勒泰岱青诺颜、冰图伊勒登诺颜、拜珲岱楚琥尔诺颜、阿巴岱洪巴特尔诺颜四人。

茫哈勒泰岱青诺颜有子台吉布达什里，其子诺木布、奇塔特、呼拉忽岱。

诺木布有子三等台吉诺尔布、台吉桑二人。

奇塔特有子额勒德布、卓赫斯图二人。

呼拉忽岱有子台吉阿穆古朗、阿必达、苏巴散、多儿只等。

巴噶达尔罕诺颜次子冰图伊勒登诺颜有子海色、赉萨、莫鲁尔、楚斯克四人。

海色有子台吉巴达里、卫达里、太保、固穆克四人。

巴达里有子台吉班第。

卫达里有子台吉诺尔布、扯尔必、察珲三人。

太保有子乌达巴喇、班达喇什二人。

固穆克有子台吉赛音、蒙克二人。

冰图伊勒登诺颜次子赉萨独生子为台吉博达，其子扎玛拉。

冰图伊勒登诺颜三子莫鲁尔独生子为萨木坦，其独生子为台吉班第。

四子楚斯克独生子为台吉阿木岱，其独生子为台吉沙津达喇。

巴噶达尔罕诺颜三子拜珲岱楚琥尔诺颜的独生子为布腾额尔德尼台吉，其独生子为台吉鄂齐尔，其子阿必达、乌勒木吉、纳顺、纳顺达赉四人。

巴噶达尔罕诺颜四子阿巴岱洪巴特尔诺颜有子台吉色崩、扎木素二人。

色崩有子台吉那森扎布、鲁格扎布、巴雅斯呼朗、拜布、多布、都勒玛六人。

那森扎布的独生子为协理四等台吉阿迪斯。

鲁格扎布有子一等台吉班第、台吉阿必达二人。

巴雅斯呼朗有子台吉马拉沁、额尔德尼、乌玉图三人。

拜布的独生子为巴里克齐。

多布有子台吉纳木特尔、塔嘎喇木、察干三人。

都勒玛有子曾任协理的三等台吉塔萨、台吉达尔扎、博迪三人。

阿巴岱洪巴特尔诺颜次子扎木素独生子为台吉诺尔布，其子台吉额尔德尼、沙克德尔、墨尔根、巴达喇什四人。

乌班拜穆多克森诺颜次子卓里克图有子冰图诺颜、哈散杜棱诺颜二人。

冰图诺颜的独生子为台吉固鲁斯希布，其独生子为三等台吉老青。

哈散杜棱诺颜的独生子为台吉色棱，其独生子为台吉固穆，其子台吉诺尔布、额尔克（无嗣）二人。

乌班拜穆多克森诺颜的这些后裔分别居住在巴林左、右二旗。

忽喇克齐哈撒儿诺颜的四子、执掌巴牙兀惕鄂托克的索宁岱青诺颜以及执掌乌济叶特鄂托克的五子硕哈克卓里克图洪巴特尔诺颜的后裔划入内八旗。

亲王阿勒楚孛罗特的后裔掌巴林、扎鲁特四旗。他们的子子孙孙沐浴大清圣祖的仁政，在各自的札萨克职位上不断恩享朝廷重大俸禄；并迎请土尔扈特部阿玉什汗侄子内齐托音呼图克图博格达喇嘛，在各自的辖地内施以作法洗礼等事，大力弘传朝气无比的宗喀巴教义，直到如今，始终将其奉为顶饰——至

尊喇嘛。若要展示其为搞好政教事务所做的诸多事情，则很容易分散主题，所以考虑再三，只略写其概况。

达延可汗六子亲王斡齐尔孛罗特掌伊克图门。

亲王斡齐尔孛罗特有子博尔赫哲塔尔尼、达赛逊诺颜二人。

博尔赫哲塔尔尼诺颜有子翁衮塔尔尼赛音阿拉克、卫征巴特尔二人。

翁衮塔尔尼赛音阿拉克有子墨尔根锡尔勒岱，其子丹巴琳沁布克台吉，其子索诺木诺颜，其子克什克腾旗札萨克一等台吉玛纳瑚，其子札萨克台吉色布克扎布，其子札萨克台吉纳森扎布。

次子卫征巴特尔有子阿瑚彻辰，其子苏木勒台吉，其子班第沙津，其子斡特斯尔台吉等。

· 石帽顶 ·

在我所阅览的旧书中，未曾出现过达赉逊诺颜后裔有关的资料，所以，在这里没能记载。亲王斡齐尔孛罗特的后裔为执掌克什克腾旗的诺颜。

达延可汗七子亲王阿喇孛罗特掌阿速特与萨尔扈特氏。亲王阿喇孛罗特有子阿术台吉、萨剌台吉、布克台吉、摩伦台吉四人。

阿术有子博格尔班。

萨剌有子西尔努古特。

布克有子卓里克图巴特尔、冰图伊勒登、布延图台吉等。

达延可汗八子亲王青掌塔塔儿部。亲王青有子图格什台吉、

· 灰陶龙首 ·

青赉台吉等。

达延可汗九子亲王格埒图无嗣。

达延可汗十子亲王格埒孛罗特掌斡鲁扈特部。亲王格埒孛罗特有子隆台吉。以上三王爷的后裔如今在何地及今况如何不曾得知。若有了解详情的贤达，请予补充，这是本人的期盼。

达延可汗十一子格埒森扎与洪台吉从阿拉克十二库列延的哈拉哈分出后掌阿鲁七鄂托克。

格埒森扎有子阿什海达尔罕洪台吉、诺颜岱哈坦巴特尔、诺诺和卫征、阿敏都喇勒、塔尔尼台吉（无嗣）、德勒登昆都伦、萨姆贝玛敖特根诺颜七人。

长子阿什海达尔罕洪台吉有子巴延达喇洪台吉、图扪达喇岱青豁脱忽尔二人。

巴延达喇有子赤纳哈喇（无嗣）、赖忽尔汗二人。

赖忽尔汗有子札萨克图汗苏布迪、达尔玛什里二人。

苏布迪有子索诺木阿海、希布额尔德尼、诺尔布毕什日勒图汗、固布仍巴彦图喇什达尔罕、斡特斯尔要素图阿海、塔萨尔彻辰六人。

诺尔布毕什日勒图汗有子旺楚克墨尔根汗、瞻布瓦札萨克图汗、哈喇阿玉什、察干阿玉什、根敦台吉、喇什噶勒丹呼图克图六人。

旺楚克墨尔根汗有子阿拉坦、洪果尔二人。

瞻布瓦有子失喇札萨克图汗、噶勒丹乌巴什、色布腾阿海、策旺扎布和硕亲王等。

赖忽尔汗次子达尔玛什里有子太平洪台吉、卓特巴伊勒登二人。

太平有子固穆卓里克图，其子札萨克图台吉垂扎布。

卓特巴伊勒登有子喇木多儿只贝勒、伊拉古克散额尔德尼呼图克、阿喇布坦伊勒登三人。

喇木多儿只贝勒有子诺尔布班第贝勒等。

阿什海达尔罕次子图扪达喇岱青豁脱忽尔有子赛音乌巴什洪台吉、明该哈喇忽兰二人。

赛音乌巴什有子巴特玛额尔德尼洪台吉、杜齐台洪台吉二人。

巴特玛额尔德尼有子赛音罗布桑洪台吉，其子根敦岱青贝勒，其子松罗布贝勒。

明该哈喇忽兰之子昂噶海札萨克图哈喇忽兰、巴特玛卫征二人。阿什海达尔罕的这些后裔是右翼札萨克图汗部的诺颜。

格坰森扎次子诺颜岱哈坦巴特尔有子土伯特哈坦巴特尔，其子有巴速特（鄂托克）的洪果尔彻辰济农、额勒哲根（鄂托克）的巴特玛哈坦巴特尔二人。

洪果尔彻辰有子车凌楚琥尔、策尔斯希布岱青、巴林阿海、察噶斯希布四人。

车凌楚琥尔有子多儿只卓里克图济农，其子索诺木额什公。

策尔斯希布岱青有子色旺多儿只、察干巴拉贝子。

巴林阿海有子萨玛迪济农，其子彭楚克郡王。

察噶斯希布有子札萨克图台吉、诺尔金沙津。

土伯特哈坦巴特尔次子巴特玛哈坦巴特尔有子察喇衮布哈坦巴特尔，其子哈坦巴特尔公。诺颜岱哈坦巴特尔的这些后裔是巴速特（鄂托克）和额勒哲根（鄂托克）的诺颜。

格坰森扎三子诺诺和卫征有子阿布岱鄂齐尔噶勒珠赛音汗、阿巴瑚墨尔根、奇塔特伊勒登（无嗣）、图蒙肯昆都伦赛音诺颜、巴尔耐和硕齐、菩提萨图敖特根诺颜（其子女情况不详）六人。

阿布岱鄂齐尔噶勒珠赛音汗有子苏布迪乌勒吉图洪台吉、

·错银铁矛·

额列黑墨尔根汗二人。

苏布迪乌勒吉图洪台吉有子乌尔古岱诺木齐、穆京乌巴什洪台吉二人。

乌尔古岱诺木齐有子达什洪台吉，其子札萨克台吉、色旺扎布。

穆京乌巴什有子锡巴都什哈坦巴特尔贝子、多儿只察札萨克二人。

锡巴都什哈坦巴特尔子车布登公。

额列黑墨尔根汗有子衮布土谢图汗、纳木斯希布岱青、喇巴岱忽喇齐达尔罕、多儿只都古里格克齐四人。

衮布土谢图汗有子青索硕克图瓦齐尔察衮赛音汗、西第什里贝勒、北方佛灯卡齐巴扎特丹巴呼图克图、多儿只冰图四人。

次子纳木斯希布岱青的儿子为瞻巴拉岱青。

三子喇巴岱忽喇齐有子札萨克台吉巴林。

四子多儿只都古里格克齐有子青洪台吉，其子垂木楚克纳木吉勒公。他们是阿巴岱鄂齐尔噶勒珠赛音汗的后裔。

诺诺和卫征次子阿巴瑚墨尔根有子阿格尼墨尔根、阿尔固理察干达赍二人。

阿格尼墨尔根有子巴达玛什墨尔根楚琥尔、索诺岱青洪台吉、都噶尔扎布、冰图扎木素、绰克图扎木扬阿海、阿尔齐墨尔根岱青六人。

巴达玛什墨尔根有子札萨克台吉车凌，其子札萨克台吉诺尔布。

索诺岱青有子郡王固噜什喜。

阿尔齐墨尔根有子札萨克台吉卡萨穆楚克。

阿巴瑚墨尔根次子阿尔固理察干达赉有子达尔罕亲王本塔尔绰克图、沙津达赖岱青、额璘沁三人。

亲王本塔尔绰克图有子达尔罕亲王诺内，其子乌兰察布盟的詹达固密贝勒、旺吉勒贝子等。

沙津达赖岱青有子昂噶勒台吉诺尔布，其子札萨克台吉拉达尔，其子札萨克台吉旺楚克。他们是阿巴瑚墨尔根的后裔。

诺诺和卫征四子图蒙肯昆都伦赛音诺颜有子卓特巴彻辰、根敦扎布、额尔德尼卫征色棱都喇勒、鲁南额尔克楚琥尔、绰克图卫征查斯扎布、昆都伦乌巴什、雅木布木台吉、班珠尔额尔克宰桑、巴特尔额尔德尼、萨尔沁达延彻辰洪台吉、桑噶尔齐伊勒登和硕齐、拜哈尔察扣肯固穆昆都伦等十二人。

图蒙肯昆都伦赛音诺颜长子卓特巴彻辰有子塔尔巴楚喇木和硕齐、散巴哈坦巴特尔、齐曼楚琥尔、索诺木岱青等。

齐曼楚琥尔有子札萨克台吉本塔尔，其子札萨克台吉图巴。

索诺木岱青之子镇国公乌巴迪斯。他们是卓特巴彻辰的后裔。

图蒙肯昆都伦赛音诺颜次子根敦扎布有子伊勒登都古尔格克齐绰克图、岱青额尔德尼和硕齐、罗布桑托音等人。

伊勒登都古尔格克齐绰克图有子伊特格勒图、耐喇勒图、札萨克亲王散巴等人。

岱青额尔德尼和硕齐有子雅木布玛卓里克图墨尔根阿海、本塔尔布木扎勒喇什栋罗布、多儿只三人。

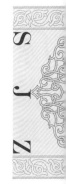

雅木布玛卓里克图墨尔根阿海有子旺楚克公。

罗布桑托音有子札萨克台吉苏迪。他们是根敦扎布的后裔。

图蒙肯昆都伦赛音诺颜三子色棱都喇勒的儿子为衮布墨尔根，其子郡王达尔扎，其子郡王固噜什喜。

图蒙肯昆都伦赛音诺颜四子鲁南额尔克楚琥尔的儿子为诺门额真玛旺布瓦班迪达呼图克图。

图蒙肯昆都伦赛音诺颜五子绰克图卫征查斯扎布的儿子为衮卫征阿玉什。

图蒙肯昆都伦赛音诺颜六子昆都伦乌巴什的儿子为扎木扬和硕齐、额尔克岱青。

扎木扬有子伊达木墨尔根。

·饮马图·

额尔克岱青有子札萨克台吉纳木吉勒。

图蒙肯昆都伦赛音诺颜七子雅木布木的儿子为本塔尔岱青、博勒弥伊勒登。

图蒙肯昆都伦赛音诺颜八子班珠尔额尔克宰桑的儿子为固吉斯克阿海、索布鼐冰图、额璘沁绰克图、拉哈扎布额尔德尼、赞旦绰克图、博迪扎布、达木琳扎布、固噜扎布、纳木吉勒扎布、根敦扎布。

图蒙肯昆都伦赛音诺颜九子巴特尔额尔德尼的儿子为巴扎喇泰岱青，其子札萨克台吉丹津。

图蒙肯昆都伦赛音诺颜十子萨尔沁达延彻辰的儿子为谢塔尔岱青、阿敏诺木齐、察干巴特尔、彻辰札萨克台吉萨弥特、巴扎尔乌巴什、索诺木彭楚克、额尔德尼巴特尔扎木扬、额尔克朝斯希布、色布腾、朝什喜、多儿只、额璘沁多儿只、色旺多儿只、丹津墨尔根、喇哈旺萨达尼曼桑达瓦十五人。

察干巴特尔有子台吉布尼额尔克，其子札萨克台吉额里叶。

图蒙肯昆都伦赛音诺颜十一子桑噶尔齐的儿子为杜噶尔伊勒登、多儿只、额尔克伊拉古克散诺颜呼图克图。

杜噶尔伊勒登有子萨哈如伊勒都齐等。

图蒙肯昆都伦赛音诺颜十二子拜哈尔察扣肯的儿子为纳木斯希布岱青、赞旦伊勒登根敦洪台吉、朝斯希布、巴图。

赞旦伊勒登根敦洪台吉有子玛迪绰克图。他们是图蒙肯昆都伦赛音诺颜的十二个儿子的后裔。

诺诺和卫征诺颜五子巴尔耐和硕齐的儿子为绰克图洪台吉。

绰克图洪台吉有子瓦齐尔部的阿尔斯兰、拉特纳额尔德尼、莲花彻辰、噶尔玛珠津扎那、阿萨喇勒额尔克岱青五人。

噶尔玛珠津扎那有子镇国公索迪等。

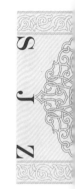

诺诺和卫征诺颜的后裔掌土谢图汗部。

格坲森扎四子阿敏都喇勒的儿子为多儿只阿海茂鲁彻辰汗、卓尔察海哈喇扎什勒（无嗣）。

多儿只阿海茂鲁彻辰汗有子硕垒彻辰达赉济农，其子玛察理土谢图、喇布里额尔赫台吉、察布里额尔德尼乌巴什、毕巴彻辰汗、布木布达尔罕、绰斯扎布乌巴什、贝子纳木克岱济农、贝子车布登济农、哈喇达什哈坦巴特尔、巴特玛达什达赉洪台吉、贝子博迪扎布济农十一人。

长子玛察理土谢图有子阿尔噶墨尔根、彻辰宰桑、贝子达喇什三人。

次子喇布里额尔赫台吉的儿子为宰桑洪台吉，其子台吉尹湛纳。

四子毕巴彻辰汗的儿子为诺尔布彻辰汗，其子喇布坦彻辰汗、郡王彭楚克喇布坦、郡王纳木吉勒三人。

喇布坦彻辰汗有子索诺木多儿只彻辰汗。

六子绰斯扎布乌巴什的儿子为策旺喇喜公。

七子贝子纳木克岱济农的儿子为贡楚克、贝子丹津。

八子贝子车布登济农的儿子为达赉洪台吉。

阿敏都喇勒诺颜的这些后裔掌车臣汗部。

格坲森扎六子德勒登昆都伦诺颜的儿子为乌特巴布克、忠图岱巴特尔。

长子乌特巴布克的儿子为噶勒图，其子伊勒登，其子贝勒罗布桑。

次子忠图岱巴特尔的儿子有昂哈图彻辰、塔瓦海墨尔根、诺木布楚琥尔、乌希彦伊勒登、青巴特尔等。

乌希彦伊勒登有子洪台吉郡王萨拉昂噶。他们是德勒登昆都伦诺颜的后裔，为撒尔塔兀勒和唐古特的诺颜。

格坪森扎七子萨姆贝玛敖特根诺颜有子洪瑞珠尔干、卓克苏达尔罕、布拜和硕齐、察克坦赛音玛沁、特木德克绰克图、哈喇楚琥尔、忽兰卫征等。

察克坦赛音玛沁有子唐古特墨尔根岱青，其子丹津岱青卓里克图，其子巴达尔扎岱青卓里克图。他们是萨姆贝玛敖特根诺颜的后裔，为乌梁海的诺颜。

达延可汗的后裔还有很多，他们辅助政教事务方面的详细情况我掌握得不多，故拜托知情的贤达予以补充。

· 朝元图 ·

·铜佛像·

第五章

其他诺颜们的族源

其他诺颜们的族源主要包括从大元（黄金家族）分出去的诸诺颜源流和官员源流。

首先，叙述从大元国分出去的诸诺颜源流。自孛儿帖赤那

·瓷围棋子·

可汗到也速该把阿秃儿，一个接一个地承袭了可汗之位。然而，他们始终都是单脉相传？我想其他诸子的后裔，因为时代的原因，也许失去了氏族系谱。再者，自太宗窝阔台后裔与睿宗拖雷直到巴图蒙克达延可汗这一阶段的非汗者的后裔也与前两者同样，已无可查证资料。但我们查阅了《金轮千辐》一书，找到了一些博格达成吉思可汗的后裔术赤与察合台及他弟弟们后裔的资料。

据记载，博格达成吉思可汗曾下令派自己的长子术赤占领托克玛克国，并封为国王。

术赤可汗薨逝后，其子拔都继承可汗之位。

之后，其子苏勒丁继可汗位。从此以后，该国将自己的可汗直系均称为苏勒丁，与我们这里尊称为"台吉"的概念相同。

苏勒丁可汗之子为巴特尔可汗，其子郑格尔可汗，其子札萨克可汗。其后的系谱不详。术赤可汗的附属国为托克玛克、昂哈撒儿、哈什勒班、达尔班、麻吉思、托古思等国。

博格达成吉思可汗曾下令派次子察合台占领

· 白釉铁锈花罐 ·

撒尔塔兀勒和白帽回子国，在伊尔根城称可汗。

察合台可汗有子阿巴塔拉、尼玛玛古赉、阿塔尔马哈姆德、贡格尔、帖木儿五人。

他用智慧和威力征服了远近诸部之后，叫长子阿巴塔拉与自己同住；叫次子尼玛玛古赉当撒尔塔兀勒国的可汗，定都在哈拉玛特城；叫三子阿塔尔马哈姆德当印度国可汗，定都在巴勒森城（在今巴基斯坦）；叫四子贡格尔当罗马国（当时的东罗马帝国）可汗，定都在伊斯坦布尔城（当时是东罗马帝国的首都）；叫五子帖木儿当红帽沃隆嘎国可汗，定都在布哈拉城（在今乌兹别克斯坦境内）。

察合台可汗逝世后，其长子阿巴塔拉继可汗位，有子阿卜拉马哈姆德可汗，其子拜达弥可汗，其子阿比兰可汗，其子卓勒布琳可汗，其子拜黎可汗，其子伊什玛赉可汗。其后的继承人和其他诸子后裔没有记载。

察合台可汗的附属国是回子、哈密里、杜尔马、布哈拉、撒麻耳干、伊尔根弥拉、撒尔塔兀勒、印度、罗马、沃隆嘎等国。

依我拉喜彭斯克之见，在元朝正史中有这些记载，并且称太宗可汗即位时，亲王察合台在场；宪宗可汗登基之时，以亲王术赤的儿子拔都为首商议并定成大事等也都有明确记载；还有其后的武宗可汗登基时，亲王察合台的第四代嫡孙越王秃剌全力辅助。此两种书籍虽然有些矛盾，但不能以绝无其事而将其中一本书看成伪书。看来，虽然让其在异国称可汗，但并没有中断相互之间的正常往来。

博格达成吉思可汗二弟王哈布图哈撒儿有子亲王也格里（也苦）、恩克帖木儿、脱脱巴特尔（脱忽）三人。

恩克帖木儿有子阿达什里噶勒珠，其子西班失剌门，其子

格根格泵图，其子布里讷彻辰，其子乌尔哈沁墨尔根，其子阿萨嘎勒岱，其子阿鲁克帖木尔、乌鲁克帖木尔二人。

阿鲁克帖木儿有子乌勒苦、脱忽、珠什库[1]三人。

脱忽之子脱姆勒嘎瑚巴特尔与儿子喀赤曲鲁克一起掩护顺可汗退出大都时，阻击明军，行以尽忠，死于敌人之手。

三子珠什库有子锡古失台巴特尔王、诺颜孛罗特二人。卫拉特部也先太师谋杀锡古失台巴特尔王，其子七岁的孛罗鼐被卫拉特部虏获。在此期间，其弟诺颜孛罗特继承了王位。苏伦古特氏名叫桑固勒岱的人藏匿并抚养了孛罗鼐。之后，一个卫拉特人捉到一只鹰隼却不知叫什么之时，孛罗鼐说："这只鹰巨嘴、宽掌、翘翅、尖尾，乃是皂雕的幼雏，叫团雕。"那个卫拉特人将此事告诉了也先太师。也先太师说："之前未能找到仇敌锡古失台巴特尔的儿子，看这个孩子的言谈肯定是他的遗孤。"说完赶紧命手下前去抓捕。桑固勒岱的妻子喀喇沁大福晋得知此事后，把孛罗鼐扣在大锅底下，上面又堆了一些牛粪，并把自己的儿子交给了他们。也先查明抓错了人后便释放了桑固勒岱之子，再去找那个孩子却没有找到。之后，喀喇沁大福晋与自己的儿子马纳克什一起带着孛罗鼐逃出来，把孛罗鼐交给了诺颜孛罗特王。诺颜孛罗特把自己的王位让给了孛罗鼐。

王孛罗鼐有子乌尔图乃布延图、图美吉雅噶齐、托鲁根、阿斯玛喇瑚、额卜台洪果尔、蒙克博勒忽、布尼、诺木什里八人。

长子乌尔图乃布延图的儿子为统辉诺颜，其子噶勒图阿拉克汗，其子土谢图失喇汗，其子多儿只布延图汗、贝勒固穆二人。

多儿只布延图汗有子诺尔布彻根瓦齐尔图汗，其子茂明安

---

[1] 乌勒苦、脱忽、珠什库——这是哈撒儿也古、脱忽、也相哥三人名字的异写。

旗札萨克台吉僧格，其子札萨克台吉诺尔布，其子札萨克台吉策妄希喇布等。

贝勒固穆有子贝勒罗布桑希喇布，其子贝勒余木沁、台吉德穆楚克喇哈旺二人。

贝勒固穆之子之中一个的后裔为台吉内齐，其子台吉瓦齐尔，其子本地宗教上师二世托音额格森丹邦丹必扎木赞葛根转世。

乌尔图乃布延图诺颜的这些后裔是茂明安的诸诺颜。

王孛罗鼐次子图美吉雅噶齐有子奎蒙克塔斯哈喇、巴衮、布尔海三人。

长子奎蒙克塔斯哈喇有子博第达喇卓尔忽勒、诺门达喇噶勒珠二人。

长子博第达喇卓尔忽勒有子齐齐克巴特尔、纳穆赛都喇勒、乌巴什敖特根诺颜、乌亚岱豁脱忽儿、脱都哈喇、拜升、额勒哲格卓里克图、爱纳噶沙津楚琥尔、阿敏巴噶诺颜九人。

长子齐齐克巴特尔有子翁果岱忽喇齐、萨喇克沁、哈布岱、巴布岱、诺木图五人。

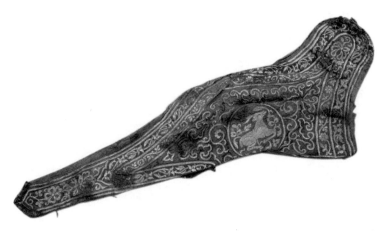

· 纳石失织金锦箭囊 ·

长子翁果岱忽喇齐有子奥巴土谢图汗、布达齐札萨克图杜棱王、巴噶（无嗣）三人。

奥巴土谢图汗有子科尔沁札萨克土谢图亲王巴达礼，其子固伦额驸土谢图亲王巴雅斯呼朗、额驸贝勒沙津、毕力克图、布延图、瓦齐尔、布丹六人。

长子王巴雅斯呼朗有子亲王阿喇善。

王阿喇善有子额勒德博图、鄂勒德布、格尔勒图鲁巴、亲王乌勒吉图、色布腾、呼图克、额尔赫、巴达喇瑚、多儿只拉喜九人。

次子贝勒沙津有子贝勒阿必达、阿木尔力瑚、台吉呼必勒罕三人。

贝勒阿必达有子贝勒多儿只、诺扪桑二人。

三子毕力克图有子茂罕、都尔克特等。

四子布延图有子博迪、协理弼玛喇二人。

博迪有子诺木齐、额尔克图、贡楚克等。

贡楚克有子额驸古穆等。

五子瓦齐尔有子阿里喇瑚、协理毕力衮达赛等。

阿里喇瑚有子阿南达、卡尔必等。

毕力衮达赛有子策旺扎布、协理敏珠尔、多儿只等。

六子一等台吉布丹有子协理一等台吉索诺木旺札勒，其子一等台吉色棱纳木札勒、协理四等台吉喇什达瓦、台吉色棱三人。

齐齐克巴特尔诺颜之子萨喇克沁、哈布岱、巴布岱、诺木图四人的后裔是土谢图汗旗的巴噶诺颜。

齐齐克巴特尔诺颜的后裔为科尔沁右翼中旗的诺颜。

翁果岱忽喇齐次子布达齐札萨克图杜棱王有子札萨克图郡王巴雅斯呼朗、拜斯噶勒、海里、海尔斯瑚、额驸诺尔布、额璘沁、和硕额驸多儿只、满珠习礼、古穆、额尔德尼、却什喜十一人。
两位固什的书中均称十一子而实录为十人。

王巴雅斯呼朗有子札萨克图郡王鄂齐尔、台吉别乞二人。

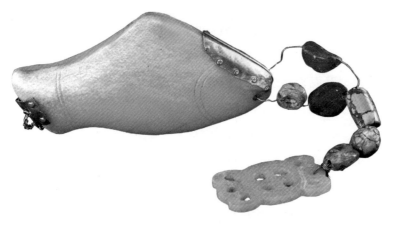

· 鱼形玉盒佩饰 ·

王鄂齐尔有子丹巴、台吉布特格勒图、阿萨喇勒图、克里克图、札萨克图郡王萨祜拉克、台吉纳苏图、乾达牟尼、达尔扎等。

王萨祜拉克有子札萨克图王沙津德勒格尔。

王巴雅斯呼朗次子别乞有子德力格尔、纳森、布特格勒、额尔德木图四人。

布达齐札萨克图王之子诺尔布有子根敦扎布。

额驸多儿只有子伊勒日海。

古穆有子乌尔吐纳苏图、协理甘迪。

额尔德尼有子毕里克图、珠格、必什勒噶勒、希喜根。

珠格有子阿巴齐。

布达齐札萨克图王的后裔为科尔沁右翼前旗的诸诺颜。

博第达喇卓尔忽勒诺颜四子乌亚岱豁脱忽儿、五子脱都哈喇、六子拜升三诺颜的后裔为科尔沁右翼前旗的巴噶诺颜。

博第达喇卓尔忽勒诺颜次子纳穆赛都喇勒有子莽古斯扎尔忽齐诺颜（追认为亲王）、明安达尔罕诺颜、额勒洪果尔冰图三人。

莽古斯扎尔忽齐有子宰桑布克诺颜（追认亲王）、鄂勒布克二人。

宰桑布克诺颜有子和硕卓里克图亲王苏克善、贝勒察干额布根、郡王索诺木、达尔罕亲王满珠习礼四人。

亲王苏克善有子布特达（无嗣）、玛坦、达尔玛（无嗣）、老萨、公图古讷该、和硕额驸卓里克图、亲王弥勒塔噶尔、布木布齐、诺尔布、哈勒撒该、别乞（无嗣）、萨木古尔、公班第、垂、珠勒扎噶（无嗣）、旺、额尔德尼、都勒巴十八人。

玛坦有子珠肯等。

老萨有子协理巴达玛什、公乌尔吐纳苏图等。

公图古讷该有子公布尼等。

王弥勒塔噶尔有子亲王巴扎尔。后来削去巴扎尔的王爵，封苏克善幼子都勒巴为亲王。

巴扎尔有子库克、格图勒克、噶勒巴、额驸班第四人。

布木布齐有子协理毕里克图、公毕沙瓦、卡尔必等。

诺尔布有子别乞、鄂齐尔等。

公班第有子瓦齐尔阿里喇瑚等。

垂有子布延图等。

萨木古尔有子塔萨木。

额尔德尼有子毕里衮、达赉等。

王都勒巴有子亲王巴特玛，其子亲王阿拉坦格日勒、噶勒巴里克齐二人。

王阿拉坦格日勒有子卓里克图、亲王占布拉扎布。

宰桑布克诺颜次子贝勒察干额布根有子贝勒多儿只，其子贝勒鄂齐尔、额驸诺木齐、额尔德尼、台吉诺木德勒格尔克齐、公毕里衮达赍、台吉墨尔根毕里克图、敖特根达赍。

长子贝勒鄂齐尔有子贝勒巴克索忽尔、勒格吉布等。

贝勒巴克索忽尔有子贝勒阿喇布坦。

次子额驸诺木齐有子额驸乌勒木济、额驸特古斯、额莫克等。

额驸乌勒木济有子额驸喇里腾、阿木喇等。

三子额尔德尼有子萨玛迪等。

四子诺木德勒格尔克齐有子苏木岱等。

五子公毕里衮达赍有子贝子喇什等。

贝子喇什有子额驸贝子塔拉木塔图、曾为和硕额驸的鄂木必斯贡噶赞普二人。

六子墨尔根毕里克图有子哈达楚等五人。

七子敖特根达赍有子协理松迪等。

宰桑布克诺颜三子郡王索诺木有子公主额驸奇塔特、桑噶尔扎、巴特尔、哈散四人。

长子奇塔特有子额尔德尼、鄂齐尔等七人。

王额尔德尼有子王毕里克图，其

· 五股铁叉 ·

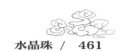

子王诺扣额尔赫图等。

鄂齐尔有子毕里衮达赉、公主额驸班第、尼木（阿里玛）等。

次子桑噶尔扎有子额沁等六人。

三子巴特尔有子阿喇哈，其子布彦达赉等。

四子哈散有子伊喇古克散等五人。

宰桑布克诺颜四子亲王满珠习礼前妻生子达尔罕亲王和塔，固伦公主生子买奴、扎勒布、巴克齐、塔迪，格格生子额尔克瓦齐尔、额尔德尼瓦齐尔、阿必达瓦齐尔、阿齐图瓦齐尔。

长子王和塔有子公主额驸达尔罕亲王班第、毕哈屯二人。

王班第有子达尔罕亲王罗卜藏衮布、额驸策旺多儿只二人。

王罗卜藏衮布有子公喇什纳木扎勒、达尔罕亲王策旺诺尔布、多罗额驸策凌巴勒珠尔三人。

次子买奴有子额尔德尼瓦齐尔、乾达牟尼瓦齐尔、额齐克瓦齐尔等。

三子扎勒布有子乌尔图纳苏图、图格木勒、贝子乌尔古玛勒等。

四子巴克齐有子彬巴喇什、苏克绰克图二人。

五子塔迪有子乌勒木济、图格木勒二人。

六子额尔克瓦齐尔有子额勒德布等。

巴图有子协理多儿只乌巴什、蒙克乌力吉等。

多儿只乌巴什有子沙尔巴。

蒙克乌力吉有子古穆扎布、官楚克喇希二人。

七子额尔德尼瓦齐尔有子塔塔喇等。

塔塔喇有子公主额驸多儿只等。

八子阿必达瓦齐尔有子纳森额尔赫，其子罗卜藏喇希等。

九子阿齐图瓦齐尔有子罗布桑等。

莽古斯扎尔忽齐诺颜次子鄂勒布克诺颜有子巴图，其子乌尔图纳苏图、乾德牟尼、毕里衮达赉、瓦齐尔等。

莽古斯扎尔忽齐诺颜的这些后裔为科尔沁左翼中旗的诸诺颜。

纳穆赛都喇勒诺颜次子明安达尔罕诺颜有子栋国尔伊勒都齐、塔忽尔哈坦巴特尔、多儿只伊勒登、撒哈尔齐青巴特尔、索诺木岱青、诺诺和布克、齐诺和额尔克、索诺木诺木齐、巴达玛楚琥尔（无嗣）、罕墨尔根（无嗣）、巴古喇诺木齐、斯日古楞（无嗣）、额布根十三人。

长子栋国尔伊勒都齐有子札萨克多伦郡王扬隆，其子郡王布达礼，其子郡王扎噶兰，其子郡王岱布，其子郡王阿喇布坦、郡王罗卜藏喇希、协理台吉达木如等。

王阿喇布坦有子贝子色布腾多儿只。

王罗卜藏喇希有子额驸郡王齐木德多儿只。

次子塔忽尔哈坦巴特尔有子古穆什喜，其子伊喇古克散等。

三子多儿只伊勒登有子噶勒图，其子根敦等。

四子撒哈尔齐青巴特尔有子

·传统饰品·

脱忽，其子阿勒泰、诺木齐等。

五子索诺木岱青有子布达什里，其子额璘沁等。

六子诺诺和布克有子纳木斯该，其子垂扎布等。

七子齐诺和额尔克有子色棱，其子彬巴等。

八子索诺木诺木齐有子只儿哈郎，其子塔布等。

十一子巴古喇诺木齐有子松阿等。

十三子额布根有子巴克达黑，其子额尔德尼沙津等。

明安达尔罕诺颜的这些后裔为科尔沁左翼前旗的诸诺颜。

纳穆赛都喇勒诺颜三子额勒洪果尔冰图有子木齐、札萨克冰图郡王哈散、巴图、卓尔古勒、必喇瑚、额岱六人。

长子木齐有子博勒克、海善、哈勒巴噶尔、摩伦、什里五人。

次子王哈散有子郡王额济音，其子郡王达达布、协理台吉色棱等。

王达达布有子郡王伊什班第等。

三子巴图有子诺尔布。

四子卓尔古勒有子塔布克台吉等。

五子必喇瑚有子额尔德尼、哈喇奇塔特。

六子额岱有子额驸卡比拉、鲁毕、阿玉什等。

额勒洪果尔冰图诺颜的这些后裔为科尔沁左翼后旗的诸诺颜。

博第达喇卓尔忽勒诺颜三子乌巴什敖特根诺颜有子布彦图台吉、马苏墨尔根诺颜。

布彦图台吉有子布达达、公固穆、哈坦巴特尔、色棱岱青、桑哈尔五人。

长子布达达有子阿门、图穆彰二人。

次子公固穆有子昂哈、扎木素、阿南达、噶尔玛等。

昂哈有子公芒赞，其子额尔德尼、公诺尔布等。

公诺尔布有子额驸公策旺扎布。

四子色棱岱青有子额琳、扎木素、班齐什喜三人。

扎木素有子郭尔罗斯右旗札萨克头等台吉必里衮瓦齐尔、甘迪巴扎尔、札萨克台吉乌尔图纳苏图三人。

札萨克头等台吉必里衮瓦齐尔有子阿玉喜班第、札萨克台吉察衮、赛音乌玉图、格尔勒图等。

甘迪巴扎尔有子协理玛喜、额尔德木图、协理敖日崩等。

玛喜有子根敦扎布等。

敖日崩有子额驸苏玛迪等。

五子桑哈尔有子布腾、额璘齐木、希巴、扎木扬、阿木尔扎勒五人。

布腾有子格勒图米、忽勒图米等。

额璘齐木有子赛喇瑚、翁果岱、莫鲁等。

希巴有子巴扎尔、纳森等。

扎木扬有子毕里克、脱诺玛勒等。

阿木尔扎勒有子达尔扎勒等。

布彦图台吉诺颜的这些后裔为郭尔罗斯右旗的诸诺颜。

乌巴什敖特根诺颜次子马苏墨尔根诺颜有子伊勒登、臣布勒巴特尔、斯日古楞三人。

长子伊勒登有子桑哈尔、郭尔罗斯左旗札萨克公扎勒布、齐该（无嗣）、呼格吉四人。

公扎勒布有子安达什里、乌力吉、毕里克、阿忽尔奇四人。

公安达什里有子巴图、毕里克图、萨黑克齐、毕该等。

公巴图有子公多儿只等。

四子呼格吉有子额尔德尼，其子协理台吉托苏图、毕该敏达孙、诺门格日勒、木德克齐等。

马苏墨尔根诺颜的次子臣布勒巴特尔有子阿玉什、海色、图巴、都勒巴、阿尔善达赍等。

海色有子阿必达等。

图巴有子伊拉木等。

都勒巴有子德力格尔等。

德力格尔有子协理额尔德尼等。

阿尔善达赍有子班第、巴图等。

马苏墨尔根诺颜三子斯日古楞有子鄂木布、萨本、萨尔布、额博德、扎木素、巴达玛额布根、鄂齐尔瓦齐尔、乌力吉必里克图、阿玉什、乌玉图等。马苏墨尔根诺颜的这些后裔为郭尔罗斯左旗的诸诺颜。

博第达喇卓尔忽勒诺颜七子额勒哲格卓里克图有子额木讷图哈坦巴特尔、绰克图墨尔根、噶勒图墨尔根、海忽冰图巴特尔、布彦图巴特尔、伊德尔噶勒珠六人。他们因反叛朝廷，可汗谕旨将他们以及后裔全部贬为庶民，并分给科尔沁十旗诺颜们做阿勒巴图（臣仆）。

博第达喇卓尔忽勒诺颜八子爱纳噶沙津楚琥尔诺颜有子阿都齐达尔罕、布鲁克图、多儿只伊勒登、固穆绰克图（无嗣）等。

· 龙首柄银杯 ·

长子阿都齐达尔罕有子杜尔伯特旗札萨克贝子色棱、噶尔玛岱达尔罕、索诺木达尔罕、阿齐坦哈坦巴特尔、额璘沁敖特根台吉五人。

长子贝子色棱有子什里、贝子诺尔布（无嗣）、诺木布三人。

什里有子乌尔图纳苏图，其萨都、脱诺玛勒、贝子沙津、苏楚克图、毕里衮达赉、达赖六人。

·雕塑·

萨都有子阿里衮等。

脱诺玛勒有子头等台吉奇达克齐，其子达尔金等。

贝子沙津有子贝子巴图、玛什达尔津、垂扎布等。

贝子巴图有子贝子巴勒珠尔、丹珠尔二人。

玛什达尔津有子贝子博迪。

达尔津之子浩毕图。

丹津之子阿布喇勒。

次子噶尔玛岱达尔罕有子乌喇忽、马噶玛楚尔、鄂齐尔、阿尔新、毕里克图、萨玛迪等。

三子索诺木达尔罕有子瓦齐尔、达里、伊克毕里克图、巴扎尔、巴噶毕里克图、阿喇嘎、伊喇古克散、毕里衮达赛等。

瓦齐尔有子阿必达，其子青必什日勒图，其子协理齐齐格。

达里有子西库尔、纳森布延图、诺木、苏楚克图四人。

伊克毕里克图有子诺门达赖、阿穆古郎等。

阿喇嘎有子额勒木齐、纳木扎勒等。

伊喇古克散有子沙津等。

四子阿齐坦哈坦巴特尔有子齐古勒干布古德、诺木齐、博勒克、毕里克、苏楚克图、纳森等。

五子额璘沁敖特根台吉有子额驸扎木楚、乌力吉、额尔很、哈散、哈尔里克、阿迪、瓦齐尔、纳森德勒格仍贵八人。

额驸扎木楚有子毕里衮达赖、浩布尔、扎勒布、阿必达四人。

瓦齐尔有子乌玉图，其子协理台吉克古鲁克齐等。

爱纳噶沙津楚琥尔诺颜次子布鲁克图诺颜的儿子额勒莫布克诺颜，其子额驸纳森、莫勒齐克、乌勒木济三人。

爱纳噶沙津楚琥尔诺颜三子多儿只伊勒登诺颜有子桑噶尔扎墨尔根岱青、根敦扎布额尔克楚琥尔二人。

桑噶尔扎有子巴雅斯呼朗、达尔扎勒、奈哈勒、塔拜四人。

根敦扎布有子达什，其子毕里克图、协理乌尔图纳苏图等。

爱纳噶沙津楚琥尔诺颜的这些后裔为杜尔伯特旗诸诺颜。

博第达喇卓尔忽勒诺颜九子阿敏巴噶诺颜有子哈散墨尔根、哈散岱青巴特尔、洪果岱、莫木克哈坦巴特尔、土默特卫征、明嘎台岱青、墨尔根伊勒登、马苏达尔罕和硕齐、索诺木墨尔根、多儿只岱青、班第伊勒都齐、古如诺木齐、萨黑齐墨尔根十三人。

长子哈散墨尔根的后裔划入北京，隶属内八旗。

次子哈散岱青巴特尔有子色棱、阿玉什、买奴等。

三子洪果岱有子却尔、朝克吉、诺木齐等。

四子莫木克哈坦巴特尔有子博达什里、布尼、满珠习礼、奈丹、乌力吉、里丹、巴彦坦、博达、色棱九人。

五子土默特卫征有子昂哈、希图根、色棱、却尔吉、锡迪五人。

六子明嘎台岱青有子巴达玛、乌力吉二人。

巴达玛有子协理瓦齐尔等。

七子墨尔根伊勒登有子阿鲁布、阿珠、赞巴喇、满珠习礼、彻辰、色尔木、鄂齐尔等。

八子马苏达尔罕和硕齐有子扎赉特旗札萨克贝子色棱、好巴、贺喜格、巴达喇、满津、塔斯、博迪七人。

贝子色棱有子贝子纳森、图萨图、卓里克图、卓黑斯图等。

贝子纳森有子多罗贝勒特古斯、布坦奇特、博迪里克、额穆德格四人。

贝勒特古斯有子贝勒乌齐日拉图、卓黑斯图、青必希日勒图、罗布桑等。

贝勒乌齐日拉图有子贝勒罗卜藏锡喇布，其子贝勒阿穆祜朗等。

九子索诺木墨尔根有子达尔玛什里，其子瓦齐尔，其子都什喀尔、阿穆祜朗、脱脱嘎、毕里袞等五人。

十子多儿只岱青有子额库、策凌达什、陶高台三人。

十一子班第伊勒都齐有子喇嘛什希、巴扎尔、都喇勒、甘迪、巴彦、南迪六人。

多儿只岱青、班第伊勒都齐二人因伙同额勒哲格卓里克图诸子反叛也被处罚，成为卓里克图亲王的阿勒巴图（臣仆）。

十二子古如诺木齐有子毕里克图、根敦、齐玛噶、苏楚克图、

协理台吉诺尔布五人。

十三子萨黑齐墨尔根有子巴达玛、博坦、博古尔齐、额璘沁、毕里克、瓦齐尔六人。

阿敏巴噶诺颜的这些后裔为扎赉特旗诸诺颜。

·传统饰品·

博迪达喇卓尔忽勒诺颜之子乌亚岱豁脱忽尔、脱都哈喇、拜升三人的后裔在固什答里麻和固什德克灵诺尔布写的两部史书中均无记载。

奎蒙克塔斯哈喇次子诺门达喇噶勒珠有子也克尔德诺颜，其子图美卫征，其子札萨克公拉玛什希、博达什里二人。

长子公拉玛什希有子公巴噶色棱、阿弥岱、阿玉什三人。

公巴噶色棱有子都什喀尔、额尔德尼、毕里克图三人。

公都什喀尔有子阿尔善达赉、公图努玛勒、伊博格勒、却扎布、巴图、多儿只等。

公图努玛勒有子公拉玛扎布、达什、赛音乌力吉、阿南达、多儿只、萨黑勒图六人。

次子博达什里有子阿必达、图格木勒、毕里衮达赉三人。

阿必达有子协理瓦齐尔、伊勒登二人。

图格木勒有子卓特巴、多儿只二人。

毕里衮达赉有子协理沙津德勒格尔等。

奎蒙克塔斯哈喇诺颜的这些后裔为哲里木盟十个旗的诸诺颜。

图美吉雅噶齐诺颜次子巴衮诺颜有子诺木图昆都伦岱青、哈贝巴特尔、阿速依卫征、诺颜岱敖特根四人。

长子诺木图昆都伦岱青有子巴尔扎、诺美布克、布尼墨尔根、固穆达古理沙瑚、阿鲁科尔沁旗札萨克多罗贝勒达赉楚琥尔、博木布楚琥尔、固如卫征、阿玉什彻辰、巴克木尔卓里克图、纳玛扎布、泰哈勒诺颜十一人。

巴尔扎有子乌尔齐、买奴、奇塔特等。

诺美布克有子绰克图。

布尼墨尔根有子海色、巴达喇等。

固穆达古理沙瑚有子班第贝勒。

达赉楚琥尔有子额驸贝勒穆彰。

博木布楚琥尔有子纳木什希。

固如卫征有子色棱。

阿玉什彻辰有子铁木尔。

·凤鸟形玉冠饰·

巴克木尔卓里克图有子满都尔。

纳玛扎布有子都什喀尔等。

泰哈勒有子桑噶尔扎。

贝勒穆彰有子札萨克郡王珠勒扎干、沙格达尔、旺楚克、色棱、哈散五人。

长子郡王珠勒扎干有子郡王色棱、郡王楚依、额驸舒森（无嗣）、额璘沁、栋罗布、囊吉特、诺尔津（无嗣）、却达尔、协理瓦齐尔图、喇特纳十人。

郡王色棱有子根敦扎布、卡什、额莫格勒、贝勒旺扎勒等。

贝勒旺扎勒有子贝勒达克塔等。

次子郡王楚依有子贝勒穆彰，其子乌玉图。

四子额璘沁有子锡迪台，其子协理台吉垂木丕勒阿喇布坦，其子协理台吉扎巴。

五子栋罗布有子大达尔罕、台吉乌巴什等。

六子囊吉特有子阿尔巴坦等。

八子却达尔有子古穆扎布等。

九子瓦齐尔图有子诺尔布、彭楚克、伊拉古克齐等。

十子喇特纳有子旺喇克等。

贝勒穆彰次子沙格达尔有子丹巴、达克塔、僧格、阿里玛四人。

丹巴有子马克森、罗卜等。

达克塔有子乌巴什等。

僧格有子哈伦、扎木萨、哈图什等。

阿里玛有子脱依巴噶等。

贝勒穆彰三子旺楚克有子阿敏等。

贝勒穆彰四子色棱有子协理台吉呼德尔等。

贝勒穆彰五子哈散有子锡喇等。

巴衮诺颜次子哈贝巴特尔有子昂哈卫征，其子达什台吉，其子卫征，其子协理丹津、色布腾、协理台吉阿喇布坦三人。

丹津有子哈喇玉肯、毕里衮达赉等。

色布腾有子齐达克齐等。

阿喇布坦有子马哈赞丹等。

巴衮诺颜三子阿速依卫征有子多儿只、毕拜布克、奇塔特、昂拉珠尔、昂哈五人。

多儿只有子乌巴什。

毕拜布克有子锡古尔泰。

奇塔特有子诺木齐。

昂哈有子达尔玛。

诺木图昆都伦岱青、哈贝巴特尔、阿速依卫征三诺颜的后裔为阿鲁科尔沁旗的诸诺颜。

巴衮诺颜四子诺颜岱敖特根有子僧格墨尔根和硕齐、四子王旗札萨克达尔罕卓里克图郡王鄂木布、索诺木达尔罕台吉、额尔奇木墨尔根台吉四人。

王鄂木布有子王布拜，其子王沙克都尔，其子王达木巴瑌素，其子王策旺扎布。其余后裔的情况不详。

诺颜岱敖特根的这些后裔为四子王旗的诸诺颜。

图美吉雅噶齐诺颜的三子布尔海诺颜有子巴尔赛诺颜，其子海迪、海色、赖色三人。

长子海迪有子札萨克公图巴，其子公海色，其子公扎木沁，其子公杜棱，其子公沙尔巴。

海迪诺颜的这些后裔为乌拉特左旗的诸诺颜。

巴尔赛诺颜次子海色有子札萨克公色棱，其子公垂崇格，其子公达尔玛，其子公鄂勒班，其子公阿穆尔灵桂。

海色诺颜的这些后裔为乌拉特中旗的诸诺颜。

巴尔赛诺颜的三子赖色有子额尔奇，其子图门达尔罕札萨克，其子札萨克公谔班，其子公吉鲁海，其子公诺门，其子公达尔玛什里，其子公达尔玛吉里第。

赖色诺颜的这些后裔为乌拉特右旗的诸诺颜。再说，阿萨嘎勒岱次子乌鲁克帖木尔后裔定居青海。以托鲁根为首的王孳罗鼐六个儿子的后裔在此没有表述。

博格达成吉思可汗的弟弟广宁王别勒古台有子也孙帖木儿、门都台吉、哈鲁辉诺颜三人。

也孙帖木儿有子广宁王珲都，其子特木尔、那颜二人。有的史书称那颜为别勒古台的第五子。他们二人的后裔有陶铁木儿、公不花二人。

· 波斯细密画——蒙古王公出行图 ·

公不花之子墨尔根泰有四子，幼子阔阔出台吉有子定王苏齐津，其余三子中的幼子为翁果岱诺颜。

次子门都的儿子为萨乞诺颜，其子诺木罕，其子蒙克特古斯，其子恩克特古斯，其子阿古噶勒珠，其子阿巴沁，其子忽鲁，其子纳木斤，其子岳苏木，其子哈布尔，其子蒙克，其子摩里海巴特尔王，其子瓦齐尔札萨克图，其子巴彦诺颜，其子巴雅斯呼布尔古德，其子达尔尼库同，其子图松该卫征、乌弥特木逊二人。

图松该卫征有子额尔德尼图门札萨克图、彰诺斯布克伊什克卓里克图二人。

长子额尔德尼图门札萨克图的儿子为布达什里札萨克图车臣济农，其子都思噶尔济农王，其子札萨克多罗郡王沙津桑，其子王乌尔彰噶喇布，其子王巴特玛衮楚克，其子王索诺木喇布坦，其子王鼐布腾扎旺。

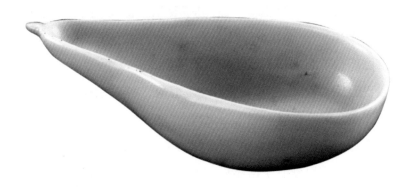

·白瓷勺·

次子彰诺斯布克伊什克卓里克图的儿子为札萨克多罗卓里克图郡王萨尔扎勒，其子王德木伯勒，其子阿沁王巴扬，其子王噶勒丹占巴勒扎布，其子王车凌旺布。

达尔尼库同次子乌弥特木逊有子巴彦图诺颜，其子图克图额尔德尼固什诺颜，其子多儿只伊勒登，其子札萨克土谢图贝子图萨扎布、札萨克多罗贝勒色棱墨尔根二人。

贝子图萨扎布之子为贝子珠什布，其子贝子璘沁达什，其子贝子巴勒珠尔，其子贝子达克丹彭楚克。

次子贝勒色棱墨尔根诺颜之子为贝勒撒木哈噶尔阿勒达尔，其子贝勒布昭，其子贝勒齐登旺舒克，其子贝勒索诺木喇布坦，无嗣。

贝勒齐登旺舒克之弟贝勒纳木扎有子达什敏珠尔，其子贝勒车布登。

别勒古台的这些后裔为阿巴噶四旗的诸诺颜。

博格达成吉思可汗之弟王合赤温额勒赤之子为济南王阿齐克泰，其子哈坦台吉，其子陇王忽鲁出、察忽赉二人。

察忽赉长子为济南王也尔该，次子为忽鲁古尔。

忽鲁古尔有子吴王穆纳齐，其子吴王图鲁，其子济南王巴拜。《金轮千辐》一书中，其以后的世袭情况未写。从曾为翁牛特左旗协理台吉的贡布车布登所藏家族系谱中查知：

巴雅岱洪台吉之子额色忽哈喇察胡、哈散巴勒珲、本巴彻辰楚琥尔、萨弥敖特根四人有记载。

额色忽哈喇察胡后裔为布里亚特的诸诺颜。

次子哈散巴勒有子博尔克、博克吉、图伦汗三人。

博尔克、博克吉二人无嗣。

图伦汗有子阿齐克（孙杜棱）、阿拜图（阿巴噶图洪台吉）、卫征（班第卫征）、达赖诺木齐（达拉海诺木齐）、色棱（赛音洪果尔）、楚琥尔（本巴楚琥尔）、栋（岱青）等七人。

长子阿齐克有子固穆什希、翁牛特右旗札萨克杜棱郡王博特噶，其子王乌格勒、盟长王鄂齐尔二人。

王乌格勒有子公主额驸、盟长王班第，其子协理一等台吉纳木扎勒色棱，其子丹津贝勒沙海、王罗卜藏等。

王罗卜藏有子王崇（齐王）等。

齐王有子王布迪扎布等。

图伦汗次子阿拜图有子楚尔必、绰克图、浩尼齐三人。

图伦汗三子卫征有子纳木什希、索多诺木、达鲁、多儿只（无嗣）、纳木察克等。

长子纳木什希有子阿南达、特古思绰克图（无嗣）。

阿南达有子崇忽、齐伦、诺门三人。

崇忽有子诺木齐。

齐伦有子华喇克玉肯。

次子索多诺木有子阿里雅、固如扎布，其子布腾。

阿里雅有子喇特纳，其子呼图克等。

卫征三子达鲁有子楚斯格扎布、巴扎尔（无嗣）。

楚斯格扎布之子诺尔布有子朋素克萨木布、唐素克。

卫征五子纳木察克有子云布、布珠、额尔僧德珲、苏素、扎布、色布腾、图布新、丹巴（无嗣）、沙尔巴等九人。

云布有子巴扎尔、乌巴什、乌塔克齐（无嗣）。

巴扎尔有子锡第什里。

乌巴什有子玛萨里等。

布珠有子固穆扎布、噶勒丹等。

额尔僧德珲有子固穆臣格登。

苏素有子宰桑（无嗣）。

扎布有子阿萨噜、班第等。

色布腾有子鄂勒布台。

图布新有子玛希达。

玛希达有子哈坦等。

沙尔巴有子华迪等。

图伦汗四子达赖诺木齐有子阿玉什、博图噶二人。

阿玉什有子鄂勒布、多儿只等。

长子鄂勒布有子毕里克图、玛哈、玛珠里、乌勒吉图、忽巴喇克五人。

毕里克图有子鲁藏。

玛哈有子茂玉肯（无嗣）。

玛珠里有子呼楚图、散达、瓦迪三人。

乌勒吉图有子博迪。

忽巴喇克有子噶勒桑、萨里、莫珠尔、巴勒珠尔等。

·玉饰品·

阿玉什次子多儿只有子额尔德尼（无嗣）、喇特纳、却木伯勒三人。

喇特纳有子沙津扎布。

却木伯勒有子纳木扎等。

达赖诺木齐次子博图噶有子车凌、萨玛迪、班第三人。

车凌有子巴特尔等。

萨玛迪有子额杰。

班第有子固穆扎布等。

图伦汗五子色棱有子脱克图、噶尔玛、巴达玛、索多纳木、阿玉什、卓特巴、多儿只七人。

长子脱克图有子苏尔玛、图尔吉勒二人。

苏尔玛有子诺尔津、扎布、贺喜格图等。

图尔吉勒有子诺弥达、昂海、图辉、特古思绰克图、额尔德木图等。

色棱次子噶尔玛有子阿喇达、色楞、阿拉玛三人。

· 印金花卉图案纹长袍 ·

阿喇达有子彬巴喇、毕斯曼二人。

色楞有子蒙克、浩布图二人。

阿拉玛有子乌尔图纳素图、诺门桑、巴延桑、阿里衮桑、鄂齐尔桑等。

色棱五子阿玉什有子鄂齐尔、乌勒木济二人。

鄂齐尔有子却木伯勒。

乌勒木济有子布延桑等。

色棱六子卓特巴有子根敦扎布、阿敏达瓦、罗卜藏、乌勒吉图四人。

长子根敦扎布有子鄂齐尔、巴勒达尔、阿勒达尔、阿勒达尔锡瑚、坦达里五人。

鄂齐尔有子衮布彻布登、齐木德等。

巴勒达尔有子巴雅尔、纳彦台、锡都日古等。

阿勒达尔有子托罗多布、索诺木等。

阿勒达尔锡瑚有子沙克舒、公等。

坦达里有子乌玉图、额尔德木等。

卓特巴次子阿敏达瓦有子蒙衮桑、巴彦桑、巴尔瓦、额勒德布图、浩特劳、萨玛迪、玛迪等。

卓特巴三子罗卜藏有子巴勒丹、绰克图二人。

卓特巴四子乌勒吉图有子赛察克。

色棱七子多儿只有子额讷扎布（无嗣）、乌里丹巴、却木伯勒三人。

乌里丹巴有子噶勒巴拉克沙。

却木伯勒有子玛克什里。

图伦汗六子楚琥尔有子多儿只、纳木里二人。

多儿只有子阿尔布坦、彬色、纳木色、温斯勒四人。

纳木里有子特古斯。

图伦汗七子栋（岱青）有子肯特尔（无嗣）、翁牛特左旗札萨克固伦达尔罕岱青贝勒叟塞、台吉阿玉什、玛奇克（无嗣）、多儿只色棱五人。

贝勒叟塞有子贝勒额璘沁，其子贝勒额勒德布鄂齐瓦齐尔、台吉博迪、罗布桑等。

贝勒额勒德布鄂齐瓦齐尔有子班第（无嗣）、近侍盟长札萨克固伦达尔罕岱青贝勒记品四级的朋素克、行走乾清门的二等台吉伊斯奇勒、台吉楚王额默克图等。

贝勒朋素克有子近侍盟断事官札萨克达尔罕岱青贝勒记品四级的诺尔布扎木素。

伊斯奇勒有子金巴扎布。

博迪有子伊什纳木扎勒、纳木里等。

阿玉什有子萨尔巴，其子诺木齐。

巴彦泰洪台吉三子本巴彻辰楚琥尔的后裔为土尔扈之诸诺颜。

巴彦泰洪台吉四子萨弥敖特根的后裔为明嘎特的诸诺颜。他们是哈木图哈齐古诺颜的后裔，为翁牛特二旗的诸诺颜。

依我拉喜彭斯克之见，本史书中，没有把二旗诸诺颜的官衔排列清楚，而且好像还有遗漏之处。在此，我只能利用自己所掌握的或所听到的几位诺颜的官衔进行补漏，其他台吉的情况均依照原书摘录。从《金轮千辐》一书中摘录的内容以王哈齐古起，到济南王巴拜为止。该书从巴彦泰洪台吉开始排列。那么，巴彦泰洪台吉是否是王巴拜的儿子，或者其中漏掉了一些什么？对此，只能仰仗知情的贤者予以更正和填补了。

博格达成吉思可汗的四弟王卫都铁木哥斡赤斤之子为阿勒坦台吉，其子阿穆尔台吉、内齐、伊博根诺颜三人。

伊博根有子塔斯哈喇台吉，其长子寿王纳木岱敖特根，其子孛罗岱。

孛罗岱有子西宁王萨尔努克（搠鲁蛮）。据说，铁木哥斡惕赤斤的后裔被纳入七鄂托克哈拉哈。

拉喜彭斯克我曾经查阅过固什答里麻编著的《金轮千辐》一书，该书只概括地排列了皇族达官后裔的系谱，并基本上做出了统计公式。可是，有些书籍中，类似成吉思可汗的薨逝等明显错误和虚假之处却未曾更正，这是何等狡猾啊！依我看，称其为"新书"也是一个旧阴谋。其把固什答里麻于乾隆四年（1739年）撰写的史书，在乾隆三十二年（1767年）从头到尾抄写时，将中间一些原有的祭祀词和与本书无关紧要的内容作为替代，打乱了原来的七个章节，然而却以此为荣，为争得名利而署上了自己的名字。此行为与掩耳盗铃有什么两样？并且以为自己的妙招别人不会发现，到头来酿成了毁坏名声的下场，多么可怜啊！有的人为了争得某种名利，不顾羞耻，施以这种卑劣的修改方法，这是不可取的。对此，我和其他同仁应该向这等人多多警告为好。

关于奥里克名门，蒙古文史书中素来就没有相关记载。像以博格达成吉思可汗的九员乌日鲁克而闻名的太师、国王木华黎为首的大臣们后裔的系谱，如今已无可查证的踪迹了。唯独乌梁海部者勒篾的后裔是今喀喇沁四旗的诸诺颜塔布囊。他们虽然是庶姓，但能成为塔布囊，是因博格达成吉思可汗将公主嫁给了者勒篾，从而使其成为世袭塔布囊。他们之所以能够保持自己的姓氏，是因为他们是从博格达成吉思可汗的黄金家族分出去的，所以，称他们为奥里克世家（俗姓）。再则，关于乌梁海部从者勒篾以下承袭多少和他们的权力以及所封爵位、称号，我没有找到有关家谱史，故未能细述。

据我拉喜彭斯克所闻，博格达成吉思可汗有一条名叫巴尔斯宰桑绰克图的黄狗。者勒篾说："这黄狗虽然很厉害，但也捉不住名叫赤那齐尔的野兽。"博格达成吉思可汗很是生气，与者勒篾打赌。结果，者勒篾赢了。于是，博格达成吉思可汗下令说："我与你以'若我输了你要什么满足什么'为赌注打了赌，现在，你喜欢什么就取什么吧！"话音刚落，者勒篾立即下跪禀报说："我渴望迎娶博格达黄金家族之女。"成吉思可汗履行了诺言，将公主嫁给了者勒篾。后来，公主生子，母子回到娘家，欲奉喜宴。博格达成吉思可汗说："这个喜宴正是因为巴尔斯宰桑绰克图而成就的，所以，也请巴尔斯宰桑绰克图参加酒宴，并将其排列到外甥的上席吧。"从此，"舅家的黄狗比外甥大"的俗谚流传了下来。这时起，者勒篾的后裔成为塔布囊。这虽然是口耳相传的传说，但立意纯洁，符合当

·汉白玉门当·

时君臣和谐的史实，所以，在此判定为真事而记录了进去。

有的人说，当初卫拉特部的也先太师活捉了明朝的正统皇帝，给他取名毛忽儿锡古孙，当奴隶使唤，并把名叫茂吉雅噶图的姑娘嫁给他。后来摩伦可汗遣返明朝皇帝时，将茂吉雅噶图所生的儿子留在本土，故他的后裔封为喀喇沁的塔布囊。我想，这纯属是某些心怀不轨的、说胡话的劣等之辈故意制造的谣言，用来诬蔑喀喇沁塔布囊。要分清其是非也不难。他们给他取名毛忽儿锡古孙，将其当成奴隶来使用；又把他当成塔布囊来敬重，掌管民众。所以，这是一种谎言无疑。

还有的人说，敌人的军队虏走博格达成吉思可汗的古尔伯勒津高娃哈屯之后，者勒篾追上去，用计谋将哈屯救出，在回来的路上，者勒篾与哈屯媾和致使其怀孕。博格达成吉思可汗宽恕哈屯分娩的儿子，封其为塔布囊。我想，这话又是一个大谎言。为了鉴别其真伪，

·五子登科画像石·

我查阅了诸多史书，博格达成吉思可汗的哈屯与儿子被别人抢夺过的记载绝对没有出现过。况且，古尔伯勒津高娃哈屯若属那种淫乱之人，那她能成为大国之国母吗？者勒篾也同样能列入九员乌日鲁克之列吗？如果此话是真的，博格达成吉思可汗肯定会立即遗弃古尔伯勒津高娃哈屯，并将者勒篾依法斩杀，怎么会把所生子封为塔布囊呢？从中不难看出，这是被诬蔑成毛忽儿锡古孙后裔的喀喇沁部一些奸佞小人以制造谎言的办法来报复的行为。正如《xila onggetu erdeni sang》中所说的喜鹊雏儿为了报答母亲恩情而力拔其母亲羽毛那样，恩将仇报是难以得逞的。其用意是，在博格达成吉思可汗

·传统用具·

和古尔伯勒津高娃哈屯头上栽赃，给者勒篾背上腰斩大罪的坏名声。

又有人说，因达延可汗将格根公主嫁给乌梁海部叫巴速特的人之故，从此以后，巴速特人被称为塔布囊。我以为，格根公主出嫁之前，巴速特已被称为塔布囊。由此看来，者勒篾成了塔布囊可能是实事。正因为这样，我以愚笨之智将我所听到的几种传闻，做了分别论述。除此以外，还有什么真的事例，我恳请知情的贤达们予以阐明和补充。以上内容是根据叙述诸台吉和塔布囊源流的史书以及传闻写成的。在此，若有什么错误或调换、疏漏之处，或分离本家族多代的其他家族的问题以及如何区分其各自所属身份等方面的不当之处，请求同仁予以更正。

我拉喜彭斯克认为，有的人称博格达成吉思可汗的子弟、公主之后裔为全蒙古人的诺颜，并被封为台吉、塔布囊，到清朝时，又被当作尊贵的客人，各自都成为有官爵的贵族且备受尊重。我看，这可能是赖博格达成吉思可汗神奇的威望和善福之力，托圣祖成吉思可汗之大仁爱和恩惠扶助的结果吧。既然如此，他们理应多提倡与别人联姻，可是，今却与亲族之间逆规成亲。从伦理角度看，这已经极大地违背了人类社会的伦理道德。所以，这个可耻的历史不可否定。

又有人说，你所阐述的观点的确合乎道理，但有几点问题要和你分别理论。如今，博格达成吉思可汗与其诸弟的后裔在亲族间相互联姻，肯定是限定的历史条件所致。孛儿只斤氏的祖先是额讷特克玛哈萨玛迪可汗的后裔，亲族间相互成亲也不唯独发生在蒙古人之间。若要究清其原因，得从玛哈萨玛迪可汗王统说起。玛哈萨玛迪可汗的后裔喀巴里克阿尔什被驱逐到根脚之外，被流放到无人之地，不得不与亲姐妹成亲，由此而分离出"沙嘉氏"，这在经书中有明确记载。从此以后，这个规矩一直延续下来。再看，轩辕黄帝之子少昊，其有子颛羲，其有子帝喾，其有子汤尧；轩辕黄帝另一儿子昌意，其有子颛顼，其有子穷蝉，其有子敬康，其有子句望，其有子桥牛，其有子虞舜。这个亲族系谱排列得非常明确。在汤尧七十年，汤尧将自己的两个女儿赐给舜为妻，这在《资治通鉴纲目》与《资治通鉴》中均有明确记载。因此，额讷特克的喀巴里克阿尔什与中原的汤尧等诸博格达都做了一些应合时代的事情。这与某些淫欲充足之辈的乱伦行为是不一样的。先有诸博格达制定的成规，所以该行为也合乎诸博格达的意向，谈不上羞耻，反而，你们要拜读那些史书，趁早闭嘴为妙。

又有人说，你编撰大元史书之际，时而对上下诸人物的言行进行点评，不管你的那些评论是否正确，暂且搁起。像《论语》所说，古人不言语只是因为自己不会而感到羞愧。你一定通晓那些道理、厌弃那些弊病，那么，应该不能这样乱点评啊。我说，一般能够识别利弊得失的人才可称为贤达，像我这样愚昧无知者哪有如此的造化！熟读史书的人自古很多。有人射击固定目标而未中时，旁边的人说："你不是说射程之内箭无虚发吗？"而让他击射，他也没有射中。还有王孙赞说："人虽明智，对己不明；虽为愚笨，批评别人很明白。"如此这般，我在清闲之余也对别人的得失做了胡乱点评。对此，我可以坦率地说，这些事情如果轮到我的身上，我往往不如人家。

有人说，正如没有裤子穿的人还耻笑穿破裤子的人那样，你自己的思想和行为都没有好好摆正，哪有评论他人短处的资格？为此，你应该感到耻辱才对啊。我说，我之所以敢评论那些人，原因正如李孙臣所说"笨人百思必有一中"那样。我所说的那些话语当中，侥幸说准了一个道理，那么，恳请大家，正确的可以采纳，不正确的可以留作纪念，这即是我真心的告白，

而绝对不是为了显摆自己少量的所闻所见。为此，我战战兢兢地向诸能者贤达告白自己，一直以来凭借愚笨智慧进行过多点评的有关事宜，祈求谢罪。

从平等关爱一切的额讷特克玛哈萨玛迪可汗之子土伯特呼珠恩散达里图（颈座王）分出蒙古可汗孛儿帖赤那，从其后裔孛端察儿不断繁衍到十种力量齐备的宗教神祇与善事洁白的海螺辅助的至尊大天战神、所向无敌的查克拉瓦尔迪、大地天神且扬名于南瞻部洲的博格达成吉思可汗，征服各种异部国家，将诸多小可汗归为麾下，弘扬崇高的佛教，鼎定安民之朝政。以世祖彻辰可汗扬名于世的博格达、继承和扶持杰出的宗教政权的各代可汗以及《大元史水晶珠》一书所记及分支而出的诸多台吉源流、哈布图哈撒儿为首的诸弟后裔诺颜，加上乌梁海氏诸塔布囊等的源流，将这些全部归为一册的便是巴林右旗札萨克协理三等台吉拉喜彭斯克。我参考的旧书不多，而且系谱中有诸多大小分支，真假事迹相互交替，误差很大。相关汉文史书虽只有两三本，但相对广泛而吻合主体。既然如此，为了明晰元代皇族源流以及如今诸诺颜源流之头绪，愚笨的拉喜彭斯克我尽自己有限的智慧，不顾众贤达耻笑，对照手中的元代满文、蒙古文书籍，于大清乾隆三十九年（1774年）为拜谒白海螺辅助的大天和博格达成吉思可汗而动笔，于清乾隆四十年（1775年），即乙未年箕月吉祥方位之元始天师巧遇慈悲为怀的观世音菩萨之日收笔。参与撰写者有本人的儿子呼兴嘎，徒弟呼雅克阿木尔、布延图、绰克图等。自博格达成吉思可汗元年，岁次丙寅数起，第五百七十年正是乙未年。

在此，我对文中失漏或说中的所有事情，请求关怀倍加的诸贤达予以修正，请求持有成见的诸智者不要挑剔，请求崇尚纯洁教理的诸学者予以辨别，请求喜好硬编的人们不要挑刺。凡属罪孽或失误的全部，向至尊地带的神祇祈祷谢罪。若有确属准确论证之诸事，那定是托白福之力。祝我大清朝更加稳固。祝我孳儿只斤氏兴旺发达。愿天下众生尽享白福之安乐。愿萨迦威力无比的宗教，尤其第二胜者——宗喀巴所创之黄教所向无阻，脱离危害，世世代代兴盛无比。智慧无比的空行秘传之乾达牟尼，命令经文的佛光普照天下，执掌佛教的博格达莲花之部落流派极为兴盛。传教之法令有幸增多，使六类众生享尽了乘经法令之幸福。好的教义之声响彻四方，万物之母让一切生灵普得善果，在悲惨世界的苦海中全然超度。以无误的大乘经神通领导一切，全知的呼图克图顷刻实现。呜嘛，吉祥，平安！福寿延年！愿成为瞻部洲之至尊！愿朝业永存，君臣明智！愿天下众生幸福安康！

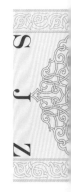

参 考 书 目

[1] 周一良，吴于廑. 世界通史. 北京：人民出版社，1962.

[2] 朱绍侯. 中国古代史（上册）. 福州：福建人民出版社，1985.

[3] 范文澜. 中国通史简编. 北京：人民出版社，1978.

[4] [元] 脱脱，等. 金史. 北京：中华书局，1976.

[5] [元] 脱脱，等. 辽史. 北京：中华书局，1976.

[6] [元] 脱脱，等. 宋史. 北京：中华书局，1976.

[7] [明] 宋濂，等. 元史. 北京：中华书局，1976.

[8] [清] 张廷玉，等. 明史. 北京：中华书局，1976.

[9] 赵尔巽，等. 清史稿. 北京：中华书局，1976.

[10]《蒙古学百科全书》编委会. 蒙古学百科全书·古代史卷. 呼和浩特：内蒙古人民出版社，2007.

[11] 苏达那木道尔吉. 蒙汉对照蒙古历史纪年表. 呼和浩特：内蒙古教育出版社，2000.

[12] 曾国庆，郭卫平. 历代藏族名人传. 拉萨：西藏人民出版社，

1996.

[13] 宝音 . 蒙汉对照蒙古文档案中历史名词术语 . 呼和浩特：内蒙古教育出版社，2006.

[14] 韩儒林 . 元朝史 . 北京：人民出版社，2008.

[15][法] 韩百诗 . 元史·诸王表笺证 . 张国骥，译 . 长沙：湖南大学出版社 .2005.

[16] 道润梯步 . 新译简注《蒙古秘史》. 呼和浩特：内蒙古人民出版社，1978.

[17][西汉] 司马迁 . 史记精选 . 呼和浩特：内蒙古人民出版社，2008.

[18] 牙含章 . 民族问题与宗教问题 . 北京: 中国社会科学出版社，成都：四川民族出版社，1984.